穿裙子的士
最动人的诗

叶嘉莹百岁人生

李云 —— 著

浙江人民出版社

图书在版编目（CIP）数据

穿裙子的士，最动人的诗：叶嘉莹百岁人生 / 李云著. -- 杭州：浙江人民出版社，2024.12. -- ISBN 978-7-213-11790-9

Ⅰ.K837.115.6

中国国家版本馆CIP数据核字第2024MT8837号

穿裙子的士，最动人的诗：叶嘉莹百岁人生
CHUAN QUNZI DE SHI, ZUI DONGREN DE SHI: YEJIAYING BAISUI RENSHENG

李 云 著

出版发行：	浙江人民出版社（杭州市环城北路177号 邮编 310006）
	市场部电话：（0571）85061682 85176516
责任编辑：	陈 源 陈佳迪
策划编辑：	陈佳迪
营销编辑：	陈雯怡 张紫懿 徐 洲 游赛赛 霍凌云
责任校对：	何培玉
责任印务：	幸天骄
封面设计：	李 一
电脑制版：	董 董
印 刷：	杭州丰源印刷有限公司
开 本：	710毫米×1000毫米 1/16 印 张：25.25
字 数：	375千字 插 页：4
版 次：	2024年12月第1版 印 次：2024年12月第1次印刷
书 号：	ISBN 978-7-213-11790-9
定 价：	98.00元

如发现印装质量问题，影响阅读，请与市场部联系调换。

图1　2016年春，叶嘉莹先生在迦陵学舍海棠树前（李云／摄）

图2　2017年南开大学荷花节,叶嘉莹和时任南开大学校长龚克(李云/摄)

图3　2018年元旦，叶嘉莹先生在迦陵学舍（李云/摄）

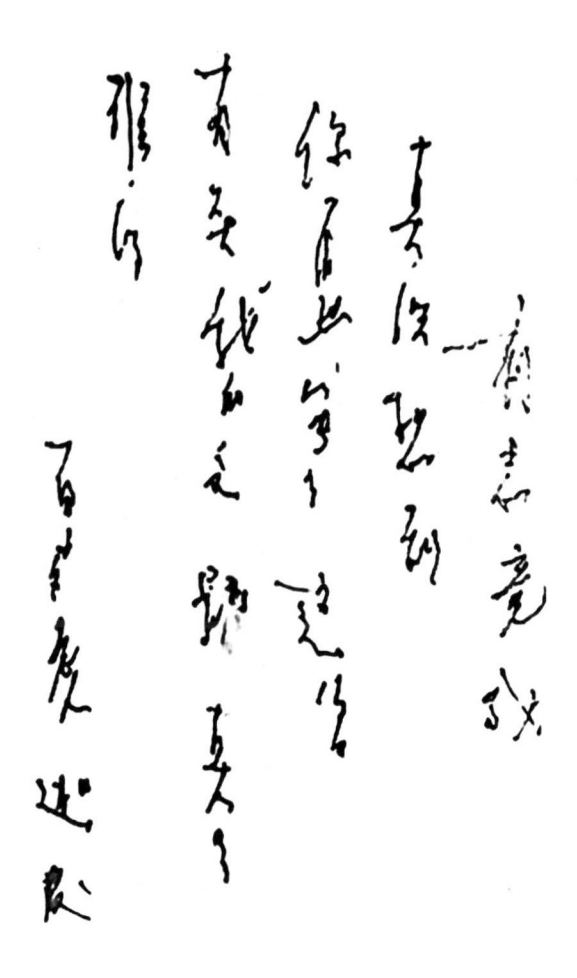

图 4　叶嘉莹先生为本书所写:"有志竟成,真没想到你居然写了这么多有关我的文稿,真是难得。百岁老人迦陵。"

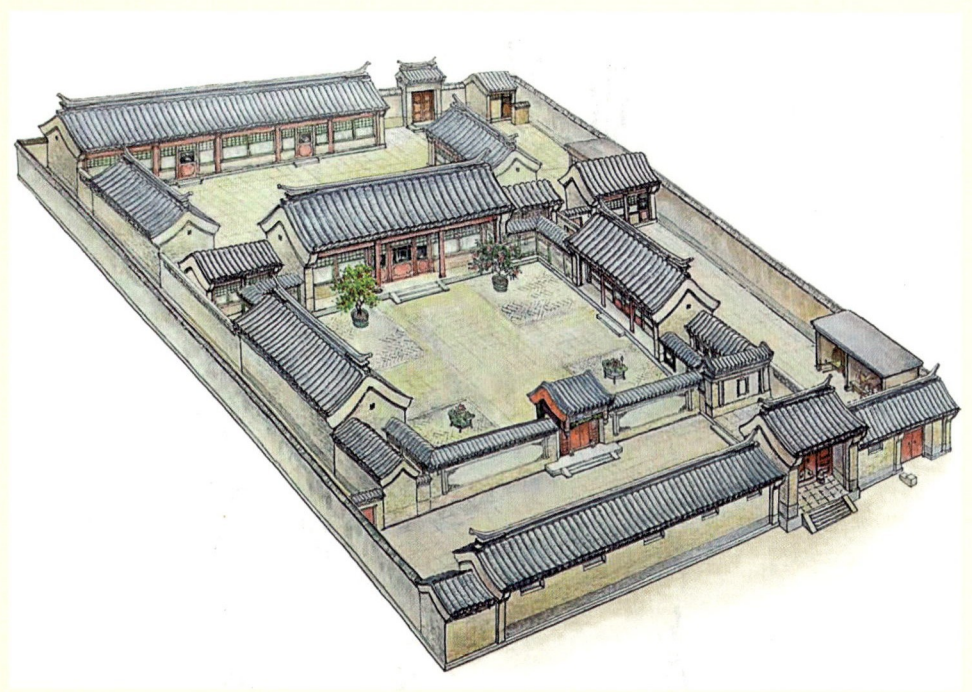

图 5　张维志先生绘画《察院胡同 23 号》（叶言材先生提供）

图6 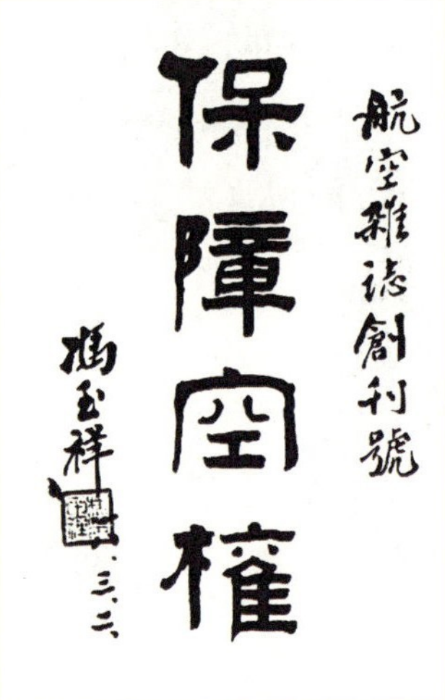　　　　　　　　　　图7

图8

图6　叶廷元照片（刊载于1925年《航空月刊》第6期，第1页）
图7　《航空杂志》创刊号
图8　陈纳德画像（刊载于1944年《福建青年》第1卷第2期，第64页）

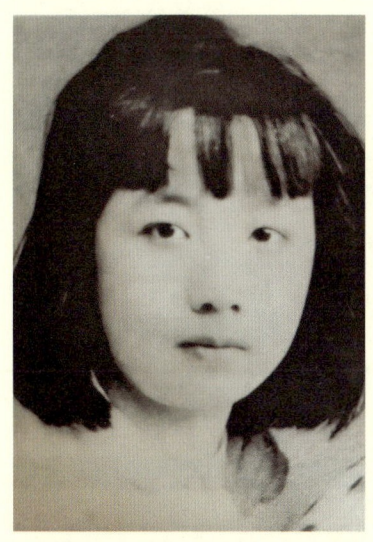
图9

图10

图11

图9　叶嘉莹初中毕业照
图10　叶嘉莹高中毕业照
图11　母亲去世后，叶嘉莹戴孝照

图12

图13

图12　顾随先生照片（刊载于1948年《辅大年刊》，第23页）
图13　叶嘉莹大学毕业照

图 14　大学毕业后的叶嘉莹

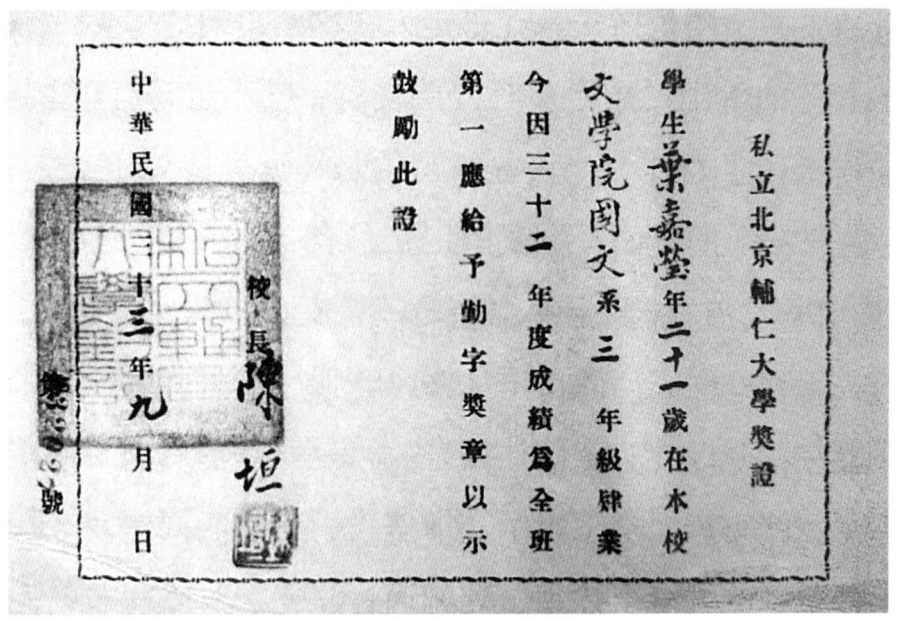

图 15

图 16

图 15　叶嘉莹所获奖学金证书（引自《红蕖留梦》，第 61 页）
图 16　台湾大学中国文学系一隅（原系主任齐益寿先生提供）

图 17　山东水彩画家郭伟红根据叶嘉莹先生词"独向骄阳吐艳辉，神情动欲飞"所绘水彩画

百岁人生
千秋风华

为李云萼业嫂鉴百岁人生题辞
程郁缀撰 周东芬书
时在甲辰秋月于北京大学

图18 北京大学程郁缀教授为本书题辞，周东芬书写

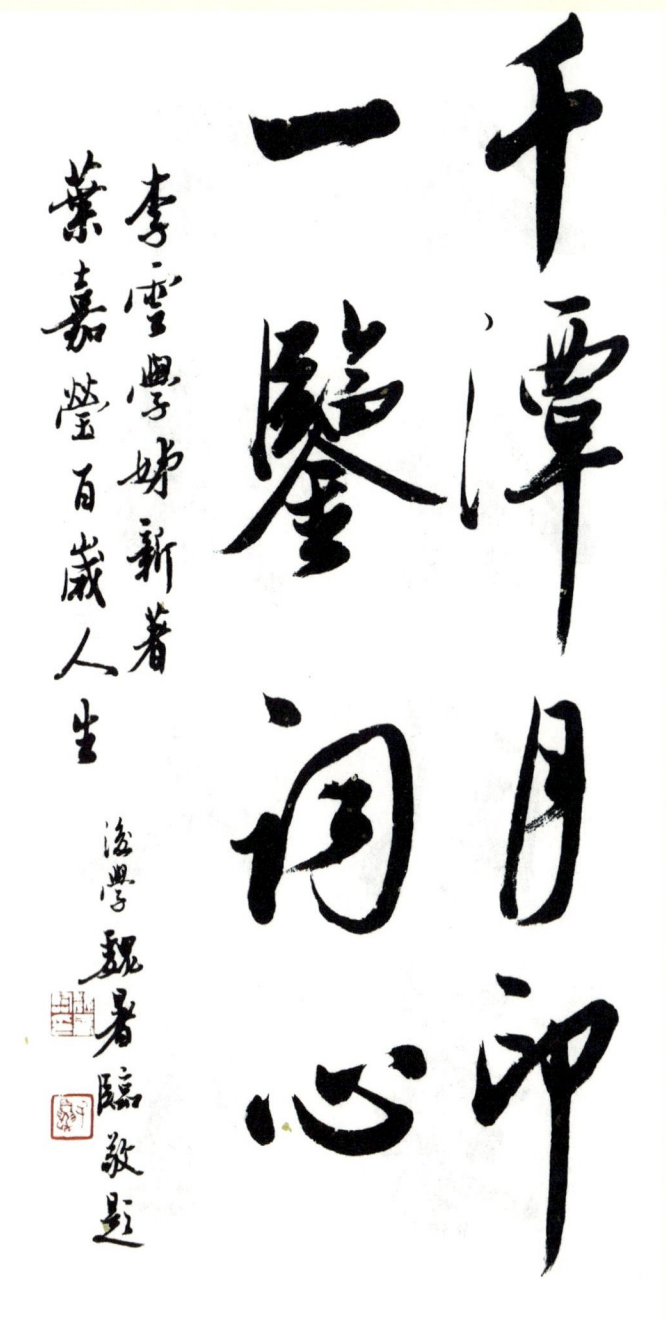

图19　叶嘉莹先生再传弟子魏暑临为本书题赠联语

目录

引言　/ 1

第一章　家世与思想

第一节　诗词人生背后的家族文化　/ 4
一、家族记忆潜藏的性格基因　/ 5

二、诗礼之家的文化氛围　/ 7

三、叶廷元的"弱德之美"　/ 9

四、叶氏家族的家人们　/ 15

五、叶氏家族的文化特质　/ 18

第二节　叶嘉莹的"士"之精神　/ 20

一、士人修养的浸润与精神的觉醒　/ 21

二、叶嘉莹士人精神的文化渊源　/ 25

三、叶嘉莹士人精神的内涵　/ 29

第二章　生命体悟与心路历程

第一节　兴于诗　/ 34

一、闻"道"之初　/ 35

二、植本出蓬瀛　/ 37

三、翠袖单寒人倚竹　/ 41

第二节　人世已拼愁似海，逃禅不借隐为名　/ 43

一、失恃之痛带来的生命体悟　/ 44

二、天才诗人的哲人思致　/ 45

三、得睹明朗之天光　/ 51

第三节　纷吾既有此内美兮　/ 56

一、转蓬辞故土　/ 57

二、天才诗人在现实生活中的矛盾　/ 59

三、不损儿辈欢乐之趣　/ 65

第四节　从"清者"到"任者"的转变　/ 67

一、水逝云飞负此心　/ 68

二、"清者"　/ 69

三、独陪明月看荷花　/ 72

四、"任者"　/ 76

第五节　一朝天外赋归来　/ 81

一、老父天涯殁　/ 82

二、一朝天外赋归来　/ 85

三、更哭明珠掌上珍　/ 86

第六节　故我变新吾　/ 93

一、喜见枝头春已到　/ 94

二、花开只为惜花人　/ 96

三、微禽衔木有精魂　/ 99

四、千春犹待发华滋　/ 101

第七节　托身从此永无乖　/ 103

一、迦陵从此得所栖　/ 104

二、未减归来老骥心　/ 107

三、便随鸥鸟入晴空　/ 108

第八节　依然尼父是吾师　/ 112

一、莲实千春此意痴　/ 113

二、花落为泥土亦香　/ 116

第三章　诗学

第一节　传承的责任　/ 120

一、致力于中国古典诗歌与现代诗歌的融合　/ 121

二、致力于西方文学与中国古典诗歌的沟通　/ 123

三、致力于以诗词振兴民族精神　/ 127

第二节　以生命体悟为中心的诗词评赏方法　/ 129

一、抒情传统　/ 130

二、以生命体悟为中心的评赏诗词方法的理论建构　/ 132

三、以生命体悟为中心的诗词评赏方法所需的素养　/ 135

四、生命体悟中的旧诗新演　/ 137

第三节　生命体悟诗学的回响　/ 142

一、生命体悟诗学的内涵　/ 144

二、生命体悟诗学的特征　/ 147

三、以生命体悟为诗词世界的接引者　/ 149

四、生命体悟诗学的意义　　/ 152

第四章　词学

第一节　词学的承继与探索　　/ 156

一、对王国维、顾随词学的承继　　/ 157

二、对西方文学理论的翻译、介绍和辨析　　/ 159

三、对词之美感特质根源的探索　　/ 165

四、中西文学理论互鉴的意义　　/ 169

第二节　中西文论互鉴中以生命体悟为中心的词学创新　　/ 172

一、创新之基础：心灵感发与生命体悟　　/ 173

二、创新之途径：以生命体悟为中心的中西文论互鉴　　/ 176

三、创新之意义：以生命体悟为中心词学的启示　　/ 187

第三节　中西文论互鉴中对传统的突破——
从张惠言《水调歌头》（五首）比较叶嘉莹与缪钺的说词方法　　/ 190

一、对作者和创作背景的认知　　/ 191

二、对张惠言《水调歌头》五首词的评说　　/ 193

三、解说方法分析　　/ 196

第四节　通向自由与心灵不死：叶嘉莹与朱莉娅·克里斯蒂娃　/ 200

一、引领读者通向自由　/ 201

二、发现心灵的丰富性与复杂性　/ 204

三、创新与独立思辨精神　/ 206

四、不断地新生　/ 208

五、为词学带来新的发展向度　/ 209

第五章　古典诗词曲创作

第一节　诗　/ 214

一、叶嘉莹古典诗歌对前代诗人的承继　/ 215

二、对古典诗歌意境的开拓：象喻中的生命书写　/ 220

三、对古典诗歌叙事功能的承继与拓展：历史、记忆与空白　/ 227

四、叶嘉莹诗歌的价值　/ 239

第二节　词　/ 242

一、千古情痴是词心　/ 243

二、开拓小词意境新　/ 247

三、神致飞扬似稼轩　/ 252

第三节 曲 / 259

一、真诚书写自我性情 / 260

二、一以贯之的国家情怀 / 262

三、在本色自然中融入独特情思 / 264

第六章 诗词教学

第一节 海外诗词教学中遇到的困境 / 268

第二节 诗词教学方法 / 271

第三节 诗词教学成功的其他因素及启示 / 278

结语 / 283

附录

一、叶嘉莹诗文编年 / 288

二、鲁迅战斗精神对顾随的影响 / 327

1. 顾随对鲁迅的学习 / 328

2. 鲁迅战斗精神对顾随思想性情的影响 / 332

3. 顾随词作中的鲁迅痕迹 / 339

4. 顾随的战斗精神 / 344

三、本书作者已发表相关论文　　/ 350

　　四、北冥有鱼　　/ 352

参考文献　　/ 357

后记一：文思敏捷的李云老师　　/ 363

后记二：写作缘起、过程与体会　　/ 365

引言

叶嘉莹，号迦陵，1924年出生于北京，自幼在家庭中受到诗词文化熏陶，大学时在辅仁大学受业于"苦水词人"顾随先生，1945年毕业后，开始从事诗词教学研读工作，迄今八十载。20世纪50年代，叶嘉莹曾任台湾大学教授，并在淡江大学、辅仁大学任兼职教授；20世纪60年代应邀担任美国密歇根州立大学、哈佛大学客座教授，后任教于加拿大不列颠哥伦比亚大学，1970年被聘为终身教授；1991年当选为加拿大皇家学会（Royal Society of Canada）院士。1979年，叶嘉莹申请志愿归国讲学，先后在北京大学、南开大学、复旦大学、南京大学、四川大学、云南大学等高校讲学，并多次受邀到美国、马来西亚、日本、新加坡等国家的多所大学担任客座教授及访问教授，开设诗词课程，受到海内外学生的广泛欢迎。

叶嘉莹在诗词创作、诗词理论建构及诗词文化传播中作出突出贡献，其丰富、曲折、多难的诗词人生也备受关注。她幼年生活在乱离时代，经历丧母之痛；青年时在台湾遭遇"白色恐怖"，丈夫被关押在监狱三年之久；中年岁月又遭受痛失爱女贤婿的打击。但是，她没有被困厄的命运打倒，一直以顽强的意志持守自己的品格与"道"。20世纪70年代末，她坚定地做出自费回国教书的决定，以自己的所学报效祖国，将自我投注到诗词事业中，从而超越了小我，走向大我。20世纪90年代，从加拿大不列颠哥伦比亚大学退休后，她在南开大学建立中国文学比较研究所，捐献10万美元设立"叶氏驼庵奖学金"及"永言学术基金"。晚年她又向南开大学两次捐献计3568万元，用于诗词文化教育事业。叶嘉莹始终恪守儒家思想，重视精神修养与文化传承，淡泊金钱名利，主张"弱德之美"，身体力行，受到人们的赞赏和爱戴。当前，关于叶嘉莹的生平传记及研究其诗学与词学的著作，已经有好几种出版，但是其曲折复杂的心路历程、诗词曲创作的特点及学术建构的渊源脉络等，依然有待于学者的深入挖掘和不断发现。在叶嘉莹先生期颐之际，对其百岁诗词人生进行回顾总结，于心灵对话中与其进行深层次交流，深入阐释其"士"之精神修养的内涵，揭示其学术思想的精神与义理，显得尤为必要。

本书努力以翔实可靠的资料呈现叶嘉莹先生的百岁人生道路，对其家族文化特质、各阶段诗文中的生命体悟与心路历程、诗学与词学理论建构、诗词曲创作特点、诗词教学方法等几个方面进行较为系统的梳理与深入挖掘，力求展现其思想性情及学术道路的发展轨迹，总结归纳其诗教精神及启示意义。

本书在写作过程中经过叶嘉莹先生本人的审阅与批评，在一定程度上避免了解读诗人诗作时易犯的附会、臆断等毛病。但笔者才疏学浅，时有言不称意之感，书中所写为自己研读所得和真切体会，希望为读者认识叶嘉莹先生和学习诗词提供一些线索与脉络。欲深入了解叶嘉莹先生，还需要亲自去阅读她的著作。书中疏漏不足之处，祈请各位师长与读者不吝赐教，以使本书更为完善，不胜感激。

第一章 家世与思想

第一节
诗词人生背后的家族文化

  叶氏家族遵奉儒家思想，以诗礼传家，家族中人恪守道德，正直诚笃，谦逊务实，富有文学才华，重视诗词及优秀传统文化，淡泊物质，具有强烈的家国情怀和担当意识。叶嘉莹认为自己提出的"弱德之美"，是受了父亲一生为人处世的无形感化而形成的。

理解一位诗人（作家）的首要环节是了解其原生家庭，因为每一个个体生命都在一定程度上携带着家族的文化基因。叶嘉莹讲解诗词时，总会依据家庭文化背景、生平经历等对作者进行深层次人格分析，与诗词中表现的素质相印证，还原作者丰富、细腻的生命信息，探寻作者真切的诗心。谈到自己的家族时，她曾说：

> 作为这所庭院的一个后人，我生于斯，长于斯，我的知识生命与感情生命都形成孕育于斯，我与这一座庭院，当然更有着说不尽割不断的万缕千丝的心魂的联系。[1]

叶嘉莹以前对自己的家族所谈不多，幸而近来一些宝贵的文献资料被整理出版，使我们可以通过叶氏的家族文化，进一步了解叶嘉莹思想性情和精神品格的血脉渊源。

一、家族记忆潜藏的性格基因

叶氏家族的先祖原为蒙古族土默特部，后定居叶赫河畔，创建叶赫那拉部，叶嘉莹曾与其侄叶言材等有过叶赫古城的寻根之旅。在叶嘉莹对家世的追溯中，有几件事情值得注意：其一，叶赫那拉氏最后一代部落酋长金台石，在战败给努尔哈赤之后，誓死不降，死前留下一个誓言，大意是部落即使只剩下一个女子，也一定要让女真亡国，人们认为慈禧太后应验了此誓言。[2] 其二，叶赫部人被编入满籍后，出现了许多文化人才，纳兰性德就是其中的一位代表。叶嘉莹髫龄时最爱读的词集就是纳兰性德所作的《饮水词》，感觉有特殊的亲切感，曾受其风格影响而写作小词。此外，叶嘉莹还讲到一个由历史改编的电视剧《叶赫那拉的公主们》[3]，剧中叶赫那拉

---

[1] 叶嘉莹：《迦陵杂文集》，北京大学出版社2014年版，第476页。
[2] 叶嘉莹口述，张候萍撰写：《红蕖留梦：叶嘉莹谈诗忆往》（增订本），生活·读书·新知三联书店2021年版，第3页。
[3] 叶嘉莹口述，张候萍撰写：《红蕖留梦：叶嘉莹谈诗忆往》（增订本），生活·读书·新知三联书店2021年版，第30页。

的女性们都能征善战，是部落中的主力，但遇到对外交涉时又很委屈地被送去和亲。从这些家族记忆中的人物和故事可以看到叶赫部落的某些特质，如性情热烈、勇敢、刚毅等，先祖们的性格基因或许对叶氏家族的人有着一定影响。

叶嘉莹有着天生倔强的性格，感情热烈、感觉敏锐，也有着家族文化影响下养成的理性、柔顺、坚韧等品性。她在《红蕖留梦：叶嘉莹谈诗忆往》（增订本）中讲过幼时的一件小事：祖父认为她做错了事，让她认错，她不肯认错，还让祖父给她讲讲理，甚至她的母亲狠狠地责打她，她也坚决不肯认错，只是口中不断呼喊着要祖父给讲讲理，不肯让步。后来通过学习《论语》，她的性情有所改变，如她所说："逐渐体悟到了儒家思想中的柔顺而坚韧的美德。因而改变了我以前的倔强急躁的脾气。"[1]

叶嘉莹的热烈感情不是外放的，而是隐藏在内心深处，她曾说自己大学时代性格羞涩，在同学之间的公开场合，"常常一句话都不敢讲"[2]。但诗为心声，内心热烈的情感在其诗词中时有流露，她大学时的诗词多次写到"酒"，比如"把酒劝君同一笑，莫教人被黄花恼"等[3]，她并不饮酒，只是借酒表示豪兴。她晚年的诗词也多有表现豪兴之作，如"老来游旅兴偏浓,驱车好趁九秋风"等[4]。缪钺曾评论她"豪宕激壮""发英气于灵襟，具异量之双美，可谓卓尔不群"。[5]叶嘉莹内心的热烈与外表的羞涩略显矛盾，因她自幼受到儒家思想的熏陶和规范，形成节制与内敛的品性。

要真正理解叶嘉莹不能只看她的外表，而要看到她的内在。她的内心拥有强大的"热力"——热烈执着的感情和磅礴的力量。如其诗句：

所期石炼天能补，但使珠圆月岂亏。（《高枝》）[6]

---

[1] 叶嘉莹口述，张候萍撰写：《红蕖留梦：叶嘉莹谈诗忆往》（增订本），生活·读书·新知三联书店2021年版，第43页。
[2] 叶嘉莹：《我的老师顾随先生》，河北大学出版社2017年版，第25页。
[3] 叶嘉莹：《蝶恋花》，《迦陵诗词稿》（增订版），中华书局2019年版，第81页。
[4] 叶嘉莹：《浣溪沙》，《迦陵诗词稿》（增订版），中华书局2019年版，第291页。
[5] 叶嘉莹：《迦陵论诗丛稿（修订本）》，河北教育出版社1997年版，第9页。
[6] 叶嘉莹：《迦陵诗词稿》（增订版），中华书局2019年版，第176页。

仿佛神山如可见，孤帆便拟追寻遍。（《蝶恋花》）[1]

微禽衔木有精魂，会见桑生沧海变。（《木兰花令》）[2]

她以女娲补天、夸父逐日、精卫填海等上古神话表现自己对诗词传承事业献身无悔、不达目的不罢休的决心，蕴含着赤诚的热情、充盈的力量和宏伟的愿望。叶嘉莹的热烈明显地表现在她对于"道"和理想的追寻中，有着"九死其犹未悔""千载不相违"的执着、坚定，使她在诗词事业中做出种种"壮举"。自费回国教书、捐献一半退休金设立奖学金、创建南开大学古典文化研究所、晚年又捐献财产设立迦陵基金等，这些行动超出常人，令人钦佩。但从家族文化特质来看，却是她的本性使然，如杜甫所说"葵藿倾太阳，物性固莫夺"[3]，她天生有此热烈、执着与固执的性情，不可改变。

二、诗礼之家的文化氛围

叶嘉莹之所以选定诗词传承为其一生之事业，与其家族文化密不可分。叶家老宅位于北京市西城区察院胡同，距紫禁城只有两公里。叶氏家族遵奉儒家思想，有"学而优则仕"的传统观念，以仕宦为出身之正途。叶嘉莹的曾祖联魁（1826—1887）曾任武职，官至二品；祖父中兴（1861—1929），为壬辰（1892）科翻译进士（按：指满汉翻译），曾在农工商部任职（一说为工部员外郎[4]，一说为农工商部主事），清朝灭亡之后以中医为业，堂号为"水心堂叶"。叶嘉莹曾说满人家里规矩特别多，笔者查阅了《叶赫那拉氏家族史研究》等相关资料，发现叶赫那拉氏在族谱中写有非常明确的伦理道德要求，的确比汉人家中的规矩多。中兴与夫人恪守传统，对子女管教严格，对于叛逆的孩子往往会罚跪、责打；要求子女遵守传统的礼节，儿媳外出

1　叶嘉莹：《迦陵诗词稿》（增订版），中华书局2019年版，第283页。
2　叶嘉莹：《迦陵诗词稿》（增订版），中华书局2019年版，第290页。
3　杜甫著，杨伦笺注：《杜诗镜铨》，上海古籍出版社1998年版，第109页。
4　叶嘉莹口述，张候萍撰写：《红蕖留梦：叶嘉莹谈诗忆往》，生活·读书·新知三联书店2013年版，第4页。

工作回来应修饰好容貌向公婆请安；不许在庭院里挖地种花草；不许儿孙学习唱歌、弹琴等音乐艺术；甚至不允许女孩子出去玩，但可以在家里看书，因为他们很重视教育，尤其重视对传统文化的学习。叶嘉莹10岁以前在家中接受启蒙教育，其中一项重要内容是学习"四书"，背诵《论语》等典籍。小时候对着孔子牌位叩拜，她的内心产生了一种敬畏之感：畏天命，畏大人，畏圣人之言[1]——孔子的思想影响了她的一生。

叶氏家族是一个有着严格家风与浓厚文化氛围的诗礼之家。他们并不重视物质享受，更喜欢诗文、书画等带来的精神层面的欢愉和乐趣，传统文化之于他们就像水之于鱼一样，是一件自然而然的事情。家族中的人，无论男女普遍都有诵读诗歌的爱好，沉浸在诗歌艺术的美感当中。叶嘉莹的童年就是在这种重视诗书礼仪的文化氛围中度过的。叶氏家族老辈人所讲究的礼，虽然也有一些繁文缛节，却使子女们养成了良好的品行，如叶嘉莹所说：

> 在我们旧家庭中培养出来的家人却一般都有一种言语有节、举止有度的风范和修养，我自己个人也传承了这种语言和行事的风格。[2]

这其实就是人们说叶嘉莹具有一种贵族精神与气质风度的文化渊源。

叶家男性普遍具有儒家士人的精神修养，以报效国家为己任，有着儒雅洒脱、不拘小节的诗人气质和富赡的才华，同时还有较强的做事能力。中兴有三子二女，最具诗人才华的是第三子，可惜他英年早逝，叶嘉莹小时候曾经看到过他的诗和书法。中兴的两个女儿也都很早去世。对叶嘉莹产生较大影响的长辈是其伯父伯母和父亲母亲。叶嘉莹的伯父叶廷乂（1886—1958，中兴的长子），曾经是叶氏家族的顶梁柱，作为长子的他对家庭始终有着担当的责任。他的青年时代正处于清末民初西

---

[1] 叶嘉莹口述，张候萍撰写：《红蕖留梦：叶嘉莹谈诗忆往》（增订本），生活·读书·新知三联书店2021年版，第38页。
[2] 叶嘉莹：《迦陵杂文集二辑》，北京大学出版社2020年版，第354页。

学东渐的大潮中，他积极接受新知识，留学日本早稻田大学，却因故没有完成学业。其中原因一说是中兴生病，一说是留日学生要剪辫子，而他不愿意剪掉辫子，或许两种因素同时存在。叶廷乂是家中的长子，考虑到家庭当时的情况，又难以割舍传统情怀，所以回来照顾父亲和家庭。回国后他曾经到浙江一带担任公务员，最终回到北京，以中医为业。叶廷乂会汉、满、英、日四种语言，热爱藏书。叶家的藏书十分丰富，相当于一个颇有规模的古籍图书馆，大学里的老师们也经常来借书。叶廷乂深谙中国传统文化的精华，既有儒者的文化修养，又有医者的仁心仁术，是京城里一位著名中医，曾奇迹般地救活过多例没有希望的病人。他的夫人颜巽华（1888—1955）宽厚善良，热爱诗书。

少女时代的叶嘉莹因为父亲在外地工作，主要跟随伯父学习诗书、联语等，深得伯父的喜爱与器重。1941年，在叶嘉莹不幸失去母亲后，伯父伯母承担了她姐弟三人的生活问题，对他们有着抚养之恩。知府小姐出身的伯母亲自为全家烧饭、做鞋，使他们在生活上没有后顾之忧，得以安心于学业。如叶嘉莹所说："我虽遭丧母之痛，但在读书方面并没受到什么影响，反而如古人所说'愁苦之言易巧'，这一时期，我写作了大量的诗词。"[1] 这源于伯父伯母的担当和无私关爱。叶嘉莹自幼生活在宁静、和睦、融洽、重视传统文化的大家庭中，养成了"平恕"（按：缪钺对其评价）的胸襟和性情[2]，待人宽善、友爱，解读诗词时总能以自己之诗心体会古人之诗心。

三、叶廷元的"弱德之美"

叶嘉莹的父亲叶廷元（1891—1971，中兴的次子），较之乃父乃兄，思想更为先进，有着学习西方科技的强烈意识。他于1917年毕业于北京大学外文系，后怀着航空救国的理想，任职于国民政府航空署（北京），曾担任编译之职，1929年转入中国航空公司（上海）担任秘书之职，后任人事科长，抗战期间曾协助过陈纳德将军

---

[1] 叶嘉莹口述，张候萍撰写：《红蕖留梦：叶嘉莹谈诗忆往》（增订本），生活·读书·新知三联书店2021年版，第25页。
[2] 缪钺著，缪元朗整理：《冰茧庵论学书札.上》，商务印书馆2014年版，第273页。

的"飞虎队"作战[1]。了解叶廷元的生平思想，有助于我们进一步理解叶嘉莹的思想、性情。

1. 致力于航空编译事业

航空署本为航空事务处，1921年由总统颁令改组为航空署，管理全国航空一切事务及所辖机关。在成立之初，航空署的领导人就认识到航空事业的发达需要举国之力，法、美、日、英等国都有自己的航空出版物，航空署也创办了自己的航空刊物普及航空知识，发展中国航空事业。该刊初名《航空》（1920—1925），据中国民航发展史记载，这是中国最早的航空刊物。叶廷元曾在此机关刊物担任编译，从《航空》等杂志中可以查看到他的多种译作和著述，如《商业飞航之研究》（1920）、《空中运输之将来》（1920）、《空中战纪》（1921）、《航空史》（1921）等，同时他也在《御风》《交通公报》等报刊中发表多篇与航空相关的文章。其中，《航空史》（1921）是一篇连载多期的长文，对世界航空史进行了较为系统的梳理，他在文章的结尾说："航空学术既经此次战事，发达非常之速，将见此敏妙之飞机，昔仅为军事所利用者，将转而用于和平时种种之事业，商业航空之发展，吾辈将有观成之一日矣。"[2] 他还预言："不久，航空必发达为一种工业，已无疑义。今日航空界诸人，其心中所欲研究者，即商业航空上之诸问题也。"[3] 从现实需求出发，此段时间他的研究重点在商业航空事业方面。

1925年，《航空》改名为《航空月刊》（1925—1926），隶属于航空署的编查科，叶廷元担任《航空月刊》英文主任，该刊同时还设有中文主任。此阶段他刊发的文章有《航空界惊奇之新发明》（1926）等，致力于对航空事业发展现状的关注、研究和航空知识的普及。1929年，航空署改组为中国航空公司，刊物也改为《航空杂志》（1929—1944），国家对航空事业的高度重视使该刊地位颇为独特，第一期（创刊号）

---

1 叶嘉莹：《迦陵杂文集二辑》，北京大学出版社2020年版，第363页。
2 叶廷元：《叶廷元先生译著集》，凤凰出版社2018年版，第421页。
3 叶廷元：《叶廷元先生译著集》，凤凰出版社2018年版，第421页。

开端即为孙文的"总理遗嘱",还有蒋介石、冯玉祥、宋子文等的多幅题词,表现"航空救国""领空防守,我武维扬""保障空权"等思想。编辑部在启事中说:"吾国航空向属幼稚,求促事业之进步,必求学术之发扬。"[1]可见在航空事业开创之初对理论研究的重视。

叶廷元先后担任航空公司的秘书和人事科长之职,但也未放弃对航空的理论研究。随着日寇的侵略,他逐渐将研究对象从原来的商业航空转向军事航空方面,翻译之作如《盲目飞行要义》(1934)、《改进空军之意见》(1934)、《今昔战略之研讨》(1934)等,都是针对战略进行的研究;著述之作如《高射炮射击新法》(1934)、《机翼结冰之实验》(1934)、《雾中飞行之法》(1934)、《倒转飞行之说明》(1934)、《美国军用飞机最近采取之趋势并对于战术之影响》(1935)、《新发明之轰炸练习法》(1935)等,战略性与实用性较为明显。

抗日战争爆发后,空军是一支重要的作战力量。1937年,中日军队在南京发生空战,1938年,中日在武汉也发生空战,之后在重庆、成都都有过大规模的空战发生,因日本空军装备先进,我方损伤惨重。这就是叶嘉莹所说的南京大屠杀时她的父亲在南京,武汉陷落时她的父亲在武汉,长沙大火时她的父亲在长沙的真实的历史背景。[2]抗日战争期间,叶廷元事务繁忙,刊发文章较少,大都着眼于具体的空军技术,如《飞机上无线电罗盘航行法》(1938)、《林克教练机之说明》(1940)等,还译有《空军制胜论》(1944)等单行本长篇著述,都是对航空专业技术、科学方法等进行的深入研究和详细介绍,多篇文章附有专业图纸,对航空建设和空军作战具有一定的理论指导意义。

1941年,美国陈纳德将军组建了一支飞行队"飞虎队",该队参战半年,战果辉煌,在当时的中国家喻户晓。"飞虎队"隶属航空委员会,叶廷元时任航空公司的人事科长,又有着长期翻译与研究航空理论的经验与成果,协助"飞虎队"工作很有

---

[1] 航空署编辑委员会:《启事二》,《航空杂志》1929年第1期。
[2] 叶嘉莹:《迦陵杂文集二辑》,北京大学出版社2020年版,第178页。

优势，但他并不喜欢向人讲述自己的独特经历，使我们无法知道其中详情。

需要补充的一点是，笔者在《军政公报》（1929年第20期）与《海军公报》（1931年第19期）中查找到两条关于叶廷元的任免令，其中1931年的一则是将他改补为"少校课员"[1]。作为一名专职的航空科研人员，叶廷元确实在理论研究方面对中国早期航空事业的发展作出了自己的贡献。从他的译著来看，他既有文采，又有思想，兼具感性与理性两种思维，对航空史的梳理、对作战方法的分析等，都表现出科学性、精密性。叶嘉莹曾说过自己兼具感性与理性，或许是承继乃父的基因而来。

2. 诚笃专一，深怀爱国之情

叶廷元的性情诚笃、专一，年轻时就具有独立思想与独特见解，这在他的择偶观念中也有所体现。20世纪20年代时，社会风气并未开放，有人向他提亲，他则自作主张到女方所任职的学校去听课，亲自相中女方之后，才答应婚事。[2]而他答应了之后，就终其一生地爱恋她，女方就是叶嘉莹的母亲李玉洁女士（1898—1941）。叶廷元自1929年转到上海工作后，与家人相处的时间很少。而抗日战争期间中国每陷落一座城市，日本人就逼迫人们到街上去欢庆[3]，这是一种无比残忍的精神折磨与心灵屈辱。叶廷元在外随空军抗战，妻子和孩子在家中承受痛苦。李玉洁在忧伤劳苦中于1941年不幸去世，她是一位聪慧、能干的女性，善于持家理财，曾盖五处小四合院留给子女（此房产是迦陵基金的主要来源之一）。抗日战争胜利后，叶廷元归来，才知道妻子已不在，恸哭一场，作八首悼亡诗纪念之。多位亲友曾为他安排续弦，这本符合当时的传统习俗，但都被他一一谢绝，此后他一直过单身生活，可见他对妻子的执着专一。

叶廷元既重视中国传统文化，又重视西学，对叶嘉莹在学业上有很大影响。他

---

[1] 杨树庄：《海军部指令第一一一三号》，《海军公报》1931年第19期，第171页。
[2] 叶嘉莹：《迦陵杂文集二辑》，北京大学出版社2020年版，第341页。
[3] 叶嘉莹：《我的老师顾随先生》，河北大学出版社2017年版，第111页。

擅长书法，有诗人的气质和才情，在叶嘉莹幼时的记忆中他经常吟唱一首五言绝句："大雪满天地，胡为仗剑游。欲谈心里事，同上酒家楼。"[1]他曾严格地教幼小的叶嘉莹"认字号"，使叶嘉莹对声律有了认识，能够辨别四声，为她学习古典诗词奠定了扎实的基础。他用互相对比的方法，使叶嘉莹明白中英文表现词性的方法不同，教她学习英文单词和短歌，还买过以字母拼单词的玩具，让她在游戏中学习，为幼时的叶嘉莹打下了英文基础。他还为孩子们订阅介绍西方文化的儿童杂志。通过这些刊物，叶嘉莹看到了外面广阔的世界。叶廷元对子女的爱是深沉而细腻的，但他从不用语言表达出来。在生活上他不拘小节，对金钱的得失很不在意，但在工作中他是独当一面的强者，具有办事的能力和得当的方法。1949年到台湾后，听到了上海"两航起义"的消息，他本想返回上海，却被阻拦下来，回台南后，他妥善地安置了撤退人员。

漂泊海外，叶廷元始终怀有深厚的爱国之情，希望祖国能够富强，坚持中西文化交流的初心。晚年在加拿大时他还致力于读书，翻译了史景迁的《改变中国——在中国的西方顾问》(To Change China: Western Advisers in China)的第一章《汤若望与南怀仁——由星象引领至上帝之路》(Schall and Verbiest: to God through the Stars)。从此篇翻译中，可以看到他卓越的翻译能力、文字功底和思辨精神：第一，他不是直接照原著去翻译，而是调整了原著中较为混乱的顺序，"按其出身经历顺序移译"，使文章"眉目较为清醒"[2]，读者阅读时可以一目了然；第二，对于原著中的观点，他增加了不少按语，纠正了原著中失之偏颇的地方，指出西方人并未了解中国儒家文化的真谛，从而造成"探沧海而遗珠，入宝山而空返"的遗憾[3]。叶廷元深谙中华优秀传统文化的精髓，对祖国怀有深切的眷念之心，关注祖国取得的原子弹爆炸成功等新成就、新突破，直至1971年在加拿大温哥华去世。叶嘉莹在《父

1　叶嘉莹口述，张候萍撰写：《红蕖留梦：叶嘉莹谈诗忆往》（增订本），生活·读书·新知三联书店2021年版，第13页。
2　叶廷元：《叶廷元先生译著集》，凤凰出版社2018年版，第669页。
3　叶廷元：《叶廷元先生译著集》，凤凰出版社2018年版，第669页。

殁》一诗中写道：

> 老父天涯殁，余生海外悬。
> 更无根可托，空有泪如泉。
> 昆弟今虽在，乡书远莫传。
> 植碑芳草碧，何日是归年。[1]

祖国是他们精神血脉中的根，在海外漂泊不是他们的归宿，早日回归祖国的怀抱是父女二人共同的心声，此种深沉的爱国之情是叶嘉莹后来申请自费回国教书的一个根本原因。

3. 谦逊质朴，担当自立

叶廷元有中西文化的背景，在工作上有担当、有能力，也有一定成就，却一贯不喜用言辞表达，谦逊低调、朴实无华。他对中国早期航空事业的贡献，在抗日战争中协助"飞虎队"的经历，本是值得大书特书的功绩，但他很少在子女面前提起昔日的辉煌业绩和艰苦经历，以至于叶嘉莹晚年非常懊悔与遗憾，没有多了解一些父亲的情况。

叶廷元曾写给外孙女（叶嘉莹之次女赵言慧）一首诗：

> 莺歌燕语报良辰，万物昭苏气象新。
> 似锦韶光应珍惜，如花岁月逝难寻。
> 总是更生须自力，几曾事业总因人。
> 记取春晖寸草句，常思母爱慰亲心。[2]

---

[1] 叶嘉莹：《迦陵诗词稿》（增订版），中华书局2019年版，第116页。
[2] 叶嘉莹口述，张候萍撰写：《红蕖留梦：叶嘉莹谈诗忆往》（增订本），生活·读书·新知三联书店2021年版，第142页。

其中蕴含着他为人处世的道理：一是人生在世要坚强自立，才能成就一番事业，不能依靠别人；二是珍惜青春时光，积极乐观地生活，有所作为；三是要体察母亲之心，有孝亲爱亲之情。看到叶廷元的人生准则，我们就会联想到叶嘉莹的品格，正是有其父必有其女。叶嘉莹在晚年曾说："父亲以他整个的为人处世的态度，昭示给了我一种做人之境界"[1]。叶廷元有美好品德和卓越成绩，却始终是内敛与含蓄的，并不发扬显露出来；默默地承受外界强大的压力，坚持自己的初心与本志。因此，叶嘉莹认为"弱德之美"的提出，正是受父亲潜移默化的影响而形成的[2]。叶廷元的品行是叶嘉莹"弱德之美"思想的渊源。

四、叶氏家族的家人们

1948年是叶氏家族命运的一个节点。叶家当时有7口人，却有3人离开家，漂泊到了台湾。叶嘉榖（叶嘉莹的堂兄），是叶廷乂唯一的儿子，到台湾后曾经担任中学教师；叶嘉莹随其夫赵钟荪等家人一起到达台湾，属于海军眷属；叶廷元也随其单位到了中国台湾。尽管他们都在台湾，但相距很远，交通不便，没能生活在一起，也不能互相照顾。

从叶嘉莹的回忆中可以看到她当时遭遇的困厄和思乡之苦，她的丈夫遭受了三年多的牢狱之灾，她自己带着吃奶的女儿也曾被关入监狱，被释后只能带着女儿在亲戚家打地铺。待丈夫出狱之后，并没有苦尽甘来。赵钟荪性情更加暴躁，对她常有家庭暴力。她经常做几个梦，一是梦见北平的老家，但是门窗全都紧闭，她无论如何都进不去；二是梦见去找她的老师顾随先生，但总是迷失在一片芦苇地中走不出去；三是梦见已经去世多年的母亲来接遍体鳞伤的她回家。她深深地思念北平的家、北平的师友，伯父、伯母和弟弟们。

叶嘉莹伯父叶廷乂晚年医术更加精妙，但视力不好，他及夫人对儿子和亲人们

1　叶嘉莹：《迦陵杂文集二辑》，北京大学出版社2020年版，第372页。
2　叶嘉莹：《迦陵杂文集二辑》，北京大学出版社2020年版，第372页。

一直都怀有深切的思念，期待流落在外的叶家子弟能够回来。叶嘉谋（叶廷元的长子）的女儿出生后，成了叶廷义疼爱的掌上明珠，如同当年疼爱侄女叶嘉莹，并且他经常念叨："乖孩子，乖孩子，你们快回来吧！你们怎么还不回来？" 20世纪50年代，叶廷义和夫人在侄儿和侄媳的关怀照顾中先后终老于北京察院胡同。叶廷义的长孙是叶言都，为台湾的一位著名作家，[1]从他身上更可以看到叶氏家族具有一种诗人的才情。

叶嘉莹的大弟叶嘉谋（1926—2007），幼时和姐姐一样接受传统教育。他大学毕业后，一直在中学任教，"文化大革命"期间遭受迫害，后来恢复教职。1985年患脑梗，半身不遂多年，2007年离世。他的夫人杭若侠（1927—1995），人如其名，为人善良，又有侠义心肠，常常慷慨救助身边的老弱。其子叶言材回忆说："父亲为人大方，特别是在钱财方面，从不斤斤计较，母亲对于父亲这一点很是赞赏。"叶嘉谋与杭若侠育有二子一女，长子叶言枢（1949—1995）硕士时留学日本，论文写的是有关杜牧诗的研究，但因患直肠癌，不幸于1995年3月去世。同年8月，遭受丧子之痛的杭若侠亦去世。1997年，叶嘉莹的小弟叶嘉炽（1933—1997）去世。叶言枢的女儿叶警昕，小名诗诗（后改为大名），生性聪慧，刚过周岁就能诵唐人绝句，叶嘉莹曾以小诗记之。但诗诗很不幸，2019年因病早逝。叶嘉莹曾感叹"家中连遭不幸"[2]，晚年忍受许多世人所不知的悲伤和痛苦。

《我与姑母叶嘉莹》《我的前尘往事》的作者叶言材，是叶嘉谋的次子，叶嘉莹曾说："本来他对我的家世生平就比外人了解得更多，而且他在我们家族后辈中，无论所学中文专业或给外国学生讲授中文的职业经历方面，都可以说是唯一与我相近和比较能够理解我'回国教书之志'的人。"[3]为了佐证叶氏家族的文化特质，笔者在这里介绍一下叶嘉莹的侄子叶言材，通过他可以看到叶嘉莹的某些性情。

---

1 叶言都有《我爱温诺娜》《游戏规则》《绿猴劫》等小说在台湾获奖，另有中国历史作品《中国从此走向大唐：南朝的遗产》《中国从此走向大唐：北朝的遗产》等。参见《中国从此走向大唐：北朝的遗产》，天地出版社2021年版。
2 叶嘉莹：《迦陵杂文集二辑》，北京大学出版社2020年版，第364页。
3 叶言材：《我与姑母叶嘉莹》，人民出版社2022年版，第2页。

叶言材生于1955年，1972年至1979年曾在北京西城区摩托车厂当工人，恢复高考后考入南开大学中文系，毕业后在北京儿童电影制片厂工作。1985年，他赴日本九州大学留学，硕士毕业后留在日本，执教于北九州市立大学中国系32年，一直致力于中国语言文化在日本的传播和中日文化的交流，成果颇为丰硕。他很早就接受了生活的历练，具有较强的社会适应能力。从朋友、学生们对他的评价可以看到，他继承了家族的多种文化基因。一是富有敏锐丰富、细腻热烈的情思，让笔者印象深刻的是他对大自然的关怀之情。他在日本赏樱时拍到一棵绽放的樱花，就十分高兴；拍到了残樱飘落，就发出"虽是残花亦难舍"的感慨；看着满地的落樱，他会怜惜地说"都不舍得踩"；还为落樱写下诗句"疑似河汉人间堕，点点樱星点点愁"。看到满地干枯的落叶，就说："唉，这真是春天吗？满地干枯的落叶。"他流露出的纯真性情、善感诗心，让笔者联想到叶嘉莹，他们同样有着敏锐的诗人气质和对万物的关怀之情。二是富有文学才华，具有独立的思辨精神和很强的办事能力。在电影厂工作时就显示出文艺创作和文艺批评能力，20世纪80年代初在影评圈颇有名气。三是诚笃、正直善良，善于体察关怀他人。体察他人是一种很重要的素养，叶嘉莹之所以能够在评赏诗词时胸襟宽广，对作者的处境作出"合情合理""平恕惬当"的体察和分析[1]，就是源于此种素养。四是热情慷慨，轻视金钱和外物。他自1990年至2018年，每年春假都自费陪同日本学生们到中国短期游学，坚持了整整29年。他对周围有困难的师友慷慨相助，不求回报。此种对金钱的态度，也是叶嘉莹的态度。五是以文化传承为己任。他自幼性格外向而顽皮，但最终回归到这个家族的文化中，或者可以说是这个家族强大的文化基因始终支配着他的选择。对于放弃在影视界的工作与大好前途，选择以文化传播为终身事业，他认为，我从未后悔过，我觉得把自己最为珍贵的人生阶段，奉献给了中国语言文化在日本传播的事业，为中日睦邻培养了一茬又一茬后继人才，可以算得上是不虚此生了！这种为传播中国文化献身而无悔的品格及所怀的使命感与叶嘉莹相同。

---

[1] 缪钺著，缪元朗整理：《冰茧庵论学书札·上》，商务印书馆2014年版，第273页。

五、叶氏家族的文化特质

叶氏家族文化特质较为鲜明地表现在以下几个方面：其一是遵奉儒家思想，以诗礼传家，从此根本出发，家族中人恪守道德，正直诚笃，具有强烈的家国情怀与担当意识；其二是具有一定的诗人气质与才情，多人都表现出相当的文学才华，同时又具有干事创业的能力，务实而谦逊，可以说是感性与理性兼具；其三是淡泊外物，重视精神修养，雅爱诗词等传统文化，并不看重金钱。

叶先生一直致力于以诗词唤醒世人沉迷的心灵，让人们从世俗的物欲中超拔出来，消除自私贪婪的劣性，获得更高一层的精神境界，达到真善无私的美好状态。记者董倩采访叶先生时，曾疑惑不解地问她为何捐献那么多钱。她回答说："素富贵行乎富贵，素贫贱行乎贫贱"，她及其家族中的人们向来处于"素富贵"这一层的精神境界，虽然他们在金钱上并不富有（叶嘉莹所捐献的款项主要为卖掉北京和天津房产所得），但是他们注重比金钱更重要的文化精神之乐，这是叶嘉莹以诗词传承为终身事业的一个深层原因，了解叶氏家族的文化特质之后，即可对她的捐赠一举感到释然。

叶氏家族的人往往选择以教学为职业（叶嘉莹的两位弟弟与弟妹都是教师），叶嘉莹表现出以传承中华文化为己任的自觉意识，与家族文化有一定关系：因她在自幼的熏习中深谙传统文化的精华，体会到其中蕴含的崇高美好的思想、感情、品格及其对人们道德、社会文明、国家文化建设的重要意义；又在传统文化的规范中形成深沉的爱国情怀与担当精神，故以文化传承和文化交流为己任，发挥文化对人民、社会和国家的多种作用。叶嘉莹曾说：

> 我现在所关心的并不是我个人的诗词道路，更不是我在这条道路上有什么成功与获得，我所关心的乃是后起的年轻人如何在这条道路上更开拓出一片高远广阔的天地，并且能藉之而使我们民族的文化和国民的品质，

都因此而更绽放出璀璨的光华。[1]

可以说这是叶家几代人共同致力的一个愿望，而背后潜藏的是他们深沉的爱国情怀和勇于担当的品质。

在近百年的历史变迁中，北京察院胡同的叶氏家族，一直在时代潮流的冲击乃至裹挟之中前行，他们持守传统的儒家精神，怀有爱国担当之心，坚守文化根本，无论是冲锋在抗战前线，还是零落分散、漂泊海外，他们始终有一条维系自我与家国的精神纽带，即自身携带的传统文化基因，诗词无疑是其中的精华，这就是叶嘉莹诗词人生背后的家族文化渊源。

1　叶嘉莹：《迦陵杂文集》，北京大学出版社2014年版，第525页。

第二节
叶嘉莹的"士"之精神

  士人的精神修养是叶嘉莹为人与为学的基础,正是因为她秉承传统的士人修养,与历代士人有着心灵相通的理想、持守和品格,才能从自身生命体悟出发,对古典诗词进行精准辨析与深入解读。

叶嘉莹曾在《说杜甫〈赠李白〉诗一首——谈李杜之交谊与天才之寂寞》中说：

惟有自己有充沛之生命的人，才能体察到洋溢于其他对象中的生命，惟有自己能自内心深处焕发出光彩来的人，才能欣赏到其他心灵中的光彩。[1]

讲诗者与作诗者须具有相同的生命体验之高度和深度，才能够体察到诗词中的生命与心灵。叶嘉莹作为女性，被人们称为"先生"，被媒体称为"穿裙子的士"。概括而言，叶嘉莹的"士"之精神主要包括：真诚无伪、单纯专一的性情；深挚的家国情怀；对文化传承与创新的责任；执着的入世精神，积极追求人生的价值和意义；淡泊物质和名利，坚持精神品格的持守，以及对"道"和理想的无悔追寻等。

一、士人修养的浸润与精神的觉醒

中国的士文化向来以男性为主，叶嘉莹作为一名恪守传统道德的女性，士人精神在其前半生处于隐藏状态，在其后半生才逐渐彰显。首先，叶嘉莹自幼受到传统文化和家族成员中士人精神的浸润。叶氏家族中的人普遍有着重视传统文化的观念，自觉或不自觉地以传承文化为己任。前面一节已对叶氏家族文化进行了较为详细的介绍，叶嘉莹的伯父和父亲都在清末民初接受过中西文化教育，是有见识、有爱国情怀的一代文士。在中外文化对比中，他们始终重视并坚守中国文化。20世纪三四十年代，社会处于新文化的大潮中，父亲还要求叶嘉莹用文言文写信，伯父教她写诗、写联语，姨母教她读《论语》等典籍。家族中的女性对诗词文化也非常看重，并且有一定才情。叶嘉莹的外曾祖母是一位诗人，曾刊印《仲山氏吟草》诗集；母亲也是有文化修养的女性，曾做过教师。叶嘉莹在家中完成小学教育，以同等学力考入初中时，母亲买了一套"词学小丛书"来奖励她。叶嘉莹自幼生活在一个重

---

[1] 该文最初刊载于1966年《现代文学》第28期，第1—17页。引文参见叶嘉莹：《迦陵论诗丛稿（修订本）》，河北教育出版社1997年版，第192页。

视传统文化、热爱古典诗词的家庭当中，这使她出于本能地以诗词文化之传播为自己的爱好和终身事业。

另外，叶嘉莹为满族人，生长于燕赵大地。或许是受民族和地域文化基因的影响，她虽是一位端庄娴雅的闺秀，内心却有一种男性士人特有的倜傥豪放之气。她曾在1942年的《故都怀古十咏有序》中说："嘉莹幼长是邦……燕赵古多悲歌之士，未尝不慨然而兴叹也。"[1] 其慨然兴叹的豪情从其青年时代的诗词中往往可见，如其17岁时所作的《短歌行》：

西风倒吹易水波，恍闻当日荆卿歌。白日竟下燕台去，秋草欲没宫门驼……我今醉舞影婆娑，短歌未尽意蹉跎，敲断吟簪细问他，人生不死将如何，吁嗟乎，人生竟死将如何。[2]

再如其18岁时所作的《枉自》："严冬何寂寞，抚剑意纵横。"[3] 颇有传统士人慷慨悲歌的豪宕之志。她创作的词曲亦多有慷慨之气，如《临江仙》："十八年来同逝水，诗书误到而今。不成长啸只低吟。枉生燕赵，慷慨志何存。"[4] 再如《般涉调耍孩儿》：

俺也曾誓雄心坚似铁，拂吴钩寒作芒。少年豪气凌云上。则道是壮怀不遂屠龙志，纵兴应耽文酒狂。却谁料皆空想。都只为连朝风恶，不画眉长。[5]

这些诗词曲皆是其内心所潜藏的士人情怀与风度的流露。由此她的诗词多有倜

---

1 叶嘉莹：《迦陵诗词稿》（增订版），中华书局2019年版，第26页。
2 叶嘉莹：《迦陵诗词稿》（增订版），中华书局2019年版，第15页。
3 叶嘉莹：《迦陵诗词稿》（增订版），中华书局2019年版，第23页。
4 叶嘉莹：《迦陵诗词稿》（增订版），中华书局2019年版，第70页。
5 叶嘉莹：《迦陵诗词稿》（增订版），中华书局2019年版，第98页。

傥之气与燕赵儿女风云之气，清丽之中有雄壮，承继了传统士人的慷慨气度和潇洒襟怀。缪钺评叶嘉莹的诗词时说："自古女诗人之作，幽约婉秀，是其所长，而豪宕激壮，则殊少概见。今君独能发英气于灵襟，具异量之双美，可谓卓尔不群。"[1]诗词中的英气其实是其士人精神的自然流露，故与一般女性的柔婉之作不同。生长于燕赵古都、来自传统士绅家庭的叶嘉莹，有着得天独厚的条件继承传统的士人精神。

自幼接受传统文化教育的叶嘉莹有着传统女性的思想，她曾经称自己是"新知识与旧道德"的结合，她不以男子的修齐治平理想为己任，但她思想中潜藏着丰富的士人精神基因，因此在潜意识中对自己有一种文化身份的探求。热爱诗词是她的本能，教授诗词是她的职业，早年在北平教中学时，她就是一位十分优秀并受学生喜爱的老师。在台湾时，她本来持一种"为己"的态度研读诗词，20世纪50年代末，眼看着诗词评赏因生搬硬套西方文艺理论而产生困惑和危机，她出于一种不能自已的关怀之情，开始写作客观思辨性质的文章，"由为一己之赏心自娱的评赏，逐渐有了一种为他人的对传承之责任的反思"。[2]这是她士人精神中文化传承意识觉醒的一种表现。余英时曾说：

> 士在中国史上的作用及其演变是一个十分复杂的现象，决不是任何单一的观点所能充分说明的。但是无可争辩的，文化和思想的传承与创新自始至终都是士的中心任务。[3]

20世纪60年代到海外讲学之后，在对西方文学和理论的参照中，叶嘉莹有了一种更为清晰的觉醒，意识到自己对传统文化的传承责任。她说："由'为己'的学问转变成'为人'的学问以后，开始有了一种醒觉，就是我对于文化传承的责任的

1　叶嘉莹：《迦陵论诗丛稿（修订本）》，河北教育出版社1997年版，第9页。
2　叶嘉莹：《我的诗词道路》，河北教育出版社1997年版，第15页。
3　余英时：《士与中国文化》，上海人民出版社2013年版，第1页。

醒觉。"[1] 20 世纪 70 年代末，她不幸遭遇了女儿和女婿因车祸双亡的痛苦，这是彻底激发她的一个因子，促使她对人生有了更深刻的感悟和思考，产生了思想上的飞跃，实现了突破性的升华。她说：

经过这一次大的悲痛和苦难之后，我知道了把一切建立在小家、小我之上不是我终极的追求、理想。我要从"小我"的家中走出来，那时我就想："我要回国教书，我要把我的余热都交给国家，交付给诗词。我要把古代诗人的心魂、理想传达给下一代。"[2]

这段话流露出她所持有的士人精神：坚毅的品格，超越小我的理想追求，以传承诗词文化为己任以及深沉的家国情怀。一般人遭受打击之后可能会怨天尤人，或者一蹶不振，叶嘉莹却在痛苦中认清了生命的本质，坚决地从小我迈向大我。这一成长的过程是痛苦的，如她在讲陶渊明诗时所说：

研读渊明诗，我们可以体悟到，一个伟大的灵魂，如何从种种矛盾失望的寂寞悲苦中，以其自力更生，终于挣扎解脱出来，而做到了转悲苦为欣愉，化矛盾为圆融的一段可贵经历。[3]

而在完成这一艰难转变之后，她逐渐得到了圆融。叶嘉莹后半生致力于传承和弘扬中国诗词文化，潜藏于她思想中的士人精神因素纷纷觉醒，这种觉醒明显以她从加拿大回国教书为标志，如她所说："从 1979 年我开始回国教书以来，我的内心

---

1 叶嘉莹口述，张候萍撰写：《红蕖留梦：叶嘉莹谈诗忆往》（增订本），生活·读书·新知三联书店2021年版，第322页。
2 叶嘉莹：《沧海波澄：我的诗词与人生》，中华书局2017年版，第115页。
3 叶嘉莹：《迦陵论诗丛稿（修订本）》，河北教育出版社1997年版，第154页。

逐渐产生了一种要对古典诗歌尽到传承责任的使命感。"[1]这种以文化传承为己任的使命感是其对自身"士"身份的认同，也是其最终的精神归宿。通过诗词传承，她将自身自觉地纳入中国士人精神的文化长河中，成为其中具有代表性的一员。

二、叶嘉莹士人精神的文化渊源

叶嘉莹心中潜藏的士人精神一旦被激发，她受过的传统教育和家族文化等影响都彰显出来，形成了她以儒家思想为根基的士人精神。孔子代表"士"的原型[2]，是她所有思想的源头，这不仅体现在她生平著作和言谈中对《论语》的时常引用，还体现在她一生的行动与性情中。孔子归鲁，为的是培育国家的后人。叶嘉莹归国，也是为了培养祖国的后人。南开大学文学院沈立岩教授曾说："叶先生之人生，其颠沛流离、饱经忧患，颇有类孔子者，其所为者亦非文化而何？"[3]叶嘉莹90多岁时还往返于加拿大和中国讲学，乐此不疲，体现了孔子"造次必于是，颠沛必于是"的执着精神。孔子曾说自己"发愤忘食，乐以忘忧，不知老之将至"，叶嘉莹在精神上也是如此，甚至称自己是"不知老之已至"[4]，她真正地从教育和文化传承事业中得到乐趣，兴趣盎然，由此忘记了年华已老。同时，她也继承了孔子淡泊物质的精神，经常说"士志于道而耻恶衣恶食者，未足与议也"，重视对道的追求和对精神品格的持守。

叶嘉莹的士人精神也受到老师顾随的影响。顾随（1897—1960），字羡季，别号苦水，出生于清末，成长于新旧文化交替的时代，在北京大学读书时亲历"五四运动"，曾与冯至等浅草社、沉钟社同人共同致力于新文学，热衷于小说、散文、翻译等新文学创作，同时也进行诗、词、剧曲等旧体文学创作，自20世纪30年代就在平津文化界享有"苦水词人"的美誉。顾随曾在燕京大学、辅仁大学等高校任教，

---

1 叶嘉莹口述，张候萍撰写：《红蕖留梦：叶嘉莹谈诗忆往》（增订本），生活·读书·新知三联书店2021年版，第359页。
2 余英时：《士与中国文化》，上海人民出版社2013年版，第6页。
3 沈立岩主编：《为有荷花唤我来：叶嘉莹在南开》，中国大百科全书出版社2022年版，第25页。
4 叶嘉莹：《我的老师顾随先生》，河北大学出版社2017年版，第84页。

是叶嘉莹大二时"诗选课"的老师。顾随十分欣赏叶嘉莹的才华,称赞她初次交上来的习作:"作诗是诗,填词是词,谱曲是曲,青年有清才如此,当善自护持。"[1]叶嘉莹大四时曾写作一组七言律诗《晚秋杂诗》,顾先生在激赏之余,还与其进行了唱和。关于顾随对叶嘉莹的引导以及与叶嘉莹的诗词唱和将在第二章第二节中进行详细介绍。顾随是鲁迅精神的承继者,以战斗精神坚强入世,执着追求,担荷苦难。概括而言,顾随的士人情怀与精神表现为:

一是崇敬文章事业,以文学为安身立命之本,顾随在创作各种文体时都怀有非常严肃乃至神圣的态度,认真严谨,一丝不苟,精心结构,表现出对传统士人"立功、立德、立言"观念的认同。

二是关注社会现实,具有高度的爱国精神和坚贞的民族气节。叶嘉莹曾说:"顾先生一生经历了北伐、抗战、沦陷、胜利以及解放,他对国事的悲慨以及对祖国的热爱,常常流露于笔墨之中。"[2]爱国精神在顾随各体裁的创作中都有所体现。1928年发生济南惨案,顾随曾作词哀悼。南京国民政府成立后,他曾作词讽刺。1937年南京沦陷后,他作词寄托悲慨。北平沦陷后,他留在沦陷区,不仅生活艰辛,还遭受精神上的痛苦折磨,明明还生活在北平的土地上,抬眼即可见旧时宫殿的绿瓦红墙,但失去了国民的自由与尊严。这种物是人非之感给他带来沉重的精神压力和心灵痛苦,他所有的诗词剧曲、小说作品乃至诗词评论,以及课堂上讲课,都表现出同一个核心主旨:怀念故国,坚持抗战,期待光复。

三是重视精神修养、淡泊物质,具有浩然的风骨和高远的精神境界。中国的优秀士人重视精神修养,淡泊物质享受。孔子曾说,"士志于道而耻恶衣恶食者,未足与议也""不义而富且贵,于我如浮云",孟子也曾说,"富贵不能淫,贫贱不能移,威武不能屈"。这些言论对历代士人有着人格上的砥砺作用。余英时曾指出:"中国

---

1 赵林涛、顾之京编:《顾随与叶嘉莹》,河北教育出版社2009年版,第21页。
2 叶嘉莹口述,张候萍撰写:《红蕖留梦:叶嘉莹谈诗忆往》(增订本),生活·读书·新知三联书店2021年版,第93页。

知识分子入世而重精神修养是一个极显著的文化特色。"[1]北平沦陷期间，顾随不顾生计困难，只在教会学校教书，辅仁大学素有"抗日大本营"之称，汇聚了一批有骨气的知识人。

顾随持"自觉，觉人；自度，度人"的精神，不是只求自我圆满，而是以自己的学识和精神境界引导更多青年学生突破平庸，追求卓越，实现自我。在教学中，他是一个散发着追求理想热力的人，总是给学生指出向上的道路，鼓励学生积极乐观地追求理想，克服软弱和惰性，认真努力地生活。如他在课堂中说："理想可使人眼光、精神向前向上。"工作，没有它，没有生活；理想，没有它，生活就没有意义。[2]"支撑国家和社会的青年，是中坚，是柱石，不可心浮气粗，要心思周密，而心胸要开阔。"[3]教导青年认清自己在社会中的重要位置，克服心浮气粗的毛病，培养周密的心思和开阔的心胸。"因为生命短促，故须赶快努力。"[4]反复叮嘱青年人珍惜宝贵的时光，努力追求人生的价值和意义。顾随还指引学生正确认识自我，挖掘自身潜能，开发自身天赋，使自己成长、成才。如他说："人各有其长，各有其短，应努力发现自己长处而发展之。"[5]"每个人心灵上都蕴藏有天才，不过没开发而已……自己天才的开发是自己的事。"[6]"天之生'才'不易，一个天才应自己成全自己。"[7]"凡多多少少、大大小小有一点儿才气在身，不见得即天才，而如肯用功的话，在事业上会有所成就。"[8]鼓励学生在正确认识自己才能的基础上，坚定而努力地追求理想，完成自我。这些思想即使置于现在的课堂也并不过时，对当时的青年学子而言该是多么新颖和具有启发性。顾随还具有鲜明的创新精神，他在1946年写给叶嘉莹的信中说："不佞之望于足下者，在于不佞法外，别有开发，能自建树，成为南岳下之马祖；而

1　余英时：《士与中国文化》，上海人民出版社2013年版，第109页。
2　顾随：《顾随全集》卷六，河北教育出版社2014年版，第184页。
3　顾随：《顾随全集》卷六，河北教育出版社2014年版，第15页。
4　顾随：《顾随全集》卷六，河北教育出版社2014年版，第50页。
5　顾随：《顾随全集》卷六，河北教育出版社2014年版，第60页。
6　顾随：《顾随全集》卷六，河北教育出版社2014年版，第106页。
7　顾随：《顾随全集》卷六，河北教育出版社2014年版，第158页。
8　顾随：《顾随全集》卷七，河北教育出版社2014年版，第284页。

不愿足下成为孔门之曾参也。"[1] 顾随的思想对大学时代的叶嘉莹有着直接影响，在叶嘉莹以后的人生和学术道路上也一直起着重要作用，可见士人精神在两代学人之间的传承。

叶嘉莹的士人精神在长期的诗词吟咏与教学中逐渐形成，受到屈原、司马迁、陶渊明、李白、杜甫等古代优秀诗人、作家的影响。她非常敬佩屈原，对屈原有志于培养后辈人才的理想十分认同，曾在词作《水龙吟·题屈原图像》中说："半生想像灵均……待重滋九畹，再开百亩，植芳菲遍。"[2] 她更是敬重杜甫，与其忠爱缠绵的爱国情怀有着强烈的共鸣，曾有"天涯常感少陵诗，北斗京华有梦思"等诗句。古代诗人是她精神上的知音，在对历代优秀诗词的研读中她不断受到士人精神的浸润、感染，吸收其中的智慧和力量，形成与他们相通的士人品格。如她所说："我国古代那些伟大的诗人，他们的理想、志意、持守、道德时常感动着我。""从陶渊明、李杜、苏辛的诗词中看到他们有那样光明俊伟的人格与修养，你就不会丧失你的理想和希望。"[3]

同时，她也从诗词中体会到古代诗人生命的遗憾与理想落空的悲哀，以此反思自己的人生。她欣赏陶渊明"托身已得所，千载不相违"的执着，但她认为"陶渊明的自我完善是消极的、内向的，真正是只完成了自我"，他没有能够带领大家一起飞，她认为这是陶渊明的缺点，而她所要做的是"我既然能飞上去，那么我也要带领大家都飞上去"[4]，此种思想与儒家"兼济天下"的情怀相一致。她也深刻体会到李白一生都生活在寂寞中，寂寞地腾越，寂寞地挣扎，寂寞地摧伤，而终于寂寞地陨落。她也体验到李商隐诗中所经常表现的一种心态，往往是热切地追寻和悲哀地失落，充满了迷惘。她自己在不断反思中醒悟，如何突破千百年来诗人们落空的宿命。反思的结果就是完全放弃小我，将自我的全部投入追求的理想当中，融入诗词文化

1　顾随：《顾随全集》卷九，河北教育出版社2014年版，第251页。
2　叶嘉莹：《迦陵诗词稿》（增订版），中华书局2019年版，第265—266页。
3　叶嘉莹：《沧海波澄：我的诗词与人生》，中华书局2017年版，第127页。
4　叶嘉莹：《好诗共欣赏：陶渊明、杜甫、李商隐三家诗讲录》，生活·读书·新知三联书店2016年版，第43页。

的生命长河之中。

三、叶嘉莹士人精神的内涵

叶嘉莹的士人精神有着一个非常朴素而宝贵的基础,就是她真诚无伪、单纯专一的性情。她曾经说过:"真诚才是一切善德的基础,而虚伪则是一切恶德的根源。"[1] 真诚无伪是理解叶嘉莹的关键。

叶嘉莹的士人精神最为鲜明地表现在她对诗词文化的传承责任和创新使命中。她运用西方的文学理论阐释中国诗词,对词学大力开拓、创新,使中国诗词得以在加拿大等西方国家绽放光芒,为中国古典诗词在世界文化的大坐标中找寻一个适当而正确的位置;她致力于老师《顾随文集》的整理出版,使顾先生的学术在湮没多年之后得以被重新发现;她筹集资金在南开大学建立中国古典文化研究所,设立叶氏驼庵奖学金,晚年又捐献3568万元设立迦陵学术基金,使诗词文化得到大力弘扬。叶先生在2017年12月21日叶氏驼庵颁奖会开展《"心中一焰"——我对后学者的期望》讲座,其中有一段话很值得注意:

> 我早年读过的《刘琨答卢谌诗序》中说:"夫才生于世,世实须才""天下之宝,固当与天下共之"……如果你发现一个有才华的人,那是天下的财宝,你要跟天下人共享,所以我一定要把我所见到的美好的东西传下来。我见过诗词是美好的,我要把诗词传下来,我偶然见到报纸上两个曲子是好的,我要把它传下来。[2]

无论是传承诗词,还是传承曲子,叶嘉莹都表现出一种自觉地以文化传承为中心的士人精神。她申请自费回国教书,不计名利从事教学四十余年,不仅为国内培

---

[1] 叶嘉莹:《迦陵论词丛稿(修订本)》,河北教育出版社1997年版,第10页。
[2] 叶嘉莹讲述,李云整理:《"心中一焰"——我对后学者的期望》,未刊稿。

养了诸多师资人才，还将诗词之美带给人民大众。支持她以传承诗词文化为终身事业与理想的其实是她深沉的爱国情怀。读《迦陵诗词稿》就会发现，自从1949年离开北平南下，她无论是在中国的台湾，还是在美国、加拿大，哪怕她已经定居温哥华，事业有成，但她内心一直有漂泊之感，直到1974年重回祖国大陆的怀抱，才感受到由衷的欢欣与喜悦。所以，对诗词文化的传承和深沉的爱国情怀是叶先生士人精神的重要内涵。

叶嘉莹的士人精神还表现在她对理想中"道"的追求和对完美品格的持守，二者往往结合在一起。她曾说："中国古代读书人理想中的'士'的心总是向好的、向上的、向善的。孔子的道理就是教人怎样提高你自己，怎样完美你自己。"[1]她始终都在孜孜不倦地追求至高至大、至纯至美、至光明至皎洁的精神境界。她把对"道"的追求与诗词传承事业结合在一起，余英时曾说："知识分子以道自任的精神在儒家表现得最为强烈。"[2]这一特点在叶嘉莹的精神中可以得到印证。儒家所强调的"士不可以不弘毅，任重而道远。仁以为己任，不亦重乎？死而后已，不亦远乎"的精神，在她身上有着明显的体现。年已百岁的她已经看透生死，但只要一息尚存就会致力于诗词传承之事业，正是任重道远、死而后已精神的体现。叶嘉莹曾说："我们最终极的目标是一个'道'字，一个最高的理想境界"[3]，她认为执着地追求这一理想境界的过程，也是一种幸福。

叶嘉莹恪守儒家柔顺而坚韧的品德，认为"完美的持守是一种最高的理想"[4]。她的婚姻生活并不美满，但她一直柔顺坚韧地尽到妻子的责任。她的人生多有不幸与悲苦，少年丧母，中年丧女，每一次打击，她都以坚韧来承担。她一直怀有一种担荷苦难的决心和力量，她认为这是一种持守的美德，如她在《一组易懂而难解的好

---

[1] 叶嘉莹口述，张候萍撰写：《红蕖留梦：叶嘉莹谈诗忆往》（增订本），生活·读书·新知三联书店2021年版，第85页。
[2] 余英时：《士与中国文化》，上海人民出版社2013年版，第24页。
[3] 叶嘉莹：《好诗共欣赏：陶渊明、杜甫、李商隐三家诗讲录》，生活·读书·新知三联书店2016年版，第41页。
[4] 叶嘉莹口述，张候萍撰写：《红蕖留梦：叶嘉莹谈诗忆往》（增订本），生活·读书·新知三联书店2021年版，第205页。

诗》中所说：

> 我常以为当一个人遇到悲苦挫伤之时，如果丝毫不做挣扎努力，便先尔自行败馁或甚至因失望与失败，而自加戕贼，这样跌倒下去的人纵使能使人怜悯同情，也是不值得尊敬和效法的；反之，当一个人遇到悲苦挫伤之时，如果能自加勉力，在痛苦的挣扎中依然强自支持，则最后即使也终于失败而倒下去了，这样倒下去的人较之前者，才更富有悲剧感，更有波澜，更有力量，更有德操，更使人同情，也更使人尊敬。[1]

她的人生就是于困境中挣扎与努力而开出的美丽之花，而支撑她度过苦难的正是诗词及其中蕴含的智慧和力量。

叶嘉莹的士人精神还体现在执着坚强的入世态度，对生命价值的追寻和自我完成中。她在《几首咏花的诗和一些有关诗歌的话》中曾说："人生既是短暂无常而又充满了忧苦，那么如何赋予这短暂忧苦的生命以一些意义和价值，我想这正是千古来的'志士'所共同努力的一个目标。"[2]她当时生活很不顺遂，通过诗词屡屡引发对生命价值和意义的叩问。她所追求的是光明、皎洁的品格，是有价值、有意义、充实的人生。她在《从"豪华落尽见真淳"论陶渊明之"任真"与"固穷"》中说："也许四周的黑暗，也曾使他产生过无限的压迫之感；也许踽踽的独行，也曾使他感受到彻骨的寂寞之悲，然而有一点足可自慰的，就是他毕竟没有在黑暗中迷失自己。"[3]她外表柔弱秀美，但内心始终充盈着蓬勃向上的力量。她认为人生的意义不在于虚华的美丽，而在于沉甸甸的果实，在于向上、向善、向美好的追求。她在83岁病愈后的诗作中曾说："但使生机斫未尽，红蕖还向月中开。"[4]只要她还有一息生命，她就

---

[1] 叶嘉莹：《迦陵论诗丛稿（修订本）》，河北教育出版社1997年版，第143页。
[2] 叶嘉莹：《迦陵论诗丛稿（修订本）》，河北教育出版社1997年版，第68—69页。
[3] 叶嘉莹：《迦陵论诗丛稿（修订本）》，河北教育出版社1997年版，第151页。
[4] 叶嘉莹：《迦陵诗词稿》（增订版），中华书局2019年版，第225页。

要像红蕖一样努力地对月绽放，展现她的生机与美丽，发挥她的热力与价值，这种纯洁热烈、坚强执着的精神与杜甫的"葵藿倾太阳，物性固莫夺"相一致，是中国文化传统中至高的一层精神境界。

中国诗词文化中蕴含着丰富的士人精神修养，"诗"与"士"结合在一起，形成一条绵延不断的河流，涵养了中国历代知识人的精神品格，在文化传承中发挥着不可替代的作用。叶嘉莹以真诚与坚韧展现了一种近乎完美的士人精神，既是对传统士人精神的传承和弘扬，也是对传统士人精神的超越和完善。我们应该认识到，士人精神并非封闭、凝固的，而是开放、流动的，与知识人的自觉体悟与心性修养有着密切关系，只要我们的思想能够达到高层次境界，就能具有一定的士人精神。当今学人也应吸收涵养士人精神，自觉地纳入士人精神的传统，承继士人优秀的品格。

第二章

生命体悟与心路历程

第一节

兴于诗

    初学诗与初闻道时，叶嘉莹即有所悟解，少女时代的她宛如杜甫笔下幽居空谷的佳人，"幽居空谷"一方面是指她长期生活在叶家的深宅大院中，几乎与外界相隔绝；另一方面是指她在精神上遗世独立，唯与诗书为伴，以传统的道德礼法自我约束。"佳人"并非一般人所理解的容颜美丽，而是指她有着美好的情怀与品质，富有多情锐感之仁心，对自然万物和社会苍生有一种不能自已的关怀之情。这些美好品质与其家族文化特质以及幼时所受教育相关，统属她进入社会之前的基本素质，是其一生持守的根本，如屈原所说："纷吾既有此内美兮，又重之以修能"，天生的资质和后天的修养，奠定并形成她独特的人格精神。

叶嘉莹曾经谈到中国传统文化思想对人之精神成长的重视，《周易》中有"大人虎变"之说，《庄子》中也有"鲲化而为鹏"的寓言。孔子也曾说："吾十有五而志于学，三十而立，四十而不惑，五十而知天命"，意指人在不同阶段，精神上有一步一步的体悟与提升。叶嘉莹认为，"作为人，你活了一生，总要有不同的精神境界"。[1]她从学诗和闻"道"之初，内心开始产生悟解，在生命历程中，不断省思，逐步发生变化，此过程异常艰辛，宛如松柏历经冰霜却依然苍劲，但对于她本人而言又极为自然，因为她只是在外界生活的逼迫中，在内心"道"的召唤下，出于本能地顺着"天命"和"道"做她应该做的事情，而不是出于任何其他的考虑。

一、闻"道"之初

1924年，叶嘉莹出生在北京察院胡同的叶家大院。叶氏家族是一个遵奉儒家思想的诗礼之家，以正直诚笃为本，长辈们重视礼仪和精神修养，雅爱诗词文学，富有诗人气质与才情。叶嘉莹是父母的长女，承继了家族的文化基因。幼时所受的熏习和教育对她的成长也极为重要，使她的先天禀赋不断被强化。

首先，是关于诗歌的熏习。她自小耳濡目染的就是长辈们的诗词吟诵，自3岁左右开始跟随父亲学认字号，辨识四声，背诵唐诗。幼小的她对诗歌的意思并不理解，但她能感受到诗歌的节奏与韵律，在吟诵中养成了一颗活泼善感、丰富多情的诗心和一种颖悟敏觉的性灵，对诗词的爱好与体悟成为她生命中的一种本能。

其次，是关于传统文化和思想道德的教育。叶氏家族重视传统礼仪，叶嘉莹从长辈们的日常行为中，养成言语有节、举止有度的良好习惯。自6岁起，她正式接受传统思想和文化教育，跟随姨母学习《四书集注》，其中最重要的是学习《论语》。梁启超称《论语》为"二千年来国人思想之总源泉"[2]"国民心理之总关键"[3]，是"以资

---

1 叶嘉莹：《当不羁的天才落入尘世的大网——叶嘉莹讲诗歌之十五：李白的悲剧》，《新华每日电讯·草地周刊》"迦陵课堂"2022年7月8日第14版。
2 梁启超：《读书指南》，中华书局2010年版，第3页。
3 梁启超：《读书指南》，中华书局2010年版，第36页。

修养"的经典之作。请注意，叶家长辈让叶嘉莹学习《论语》的目的，并非只让她了解中国传统儒家文化，而是让她以《论语》中的思想为典范，学习为人的规矩和道理。

梁启超说："《论语》之最大价值，在教人以人格的修养……最要是身体力行……果能切实受持一两语，便可以终身受用。至某一两语最合我受用，则全在各人之自行领会，非别人所能参预。"[1] 幼时的叶嘉莹对《论语》中印象最深刻的话，是关于"道"的论述。年近90岁的她回忆80多年前初学《论语》的体验时曾说：

> 我对于书中所记述的有关人生修养的话，却有一种直观的感动和好奇，比如孔子说"朝闻道，夕死可矣"，我现在还记得当时听到这句话时的震动好奇和深深地被吸引，心中有一种很强烈的冲动。我一直在想"道"是一个什么样的东西啊？怎么有那么大的力量，怎么说早上懂了这个东西，晚上死了都不白活？还有"五十而知天命"，那么知天命是一种什么样的感觉呢？还有"七十而从心所欲，不逾矩"。我当时确实不懂，但这些话确实曾给了我一种震撼，引起了我一种强烈的好奇心。[2]

最触动她内心的"朝闻道，夕死可矣"在《论语·里仁第四》中，其后一则即"士志于道而耻恶衣恶食者，未足与议也"。[3] 她当时不理解"道"究竟是什么，但她明白"道"和衣食无关，属于更高层次的精神追求。另一则触动她的是《论语·为政第二》中的"吾十有五而志于学，三十而立，四十而不惑，五十而知天命，六十而耳顺，七十而从心所欲，不逾矩"，讲的是孔子"精神修养的发展过程"[4]，每个阶段都有精神的变化与提升。幼时的叶嘉莹对"道"有着强烈的好奇心，可见其天性中

---

1 梁启超：《读书指南》，中华书局2010年版，第40页。
2 叶嘉莹口述，张候萍撰写：《红蕖留梦：叶嘉莹谈诗忆往》（增订本），生活·读书·新知三联书店2021年版，第441—442页。
3 金良年：《论语译注》，上海古籍出版社1995年版，第33页。
4 冯友兰：《中国哲学简史》，北京大学出版社2013年版，第47页。

对人生修养有一种本能的追求。钱穆曾经说过："或许是我个人的性之所近吧！我从小识字读书，便爱看关于人生教训那一类话。"[1]这或许是注重心性修养的儒家学人天生的一种共性。

老子曾说："上士闻道，勤而行之；中士闻道，若存若亡；下士闻道，大笑之。"[2]叶嘉莹自幼表现出对"道"的觉解和"勤而行之"的特点，当她对"至圣先师孔子之位"行拜师礼时，内心产生了一种敬畏之感。叶嘉莹回忆说：

> 在我当时幼小的心灵中，确实产生了一种敬畏之感。人不能无所畏惧，什么都可以做，想怎样就怎样。孔子说：畏天命，畏大人，畏圣人之言。这是中国的传统，人是应该有所敬畏的。[3]

孔子之言出自《论语·季士第十六》，原话为："君子有三畏，畏天命、畏大人、畏圣人之言。小人不知天命而不畏也，狎大人、侮圣人之言。"[4]其后面相邻一则是："孔子曰：生而知之者上也，学而知之者次也，困而学之又其次也。困而不学，民斯为下矣。"[5]叶嘉莹在初学《论语》时就懂得敬畏，自觉地接受儒家"君子"的修养标准。对《论语》的学习和悟解，使她逐渐体悟到儒家思想中柔顺而坚韧的美德，自然地成为儒家思想的诚笃践行者，成长为"旧道德"规范中的淑女。

二、植本出蓬瀛

幼时家庭中重视诗礼的文化氛围和对诗歌与《论语》的学习奠定了叶嘉莹以儒家思想为基础的诗人性情。她的童年和少年时代颇为美好，在父亲、母亲等长辈们

1　钱穆：《人生十论》，九州出版社2012年版，第1页。
2　饶尚宽译注：《老子》，中华书局2016年版，第105页。
3　叶嘉莹口述，张候萍撰写：《红蕖留梦：叶嘉莹谈诗忆往》（增订本），生活·读书·新知三联书店2021年版，第38页。
4　金良年：《论语译注》，上海古籍出版社1995年版，第201页。
5　金良年：《论语译注》，上海古籍出版社1995年版，第201页。

的呵护中，安心读书，不闻窗外事。叶宅宁静古雅的氛围和清幽美丽的环境，给了她一个诗性空间，让她沉浸在自己纤细而丰富的精神世界里，庭院中花开花落、流萤来去、秋蝶飞舞、紫菊摇曳、绿竹猗猗，都会引起她情感的波动，触发她活泼的诗心，生发出美丽的诗句。她以敏锐的感觉，多愁善感的心灵，写成一首首真纯自然的小诗。

首先，她凭直觉感受到生命的空幻和短暂。辛弃疾曾经说过："一松一竹真朋友，山鸟山花好弟兄。"叶嘉莹拥有一颗活泼的诗心，她在天真烂漫中与大自然的万物息息相通，一只蝴蝶，一朵花，一个流萤，在她眼中都是有情有觉的生命。《迦陵诗词稿》中最早的几首作品，作于她十四五岁时。一只弱小的秋蝶，引发了她对生命的思考：

几度惊飞欲起难，晚风翻怯舞衣单。三秋一觉庄生梦，满地新霜月乍寒。（《秋蝶》）[1]

美丽而脆弱的秋蝶，在惶恐中努力挣扎，它短暂的生命注定是一场难以逃脱的悲剧，像梦幻一样虚空。面对着无情的自然界，叶嘉莹对秋蝶流露出悲悯之情。她曾说："我也不知道为什么，开口写的就是这样的东西。"[2] "我当时感悟到生命是如此短暂、脆弱。"[3] 人世间的生死无常，使敏锐的她在无形中触及个体生命的本质，如叔本华所说，"生命瞬间存在而终归虚无"。这种感觉在她早年的另一首诗《蝴蝶》中同样有所表现：

常伴残梨舞，临风顾影频。

---

[1] 叶嘉莹：《迦陵诗词稿》（增订版），中华书局2019年版，第5页。
[2] 叶嘉莹口述，张候萍撰写：《红蕖留梦：叶嘉莹谈诗忆往》（增订本），生活·读书·新知三联书店2021年版，第51页。
[3] 叶嘉莹：《沧海波澄：我的诗词与人生》，中华书局2017年版，第22页。

> 有怀终缱绻，欲起更逡巡。
> 漫惜花间蕊，应怜梦里身。
> 年年寒食尽，犹自恋余春。[1]

王国维曾在《咏蚕》中通过蚕来抒发对芸芸众生的悲悯，叶嘉莹却是通过蝴蝶，感受到个体生命的渺小和人生梦幻般的虚空，契合少女细微敏锐的心理。再如《对窗前秋竹有感》：

> 记得年时花满庭，枝梢时见度流萤。而今花落萤飞尽，忍向西风独自青。[2]

对着窗前的秋竹，她想到繁花满庭、流萤点点时，曾体验过繁盛的喜悦和欢乐，而此时花已凋零，萤已飞尽，独剩下秋风中的青青绿竹，对"独青者"怀有不满，对凋零者怀有悲悯。

叶嘉莹虽然沉浸在自我的诗书世界和小天地里，但当时是国家衰弱、动荡不安的时代，她个人的生活不能不受外界影响，并逐渐发生变化。叶嘉莹曾说："我虽不问世事，而世变之来，其及身切肤之痛则有不能逃避者在。"[3] 其中给她留下深刻印象的就是日寇的侵略和国民政府对主权的出卖。她曾说："我到现在仍然记得1935年夏天'何梅协定'的签署，和相继而来的冀东防共自治政府（按：日本侵略军策划的'华北五省自治运动'中扶植的傀儡政权），以及冀察政务委员会（按：国民党政府在日本帝国主义压力下在华北建立的地方行政机关）的先后成立。"[4] 当时她年岁还小，只有11岁，但从家人长辈的言谈中，知道自己生活的土地的主权已然被政府逐步出卖。她更亲眼见到1936年12月9日，"北平大中学校的学生们在爱国抗日的游

1　叶嘉莹：《迦陵诗词稿》（增订版），中华书局2019年版，第8页。
2　叶嘉莹：《迦陵诗词稿》（增订版），中华书局2019年版，第5页。
3　叶嘉莹：《我的诗词道路》，河北教育出版社1997年版，第18页。
4　叶嘉莹：《我的诗词道路》，河北教育出版社1997年版，第18页。

行中,被镇压的大刀队纷纷砍伤的悲惨事件"。[1]最让她印象深刻的是发生于1937年的卢沟桥事变,开学之后她的一些老师突然失踪不见了,历史和地理教科书也一页页被涂改和撕毁。

叶氏家庭的宁静和幸福也不再有了,她的父亲跟随国民政府节节撤退,杳无音信。上海、南京、武汉、长沙,一座接一座的城市沦陷,日本人逼迫他们到街上去欢庆,而她和家人知道父亲就在沦陷的城市随空军作战,心中满是担忧、煎熬、悲愤……她曾经流着眼泪读完老舍的《四世同堂》,因为她亲身经历了那个年代。亡国之痛是她少年时代挥之不去的噩梦,人们不仅遭受精神上的屈辱,也有身体上的冻饿之苦。叶嘉莹经常提及那段屈辱而艰苦的岁月:"不用说粮食,我们当时只能吃混合面,我去上学,走出门来,墙角底下就是冻饿而死的人。"[2]少年的她本有着一颗异于常人的敏锐善感之心,对大自然中万物都怀有一份关怀与同情,何况是冻饿而死的人,这些见闻和经历都给她的心灵投下巨大阴影。在诗中,她本能地表现出对生命的反思和对苍生的关怀,1940年,16岁的叶嘉莹写下一首《咏莲》诗:

植本出蓬瀛,淤泥不染清。如来原是幻,何以度苍生。[3]

莲花有着高洁的出身与自我持守的品性,如来却本是幻象,由此她产生了对佛法的质疑:"我们这些在罪恶、痛苦、困惑之中生活的人类,我们怎样才能得到救赎?"[4]她凭直觉写下的这些诗句,表现出对现实不能自已的关怀之情和仁者之心,预示了她将拥有一颗颖悟和悲悯的心灵。

叶嘉莹表现出此种宝贵的品质,源于她对"诗"和"道"的学习和体悟。她那时最喜爱的诗人是李商隐——敏锐多情,在诗中常常表现出对天下苍生的关怀。叶

---

[1] 叶嘉莹:《我的诗词道路》,河北教育出版社1997年版,第18页。
[2] 赵林涛、马玉娟编:《师者顾随》,河北大学出版社2017年版,第172页。
[3] 叶嘉莹:《迦陵诗词稿》(增订版),中华书局2019年版,第6页。
[4] 叶嘉莹:《沧海波澄:我的诗词与人生》,中华书局2007年版,第27页。

嘉莹对李商隐的诗《送臻师二首其二》记忆很深："苦海迷途去未因，东方过此几微尘。何当百亿莲花上，一一莲花见佛身。"李商隐在诗中将人类苦难的解脱寄希望于佛法上，叶嘉莹却在诗中否定了他，"如来原是幻，何以度苍生"。她一直所接受的是儒家思想，孔子只讲人世间的伦理道德修养，使她表现出不同于李商隐的见解。这首早年的小诗似乎隐藏着她一生的情怀，即以儒家思想为立足之本，致力于今生当下的努力。

三、翠袖单寒人倚竹

叶嘉莹早期的诗词多出于自然的直觉，在无意识中流露出对时光易逝、生命空幻的敏锐感受，隐含着对自然万物和天下苍生的关怀，此外，还有内心对生命之孤独的朦胧体验，以及对自我品格的持守。请看她作于16岁的词《三字令》：

怀锦瑟，向谁弹。掷流年。千点泪，一声弦。路茫茫，尘滚滚，是人间。

抬首望，碧云天。莫凭栏。秋易老，恨难言。月华明，更鼓尽，梦江南。[1]

她少年时代的生活，相对于日后的漂泊辗转，较为平静。但是，在她留下的诗词中并没有一首欢悦之作，这一首词也流露了伤感情绪。几个重要的因素形成词中颇为复杂的感情：其一是她先天的诗人气质和她自小就受到的古典文学训练，使她具有敏锐的感觉、丰富的感情和不凡的写作才能，对初步体验到的生命孤独、时光流逝、尘世悲苦等既能感之，又能写之；其二是动荡战乱的时代环境，她的父亲在大后方的航空公司工作，生死未卜，她在沦陷的北平所看到的种种被压迫和奴役的现象，都成为刺激她幼小心灵的荆棘。但她没有任何改变现状的能力，对于悲惨的百姓和苦难的社会，只能默默流下眼泪，伤感叹息。顾随曾经说："自从读会灵均赋，

---

[1] 叶嘉莹：《迦陵诗词稿》（增订版），中华书局2019年版，第64页。

不爱欢娱只爱愁。"[1]一个人一旦在心灵上将自己与时代相联系，感受到屈原的忧国之心、哀民生之多艰的情怀，就不再会冷漠麻木、无知无识地沉浸在小我的情感当中，而是在无形中承担了家国忧患。

叶嘉莹早年所写的诗词感觉纤细，却流露出博大情怀。但她是一个传统的少女，在她所受的教育中，"治国、平天下"都是男子所做的事情，她能做到的就是坚守自己的品格与心性，写下自己的诗。如她在1941年的《浣溪沙》中所说：

翠袖单寒人倚竹，碧天沉静月窥墙。此时心绪最茫茫。[2]

幽居空谷，倚竹而立，持守自己的高洁品格，却天真烂漫，情思敏锐，诗心活泼，隐含对世变和苍生不能自已的关心，是少女时代叶嘉莹的特征。

---

[1] 顾随：《顾随全集》卷一，河北教育出版社2014年版，第50页。
[2] 叶嘉莹：《迦陵诗词稿》（增订版），中华书局2019年版，第65页。

第二节

人世已拼愁似海，逃禅不借隐为名

"黜陟不知，理乱不闻，自赏孤芳，我行我素"，堪称叶嘉莹大学时代性情的真实写照，虽然她也生活在现实之中，但在精神上游走于尘世之外，始终保持着对现实超然的态度。她沉浸在自我的世界里，注重自己内心敏锐细腻的感受，对外界之事恍若无闻。对于人生，她抱定了积极入世的态度，曾经有高远而又美好的理想，虽然一时不能到达，但她要努力去做，她觉得唯有如此人生才有价值、有意义。

叶嘉莹于1941年考入北平辅仁大学读书，1945年毕业后开始在北平担任中学教师，直至1948年南下，这是叶嘉莹生命中一段重要的经历。17岁，她不幸遭遇母亲去世的悲痛，对于生命空幻有了更深一层的体验。幸而，她遇到了顾随先生，在其影响下逐渐由消极悲观转向积极乐观。

一、失恃之痛带来的生命体悟

叶嘉莹17岁时，母亲玉洁女士腹部患了肿瘤，去天津找西医做手术治疗，因手术感染，在由天津回北平的火车上去世，享年44岁。这是叶嘉莹人生当中遭受的第一次沉重打击，她在悲痛中写下《哭母诗八首》：

噩耗传来心乍惊，泪枯无语暗吞声。早知一别成千古，悔不当初伴母行。[1]

当初母亲去天津手术时，叶嘉莹要求陪着同去，但她刚升入辅仁大学，母亲怕耽误她的学习，坚决不让她去，而是让她的舅舅陪着去。叶嘉莹以为只是暂时离别，过几天母亲就会回来，没想到这一别成了永诀。

幼年时叶嘉莹也经历过外曾祖母去世、祖父去世，但是母亲的离世给了她最刻骨铭心的生死体验。叶嘉莹回忆说："母亲去世后，我感受最强的是一种突然失去荫蔽的所谓'孤露'的悲哀。"[2] 母亲的灵柩停在北平的嘉兴寺中，棺殓时钉子钉在棺材上的声音，犹如钉在她的心上，从此她和母亲生死相隔。她在诗中写道：

瞻依犹是旧容颜，唤母千回总不还。凄绝临棺无一语，漫将修短破天悭。[3]

---

[1] 叶嘉莹：《迦陵诗词稿》（增订版），中华书局2019年版，第10页。
[2] 叶嘉莹口述，张候萍撰写：《红蕖留梦：叶嘉莹谈诗忆往》（增订本），生活·读书·新知三联书店2021年版，第442页。
[3] 叶嘉莹：《迦陵诗词稿》（增订版），中华书局2019年版，第11页。

在悲痛中，她对生命空幻的本质有了更深刻的体悟，认识到人生盛衰、生死聚散的无常。她在《忆萝月·送母殡归来》中写道："解得人生真意，夜深清呗凄凉。"这是她当时对人生凄凉的真实感受。

失去母亲后，幸有伯父和伯母照顾她们姐弟三人的生活，她还能够继续专心读书。失恃带来的痛苦，进一步将她推向自我封闭的心灵世界。她自小生活在深宅大院中，性格矜持，朋友很少，唯有在读书和写作中才能得到心灵的慰藉，以减轻悲伤。她在1942年的《岁暮偶占》中说：

写就新词近岁除，半庭残雪夜何如。青灯映壁人无寐，坐对参差满架书。[1]

她在诗书的世界越行越远，对生命的体悟越来越深，短暂的梦、易散的烟、凋零的花、衰落的叶、明灭的星等，是她此阶段诗词中频繁出现的意象，都含有短暂易逝、伤感凄凉的意味。如：

秋星不似夏星繁。任教明灭有谁怜。（1941年秋《浣溪沙》）
寂寞黄花都老去。是繁华、总归尘土。（1941年秋《明月棹孤舟》）
人怜花命薄。人也如花落。（1942年《菩萨蛮·母殁半年后作》）

二、天才诗人的哲人思致

进入大学的叶嘉莹非常拘谨羞怯，不善言辞，甚至一说话就会脸红，在公开场合很少讲话。她与同学们很少交往，只有几个女性朋友，其中有她的邻居刘在昭。她们在一起时也不像一般女孩子那样互相聊天，而是互相背书。她仿佛有一个独立自主的自我世界，对外界不闻不问。同班的堂兄叶嘉谷曾以"黜陟不知，理乱不闻，

---

[1] 叶嘉莹：《迦陵诗词稿》（增订版），中华书局2019年版，第24页。

自赏孤芳，我行我素"形容叶嘉莹[1]，堪称她大学时代性情的真实写照。她对现实始终保持着超然远离的状态，虽然她也置身于现实生活中，但在精神上游走于尘世之外，她只是沉浸在自我的梦想里，注重自己内心敏锐细腻的感受，对于外界社会政治、官员升降等都不关心，恍若无闻[2]。她在自己的精神王国中，感受宇宙间的大生命、自然四季和万物变化给心灵带来的微妙触动，思索自己觉察到的生命问题。

诗人性情之外，叶嘉莹还表现出一定的哲人气质，她所关心的人生、生命、心灵这些宏大严肃而又缥缈虚无的话题，既无法也难能与常人沟通、交流，她只与诗书为伴，品味内心深处对生命的幽微体悟和由此产生的种种情绪，将它们写为诗。

其一，她感受到生命空幻带来的不可摆脱的伤感。她在《悼皖峰夫子》中写道："列坐春风未匝年，何期化雨遽成烟。从今桃李无颜色，啼鸟声声叫杜鹃。"[3] 半年之前她刚刚在嘉兴寺送别母亲，现在又来到这里送别老师，新悲旧痛一齐涌上心头，使她无限哀愁，更觉人生如烟易散。她又在《春日感怀》中写道：

往迹如烟觅已难，东风回首泪先弹。
深陵高谷无穷感，沧海桑田一例看。
世事何期如梦寐，人心原本似波澜。
冲霄岂有鲲鹏翼，怅望天池愧羽翰。[4]

个人小我难以寻觅的如烟往迹，宇宙间沧海桑田的变幻，都使她有时光易逝、人生如梦之感。难以预料的世事，波澜起伏、瞬息变化的情绪，困扰着她的心灵。她期望自己像鲲鹏一样有冲霄羽翼，超然于尘世之外，可是她没有翅膀，只能怅望

1　叶嘉莹：《我的诗词道路》，河北教育出版社1997年版，第18页。
2　叶先生曾说自己"有一种喜欢蹈空梦想之性格，重视内心之感受，而忽视外在之现实"，"除了读书以外，我对于外在社会之种种现实生活，几乎一无所知，对于与官场政治有关之事务，则尤为厌恶"。叶嘉莹：《我的诗词道路》，河北教育出版社1997年版，第17页。
3　叶嘉莹：《迦陵诗词稿》（增订版），中华书局2019年版，第12页。
4　叶嘉莹：《迦陵诗词稿》（增订版），中华书局2019年版，第17页。

天池，遥想那光明美好的理想境地。

  对于生活，她持一种悲观心态，如她在《浣溪沙》中所写："岂是有生皆有恨，果然无福合无情。"[1] 在《鹧鸪天》中所写："秋莲摇落果何成。人间是事堪惆怅。"[2] 她悲叹秋莲在芳华摇落之后一无所成，人间处处充满惆怅。她正值青春妙龄，也有少女萌动的情思，《拟采莲曲》表现了这种美好情怀，但也难以掩饰她对于青春易逝的忧惧：

  采莲复采莲，莲花何旖旎。艳质易飘零，常恐秋风起。
  采莲复采莲，莲实盈筐筥。采之欲遗谁，所思云鹤侣。
  妾貌如莲花，妾心如莲子。持赠结郎心，莫教随逝水。[3]

  她与莲花一样美丽多情，却唯恐时光流逝，花朵飘零，把一切美好都带走。叶嘉莹的悲观固然是母亲去世、天生锐感等因素所引起，但还有一个直接原因，即当时北平沦陷的生存环境。她的父亲一直在成都抗战，与家中难通音信，直至1946年才回来。在思念父亲的一首诗《咏怀》中，她曾说：

  每欲凌虚飞，恨少鲲鹏翼。苍茫一四顾，遍地皆荆棘。夜夜梦江南，魂迷关塞黑。[4]

  流露出对国土沦陷悲愤无奈的关切之情。她也曾在诗中说，"尽夜狂风撼大城，悲笳哀角不堪听"。日本军人开着吉普车在东、西长安街上横冲直撞，狂歌浪笑的情形给她留下深刻印象。而且，日本军官的眷属强租了她家五座小四合院，她是家里

---

1 叶嘉莹：《迦陵诗词稿》（增订版），中华书局2019年版，第67页。
2 叶嘉莹：《迦陵诗词稿》（增订版），中华书局2019年版，第74页。
3 叶嘉莹：《迦陵诗词稿》（增订版），中华书局2019年版，第36页。
4 叶嘉莹：《迦陵诗词稿》（增订版），中华书局2019年版，第38页。

的大姐,还曾负责到日本宪兵司令部交涉房租[1]。

其二,个人的遭际、家国的破碎,常常引发她内心对历史兴亡和生命价值的思考与追寻。大二、大三时,她将眼光从书斋转向广阔的外界,留下《故都怀古十咏》《故都春游杂录》等多首诗作。在史书记载中,故都北平"草木山川,郁葱佳丽,有霸王之资",但她自幼所见是另一番景象,"风劲沙飞,土硗水恶,黄尘古道,殿宇丘墟而已",使她强烈感受到历史的兴亡盛衰之变,如她在《瀛台》中所写:

台影临波几岁经,秋来摇漾满池萍。槛龙休问当年事,转眼沧桑尽可惊。[2]

她采用比兴寄托的手法,借吟咏太液池、文丞相祠、于少保祠、颐和园、三忠祠、蒯文通坟、将台、黄金台、卢沟桥等地,抒发潜藏在内心对故国的怀念,对亡国奴身份的悲叹,以及对抗日战争胜利的期待之情。

在对历史兴亡的感叹中,她对个体生命的存在价值也有所思考,无形中流露出内心的悲愤激越,如她在《短歌行》中所写:

五陵风雨自年年,莫问兴亡千古事。我今醉舞影婆娑,短歌未尽意蹉跎,敲断吟簪细问他,人生不死将如何,吁嗟乎,人生竟死将如何。[3]

她在《临江仙》中回顾自己十八年来的生活:

十八年来同逝水,诗书误到而今。不成长啸只低吟。枉生燕赵,慷慨志何存。

---

1 叶嘉莹口述,张候萍撰写:《红蕖留梦:叶嘉莹谈诗忆往》(增订本),生活·读书·新知三联书店2021年版,第22页。
2 叶嘉莹:《迦陵诗词稿》(增订版),中华书局2019年版,第27页。
3 叶嘉莹:《迦陵诗词稿》(增订版),中华书局2019年版,第15页。

每对斜阳翻自叹,空阶立尽黄昏。秋来春去总消魂。茫茫人海,衣帽满征尘。[1]

她内心涌动的意欲长啸的豪情,使她对自己只能低吟暗咏颇为不满,但最终还是在自叹、自怜与自赏中,品味自己对生命空幻易逝的感伤之情。她在《昨夜东风来》中写道:

芳草易飘零,春华不常好。奄忽西风至,憔悴谁能保。叹彼世间人,蛮触纷相扰。生寄秒察察,死归不了了。大梦一朝觉,荣名何所宝。[2]

她又在《夜坐偶感》中写道:

人生徒有情,天意终无常。奄忽年命尽,便当归北邙。事业谁能就,千古同一伤。感此不能言,四顾心茫茫。[3]

她当时不足二十岁,对人生却有了如此清醒又悲观的认知。

在初步认识到生命短暂的本质之后,叶嘉莹产生了对人生价值和意义的叩问,时时表现出困惑与迷茫。她在《晚秋杂诗五首其五》中写道:

花飞无奈水西东,廊静时闻叶转风。凉月看从霜后白,金天喜有雁来红。学禅术必堪投老,为赋何能抵送穷。二十年间惆怅事,半随秋思入寒空。[4]

---

1 叶嘉莹:《迦陵诗词稿》(增订版),中华书局2019年版,第70页。
2 叶嘉莹:《迦陵诗词稿》(增订版),中华书局2019年版,第32页。
3 叶嘉莹:《迦陵诗词稿》(增订版),中华书局2019年版,第37页。
4 叶嘉莹:《迦陵诗词稿》(增订版),中华书局2019年版,第42页。

对"学禅"和"为赋"的疑问，对二十年人生的思索，让她感觉空度了人生，表现出对人生终极价值的困惑。她在另一首诗中也说，"禅心天意谁能会，一任寒溪日夜流"。"真正人生的意义、价值、理想，人生的苦难、悲欢……'禅心'谁能理解？"[1]表现出她想要摆脱困境并找到人生出路的思致。

其三，作为一位天才诗人，她的心底始终有一个既庄严又辽远的梦想，她无法也不能与人言说，由此在内心产生一种强烈的寂寞感。她在《晚秋杂诗五首其一》中写道：

鸿雁飞来露已寒，长林摇落叶声干。事非可忏佛休忏，人到工愁酒不欢。好梦尽随流水去，新诗惟与故人看。平生多少相思意，谱入秋弦只浪弹。[2]

时光流逝，季节变换，一切都无法回到从前。心中无法排解的忧愁，难以挽留的美好梦境，写就的新诗唯有给最熟悉的人看，她把内心的理想、向往与追寻，所有美好的情意都谱入秋弦当中，可是又有谁能理解呢？但是她并不求别人的理解与欣赏，因她在此种寂寞中体悟到一种生命的诗意，所以，她"我行我素，孤芳自赏"，对别人和外界的态度并不在意。

叶嘉莹曾经说："一个真正的诗人，其所思、所感必有常人所不能尽得者……更复不为一般常人所理解，所以真正的诗人，都有着一种极深的寂寞感。"[3]作为一位敏锐的诗人，她始终持一颗寂寞心。对寂寞的体验，她在诗词中有时运用宝筝、瑶瑟等意象来表现，如：

此世知音太寥落，宝筝瑶瑟为谁弹。（《再为长句六章仍叠前韵》）
收拾闲愁应未尽，坐调弦柱到三更。（《晚秋杂诗五首其三》）

---

1 叶嘉莹：《沧海波澄：我的诗词与人生》，中华书局2017年版，第55页。
2 叶嘉莹：《迦陵诗词稿》（增订版），中华书局2019年版，第41页。
3 叶嘉莹：《迦陵论诗丛稿（修订本）》，河北教育出版社1997年版，第217页。

有时则直接抒发,如:"心花开落谁能见,诗句吟成自费辞。"[1]"漠漠京华十丈尘。浮生常是感离群,眼前谁是意中人。"[2]

叔本华认为孤独是伟大卓越之人的共同命运,在人群和尘世中,天才总是缺少真正的心灵知音。叶嘉莹的寂寞不是因为离群索居、无人陪伴而产生的,而是因为思致高远超出同侪而无法与世俗相融,属于一种天才诗人特有的生命体验。

三、得睹明朗之天光

在人生困惑中,如何摆脱是一个亟待解决的问题,如她在《鹧鸪天》词中说:"万方多难我何之"。她想努力超越悲观伤感的心态,如诗中所说,"冲霄岂有鲲鹏翼,怅望天池愧羽翰",意欲冲出悲哀的笼罩,飞向理想中光明的天池,但她感觉到自己的渺小无力,又生出无限惆怅。大学的课堂打开了她的眼界和心灵,悄悄改变着她。尤其是顾随先生的出现,像一道光点亮了她的自我,使她看清前行的路,引导她向着理想境地飞去。顾先生受儒、释思想及五四精神影响,向来持有"自觉,觉人;自度,度人"的精神,在诗词讲解中往往融入对人生哲理的思考,引导青年学子乐观坚强、积极向上,这种精神影响到青年时代叶嘉莹的心灵和性情。

顾先生对叶嘉莹在诗词曲创作中表现出的才华非常欣赏,还曾经与她多次诗词唱和,使她在为学与为人方面受到许多启发:

其一,她开始具有独立的思辨能力。叶嘉莹自幼熟读诗词,但是她陷在许多前代的争议和困惑中,读大学时还不具备对诗词好坏的判断能力,而顾先生教她们"读诗必须以心眼见"[3]。所谓"心眼",关键要有独立的思辨精神,这是一种至关重要的能力。而且,顾先生还教给具体可行的方法,以自身真诚的生命体悟为中心进行评赏,同时参以章法、句法、字法,以及文字的"音""形""义"等各种不同的作用,来体会并衡量诗词。这种方法正适合叶嘉莹所具有的锐感特质,使她具有了较高的眼

---

1 叶嘉莹:《迦陵诗词稿》(增订版),中华书局2019年版,第42页。
2 叶嘉莹:《迦陵诗词稿》(增订版),中华书局2019年版,第71页。
3 顾随:《顾随全集》卷3,河北教育出版社2000年版,第12页。

界,开始能够分辨诗词的好坏。叶嘉莹曾说:

> 自上过先生的课以后,恍如一只被困在暗室之内的飞蝇,蓦见门窗之开启,始脱然得睹明朗之天光,辨万物之形态。[1]

顾先生以自身的醇厚学养和精神境界,将她从原来黑暗封闭的认知空间引向光明广阔的世界,达到更高一层的境界。当然,在此过程中,也伴随着叶嘉莹的自省与顿悟。

其二,她体悟到顾先生坚强乐观的担荷精神,开始改变自己多愁的性格。顾先生虽然体弱多病,但在沦陷的北平,却持一种坚强的担荷精神,此种精神在其生活中、诗词曲创作中,以及课堂诗词讲解中都有鲜明体现。叶嘉莹曾说她当时背诵得最熟的是顾先生的《鹧鸪天》:

> 说到人生剑已鸣。血花染得战袍腥。身经大小百余阵,羞说生前死后名。
> 心未老,鬓犹青。尚堪鞍马事长征。秋空月落银河黯,认取明星是将星。[2]

这首词是顾先生的代表作之一,颇能体现其担荷与战斗精神。叶嘉莹说:"受顾先生的影响,我也一改以前多愁善感的诗风,写出了'入世已拼愁似海,逃禅不借隐为名。伐茅盖顶他年事,生计如斯总未更'的诗句,来表达我直面苦难不求逃避的态度。"[3] 从"入世已拼愁似海"可见她抱定坚强入世的决心,要干一番事业才不辜负此生,但又保持自己一贯"逃禅不借隐为名"的超然内心,以出世的精神做入世的事业。

---

1 叶嘉莹:《我的老师顾随先生》,河北大学出版社2017年版,第5页。
2 顾随:《顾随全集》卷一,河北教育出版社2014年版,第75页。
3 叶嘉莹口述,张候萍撰写:《红蕖留梦:叶嘉莹谈诗忆往》(增订本),生活·读书·新知三联书店2021年版,第443页。

叶嘉莹的人生态度由消极悲观向积极乐观的变化,从其《踏莎行》词中也可以看到:"撇开烦恼即欢娱,世人偏道欢娱少。""耐他风雪耐他寒,纵寒已是春寒了。"因为顾先生讲"物转心则凡,心转物则圣",叶嘉莹领悟到"自心"的重要性,只有内心充实丰盈,才能够战胜忧愁烦恼,达到圣者的境界;如果内心总被外物困扰,烦恼增多,欢娱减少,就是凡人的境界。她20岁生日时所作的套曲《正宫端正好》,较为清楚地表现了她对生命的体悟,她在《滚绣球》中说:"想人生能几年。天和寿一任天。尚兀自多求多恋。""争信这人生是幻。长日的有梦无眠。怕的是此身未死心先死,一事无成两鬓斑。有几个是情愿心甘。"[1]人生空幻,但她要努力有所作为,不使生命落空。她在《叨叨令》中诉说自己对美好生活的愿望,希望母亲还健在,能与父亲相见,青春永驻,家家户户能够欢乐。

其三,顾随先生修辞立其诚的创作态度、对诗词的创作兴趣和安身立命的态度、精进不息的创新精神,以及将诗词与人生密切结合的文学思想等,都对叶嘉莹有较大影响。顾先生曾说:

诗是使人向上的、向前的、光明的。[2]
世上都是无常,都是灭,而诗是不灭,能与天地造化争一日之短长。
万物皆有坏,而诗是不坏。[3]

这些诗论使叶嘉莹感受到诗词的价值、意义,以及其中的感发生命与璀璨精华。顾先生不仅自己力求创新,还总是鼓励学生创新、成才,给予叶嘉莹积极的引导和鼓励。

诗为心声,从叶嘉莹大学毕业前的诗词中,可以看到她的心智逐渐变得坚强,心态颇为积极明朗,对未来充满向往。她心中那个高远缥缈的理想也逐渐变得清晰,她在《再为长句六章仍叠前韵其四》中写道:

---

[1] 叶嘉莹:《迦陵诗词稿》(增订版),中华书局2019年版,第100页。
[2] 顾随:《顾随全集》卷3,河北教育出版社2000年版,第142页。
[3] 顾随:《顾随全集》卷3,河北教育出版社2000年版,第8页。

> 莫漫挥戈忆鲁阳，孤城落日总堪伤。
> 高丘望断悲无女，沧海波澄好种桑。[1]

像鲁阳那样挥戈留住太阳是徒然无功的，太阳总是要落下去，使人心生悲哀。言外之意，在有限的时光中，努力有所作为才是最好的办法。她在"高丘望断悲无女"中运用了屈原"忽反顾以流涕兮，哀高丘之无女"的典故，又在"沧海波澄好种桑"中化用了陶渊明的诗句："种桑长江边，三年望当采。枝条始欲茂，忽值山河改。柯叶自摧折，根株浮沧海。春蚕既无食，寒衣欲谁待！本不植高原，今日复何悔！"叶先生解释这首诗时曾说："屈原要为这个世界找一个理想的归宿，一个理想的救赎之策，他找到了吗？虽然他没找到，但何妨从现在做起……我就是要在沧海之中种出桑田来。"[2] 可见她内心对理想的追寻是何等执着、坚定。她表现出的坚强情志，与她唱和的顾先生看得非常清晰，暗自激赏。

大学毕业前，叶嘉莹曾和要好的女伴欢聚，相关诗词也流露出积极入世的人生态度。她在《破阵子》中写道："对酒已拼沉醉，看花直到飘零。便欲乘舟飘大海，肯为浮名误此生。"[3] 这首词受欧阳修"直须看尽洛城花，始共春风容易别"豪放之情的影响。叶嘉莹曾解释说："若是看花，我就要把它真正地看够了，我要彻头彻尾地一直看到它落。尽管它落了，我从头到尾看过它了，也不辜负这一生了。""人生你总要有一个开展"[4]，这是她初入社会时的态度。在《破阵子二首·咏榴花》中，她青春生命中的蓬勃力量彰显了出来，表现了对生命价值与意义的追求和肯定：

> 谁道园林寂寞，榴花煞自红肥。多少春芳零落尽，独向骄阳吐艳辉。
> 神情动欲飞。

---

[1] 叶嘉莹：《迦陵诗词稿》（增订版），中华书局2019年版，第45页。
[2] 叶嘉莹：《沧海波澄：我的诗词与人生》，中华书局2017年版，第53页。
[3] 叶嘉莹：《迦陵诗词稿》（增订版），中华书局2019年版，第86页。
[4] 叶嘉莹口述，张候萍撰写：《红蕖留梦：叶嘉莹谈诗忆往》（增订本），生活·读书·新知三联书店2021年版，第63页。

一种浓妆最好，十分狂态相宜。好待秋成佳实熟，说与西风尽浪吹。飘零未可悲。[1]

她看到榴花的凋零，"坠地依然未有声。有谁知此生。不厌花姿称艳，可怜人世凄清"，但她觉得只要有秋天的果实，花朵飘零并不可悲，生命就是有意义、有价值的。同时，她发出美好的愿望："但愿枝头红不改，伴取筵前樽酒盈。年年岁岁情。"这是青年时代叶嘉莹对未来的畅想。

1945年，大学毕业后，叶嘉莹成为一名颇受欢迎的中学教师，把最难教的男生班都教得很好，受到学生们的喜爱和学校的认可。在个人生活方面，她曾经有过"所思云鹤侣"的美好愿望，但是她所期待的人始终没有出现。姻缘巧合，1947年，她出于同情之心接受了赵钟荪的求婚。1948年春，她离开北平到南京去结婚，准备开始新的生活与人生旅程，北平的亲朋师友都为她送上美好祝愿。顾先生对她的期冀尤为殷切，希望她能成为南岳下之马祖，而不是孔门之曾参，他在《送嘉莹南下》诗中写道：

食茶已久渐芳甘，世味如禅彻底参。
廿载上堂如梦呓，几人传法现优昙。
分明已见鹏起北，衰朽敢言吾道南。
此际泠然御风去，日明云暗过江潭。[2]

顾先生是平津学术界名师，学问、道德都极有分量，他独具慧眼看出叶嘉莹的天分和才情，将她视为起飞的大鹏，对她发扬光大"吾道"充满自信和希冀。但是叶嘉莹南下之后，等待她的未来会是什么呢？

1　叶嘉莹：《迦陵诗词稿》（增订版），中华书局2019年版，第77页。
2　顾随：《顾随全集》卷一，河北教育出版社2014年版，第475页。

第三节
纷吾既有此内美兮

20世纪50年代在台湾,叶嘉莹在生活上和心灵上都饱受折磨,作为一位天才诗人,她依旧青涩、害羞和拘谨,她纯真、高洁的性情在现实生活中不被理解,但她既不愿也不能降格于常人。在苦闷压抑中,她又坚决不肯自诉其苦,只凭一己之力担荷。她在孤寂无助中陷入悲观绝望,曾经否定了理想、否定了真爱,甚至屡次要否定存在的价值与意义,产生过自杀的念头。幸而在诗词的研读中,她找到了倾诉的途径、精神的知音和灵魂的救赎。

一、转蓬辞故土

1948年春离开北平后,叶嘉莹在南京停留了半年多。当时物价每天飞涨,市面一片混乱。短期旅居中,她看透了国民政府的黑暗与腐败,感到痛心失望,曾写有一套曲子《越调斗鹌鹑·一九四八年旅居南京亲友时有书来问以近况谱此寄之》,她在曲中说:"休讥笑陈后主后庭花,可知道下场头须自省。"[1] 她看到宗志黄的两套曲子,一套《南吕·一枝花》写"长衡会战"中百姓在炮火中逃亡的悲惨遭遇;一套《钟馗捉鬼》写国民政府的官员们不顾百姓死活,一味贪婪敛财,百姓们"眼巴巴渴望着河清见,又谁知乱糟糟撺进个恶魔来"[2],借钟馗之口痛骂这些恶魔。她觉得曲中真实地反映了社会现状,遂将它们剪下并珍藏了起来。

1948年11月,叶嘉莹随在海军工作的丈夫赵钟荪到了台湾。1949年春,她开始在彰化女中任国文教师。8月,大女儿言言出生,那时并没有产假,暑假结束后,她就开始上课。12月25日,赵钟荪因"思想问题"突然被抓走,关入监狱。1950年夏,她和怀抱中不足周岁的女儿,与彰化女中校长皇甫珪女士等一起也因"思想问题"被拘留。叶嘉莹被释放出来之后,失去了原来的工作和居所,带着孩子寄居在丈夫姐姐家的走廊里好几个月,晚上只能打地铺,异常艰难酸辛。暑假结束后,她在堂兄的介绍下到台南私立光华中学教书,才重新有了居所。她独自带着女儿生活,等待丈夫回来。

一个年轻秀气的女子,独自带着幼小的孩子,面对同事们的疑惑,她不敢说丈夫在监狱中,只说丈夫工作太忙。她一边工作,一边照顾幼女,同时承受着精神的压力和生活的重担,根本无暇创作,此后的几年时间,只写了一首诗、两首词和一套曲子。

自离开故土,她遭遇了噩梦般的经历,身心完全处于漂泊无依和憔悴疲惫的状态,她在诗中以转蓬形容自己的处境:

---

[1] 叶嘉莹:《迦陵诗词稿》(增订版),中华书局2019年版,第106页。
[2] 叶嘉莹:《迦陵杂文集二辑》,北京大学出版社2020年版,第234页。

> 转蓬辞故土，离乱断乡根。
> 已叹身无托，翻惊祸有门。
> 覆盆天莫问，落井世谁援。
> 剩抚怀中女，深宵忍泪吞。[1]

离开北平仅两年，却恍如隔世，这是她万万没有料想到的。陷入"白色恐怖"，身如飘蓬，老天不管，身边也没有亲友相助，她只能和女儿言言相依为命，自生自灭。在台南，看到异样的风物，她便想到故乡北平，1951年春，她写下一首词《浣溪沙》：

> 一树猩红艳艳姿。凤凰花发最高枝。惊心节序逝如斯。　　中岁心情忧患后，南台风物夏初时。昨宵明月动乡思。[2]

她当时只有27岁，正值青春年华，却是饱经忧患的中岁心情。她心中时时不能忘怀自己的家乡。虽然词中写季节的变换令人惊心，但实际上引发她忧思的是人生的遭际和世事的变迁。离开北平时，她曾经怀有美好愿望，还有师长对她的期冀，准备开始新的生活，但此时，眼看着自己的困厄遭际，生命受到残酷的挫伤，觉得青春过于短促，人生充满遗憾，她感到难过、悲哀。1952年春，她在《蝶恋花》中写道：

> 倚竹谁怜衫袖薄。斗草寻春，芳事都闲却。莫问新来哀与乐。眼前何事容斟酌。
> 雨重风多花易落。有限年华，无据年时约。待屏相思归少作。背人划

---

[1] 叶嘉莹：《迦陵诗词稿》（增订版），中华书局2019年版，第50页。
[2] 叶嘉莹：《迦陵诗词稿》（增订版），中华书局2019年版，第86页。

地思量着。[1]

她还是倚竹独立的那个她，但经历世变，眼前的一切都不复从前，她只是苟延残喘地活着，哪里还能分辨眼前的哀乐，一切都不容斟酌。可是，在偶有难得的闲暇时，她就会想到自己曾经有过的美好理想和梦想，感觉自己的生命，就像王国维《水龙吟》中"开时不与人看，如何一霎濛濛坠"的杨花一样，好像根本不曾开放过，转眼就凋残零落了。[2] 她的青春年华什么都没有完成，就要结束了，这是让她真正悲哀又不甘心的一件事情。那段时间，她总是做同一个梦，梦见自己和同学一起去拜望老师顾随先生，但总是迷失在高大茂密的芦苇丛中，怎样也无法走出去。梦醒了，她依旧沉浸在无限惆怅中，默默承受自己的悲哀，守护着身边熟睡的幼女。

二、天才诗人在现实生活中的矛盾

晚年的叶嘉莹心情平和，沉浸在诗词传承的工作中，她觉得能找到自己的"道"是一种幸福。但是，她在年轻时寻找"道"的漫长过程中，心灵却遭受过很多的磨折。她在讲李白的时候曾经说过："一个天才的诗人，诞生于此蠕蠕蠢蠢的人世间，原来就注定了他寥落无归的命运。"[3] 有的诗人如陶渊明，能够为自己找到栖心立足的天地，有的诗人如李白，却始终处于无所归依的寂寞哀伤中。年轻时的叶嘉莹，在没有找到自己心灵的皈依之前，是否也有过天才诗人的苦恼？从她留下的字里行间，我们可以感受到她当时心灵中的一片孤寂寒冷。她曾说："大抵感觉愈锐敏，感情愈真切，理想愈高超的人，对此种苦闷困惑之感受也愈深刻。"[4]

丈夫在监狱的时候，叶嘉莹一直咬紧牙关，期盼他归来，一家人过团聚安稳的生活，她觉得到那时情况就会好转。1952年，赵钟荪终于回来了。叶嘉莹从台南的

---

1 叶嘉莹：《迦陵诗词稿》（增订版），中华书局2019年版，第87页。
2 叶嘉莹在回忆中说，"每当夜深人静的时候，突然间就又想起了自己曾经有过的梦想、有过的理想"。叶嘉莹口述，张候萍撰写：《红蕖留梦：叶嘉莹谈诗忆往》（增订本），生活·读书·新知三联书店2021年版，第146页。
3 叶嘉莹：《迦陵论诗丛稿（修订本）》，河北教育出版社1997年版，第197页。
4 叶嘉莹：《迦陵论诗丛稿（修订本）》，河北教育出版社1997年版，第77页。

私立中学调到台北二女中，很快又调入台湾大学任教，从中学调任大学，生活看似逐渐稳定下来并有所好转，但对她而言是又一个噩梦的开始。赵钟荪在婚前对她有过颇为热烈的追求，叶嘉莹虽对他没有爱情，但出于同情心，答应了他的求婚。单纯的她没有想过，两人此后在生活中能否和谐相处。婚后，她才发现二人本质上有很多不同。新婚时两人还能较为和平地相处，而分别三年之后，他因为被囚禁而放大了动辄暴怒的性情，对她总是责怨。叶嘉莹是自幼生长于诗礼之家的淑女，整个叶氏家族的人都很知书达理，宁静和睦，她则更具敏锐善感的诗人气质，熟读诗书，矜持自重，柔顺和悦。婚后她努力承担一个妻子的责任和义务，丈夫入狱后又在艰难中独自抚养女儿。现在，她千辛万苦盼到他回来，却遭受他的侵凌和暴力，当他蛮不讲理地咆哮着乱发脾气，粗暴地责难她时，她在心里一次次萌生了死亡的念头，而表面上，她只是逆来顺受。一方面，她接受了以包容忍耐为妇女之美德的旧式教育，对他竭力宽容隐忍，甚至还愧疚没有按照他的要求做好那些琐碎的家庭事务；另一方面，她为了养家必须外出工作，兼任台湾大学、辅仁大学、淡江大学的诗选、词选、曲选等多门课程的讲师，还在电视台、广播电台讲古诗。最多的时候她上午讲三个小时课，下午讲三个小时课，晚上讲三个小时课，回到家后，她实在没有多余的精力与他争论。而且，她还患上了严重的哮喘病，胸部总是隐隐作痛。对于不幸婚姻和命运的逼迫，她没有任何力量反抗，也不肯向任何人诉说，只是默默地担荷。

在她生命中最为痛苦无助的这段时间，难以想象她的身心遭受了怎样的煎熬。1954年至1960年的六年中，她没有留下一首诗词作品，似乎她的心路历程一片空白，但她写的几篇评赏性的文字明显带有自己心灵的投影[1]。在苦难中的研读，使她无形中持有一种"欲于其中觅一解脱之道"的目的[2]，与其说她是在评赏古人的诗词，不如说她是在借古人的诗词抒发自己的生命体悟之情：

1　此指《说静安词〈浣溪沙〉一首》《从李义山〈嫦娥〉诗谈起》《几首咏花的诗和一些有关诗歌的话》《由〈人间词话〉谈到诗歌的欣赏》等。——作者注
2　叶嘉莹：《王国维及其文学批评》，河北教育出版社1997年版，第409页。

其一，她流露出一个天才诗人在现实生活中的无奈和固执的坚持（按：写至此笔者再次为她洒泪），她在《说静安词〈浣溪沙〉一首》一文中说：

> 古人有云："士为知己者死，女为悦己者容。"世之女子，有为取悦于大众而容饰者；有为取悦于一二悦己者而容饰者；然而有佳人焉，幽居空谷，既无悦己者之欣赏，又不甘为取悦于大众易其服饰而步入市区，而愿芰荷其衣芙蓉其裳，遗世而独立，严妆而自赏者……[1]

她表面上是在谈静安词矜贵高洁的特点，实际上是在谈自己的处世态度。幽居空谷，不取悦于世俗，遗世独立，分明是她自我性情的写照。她年届而立，应该比较成熟，但她还是保持着少女时代纯真美好的情怀、独立的人格、高洁的品性，这是她的本质，尽管无人欣赏，备受其苦，但她也坚持自己要好、向上、向善的内美与本质，不会像世俗中的人们去取悦别人。

但是，她高洁的性情与世俗的现实却时时产生矛盾，不被世间的人们所理解。她感觉到自己的性情与凡夫俗世生活格格不入，却在王国维那里找到了知己之感。王国维曾说诗的境界有两种，一种是"诗人之境界"，一种是"常人之境界"，常人境界容易感人，所以在尘世中流传广远，诗人境界则不被常人所理解，但是"既得此诗人之境界焉，而欲降格以强同乎常人，则匪惟有所不屑，将亦有所不能"。[2] 她珍视自己与众不同的性情、才能与品质，绝不愿而且也不能将自身降格为常人，尽管她以诗人的多情锐感为苦，但是如果让她与世俗同流而失掉自己的高洁品性，她更会痛不欲生，所以，她坚决持守自己独特而美好的品质。

更令她痛苦的是她自己对人生的反思与醒觉，如果她是一个无知无识的人，一切的痛苦也就不存在了。问题是她有着内心的醒觉，她不能降低自己内心做"人"

---

[1] 叶嘉莹：《王国维及其文学批评》，河北教育出版社1997年版，第406页。
[2] 叶嘉莹：《王国维及其文学批评》，河北教育出版社1997年版，第407页。

的标准,而她又无力改变眼前的一切。她解释王国维的"可怜身是眼中人"时说:

> 夫彼众生虽忧患劳苦,而彼辈春梦方酣,固不暇自哀。此譬若人死后之尸骸,其腐朽糜烂乃全不自知。而今乃有一尸骸焉,独具清醒未死之官能,自视其腐朽,自感其糜烂,则其悲哀痛苦,所以自哀而哀人者,其深切当如何耶?[1]

她认为此种痛苦是使王国维最终选择以自杀来解脱一切的主要原因,他难以承担醒觉之后清醒而无奈的悲哀痛苦。而他们可以不醒觉吗?不能睁一只眼闭一只眼吗?何必要"众人皆醉我独醒"呢?上天赋予了他们诗人般纯正的性情与哲人般敏锐的品性,他们一旦醒觉,哪里再肯回到无知无识的无生命状态呢,哪里再肯降低自己为人的标准呢?这"标准"在常人眼里是"极高"的,而在他们眼里只是为人的基础而已,所以他们要承担醒觉带来的种种心灵痛苦。

其二,她有着强烈的生命意识,确切地说,她当时对人生有着彻底的悲观态度。她感觉到宇宙间,冥冥中有一个"大生命"存在,在此间,万物都有自己的生命,与人之生命息息相通。她将不同的人生放在一起进行对比,对生命进行各种反省。在《几首咏花的诗和一些有关诗歌的话》中,她借对咏花诗的讨论来抒发自己对生命的看法,从《桃夭》和《苕之华》两首诗,她体会到生之喜乐与生之忧苦是人类最基本、最原始的两种感情。从花朵的凋零中,她看到生命由盛而衰、由衰而灭的残酷事实,是一切生物不可逃避的最终命运,但这只是一种自然状态的生命。她从陈子昂的《感遇》(兰若生春夏)、张九龄的《感遇》(兰叶春葳蕤)中看到另外一种反省自觉的状态,是在认清生命短暂易逝本质之后对生命之价值与人生之理想的理性思考,她说:

---

[1] 叶嘉莹:《王国维及其文学批评》,河北教育出版社1997年版,第410页。

人生既是短暂无常而又充满了忧苦，那么如何赋予这短暂忧苦的生命以一些意义和价值，我想这正是千古来的"志士"所共同努力的一个目标。所以古人有"立德、立功、立言"之说，又有"疾没世而名不称"之叹。或者想到利用此短暂之一生，对彼绵延不已之大生命留些有益的贡献；或者想利用此短暂之一生，为渺小的个人留些不朽的声名。所以多少人在那里孜孜矻矻所努力的，只是想从那必须朽坏的东西中，找出些不朽坏的东西来。[1]

追求有价值、有意义的人生，是她大学时即形成的人生信念，此时却被她悲观的态度否定了。她看到孜孜以求的人们，有幸有不幸，有得有不得；所求未得，生命虚空，是志士们最大的悲哀。她说："针对着这生命价值落空的悲剧，古人又对我们提出了另一个勉励和安慰，那就是人生的理想。"[2]她心中一直怀有对美好理想的追寻，但此时她认为所谓的理想，不过是古人针对生命价值落空的悲剧而产生的一种勉励和安慰，实际上一切都没有真正的价值与意义。

虽然现实的痛苦让她对理想产生了怀疑，但是她又不能完全放弃对生命价值的追求。她从陈子昂"岁华尽摇落，芳意竟何成"中感到生命价值落空的悲哀，从张九龄"草木有本心，何求美人折"中感到追求理想的自得。她自然赞赏后一种境界："每个人只要有其所追求的理想，而且有可以追求理想的自由，便都可以得到这种自得之乐。"她自己也向往"品格操守的高洁坚贞，与追求理想之外无所贪慕的一份自得之乐"。[3]但是，她对此种自得状态持一种可遇而不可求的态度，她更多的是悲观地自我否定和自我怀疑。

她内心充满彷徨和困惑、矛盾和痛苦，此种情绪在解说陈宝琛的两首《落花》诗时流露得更为明显，她不仅感到生命醒觉后的悲哀，还感到人世间处处充满污秽，以及"爱"的虚伪。在孤独、悲哀以及无法解脱的困惑中，她不能改变自己的品格和

1　叶嘉莹：《迦陵论诗丛稿（修订本）》，河北教育出版社1997年版，第68—69页。
2　叶嘉莹：《迦陵论诗丛稿（修订本）》，河北教育出版社1997年版，第69页。
3　叶嘉莹：《迦陵论诗丛稿（修订本）》，河北教育出版社1997年版，第71页。

持守，她觉得唯一解脱的办法就是自杀："对一个疲于生之悲苦困惑的人说来，到此时的唯一愿望，自然只是早日求得一个休息之所了。"[1] 她认为这是王国维自沉的原因（按：她当时认为二首《落花》诗是王国维所写，实际上是陈宝琛所写）。

其三，她怀有一颗寂寞之心。寂寞的心情她在少女时代也有过，但那时她在家人和师长们的庇护中，自得其乐，现在她年龄渐长，真纯的性情并未改变，敏锐的心灵在世道的污秽和家庭的暴力中饱受其苦，但以她沉潜内敛的性格，又坚决不肯自道其苦，只是凭一己之力全力担荷。她在《从李义山〈嫦娥〉诗谈起》中说：

> 我们不得不承认，天之生才确实不同，其思想感情感觉之深浅、厚薄、利钝，真乃千差万别不能强同。一个真正的诗人，其所思、所感必有常人所不能尽得者，而诗人之理想又极高远，一方面既对彼高远之理想境界常怀有热切追求之渴望，一方面又对此丑陋、罪恶而且无常之现实常怀有空虚不满之悲哀。此渴望与不得满足之心，更复不为一般常人所理解，所以真正的诗人，都有着一种极深的寂寞感。[2]

她认为李商隐诗歌中的"偷灵药"是指天生在诗人之境界，虽欲求为常人而不可得的痛苦。她认为诗人多是具有寂寞心的，她将静安先生、摩诘居士与义山相比（按：称呼的差异代表她对他们不同的态度），看到静安先生《浣溪沙》（山寺微茫背夕曛）由寂寞心而生出哲人的悲悯，摩诘居士《竹里馆》由寂寞心而生出修道者的自得，而义山的《嫦娥》则是纯诗人的哀感。她认为静安先生在出世与入世中徘徊矛盾，他怀有出世的向往，却深知不可得，他也有着入世的决心，却对人生和世间怀有悲观厌倦之心，最终生出哲人的悲悯。她认为摩诘居士虽然表现出一种快乐，却只是辟支小果，只是"自了""自救"的"自得"之乐。她表现出对静安先生的尊敬，对摩诘居士的

---

1 叶嘉莹：《迦陵论诗丛稿（修订本）》，河北教育出版社1997年版，第78页。
2 叶嘉莹：《迦陵论诗丛稿（修订本）》，河北教育出版社1997年版，第217页。

疏远，她自己则与义山最为接近，既无得道之心，也无哲人之想，只有深情锐感的寂寞心。在三人中她最尊敬静安先生，静安的诗词中总有一种哲理思致，希望于哲学中求得了悟与解脱，她本人也希望通过此道能得以解脱。

虽然已步入而立之年，但她性情还是矜持羞涩、内敛柔弱，对人生的不幸遭遇实在没有力量化解。叶嘉莹在回忆录中曾说："那时我觉得人生是这样的无常，这样的短暂，这样的空幻，而且充满了悲哀和苦难。"[1]她甚至失去了活着的勇气，想来一个悬崖撒手式的了断。叶嘉莹承认那时屡次想过自杀："我真的认真地考虑过，想来想去觉得煤气是最好的，没有什么痛苦……不过我没有那样做，我还是很坚强的，因为我有孩子，有责任。"[2]在自杀的边缘，拯救她的最后一线光明源自她的母性，这或许是她作为一名女性诗人不同于男性诗人的根本之处。男性诗人可以不考虑家庭、孩子，只考虑国家、社会、君臣，为了自己的理想和信仰，可以义无反顾，十分决绝地为"道"而选择结束生命，比如屈原、王国维等，但是叶嘉莹作为一位母亲首先考虑的不是自己，而是孩子。此种温柔的母性担当使她有一种韧性，她最终选择了坚强、忍辱负重地活，而不是一死了之。

三、不损儿辈欢乐之趣

叶嘉莹在生活中宁可自己受苦也不肯伤害他人，在教学工作中也不愿自己的苦难和悲哀心情影响青年人的乐观进取之志意。作为一名教师，她要对学生负责任，她喜欢并敬畏自己的职业，去上课时总要保持师者的尊严，眼泪、愁苦、烦恼都被掩藏起来。她不仅在外表上保持一贯的愉悦平静，在课堂上也总是精神饱满、神采飞扬。台湾大学毕业生吴宏一回忆在大一课堂上见到叶嘉莹的情形：

---

[1] 叶嘉莹口述，张候萍撰写：《红蕖留梦：叶嘉莹谈诗忆往》（增订本），生活·读书·新知三联书店2021年版，第299页。

[2] 叶嘉莹口述，张候萍撰写：《红蕖留梦：叶嘉莹谈诗忆往》（增订本），生活·读书·新知三联书店2021年版，第301页。

当她第一次面带微笑款款走进教室……仿佛见到在水一方的伊人,正从《诗经·秦风》中走来,仿佛见到降兮北渚的帝子,正从《楚辞·九歌》中走来。当她站立在讲台上,又觉得她像杜甫诗中日暮倚修竹的空谷佳人。[1]

他的同学们也有同样的感受,但他们都不知道这位从诗词中凌波而来的佳人,时时在世俗的丑恶和夫权的侵凌中挣扎。在睡梦中,她经常梦见自己陷入遍体鳞伤的弥留境地,或是梦见多年前已经逝世的母亲来接她回家,或是梦见丈夫在打她的两个女儿,她则拼命保护她们……这是她最难为外人道的家事,而不幸的婚姻却是她整个人生中重要的一方面,既是伴随她一生的伤疤,又是促成她成为叶嘉莹的隐秘因素。

在研读中,她一直在寻求生命的救赎与心灵的出路,当学生向她索稿时,她出于不损儿辈"欢乐之趣"的责任心,写下一篇具有乐观鼓舞性质的文稿《谈诗歌的欣赏与〈人间词话〉中的三种境界》,这种责任心在无形中帮她完成了自赎和自救。在文中,她梳理了自己的心迹,她说"望尽天涯路"者,可视为摆脱了少年幼稚的耽溺蒙蔽以后,对广远境界的追求寻觅和期待;"择一固执殉身无悔"的操守却不是常人都可有的,而既经择定之后,便当"生死以之""造次必于是,颠沛必于是",她甚至想到韩偓的诗"此生终独宿,到死誓相寻",这是顾随先生在课堂上讲过的,她清晰记得。她试图借助诗词中坚定执着的精神走出悲观绝望的心态,努力从现实的泥潭中超拔出来。

---

[1] 陈洪主编:《叶嘉莹教授九十华诞暨中华诗教国际学术研讨会纪念文集》,中华书局2017年版,第555页。

第四节
从"清者"到"任者"的转变

20世纪60年代,叶嘉莹潜心于诗词教学和学术研究,俨然以"清者"为人生追求。她是一个追求完美品格的持字者,珍重自己高洁坚贞的内在美。通过对李白、陶渊明、杜甫、王国维等诗人深入系统地研读和反思,叶嘉莹不但进一步认识了自我,也认识到文学的社会作用,以及学术的价值与意义。在反思王国维人生悲剧的基础上,她意识到要避免王国维式的悲剧。她不仅承继了王国维的学术思想,还承继了他用世的理想和志意。

1961年至1965年，叶嘉莹在台湾大学任教，生活看似平稳，内心却一直悲苦。一方面是之前遭遇的"白色恐怖"留下的创伤和阴影，另一方面则是有着难以言说的心灵之苦。叶嘉莹曾说：

> 第二次打击对我其实是最重的，它几乎影响了我的一生……那时我已远离家人师友，身在台湾。我先生被海军拘捕死生未卜，当我经过拘审带着女儿从警察局出来以后，不仅没有一间可以栖身的"敝庐"，而且连一张可以安眠的"床席"也没有。这还不算最大的痛苦，其实最大的痛苦是来自我于先生本身的问题。[1]

天壤之悲是叶嘉莹始终隐藏在心头的痛，虽然她也曾提及自己婚姻的不幸，在诗词中感叹"从来天壤有深悲，满腹辛酸说向谁"，但要真正理解她心灵上遭受的创伤和打击，还需仔细体会她此阶段撰写的诗文，才能隐约窥见。

一、水逝云飞负此心

面对不堪的生活和悲苦的心境，她或许想努力改善，或许想淡然超脱，可现实总是粉碎她的美梦，她每天必须面对夫权的压迫和沉重的工作。她本来对人生怀有美好的希冀与愿望，但她的心在日复一日的失望中受到极大的挫伤。1961年至1965年，她偶尔重拾诗笔，留下五首诗，虽然多是一时写情绘景之语，也略可看到她流露的情绪，有时是对如梦似幻前尘往事无处可寻的忧伤，有时是想找一个世外仙境使自我从现实中解脱出来的痴想，有时是理想落空却又难以放弃的悲哀。她在1964年所作的《读〈庄子·逍遥游〉偶成二绝》中写道：

---

[1] 叶嘉莹口述，张候萍撰写：《红蕖留梦：叶嘉莹谈诗忆往》（增订本），生活·读书·新知三联书店2021年版，第443页。

> 天池旧约誓来归，六月息居短梦非。野马尘埃吾不惧，云鹏何日果南飞。
> 孤池绝海向云开，欲待飞鹏竟不来。一自庄周寓言后，水天寥落只堪哀。[1]

《庄子》中的大鹏象征着精神的自由无待，顾随先生在赠别诗中曾说，"分明已见鹏起北，衰朽敢言吾道南"，以大鹏暗喻她过人的才华与美好的前程。叶嘉莹在惶恐中也曾想过努力不辜负老师的重望，但坎坷的生活遭际使她挫伤，在沉重的生活压力下，还何谈美好的梦想，何谈精神的自由。就像鹏鸟从来没有起飞过一样，当初美好的约定与期待只是悲哀地落空而已。同年所作的《南溟》，同样寓有一种落空之悲：

> 白云家在南溟水，水逝云飞负此心。
> 攀藕人归莲已落，载歌船去梦无寻。
> 难回银汉垂天远，空泣鲛珠向海沉。
> 香篆能消烛易尽，残灰冷泪怨何深。[2]

或许她是在无心中写下这首诗，却在无意识中流露了内心难以言说的哀怨之情，诗的每一句都包含着一个美好的愿望，而最终都是失望的、无法挽留的、难以挽回的结局，不由使人联想到她生命受到挫伤的失意与美好愿望落空的悲哀。

二、"清者"

叶嘉莹人生的转机始于1966年左右。这一年她出版了一本重要的著作《杜甫秋兴八首集说》，这是她花费很大功夫才完成的一本纯学术著作，表现出了独立的思辨精神，奠定了她在学术中前行的扎实基础。同一年，她被台湾大学交换到美国密歇

---

[1] 叶嘉莹：《迦陵诗词稿》（增订版），中华书局2019年版，第51—52页。
[2] 叶嘉莹：《迦陵诗词稿》（增订版），中华书局2019年版，第52—53页。

根州立大学担任客座教授。她的丈夫和父亲也都表示高兴并支持，她带着两个女儿走出了狭小的家。1966年至1967年，叶嘉莹先在密歇根州立大学任客座教授，1967年至1968年，受海陶玮教授（James Robest Hightower）的邀请到哈佛大学任客座教授。随着从原来幽闭的环境走向海外，叶嘉莹逐渐从深悲极怨的心境中走了出来。早年大学毕业时她曾有过积极入世的态度，但到台湾之后，经历过"白色恐怖"的迫害，她对用世的志意存有一定戒心。不幸遭遇使她觉得世间污秽险恶，遗世独立、坚守清白才是读书人的最佳选择。

在海外教书的几年，叶嘉莹潜心于诗词教学和学术研究，俨然以"清者"为人生之追求。她以自身生命体悟发现诗词中隐藏的生命，也借诗词展现出自己充沛的生命光彩。她细致深微地看到李白内心的矛盾："虽然常以其不羁之天才，表现为飞扬高举之一面的飘忽狂想；而在另一方面，太白却也有着不羁之天才所感受到的一份挫伤折辱的寂寞深悲。"[1]她对诗人的寂寞悲哀深有感触，同时钦慕杜甫与李白的知己情谊，"于外表的相异之下所蕴含的一份生命与心灵上的相通"。[2]

如何摆脱寥落无归的命运，是她心中始终思考的一个问题。她觉得陶渊明是一位智者，能在寂寞悲苦中，以一己之智慧找到栖心立足的天地，而李白全然是一个赤裸裸的天才，无所栖迟荫蔽，除了暂时得到麻醉和遗忘的一杯酒之外，没有任何自我安顿和排遣的方法。找到栖心立足之寄托是叶嘉莹当时的一种追寻。她说：

> 我常想，一个人假如果然能在此一人世间，寻求到任何一件足可使人寄托心灵交付感情的事物，而值得甘愿受其羁束，如韦庄《思帝乡》词所云"妾拟将身嫁与一生休"者，原都不失为一件幸福美好的事。[3]

那样，一个人的心灵、感情以及生命就可以为此全力付出，不再徘徊、犹疑和

1　叶嘉莹：《迦陵论诗丛稿（修订本）》，河北教育出版社1997年版，第192页。
2　叶嘉莹：《迦陵论诗丛稿（修订本）》，河北教育出版社1997年版，第192页。
3　叶嘉莹：《迦陵论诗丛稿（修订本）》，河北教育出版社1997年版，第198页。

彷徨。但她觉得此寄托绝对不能是外物,尤其不能与政治相关,像李白那样有着强烈的为世所用之心志,拯物济世之情怀,又不甘于生命之落空,最终却折辱于现世,尤可悲哀。她认为李太白这一只鹏鸟,在一生的腾跃挣扎之后,折翼挫伤了,所以在《临终歌》中发出了"大鹏飞兮振八裔,中天摧兮力不济"的悲吟[1]。怀有浪漫狂想的天才诗人李白,却终身腾跃挣扎于种种失望与痛苦之中,理想落空,令她觉得无限惋惜。

在研读中,她时时流露出对陶渊明的赏爱,在《从"豪华落尽见真淳"论陶渊明之"任真"与"固穷"》一文中,她认为陶渊明最可贵的修养在于:

> 他有着一种"知止"的智慧与德操。在精神上,他掌握了"任真"的自得;在生活上,他掌握了"固穷"的持守,因此他终于脱出了人生的种种困惑与矛盾,而在精神与生活两方面都找到了足可以托身不移的止泊之所。[2]

她认识到陶渊明具有一种超强的悟解能力,对于各种思想与修养的汲取,只在于适性与自得,"适性"指但取适合于自己之天性,"自得"指果然有得于心的一份受用。她说:

> 渊明的天赋中,似乎生而具有着一种极可贵的智慧的烛照,他能摆落一切形式与拘执,自然而然地获致到最适合于他自己的一点精华。这种天赋,使他能把自任何事物中汲取所得,都化为了足以添注于其智慧之光中的一点一滴的油膏,而这盏智慧之灯,则仍是完全属于他自己的所有,而并不可也不必归属于任何一家。[3]

---

1 叶嘉莹:《迦陵论诗丛稿(修订本)》,河北教育出版社1997年版,第212页。
2 叶嘉莹:《迦陵论诗丛稿(修订本)》,河北教育出版社1997年版,第146页。
3 叶嘉莹:《迦陵论诗丛稿(修订本)》,河北教育出版社1997年版,第148页。

叶嘉莹所说的其实是一种以自由独立精神为核心的感悟能力和自我创造能力，此种能力在王国维、顾随等学人身上都有所体现。叶嘉莹意识到此种能力，说明她自身的感悟和自我创造能力也在逐渐彰显。

她认为在陶诗中，糅合着仁者哀世的深悲与智者欣愉的妙悟，她从中找到坚持的力量和自我的圆融，已经不再是以前那个悲苦青涩的小女子了。她说：

> 如果真有一个手中执着智慧之明灯的人，则他必然会从这黑暗而多歧的世途中，找到他自己所要走的路。也许四周的黑暗，也曾使他产生过无限的压迫之感；也许踽踽的独行，也曾使他感受到彻骨的寂寞之悲，然而有一点足可自慰，就是他毕竟没有在黑暗中迷失自己。自渊明诗中，我们就可深切地体悟到，他是如何在此黑暗而多歧的世途中，以其所秉持的、注满智慧之油膏的灯火，终于觅得了他所要走的路，更且在心灵上与生活上，都找到了他自己的栖止之所，而以超逸而又固执的口吻，道出了"托身已得所，千载不相违"的决志。[1]

她是在说陶渊明，却有自己的心影，她何尝不是走过了这样一段坎坷的路途，何尝不是在独行中感受彻骨的寂寞，何尝不是在黑暗中坚守自己的一盏灯火。在对陶渊明诗歌和生命的反思中，她逐渐找到了让自己心灵栖迟的立足之地，努力担荷自己的生活，尽自己一份教书育人的责任，享受自己研读和写作的乐趣，对于政治之事她绝口不谈，对于社会上的事她也不予以太多关注，她只要在诗词的世界里自足自乐就很好。

三、独陪明月看荷花

1967年至1968年，叶嘉莹在哈佛大学时，留下两首词和四首诗。在台湾的时候，

---

[1] 叶嘉莹：《迦陵论诗丛稿（修订本）》，河北教育出版社1997年版，第151页。

她不曾忘记北京的旧家。来到哈佛大学之后，她更是经常想起北京。她在《鹧鸪天》中说：

> 寒入新霜夜夜华。艳添秋树作春花。眼前节物如相识，梦里乡关路正赊。
> 从去国，倍思家。归耕何地植桑麻。廿年我已飘零惯，如此生涯未有涯。[1]

离开祖国越远，她对家乡的思念越深。离开北京后的二十年时间，她的内心始终有着漂泊的情怀。她常与一些华裔友人聚会，对故乡的思念是不言而喻的。身处西洋文化当中，她越发感受到中国传统文化的可贵。她在《一九六八年春张充和女士应赵如兰女士之邀，携其及门高弟李卉来哈佛大学演出昆曲〈思凡〉〈游园〉二出，诸友人相继有作，因亦勉成一章》中写道："梦回燕市远，莺啭剑桥春。弦诵来身教，宾朋感意亲。天涯聆古调，失喜见传人。"[2] 她从昆曲表演中想到了北京。

可是身在哈佛大学的她内心并不安定，面临着聘期结束后何去何从的问题。1968年，她写下《一九六八年秋留别哈佛三首》，其一说：

> 又到人间落叶时，飘飘行色我何之。
> 日归枉自悲乡远，命驾真当泣路歧。
> 早是神州非故土，更留弱女向天涯。
> 浮生可叹浮家客，却羡浮槎有定期。[3]

她将两个女儿留在美国读书，自己按照约定回台湾大学继续教书。这本是一个不错的计划，但她的丈夫赵钟荪在美国很快失业。她一个人在台湾工作，无论如何

1　叶嘉莹：《迦陵诗词稿》（增订版），中华书局2019年版，第88页。
2　叶嘉莹：《迦陵诗词稿》（增订版），中华书局2019年版，第53页。
3　叶嘉莹：《迦陵诗词稿》（增订版），中华书局2019年版，第54页。

也无力支付一家人在美国的费用,生活再次陷入困顿。

1969年,叶嘉莹只好再次申请赴美,却被拒签。无奈的她在海陶玮教授的帮助下,辗转到了加拿大的不列颠哥伦比亚大学(University of British Columbia)亚洲学系,此过程充满酸辛。身处加拿大温哥华的异域风光,她在《异国》中写道:

> 异国霜红又满枝,飘零今更甚年时。
> 初心已负原难白,独木危倾强自支。
> 忍更为家甘受辱,寄人非故剩堪悲。
> 行前一卜言真验,留向天涯哭水湄。[1]

初到加拿大,在不列颠哥伦比亚大学任教时,她颇觉不畅的是用英语讲解诗词。她在《鹏飞》中说:

> 鹏飞谁与话云程,失所今悲匍地行。北海南溟俱往事,一枝聊此托余生。[2]

之前无论是在北京,还是在台南、台北,她用中文讲课都爱"跑野马",自由发挥,与学生们总有心灵相通的乐趣。而现在她要用生硬的英文给洋学生讲中国诗词,能够照本宣科就不错,谈何自由发挥,所以她觉得自己就像失志的大鹏在地上匍匐爬行一样。北京她早就回不去了,台湾现在也回不去了,她无路可退,只能留在温哥华。

对于用英文教书的困难,她咬牙克服,晚上查英文字典备课,白天还挤出时间去旁听英文课程。没想到,学生们对她所讲的课十分感兴趣。只经过三个月,学

---

1 叶嘉莹:《迦陵诗词稿》(增订版),中华书局2019年版,第115页。
2 叶嘉莹:《迦陵诗词稿》(增订版),中华书局2019年版,第115页。

校就对她十分认可,给了她终身教授的聘书,这在北美几乎是绝无仅有的。漂泊多年,叶嘉莹终于在温哥华稳定下来。她在《梦中得句杂用义山诗足成绝句三首》中说:

　　换朱成碧余芳尽,变海为田夙愿休。总把春山扫眉黛,雨中寥落月中愁。

　　波远难通望海潮,朱红空护守宫娇。伶伦吹裂孤生竹,埋骨成灰恨未销。

　　一春梦雨常飘瓦,万古贞魂倚暮霞。昨夜西池凉露满,独陪明月看荷花。[1]

第一首诗的前两句是她梦中所得,"换朱成碧余芳尽,变海为田夙愿休"表现了芳华的离去,愿望的落空。后两句借用李商隐的诗句,"总把春山扫眉黛,雨中寥落月中愁"。虽然芳华已过,愿望也落空,但是在寂寞悲哀中,她的持守没有改变,依然坚持自己美好的品性。

第二首的前两句亦是梦中所得,"波远难通望海潮,朱红空护守宫娇"。虽然我所期待、盼望、追寻的理想如此之遥远,但是我的意念、我的品格、我的坚持、我的操守没有改变。后两句借用李商隐的诗句,"伶伦吹裂孤生竹,埋骨成灰恨未销"。音乐家伶伦找到一支用最好的竹子制作而成的竹笛,用生命、血泪吹出真情的笛声,却没有人听见,那种孤寂、遗恨,埋骨成灰也不会消失。

第三首,前三句都是李商隐的诗句,最后一句是她自己梦中所得。"一春梦雨常飘瓦",代表心中一种美好的梦想和追求。"万古贞魂倚暮霞"表现一个人的持守和

---

[1] 叶嘉莹:《迦陵诗词稿》(增订版),中华书局2019年版,第117页。

品节，像西天的晚霞，高远、灿烂，万古都不会改变。"昨夜西池凉露满，独陪明月看荷花"，不管在什么样的寒冷境界，她仍然坚持自己的追求与向往，独自与明月相伴，持守心灵中那一朵出淤泥而不染的荷花。

诗中表现了自爱与自守之德操，从中可以看到，叶嘉莹是一个追求完美品格的持守者，在孤独寂寞中，仍珍重自己高洁坚贞的内在美，不能有丝毫玷污。生活中叶嘉莹有种种坎坷、辛酸和烦恼，但她始终保持自己一贯的向上的态度，不向命运和世俗妥协。她认为完美的持守是一种最高的理想，无论人际的另一方行为如何，无论命运的遭际如何，自己的持守都不应该改变。

四、"任者"

就在叶嘉莹坚持做一个"清者"的时候，她的学术道路却渐渐发生了变化。在与海陶玮教授合作后，叶嘉莹参加了1967年在百慕大岛举办的中国文学国际会议，提交了英文论文《谈梦窗词的现代观》（*Wu Wen-Ying's Tz'u: A Modern View*），受到海外汉学家们的注意。贞女岛的国际汉学会议，也邀请叶嘉莹参加，她开始撰写第一篇正式的文学理论文章《对常州词派比兴寄托之说的新检讨》，自此逐渐从对诗词本身的体会欣赏转向对文学批评的研析，由感性写作转向理性写作，她本人的思想也在学术研究中发生了转变。

由原来的"清者"转变为后来的"任者"，是叶嘉莹人生中最为关键的一步，意味着她由原来"独善其身"的小我走向了"以天下为己任"的大我，成为一位真正意义上的"士"。影响她产生变化的因素是多方面的，如叶氏家族文化中的担当精神一直潜藏在其心中，大学时期顾随先生曾经以"自觉，觉人；自度，度人"的精神启发她。此外，给予她较为直接影响的一个人则是王国维。叶先生曾说："在1970年暑期，我来到哈佛，当时是抱着对'清者'之品格持守的景仰，开始我对静安先生之研究的。"[1]

---

[1] 叶嘉莹：《我的诗词道路》，河北教育出版社1997年版，第17页。

王国维一直是叶嘉莹崇敬的词人和学者，因为性情多有相似之处，她与王国维总有一种"心有戚戚"的心灵相通之感，在对王国维深入系统的研读中，她与他进行了心灵之间的深度对话。在分析王国维的人生与性情时，她融入了自己对人生的感受和体会。叶嘉莹曾说：

> 读者如果留意，就会发现我在本书（按：指《王国维及其文学批评》）第一章论及静安先生之性格时，对其知与情兼胜之禀赋、忧郁悲观之天性及追求理想的执着精神，都不仅只是客观的分析而已，同时还流露有一种钦迟仰慕的心意。这可以说是旧日之我的一贯的性格和心情。然而我的转变却也正是从这一年逐渐开始的。[1]

王国维的性格，其一是具有知与情兼胜的禀赋，此种禀赋使他在学术方面表现为天才，也使他在现实生活中备受感情与理智相矛盾的痛苦折磨。他以天生的深情锐感，对外界人世有着一种不能自已的关怀之情，又对现实社会的罪恶痛苦有着深入的观照和感触，在现实生活中常徘徊于去之既有所不忍，就之又有所不能的矛盾中，遂在彷徨之中时时遭遇理想破灭的悲哀。而且因为他沉潜忠厚的性格，又不肯自诉悲苦，心灵上遭受了一般人所难以理解的异常磨折。

其二是忧郁悲观的天性，喜欢追索人生终极问题。王国维眼中的人世，"除了充满生存意志之欲以外，其罪恶与痛苦乃是全然没有救赎之望的"[2]，这让他陷入彻底的痛苦和绝望当中，没有救赎的办法和希望。

其三是具有追求理想的执着精神。王国维执着地追求心中至真、至善、至美的理想，这种对理想的追求是一种天生不能自已的禀赋，"生而具有的对于至崇高、至完美之境界的一种认知与向往的天赋"，"而其一生之为学与为人所表现的也便正是

---

[1] 叶嘉莹：《我的诗词道路》，河北教育出版社1997年版，第17页。
[2] 叶嘉莹：《王国维及其文学批评》，河北教育出版社1997年版，第13页。

他自己对这种理想的追求与持守"。[1] 叶嘉莹认为王国维一生不慕荣利，唯以追求真理为目的，有着超然于功利及政治的理想。但是，他又以其深情锐感对人世深怀悲悯之心。所以，他的学术研究一方面想为自己的人生困惑求得解答，为自己内心的痛苦求得安慰；另一方面又想为人世求得拯拔救赎。他认为"从事文学、哲学及美学之研究乃是提高人民知识、复兴民族精神的唯一途径"[2]，在"为己"之学中寄托了"为人"的目的。

虽然叶嘉莹在性情上与王国维有多种相似之处，但二者也有极大的不同：

其一，叶嘉莹有着极强的悟解能力。她认识到王国维痛苦的根源和局限，一是来自他天生所秉有的矛盾性情，二是来自他所处的多乱多变的时代，"在一己之学术研究中，却又不能果然忘情于世事，于是乃又对于学术之研究，寄以有裨于世乱的理想"[3]，最终走向以自杀结束一生的悲剧结局。

其二，叶嘉莹有着坚强的意志。她在生命最为艰难的阶段已经否定了自杀，她坚决不赞成自杀式的悲剧人生。她认为不被困难打倒和击败，不负美好的生命和年华也是一种坚强持守。她不仅意识到要避免王国维式的人生悲剧，而且意识到要避免中国历代文人传统的悲观哀怨的困窘心态。

其三，叶嘉莹的智慧还在于对王国维进行理性反思之后，努力在此基础上做进一步的摆脱和超越。通过对王国维文学观念的研读，她深刻了解到文学在现实社会中的价值和意义。王国维在《文学与教育》中说："至古今之大著述，苟其著述一日存，则其遗泽且及于千百世而未沫。……何则？彼等诚与国民以精神上之慰藉，而国民之恃以为生命者。"[4] 她注意到王国维对世事的关心，以及欲通过学术以挽救危亡的理想。王国维在《国学丛刊》序文中的一段话，给她留下极为深刻的印象：

1　叶嘉莹：《王国维及其文学批评》，河北教育出版社1997年版，第13—14页。
2　叶嘉莹：《王国维及其文学批评》，河北教育出版社1997年版，第28页。
3　叶嘉莹：《王国维及其文学批评》，河北教育出版社1997年版，第30页。
4　叶嘉莹：《王国维及其文学批评》，河北教育出版社1997年版，第28—29页。

> 夫天下之事物，非由全不足以知曲，非致曲不足以知全，虽一物之解释，一事之决断，非深知宇宙人生之理者不能为也……故深湛幽渺之思，学者有所不避焉；迂远烦琐之讥，学者有所不辞焉。事物无大小，无远近，苟思之得其真，记之得其实，极其会归，皆有裨于人类之生存福祉，己不竟其绪，他人当能竟之，今不获其用，后世当能用之，此非苟且玩愒之徒所与知也。学问之所以为古今中西皆崇敬者，实由于此。凡生民之先觉，政治教育之指导，利用厚生之渊源，胥由此来，非徒一国之名誉与光辉而已。[1]

王国维坦诚地道出学者的责任与担当、学术的价值与意义，激起叶嘉莹内心潜藏的"士以天下为己任"的文化基因。事实上，在中国的文化传统中，无论是孔子、孟子式的"圣之任者"，还是陶渊明式的"圣之清者"，都同样有着对天下的关怀，只不过前者勇于担当"兼济天下"，而后者在无奈中"独善其身"。

叶嘉莹原来以为文学是超然的，她自己也只想做一个超然于世外的学人，但是通过研读王国维，她开始了解中国近现代历史。"对于凡有关中国近百年来革命和蜕变之过程的任何记述，都开始有了阅读兴趣。"[2] 而最终的结果是她对中国共产党人的认同，叶嘉莹说：

> 我对于共产党的救民的理想和艰苦卓绝的经历，竟然越来越加感动和敬佩起来。因此也就逐渐认识到我过去所钦仰欣慕的，惟知"独善其身"而以"清者"自命的想法和生活，是一种怯懦和狭隘的弱者的道德观；文学和艺术的创作，也决不能脱离历史和环境的局限而超然自存。[3]

---

1 叶嘉莹：《我的诗词道路》，河北教育出版社1997年版，第24页。
2 叶嘉莹：《我的诗词道路》，河北教育出版社1997年版，第19页。
3 叶嘉莹：《我的诗词道路》，河北教育出版社1997年版，第19页。

她认识到了自己的不足，自觉地承继了王国维的遗志，加入"任者"的行列。在学术上表现为对词学的开拓，在西方理论的观照之下努力为词学开辟新的道路，为中国诗词在世界文化坐标中寻找一个适当而正确的位置。而在学术探索的背后，则是她承继了王国维及历代诗人们心中怀有的，却没有机会实现的对天下苍生的关怀之志。但同时，她严格持守"清者"的高洁品性，以"清者"的品性，做"任者"的事业，这是她的独特而卓绝之处。

第五节

一朝天外赋归来

父亲客死海外,加深了叶嘉莹对祖国的思念。漂泊近30年之后,她终于回到了魂牵梦绕的故都,见到了阔别多年的亲人,在精神上找到了自己的根本,实现了夙愿。大女儿与女婿的双双罹难,使她在痛苦中重新认识生命空幻的本质,进一步探寻生命的价值与意义。在悲伤心境中,她决定将余生献给中华诗词传播事业,努力由小我走向大我,以此度过生命中不堪承受的困厄。

20世纪70年代是叶嘉莹在思想上逐渐发生转变的关键阶段，学术上受到王国维及各种西方文论的启示之外，生活中发生的几件大事也影响到她思想的变化。

一、老父天涯殁

1969年，叶嘉莹历经艰辛，终于在不列颠哥伦比亚大学安定下来，并接来她的老父亲。叶廷元先生英文很好，很快就适应了加拿大的生活。虽然在海外有亲人可以相依，但她的内心总是有着对故乡亲人和师友的深切思念。年底，叶嘉莹刊刻了《迦陵诗词稿》，在序言中尤其表明了对顾随先生和伯父的感念之情，她说：

> 羡季师于诗歌之赏析，感锐而思深，予嘉莹之启迪昭示极多，而对嘉莹之期许寄望尤深，嘉莹亦未尝不以致力于旧诗词之写作为兴趣与志愿之所在。[1]

但后来的人生遭际远远超出她的想象，如她所说："人事多变，自民国三十七年底渡海来台，二女先后出生，既不得不忙于舌耕为糊口之计，而所遇之忧患艰危，更有决不为外人知且不可为外人道者，碌碌余生，吟事遂废。"[2] 这是她能够说出来的表层原因，实际上还有许多难以言说的深层原因，导致她无暇吟咏。

另外，时代文化风气之变也影响到她的诗词创作，如她所说：

> 近年来西方文艺现代思潮之日新月异，嘉莹既于旧诗词陷溺已深，难以自拔，虽欲追随现代，乃力有所不能，而又性耽新异，对于完全局囿于旧格律之写作，似亦已心有所不甘，因之遂绝笔不复存吟咏之念。唯是早岁之习染已深，偶尔因情触景，亦仍时有一二诗句偶或涌现脑中，则亦唯有任其自生自灭。[3]

---

[1] 叶嘉莹：《迦陵诗词稿》（增订版），中华书局2019年版，第340页。
[2] 叶嘉莹：《迦陵诗词稿》（增订版），中华书局2019年版，第340页。
[3] 叶嘉莹：《迦陵诗词稿》（增订版），中华书局2019年版，第340—341页。

可见她在新旧与中西文化之间所受到的影响，20世纪60年代她的诗词作品确实不多，但整理旧作启发了她对诗词意义的认识和体验。她说："年来往返海内外，每检箱箧，时睹旧稿，则羡季师评改之手迹犹新，而伯父狷卿翁之音容笑貌，亦恍如仍在目前。"[1] 对她而言，诗词具有穿越时光、储存记忆的作用。她说：

> 年华空逝，往事难寻，偶一翻阅旧作，则当年故都老屋，家居在学之生活，点点滴滴，都如隔世，而追怀伯父狷卿翁及羡季师对嘉莹教诲之殷，期望之切，更未尝不衷心自疚，愧无能报……聊以忏悔一己之老大无成……[2]

她在诗词中感受到过往时光的真实存在，觉得诗词可以弥补流逝的年华，是幻灭时光的痕迹。

叶嘉莹难以抑制对祖国亲人的眷念之情，廷元先生同样也怀有对祖国的深切思念，在《迦陵存稿续跋》中说："睹其在此抗战时期所作诗稿，时有真性情流露字里行间，是皆家兄狷卿公及顾羡季先生之诱导提掖所致，至今感念，难以一刻忘怀。"[3] 他心怀对中国传统诗词文化的热爱，很支持叶嘉莹写作诗词，他说："今日时下青年之有旧学修养者日少，此稿问世，或可略见故都古风之一二乎！"[4] 廷元先生曾致力于航空科技和翻译，留存下来的文艺作品很少，在此短短的跋文中可见他对"真性情"的推崇，父女二人有着相同的文艺精神。

1971年，廷元先生突发脑出血，不幸在温哥华逝世，享年81岁。这对叶嘉莹来说是人生当中的又一次打击。父亲去世之后，她追忆起父亲坎坷艰难的一生，以及父女之间在感情上相依为命，却缺少语言交流的遗憾。迎养父亲到加拿大之后，丈夫赵钟荪还总是与她发生争吵，家中并不和睦幸福，给父亲的居住条件不便于他活

---

[1] 叶嘉莹：《迦陵诗词稿》（增订版），中华书局2019年版，第341页。
[2] 叶嘉莹：《迦陵诗词稿》（增订版），中华书局2019年版，第341页。
[3] 叶嘉莹：《迦陵诗词稿》（增订版），中华书局2019年版，第343页。
[4] 叶嘉莹：《迦陵诗词稿》（增订版），中华书局2019年版，第343页。

动等，也让她深怀愧疚。她在《父殁》中写道：

老父天涯殁，余生海外悬。更无根可托，空有泪如泉。昆弟今虽在，乡书远莫传。植碑芳草碧，何日是归年。[1]

父亲对她而言，既是肉体的血脉之源，在一定意义上也是思想上的精神之源。父亲在的时候，她在精神上还有所维系。父亲不在了，她感觉到精神血脉的割裂，内心生起强烈的孤寂与漂泊之感，加深了她对祖国的思念。

老一辈师长的相继谢世，也给她的心灵带来极大震撼。1972年，许世瑛先生（字诗英）在台湾去世。许先生曾经租住在叶家外院，戴君仁也常来看望他。在叶嘉莹的心理和感情中，"总觉得这两位老师与我青少年时代的生命，有着一种特殊密切的关联"。[2] 在台湾时，她多次受到许先生等人的照顾和帮助，许先生逝世后，她在温哥华写了一首长诗《许诗英先生挽诗》，其中有着对自己生活经历的回顾：

年前老父天涯殁，兰死桐枯根断折，更从海上哭先生，故都残梦凭谁说。欲觅童真不可寻，死生亲故负恩深，未能执绋悲何极，更忆乡关感不禁。[3]

父亲的离去使她缺少了精神上直接的依托，所以她说"兰死桐枯根断折"，师长的离世又加深了她精神上的伤痕，而故都始终是她和父亲、师长共同的根，归国是她心灵深处不能忘却的梦。

---

[1] 叶嘉莹：《迦陵诗词稿》（增订版），中华书局2019年版，第116页。
[2] 叶嘉莹口述，张候萍撰写：《红蕖留梦：叶嘉莹谈诗忆往》（增订本），生活·读书·新知三联书店2021年版，第153页。
[3] 叶嘉莹：《迦陵诗词稿》（增订版），中华书局2019年版，第126页。

二、一朝天外赋归来

叶嘉莹在加拿大对国内的情况时时关注，1970年加拿大与中国建交，1973年，她开始申请回国，并见到了中国驻加拿大的大使章文晋和张颖夫妇。同一天，她竟然在大使馆遇到了辅仁大学的同学史树青，他恰好在古文物展览的访问团中。史树青与她是辅仁大学的同班同学，同时受业于顾随先生。而且史树青是和顾先生联系颇为密切的一位学生，可以想见她的意外欣喜之情。在张颖夫人的介绍下，叶嘉莹读了浩然的《艳阳天》，又阅读了《红星照耀中国》等著作，看了这些书她非常感动，她觉得"共产党人为了理想艰苦奋斗真是不容易，他们爬雪山、过草地真是不简单"，[1] 所以，她对共产党产生了极强的认同感，这种认识进一步增强了她回归祖国的信念。

1974年，叶嘉莹不顾台湾当局的反对，终于回到了魂牵梦萦的故都北京。这是阔别26年之后的回归，她在《祖国行长歌》中说：

卅年离家几万里，思乡情在无时已，一朝天外赋归来，眼流涕泪心狂喜。银翼穿云认旧京，遥看灯火动乡情，长街多少经游地，此日重回白发生。[2]

虽然北京城发生了很多变化，叶氏故居也被许多外人居住，变成了一个大杂院，但是弟弟们都在，家的感觉还在，她说：

西单西去吾家在，门巷依稀犹未改，空悲岁月逝骎骎，半世蓬飘向江海。入门坐我旧时床，骨肉重聚灯烛光，莫疑此景还如梦，今夕真知返故乡。[3]

回到家，她喜的是看到弟弟弟妹身体康健，而且都为人民教师，侄儿侄女茁壮

---

[1] 叶嘉莹口述，张候萍撰写：《红蕖留梦：叶嘉莹谈诗忆往》（增订本），生活·读书·新知三联书店2021年版，第249页。
[2] 叶嘉莹：《迦陵诗词稿》（增订版），中华书局2019年版，第128页。
[3] 叶嘉莹：《迦陵诗词稿》（增订版），中华书局2019年版，第128页。

成长，可谓人丁兴旺；悲的是老一辈亲人纷纷离世，父亲客死异国，再不能享儿孙满堂的天伦之乐，她所思念的伯父伯母早在20世纪50年代就去世了。她说："所悲老父天涯殁，未得还乡享此儿孙乐，更悲伯父伯母未见我归来，逝者难回空泪落。"她把在中国台湾和北美经历过的灾难岁月、辛酸生活等，都一一讲给家人们听。感慨之余，更多的还是欣喜。

此次回国，叶嘉莹随旅行社参观了大寨、红旗渠、南泥湾、延安等革命根据地，亲眼见到了宋立英等劳动模范，感受到新中国的新气象，以及人民当家作主人的欢欣，她在诗中说："千年帝制兴亡史，从此人民做主人。"大寨人民齐心协力、艰苦奋斗的精神令她敬佩不已，她在诗中写道：

老少同心夺胜利，始知成败本由人。三冬苦战狼窝掌，凿石锄冰拓田广，百折难回志竟成，虎头山畔歌声响。[1]

她将眼前的新中国和几十年前的旧中国相比，觉得新中国建设相当有成绩，一切都令她连连赞叹，使她的心灵受到洗涤，如她在诗中说，"万千访客岂徒来，定有精神蒙洗涤"。但是，她也看到一些"批林批孔"的大字报，感受到"文化大革命"的氛围，觉得没有希望回来工作了，颇为遗憾。

三、更哭明珠掌上珍

回到加拿大，叶嘉莹把自己的所见所闻讲给朋友们听，还应不列颠哥伦比亚大学和哈佛大学之邀进行过几次演讲，她的心情颇为激动欢欣。此时，她实现了多年的归国夙愿，工作与生活都颇为顺遂，尽管不幸的婚姻还是她的心头之痛，但她也习惯了这难以改变的事实。随着她在教学和科研上的成功，人们逐渐发现了她的才能，给予她尊敬，由原来称她赵夫人，改称她为叶教授。家庭方面，女儿们很让她

---

[1] 叶嘉莹：《迦陵诗词稿》（增订版），中华书局2019年版，第130页。

欣慰。早在两年前，大女儿已经结婚。1975年，小女儿也结了婚，她们的生活都很幸福。1976年，叶嘉莹从温哥华到美国参加一年一度的亚洲学会会议，先顺路在加拿大多伦多看望了大女儿，又到美国费城看望了小女儿，这真是她人生中难得的欢娱时刻。她觉得自己艰苦一生，把家人都安排得好好的，两个女儿都有了归宿，自己也拿到了不列颠哥伦比亚大学的终身聘书，再过几年退休了，就可以帮助女儿带孩子，当一个外婆，享受生活之乐……

可是，就在她精神上暂得片刻欢愉的时候，命运之神却毫不留情地给了她狠狠一击。噩耗传来，她的大女儿言言与女婿永廷竟然在一次外出旅游中遭遇车祸，双双罹难去世。她在《哭女诗》中说：

噩耗惊心午夜闻，呼天肠断信难真。何期小别才三日，竟尔人天两地分。[1]

无常的黑暗再次袭来，痛不欲生中，她并不能无所顾忌地大哭一场，还要保持理智和冷静，以家长的身份强忍悲痛赶到多伦多料理后事。等处理完相关事务之后，她才能把自己关在屋内，沉浸在悲痛中，舐舐自己鲜血淋漓的伤口。早年她和幼小的言言相依为命的情景还历历在目，长大后言言既懂事，又聪明，不仅承继了叶氏家族的文学基因，而且勇敢能干，可以独当一面，但随着无常的到来，一切都化为虚空。失去至亲的悲痛一齐涌向叶嘉莹的心头：

哭母髫年满战尘，哭爷剩作转蓬身。谁知百劫余生日，更哭明珠掌上珍。[2]

面对无常，她所拥有的只是诗，她出于本能以诗歌来治疗自己的伤痛。之前就有过的人生幻灭之感，再次包围了她：

---

[1] 叶嘉莹：《迦陵诗词稿》（增订版），中华书局2019年版，第135页。
[2] 叶嘉莹：《迦陵诗词稿》（增订版），中华书局2019年版，第136页。

万盼千期一旦空，殷勤抚养付飘风。回思褟褓怀中日，二十七年一梦中。[1]

在悲痛当中，她对人生产生了一种"痛哭吾儿躬自悼，一生劳瘁竟何为"的疑问。此时的她已经52岁了，不再是失去母亲时的17岁稚嫩少女，也不再是沉浸在深悲极怨中的30岁青涩女子，她已经具有独立的思辨精神与较强的决策能力。

作为具有锐感哲思的诗人，痛苦在她心灵上产生的烙印比普通人更加尖锐深刻，但痛苦的结果不是让她消极悲观、怨天尤人，而是让她在擦干眼泪之后，在不能自已的悲痛当中，对生命本质有了再次的思考与认识。叶嘉莹曾说：

> 其实我从20世纪50年代开始，内心一直是悲苦的，多少年来都是如此。一个人其实也很奇怪，可能一定是真的受到很沉重的打击，痛苦到了极点的时候，你反而有了一种觉悟，才真正会把自己投向更广大更高远的一种人生境界。古人说物必极而后反，也许正因为我的长女言言夫妇的去世给了我一个最沉重的打击，所以使得我在极痛之余，才有了一种彻底的觉悟。[2]

经过这次打击，叶嘉莹形成了一种对人生的态度："以无生之觉悟为有生之事业；以悲观之体验过乐观之生活。"[3] "无生之觉悟"即对生命幻灭本质的觉悟，认识了这一点之后在有限的人生中做自己的事业，以生命必将幻灭的悲观心境来过乐观的生活，认真、努力、热烈、严肃地生活，一分一秒都不放过，使生命有价值、有意义，不留下遗憾。

在悲苦中，诗词给予了她一线希望。就在言言去世的那一年，江青反革命集团

---

1 叶嘉莹：《迦陵诗词稿》（增订版），中华书局2019年版，第136页。
2 叶嘉莹口述，张候萍撰写：《红蕖留梦：叶嘉莹谈诗忆往》（增订本），生活·读书·新知三联书店2021年版，第450页。
3 叶嘉莹口述，张候萍撰写：《红蕖留梦：叶嘉莹谈诗忆往》（增订本），生活·读书·新知三联书店2021年版，第450页。

倒台,"文化大革命"结束。1977年,叶先生再次回国探亲,看到了祖国的复兴气象。她发现:"虽然经历了'文化大革命'对中国传统文化的破坏,但还是有那么多人喜欢中国的古典诗词。这使我对自己未来的人生有了新的期待和寄托,我发现我还可以回国教我喜欢的诗词,我还可以把我继承下来的一些传统回报给自己的国家。这对我是一个很大的支持和鼓励,是我从悲苦中走出来的一个心理过程。"[1] 在此艰难的转变过程中有几种支撑她的深层因素:

其一,是她对生命虚幻本质的再次认识,以及对人生价值与意义终极问题的再次思考。人生的价值与意义究竟何在,如何安放自己的心灵和生命,如何度过自己有限的人生?此问题是理解叶嘉莹的一个结穴。她在《向晚二首》中写道:

向晚幽林独自寻,枝头落日隐余金。渐看飞鸟归巢尽,谁与安排去住心。

花飞早识春难驻,梦破从无迹可寻。漫向天涯悲老大,余生何处惜余阴。[2]

通过前面对其少年时代、青年时代、中年岁月的探寻,我们已经看到,她性情高洁而内敛,在精神上一直保持独立并有所追寻,她所追寻的并非某一具体目标,而是人生的终极价值与意义。之前,在陶渊明等诗人的启示中,她持守"清者"的品格,以为已经找到了心灵栖迟的立足之地,但痛失爱女贤婿,使她发现原来所谓的立足之地是那么脆弱,遂又陷入人生的痛苦、追寻与思索当中。"向晚"指她人生已近晚年,"独自寻"指她作为个体生命对人生归宿未曾停止过的追寻,是对人生意义的思索,她该如何交付自己的一生,完成自我的生命;"枝头落日隐余金"既是眼前所见之景,又暗示了她年龄已大,美好年华已悄然逝去,只剩下有限的余晖可以发挥作用;"渐看飞鸟归巢尽",飞鸟都找到了各自所认为的理想归宿;"谁与安排去

---

[1] 叶嘉莹口述,张候萍撰写:《红蕖留梦:叶嘉莹谈诗忆往》(增订本),生活·读书·新知三联书店2021年版,第450页。

[2] 叶嘉莹:《迦陵诗词稿》(增订版),中华书局2019年版,第151页。

住心",而她却还在徘徊寻觅中,是一直留在加拿大,还是回归祖国发挥余热呢?

她在早年时既以诗人的敏锐和哲人的思索,窥探宇宙与人生的本质,而命运对她不断的打击更加深了她对生命本质的认识,如她在《向晚二首》其二中所说,"花飞早识春难驻",如花朵一样美好的生命终将陨落,如春天一样美好的时光也终将逝去,它们都短暂地寄存在宇宙中。宇宙间美好而多情的生命,曾经有过许多美好、芬芳而热烈的梦想,对梦想的追求和希冀使生命充实,努力以行动实现梦想是对短暂生命的抚慰,犹如花朵凋零后留下的一个果实,蕴含着生命的价值和意义。如果不付诸行动,那些美好的梦想就会一一破碎,不仅梦想再也无迹可寻,曾经有过美好梦想的生命又去哪里追寻呢?寄存在宇宙间的这个美好生命,它最终是要实现自己的梦想而圆满无憾地离去,还是一无所成而凋零陨落呢?叶嘉莹通过对"梦破从无迹可寻"的认识产生一种觉醒——当有一个梦想的时候一定要努力去实现它,这样才能让人生不留遗憾。"漫向天涯悲老大,余生何处惜余阴",留在海外,只能一任年华流逝,沉浸在自我的悲苦中,消磨宝贵的余生,她想在有限的生命中充分发挥自己的作用,做更有价值、更有意义的事情。

其二,是她内心深处对祖国的热爱与关怀。她在《临江仙》词中曾说:"叶落漫随流水,新词写付谁看。惟余乡梦未全删。故园千里外,休戚总相关。"[1]时光如流水不可挽留,有限的生命像树叶一样终会陨落,她的内心总有着孤独感和对故乡深深的牵念,北京虽然远在千万里之外,但家中的消息总牵动着她心底的哀乐,这是个人与家国之间一种天然联系。《向晚二首》写成之后,叶嘉莹收到国内友人来信,国家建设的消息令她振奋,她做出了人生中最重要的一次决定,向中华人民共和国教育部寄出志愿回国教书的申请!她在《再吟二绝》其二中写道:

海外空能怀故国,人间何处有知音。他年若遂还乡愿,骥老犹存万里心。[2]

---

[1] 叶嘉莹:《迦陵诗词稿》(增订版),中华书局2019年版,第261页。
[2] 叶嘉莹:《迦陵诗词稿》(增订版),中华书局2019年版,第151页。

她在海外几十年，饱受了漂泊、思念、孤独之苦，现在兴起了强烈的还乡愿望，渴望以老骥伏枥志在千里的精神，为国家作出自己的贡献。叶嘉莹的性情本来偏于沉潜内敛，诗词也多悲苦之音，但以诗词报效祖国的梦想激发了她性情中发扬激进的一面，诗词也随之表现出英姿勃发之气，如：

读书曾值乱离年，学写新词比兴先。历尽艰辛愁句在,老来思咏中兴篇。[1]
构厦多材岂待论，谁知散木有乡根。书生报国成何计，难忘诗骚李杜魂。[2]

从中可以看到她的思想、性情与诗风的转变。她承继了历代爱国诗人的精神与品格，怀着一份热情而浪漫的狂想，以自己之所学报效国家，无形中将小我的生命融入中华诗词文化的生命长河之中，由此获得了精神生命的新生。在她的词中，这种生命的觉悟也有所表现，如《采桑子二首·旅途有闻而作》：

我生一世多忧患，惆怅啼鹃。长恨人间。逝水东流去不还。　　忽闻西水能东调，移去高山。造出平原。始信人间别有天。

儿时只解吟风月，梦影虽妍。世事难全。茹苦终生笔欲捐。　　而今却悟当初错，梦觉新天。余烬重燃。试谱新声战斗篇。[3]

"逝水东流去不还"是自古以来诗人们的心头之痛，叶嘉莹向来也是沉浸在消极悲伤的情绪中。但在旅途中，她屡次听到新中国成立以来西水东调、移高山、造平原等典型事件，使她对新时代的拼搏奋斗精神非常认同。她自幼耽溺吟咏，惯于以诗词抒发自己对人生和宇宙的感悟。原来她以"清者"自居，不问政治，不理世事，

---

[1] 叶嘉莹：《迦陵诗词稿》（增订版），中华书局2019年版，第156页。
[2] 叶嘉莹：《迦陵诗词稿》（增订版），中华书局2019年版，第157页。
[3] 叶嘉莹：《迦陵诗词稿》（增订版），中华书局2019年版，第257页。

只立足于小我的持守和小家的担当。随着美好的梦想纷纷被现实无情打破，她了悟到自己的狭隘，她要抛弃之前那个小我与旧我，感觉到另一种新的生命气象，像重燃的灰烬，努力再放光芒，开启新的生命。

其三，自身的体悟与觉醒之外，时代精神的影响也是不可忽略的重要因素。叶嘉莹始终有一颗敏锐颖悟的心，1977年夏，回国探亲时，她看到童怀周编选的《天安门诗抄》，不禁被感动得多次流下泪来，她强烈地感受到新时代的精神与力量，感受到新时代的诗人与传统的诗人大不一样：

> 不再是悲观，不再是绝望，不再是贾宝玉式的悬崖撒手，也不再是陶渊明式的退隐或王国维式的自杀，而是联合起来向邪恶的势力斗争。……他们的血泪，他们的勇气，他们的愤怒，他们的斗争精神，却明白地表现出来，中华民族真正从历史久远的封建腐化的心态下，有了彻底转变和觉悟的一种新生……这种心态的转变，才是中国革命所获得的最大的成功，也是中国未来的最大希望。[1]

叶嘉莹受到新时代精神的鼓舞，成为大时代影响下发生转变的一分子，此种转变竟然使她不愿再回到以前悲观绝望的心境甚至作品中去，使她最终没有完成关于王国维写作计划中的第三部分。在《对"红楼梦评论"一文的评析》中，她就认识到中国旧传统的文人士大夫的感情心态多局限于悲观哀感的困窘之中，自己也不例外，但她意欲改变这种心态。在研读王国维时，她认识到王国维的悲剧一方面是自身性格所造成，另一方面是黑暗混乱之时代所造成，而她身逢一个全然不同于以往的新时代，要做出与前代诗人不同的选择。

---

[1] 叶嘉莹：《我的诗词道路》，河北教育出版社1997年版，第21—22页。

第六节
故我变新吾

申请志愿回祖国大陆教书,将小我投入诗词教育事业之后,叶嘉莹逐渐从悲苦的心境中解脱出来,体验到生命中盎然的春意,获得了精神的新生和源源不断的力量。

叶嘉莹在性情上原属于沉潜敛抑一型，少发扬激进，但是，自其思想发生了变化，志愿回祖国教书之后，她的性格以及诗词的风格都较以前大有不同，表现出发扬激进的一面。

一、喜见枝头春已到

叶嘉莹志愿回归祖国教书的申请得到批准，自1979年3月教书以来，她获得了人生中难得的喜悦，诗词中也出现了不同以往的新气象与新体验。且看《绝句三首》其一：

五年三度赋还乡，依旧归来喜欲狂。榆叶梅红杨柳绿，今番好是值春光。[1]

她从少年时代至中年时代的诗作，从来没有表达过如此欢欣喜悦的生命体验。她来到天津时，还有大地震过后的断壁颓垣，但是她从中欢喜看到春意："喜见枝头春已到，颓垣缺处好花妍。"[2] 水上公园普通的一花一草令她欢喜："最喜相看如旧识，珍丛开遍刺梅花。"[3] 赴成都杜甫草堂参加学术会议更让她欢欣："作别天涯花万树，归来为看草堂春。"[4]

不仅春色，秋光同样也让她欢愉。吴大任校长送她一盆菊花，她在诗中说："千古雅人相赠意，喜看佳色伴秋来。"[5] 她的欢欣愉悦还来自对知己之情的体验，她在赠陈贻焮教授的诗中说："新词赠我沁园春，感激相知意气亲。"[6] 又在赠缪钺先生的诗中说："庄惠濠梁俞氏琴，人间难得是知音。"[7] "纵然飘泊今将老，但得瞻依总未迟。"[8] 漂

1　叶嘉莹：《迦陵诗词稿》（增订版），中华书局2019年版，第152页。
2　叶嘉莹：《迦陵诗词稿》（增订版），中华书局2019年版，第157页。
3　叶嘉莹：《迦陵诗词稿》（增订版），中华书局2019年版，第159页。
4　叶嘉莹：《迦陵诗词稿》（增订版），中华书局2019年版，第163页。
5　叶嘉莹：《迦陵诗词稿》（增订版），中华书局2019年版，第182页。
6　叶嘉莹：《迦陵诗词稿》（增订版），中华书局2019年版，第169页。
7　叶嘉莹：《迦陵诗词稿》（增订版），中华书局2019年版，第189页。
8　叶嘉莹：《迦陵诗词稿》（增订版），中华书局2019年版，第164页。

泊太久，寂寥太久，但幸好还是回来了，一切都不算迟，她终于找到了自我生命的归宿。课堂上息息相通的师生之情尤其令她沉醉：

> 白昼谈诗夜讲词，诸生与我共成痴。
> 临歧一课浑难罢，直到深宵夜角吹。[1]

她从学生的热烈反应和情感共鸣中获得了一种知音之感。此时她只能利用假期回祖国教书，待回加拿大之后，那种思乡寂寥之感就又会袭来，而等她假期再回来时，又是充盈着久别重逢的喜悦。这种喜悦并不是在初归时才有，而是一直都在延续，如她1993年在诗中所写：

> 我是东西南北人，一生飘泊老风尘。
> 归来却喜多吟侣，赠我新诗感意亲。
> 淋漓醉墨写新篇，歌酒诗吟意气妍。
> 共入葫芦欢此夕，壶中信是有壶天。[2]

她由内心真正生发出与知己喝酒吟诗的欢喜。

随着阅历增长，叶嘉莹终于抛弃掉年轻时的羞涩与矜持，在祖国各地的讲学和游览中体验到欢愉，表现出性格中豪迈的一面。如她在《西北纪行诗十五首》中说："西行万里到兰州,自喜身腰老尚遒。"[3]"却喜暮年来陇上,更于此地见芳菲。"[4]在《浣溪沙》（一任生涯似转蓬）词中她也写下这样一种豪兴："老来游旅兴偏浓，驱车好

---

[1] 叶嘉莹：《迦陵诗词稿》（增订版），中华书局2019年版，第160页。
[2] 叶嘉莹：《迦陵诗词稿》（增订版），中华书局2019年版，第200页。
[3] 叶嘉莹：《迦陵诗词稿》（增订版），中华书局2019年版，第191页。
[4] 叶嘉莹：《迦陵诗词稿》（增订版），中华书局2019年版，第192页。

趁九秋风。""无边景色夕阳中。"[1]虽然已是暮年,但她心中充盈着欢欣。

有了归国讲学的欢乐,她的心情多是阳光明媚的,在海外也能感受到美好春意,如她在《温哥华花期将届,而我即将远行,颇以为憾。然此去东部亦应正值花开,因占二绝自解》(后文简称《温哥华花期将届》)中说:

> 久惯生涯似转蓬,去留得失等飘风。此行喜有春相伴,一路看花到海东。[2]

虽然穿梭在海内外使她身体疲惫,但她的内心有一种快乐,怀着与春相伴,一路看花的豪情雅兴。

二、花开只为惜花人

叶嘉莹对自我精神生命的重生有着深刻的体验,如她在《朱弦》中说:

> 天海风涛夜夜寒,梦魂常在玉阑干。焦桐留得朱弦在,三拂犹能著意弹。[3]

虽然经历了天风海涛的险恶和夜夜寒凉的逼迫,她却始终持守自己忠贞洁白之精魂,现在终于能够免于悲苦寂寞之吞噬,像焦桐一样获得重生,弹奏出属于自己的心曲。在她的词中同样有"焦桐"的意象,如《鹊踏枝》:

> 玉宇琼楼云外影。也识高寒,偏爱高寒境。沧海月明霜露冷。姮娥自古原孤另。　谁遣焦桐烧未竟。斫作瑶琴,细把朱弦整。莫道无人能解听。恍闻天籁声相应。[4]

---

[1] 叶嘉莹:《迦陵诗词稿》(增订版),中华书局2019年版,第291页。
[2] 叶嘉莹:《迦陵诗词稿》(增订版),中华书局2019年版,第205页。
[3] 叶嘉莹:《迦陵诗词稿》(增订版),中华书局2019年版,第190页。
[4] 叶嘉莹:《迦陵诗词稿》(增订版),中华书局2019年版,第275页。

从词的上片，我们可以看到那个孤高美好而倔强独立的熟悉身影。而现在，她逐渐从那个高寒之境走下来，降落人间。她像经历了烈火烧灼的焦桐，有幸未死，在苦痛中把自己斫作瑶琴，弹奏出美好之音，不再似之前的孤独寂寥，而是获得了精神上的相知相应。

回祖国教书，让叶嘉莹体验了一种与以前不同的新境界，而她能够在暮年获得新生，在痛苦中获得解脱，从"故我"变为"新吾"，离不开她以哲人的智慧化解人生的苦恼，以坚强的意志面对尘世的烦恼，以投入实际的工作来打破现实的阻挠。如她在《为茶花作》中所说：

> 记得花开好，曾经斗雪霜。
> 坚贞原自诩，剪伐定堪伤。
> 雨夕风晨里，苔阶石径旁。
> 未甘憔悴尽，一朵尚留芳。[1]

此诗虽然是因为赵钟荪把家中枝叶扶苏的茶花剪伐为光秃秃的样子而作，但也含有她自己的影子在其中。她美好的生命一直在霜雪的层层逼迫中，虽然本性坚贞，但是她多情而柔软的心灵中充满了被戕害的悲伤。在不被呵护的岁月中，在朝夕的风雨侵袭中，在荒凉偏僻的郊野，她不仅不肯放弃被日渐消磨的生命和美好，而且用尽自己全部的生命力量，努力绽放出最后一朵芬芳的花，这既是庭园中的茶花，也是为茶花而写诗的诗人。

继而，她在《秋花》中写道：

> 芳根早分委泥尘，风雨何曾识好春。谁遣朱蕤向秋发，花开只为惜花人。[2]

---

[1] 叶嘉莹：《迦陵诗词稿》（增订版），中华书局2019年版，第179页。
[2] 叶嘉莹：《迦陵诗词稿》（增订版），中华书局2019年版，第179页。

她的心灵经历过无数次伤痛与绝望，如美好的芳根委于污秽的泥尘，奄奄一息，在残酷无情的秋风冷雨中苟延残喘，何曾感受过明媚怡人的春光。但是，她绝不放弃自我生命的美好，用尽所有的热和力在秋天开出一朵朱红色的花，只为能够理解自己美好生命与情怀的惜花之人。

无论是精神上的知音，还是情感相通的惜花之人，她都通过诗词，在与国内友人和学生的感情共鸣中感受到了。在第一学期结束讲课后，南开大学的师生热情地为她准备了送别会，并赠以范曾先生所绘屈原图像。她在诗中写道：

题诗好订他年约，赠画长留此日情。感激一堂三百士，共挥汗雨送将行。[1]

因为闻讯赶来南开大学听她讲课的人太多，二三百人的阶梯教室容纳不下，校方规定必须持有听课证才行，试图把校外人员拒之门外。无奈之中，天津师范学院一位"有才"的女生（按：徐晓莉），自己偷偷用萝卜刻章，制作了一张以假乱真的"听课证"，跑来"偷听"。徐晓莉在寄给叶嘉莹的信中写了一首长诗：

您曾用博大／扩展了我狭隘的心胸／您曾用精深／掘进了我思索的天庭／您的热忱／燃起我求知的烈焰／您的真诚／至今啊／还在陶冶着／我那做人的魂灵……我要／崇尚诗人的操守／——时刻准备着／在艰难潦倒中／为理想"固穷"！／我要／效法诗人的节制／——毅然面对／伟大的理性神父／虔诚地反省！[2]

叶嘉莹看了之后颇觉欣慰，她想到从顾随先生那里得来的精神品格的启发，想到薪尽火传。人的生命是有限的，总有一天会像燃烧的木柴一样燃尽，用这一根有

1　叶嘉莹：《迦陵诗词稿》（增订版），中华书局2019年版，第160页。
2　陈洪主编：《叶嘉莹教授九十华诞暨中华诗教国际学术研讨会纪念文集》，中华书局2017年版，第571—572页。

限的生命木柴点燃起其他的木柴，使之继续燃烧，生命精神的火焰就会长久留存。

如同荷花很难植根于加拿大温哥华一样，叶先生的根和血脉始终在中国。如她在《木兰花慢·咏荷》词中所说，"彼邦人士既未解其花之可赏，亦未识其根实之可食也"，所以"飘零自怀羁恨，总芳根、不向异乡生"。[1] 她将自身生命投入祖国的诗词传承中，逐渐摆脱了原来的悲苦心境，获得了源源不断的力量，甚至在梦里也充满了蓬勃的春意与生机。如《纪梦》中所写：

峭壁千帆傍水涯，空堂阒寂见群葩。不须浇灌偏能活，一朵仙人掌上花。[2]

在她之前的梦中，曾经有过几种深刻的意象，走不出的芦苇丛、打不开的门窗、遍体的伤痕、来接她回家的母亲，暗示着她心灵中的迷茫、痛苦和伤痕累累。这首诗中的梦与以往截然不同，花朵顽强地生长在峭壁之上，没有水的浇灌也茁壮生长，开出娇艳的花，似乎是她在梦中对自我生命力的一种认知。她也曾在《金晖》中写道：

晚霞秋水碧天长，满眼金晖爱夕阳。不向西风怨摇落，好花原有四时香。[3]

虽然是夕阳暮景，但晚霞和秋水蓝天相映如画，满眼都是美丽的金晖，她并没有点明"好花"具体是哪一种，只是以托喻的手法写自己的生命感受。"不向西风怨摇落"，年龄已进入迟暮，但她无怨无悔，无论何时，她都要绽放自己的芬芳和美好，"好花原有四时香"，可见她内心充盈着饱满的生命力量。

三、微禽衔木有精魂

---

1 叶嘉莹：《迦陵诗词稿》（增订版），中华书局2019年版，第285页。
2 叶嘉莹：《迦陵诗词稿》（增订版），中华书局2019年版，第195页。
3 叶嘉莹：《迦陵诗词稿》（增订版），中华书局2019年版，第195页。

回祖国大陆教书之后，叶嘉莹也曾经面对多重困难，但她总有坚强的勇气去面对，以执着的精神去克服。1983年左右，受市场经济冲击，学生对于学习古典诗词不再有以往的热情，出现了一定程度的下滑，但她认为人们在物质方面饱和后，还会回到精神层面的追求中。她写了一首诗《高枝》和一首词《蝶恋花》，在诗中她以"所期石炼天能补，但使珠圆月岂亏"表明自己的执着。[1] 在《蝶恋花》词中，她说：

爱向高楼凝望眼。海阔天遥，一片沧波远。仿佛神山如可见。孤帆便拟追寻遍。　　明月多情来枕畔。九畹滋兰，难忘芳菲愿。消息故园春意晚。花期日日心头算。[2]

以坚定的口吻表明献身无悔的热烈感情，哪怕孤帆一片，她也绝不会放弃追寻理想之努力，她也要在大海中与惊涛骇浪搏斗，可见她内心力量的强大，追寻理想的执着与坚定。这种精神与上古神话中精卫填海、夸父逐日的精神相通，与孔子"知其不可为而为之"、屈原"九死其犹未悔"、陶渊明"千载不相违"的精神相通。之前，她一直寻找能够让自己栖心立足的天地，现在找到了，她必然是以固执的、殉身无悔的态度去实现它。这于她而言，虽则辛苦，但从内心而言是另外一种幸福，因为她终于找到了自己追寻许久的"道"。

由此，无论面对何种困难，叶嘉莹都生出一种坚强的战斗精神，这种精神比她以往的担荷持守更为积极有力，有着一种磅礴的气象。如她在《木兰花令》中所写：

人间谁把东流挽。望断云天都是怨。三春方待好花开，一夕高楼风雨乱。　　林莺处处惊飞散。满地残红和泪溅。微禽衔木有精魂，会见桑生沧海变。[3]

---

[1] 叶嘉莹：《迦陵诗词稿》（增订版），中华书局2019年版，第176页。
[2] 叶嘉莹：《迦陵诗词稿》（增订版），中华书局2019年版，第283页。
[3] 叶嘉莹：《迦陵诗词稿》（增订版），中华书局2019年版，第290页。

东流不可挽回，人生充满无奈和哀怨，春天美好的花朵一夕之间就被风雨摧残，林莺也被惊散，只剩满地残红和满眼泪水，这是生命无常的本质。以前面对落花和风雨，她悲哀无奈，现在面对生命的无常，她却绝不妥协，坚决要与它抗争。她以微禽衔木之顽强精神，与生命易朽、人生如幻这一本质来抗争。她要有一个不朽的大生命，要创造真实的价值与意义打破空幻，而她找到的就是诗词。她觉得诗词中的生命感发之力可以穿越时空，如她在《鹧鸪天》中说："遗音沧海如能会，便是千秋共此时。"由此可以看到叶嘉莹精神上的成长，由娇弱花朵成长为参天大树，由被命运所裹挟转变为与命运相搏斗。坚强有力的生命信念，使她在精神上达到更高一层境界。

四、千春犹待发华滋

叶嘉莹也会生病。2007 年，她 83 岁，在病痛中她依然持守自己坚强的生命信念，她在病愈后所作的诗中说：

雪冷不妨春意到，病瘥欣见好诗来。但使生机斫未尽，红蕖还向月中开。[1]

寒冷的冰雪并不能阻碍春天的气息，因为春天的生机长驻在诗人的心里，病愈的同时好诗也伴随而来。她的诗表现出她的生命精神，但凡一息尚在，没有被砍斫而死，她就会像热烈的红蕖一样对着皎洁的月光努力绽放自我。杜甫曾经说过："葵藿倾太阳，物性固莫夺。"杜甫作为忠君恋阙、忠爱缠绵的男性诗人，以太阳为终身追随的方向。叶嘉莹作为女性诗人，却是追随着皎洁的月亮。虽然他们所追随的目标不同，但都表现了同样的热烈和顽强，向着美好、向着光明，执着向上。

在生活中，叶嘉莹一直都有着难以向人言说的多种烦恼，而她排除烦恼的方法还是将自己投入诗词事业中，如她在《连日愁烦以诗自解，口占绝句二首，首章用

---

[1] 叶嘉莹：《迦陵诗词稿》（增订版），中华书局2019年版，第225页。

李义山〈东下三旬苦于风土马上戏作〉诗韵而反其意；次章用旧作〈鹧鸪天〉词韵而广其情》（后文简称《连日愁烦以诗自解》）中所写：

一任流年似水东，莲华凋处孕莲蓬。天池若有人相待，何惧扶摇九万风。

不向人间怨不平，相期浴火凤凰生。柔蚕老去应无憾，要见天孙织锦成。[1]

她心中始终怀有一个美好的愿望和期待，无论能否实现，她都要付出自己的全部。为了这一理想，她承担了许多别人难以体会的寒冷孤寂，如她在《鹧鸪天》中所写：

皎洁煎熬枉自痴。当年爱诵义山诗。酒边花外曾无分，雨冷窗寒有梦知。[2]

她如灯烛一样，独自忍受着雨冷窗寒，却绝不改变自己的光明，"心头一焰凭谁识，的历长明永夜时"，[3]是她对心中理想的持守。她把全部的生命与希望都交付给诗词，以此完成自己的生命和诗学。她的心中充满丰盈的力量与美好的希冀，她在《浣溪沙》中写道：

莲实有心应不死，人生易老梦偏痴，千春犹待发华滋。[4]

1　叶嘉莹：《迦陵诗词稿》（增订版），中华书局2019年版，第226页。
2　叶嘉莹：《迦陵诗词稿》（增订版），中华书局2019年版，第295页。
3　叶嘉莹：《迦陵诗词稿》（增订版），中华书局2019年版，第295页。
4　叶嘉莹：《迦陵诗词稿》（增订版），中华书局2019年版，第295页。

第七节
托身从此永无乖

叶嘉莹在生命中,一直在找寻一个能够让自己栖心立足之地。在找寻的过程中,她经历过种种困苦与矛盾,而一旦择定之后,就全心全意将自己投入其中。

自1979年志愿回祖国教书，叶嘉莹到过多所大学讲诗词，在南开大学任教最久，并且最终选择在南开大学定居。2013年，她在《为南开大学首届荷花节作》中写道：

> 结缘卅载在南开，为有荷花唤我来。修到马蹄湖畔住，托身从此永无乖。[1]

叶嘉莹在生命中，一直在找寻一个能够让自己栖心立足之地。在找寻的过程中，她经历过种种困苦与矛盾，而一旦择定之后，就全心全意将自己感性与理性的才智全部投入其中，如孔子之"造次必于是，颠沛必于是"，屈原之"亦余心之所善兮，虽九死其犹未悔"，陶渊明之"托身已得所，千载不相违"，杜甫之"盖棺事则已，此志常觊豁""葵藿倾太阳，物性固莫夺"，这是她的一种自然本质。因执着、精诚的投入，叶嘉莹不仅实现了自我心中追寻已久的梦想，而且还不断地超越自我，在为人与为学方面都上升到新的境界。

一、迦陵从此得所栖

叶嘉莹完成的超越，首先是对小我、物质和狭隘人性的超越。大女儿与女婿的离去，曾让她陷入痛苦，她将自我残余的生命寄托到诗词事业中，逐渐从自我的悲苦心境中解脱出来，实现了突破性的转变。如她所说：

> 经过这一次大的悲痛和苦难之后，我知道了把一切建立在小家、小我之上不是我终极的追求、理想。我要从"小我"的家中走出来。[2]

她自幼即对人生终极问题有所思索，也一直为实现人生的价值与意义而努力，

---

[1] 叶嘉莹：《迦陵诗词稿》（增订版），中华书局2019年版，第241页。
[2] 叶嘉莹：《沧海波澄：我的诗词与人生》，中华书局2017年版，第115页。

但她一直被命运所迫，所做很多事并非出于个人选择。晚年，她按照心中"诗"和"道"的指引，做出了生命中的第一次主动选择。经历了多年对《论语》的体悟，以及对古典文学的研读，孔子、屈原、陶渊明、李白、杜甫、李商隐、辛弃疾、王国维等，一个个熟悉的名字，在她的心灵世界散发着莹澈的光，哪里是光明，哪里是黑暗，她看得十分清晰，而该如何去选择，他们已然用自己的诗词和生命告诉了她答案。她内心早已对他们深为认同，自然将自己与他们归入同一条文化生命长河。她觉得自己能够而且应该成为他们的承继者，但是如马斯洛提出的，人的心中往往会有一个"约拿情结"，因个人的得失利害等次要问题而害怕完成更重要、更美好的使命。随着她的择定，她不再畏惧，毅然承担起自己的责任，坚定执着地朝向光明的方向前行，表现出超乎寻常的坚毅和勇气。

从加拿大退休之前，叶嘉莹只能利用假期时间回国讲学。1989年退休之后，她每年约有半年的时间在国内讲学。几十年来，不要报酬，不计得失，无私奉献，乐此不疲。她精彩的诗词课堂吸引了一届又一届学生，她的精神也感染了许多海内外华人。1997年，叶嘉莹在加拿大蔡章阁先生的资助下，开始兴建南开大学中国古典文化研究所大楼；同年，她捐献出自己的半数退休金，在南开大学设立叶氏"驼庵"奖学基金和"永言"学术活动基金。1999年，中国古典文化研究所大楼建成，叶嘉莹开始面向国内招收研究生。在充实的教学工作中，她扭转了前半生的悲苦心境，获得了精神上的平和与圆融。南开校园内的马蹄湖遍植荷花，是她所爱的风景。她在《七绝一首》中写道：

萧瑟悲秋今古同，残荷零落向西风。遥天谁遣羲和驭，来送黄昏一抹红。[1]

作为诗人，她感情丰富而幽微，但是，她不想沉浸在以往的伤春悲秋中，只想利用有限的时光多完成自己的工作。

---

[1] 叶嘉莹：《迦陵诗词稿》（增订版），中华书局2019年版，第212页。

在她的晚年生活中，有许多不得不面对的伤别之痛，从其诗词可以看出，她默默地承担了很多忧伤烦恼。2004年，叶家北京察院胡同的故宅被拆毁，她在《为北京故居旧宅被拆毁而作》中写道：

故宅难全毁已平，余年老去更心惊。天偏怜我教身健，江海犹能自在行。[1]

北京故宅是她感情上唯一认可的家，她曾想把它建成一所书院式的中国古典诗词研究所，但困难极多，最终难以实行。失去感情所系的故宅之后，2005年，叶嘉莹应诗人席慕蓉之邀，到内蒙古作原乡之旅。叶嘉莹在诗中说：

余年老去始能狂，一世飘零敢自伤。已是故家平毁后，却来万里觅原乡。[2]

叶赫之行让她看到了祖先生活的地方，寻到了更遥远的叶赫部落的根，或许在一定程度上弥补了她心里失去故宅的痛。

2008年6月，叶嘉莹的丈夫赵钟荪先生在加拿大温哥华病逝。赵先生与她有过太多的恩怨，这一沉重的话题是她所不愿提起的，而随着他的离去，似乎一切都化解了。她在《戊子仲夏感事抒怀绝句三首》（其三）中写道：

剩将书卷解沉哀，弱德持身往不回。一握临歧恩怨泯，海天明月净尘埃。[3]

随着年事渐高，她拖着硕大的行李往返于海内外，颇觉辛苦，她在2010年的《病中答友人问行程》中写道：

1　叶嘉莹：《迦陵诗词稿》（增订版），中华书局2019年版，第216页。
2　叶嘉莹：《迦陵诗词稿》（增订版），中华书局2019年版，第221页。
3　叶嘉莹：《迦陵诗词稿》（增订版），中华书局2019年版，第229页。

敢问花期与雪期,衰年孤旅剩堪悲。我生久是无家客,羞说行程归不归。[1]

年近九旬的她在病痛中流露出伤感情绪。但病好之后,她很快又投入了工作,始终不忘自己的初心与志愿。她为七七级校友写道:"卅载光阴弹指过,未应磨染是初心。"[2]尘世间的烦恼,纷纷被她斩除掉,如她在90岁时所作《绝句一首》中写道:

逝尽年华似水流,飘蓬早已断离愁。我是如今真解脱,独陪明月过中秋。[3]

2012年,中国澳门实业家沈秉和、加拿大刘和人女士等出资,在南开大学修建迦陵学舍,希望叶嘉莹晚年能在南开安居,免去海内外奔波之苦。2015年,迦陵学舍建成,叶嘉莹满怀欢喜地写道:

迦陵从此得所栖,读书讲学两相宜。学舍主人心感激,喜题短歌乐无极。[4]

她已然找到了自己身心的归栖之地。2016年,她将历年稿酬及北京、天津房产的收入计1857万元捐赠给南开大学设立迦陵基金;2019年,她再次向南开大学捐赠1711万元,用于诗词教育事业。

二、未减归来老骥心

晚年的叶嘉莹在学术中也不断有所超越。归国之前,她在学术上已有一定成就,是一位优秀学者。自归国讲学之后,她并未因事务繁忙而停滞学术研究,而是在原来的基础上一步又一步攀登学术高峰。笔者曾梳理叶嘉莹的创新思想及其学术成果,

---

[1] 叶嘉莹:《迦陵诗词稿》(增订版),中华书局2019年版,第234页。
[2] 叶嘉莹:《迦陵诗词稿》(增订版),中华书局2019年版,第237页。
[3] 叶嘉莹:《迦陵诗词稿》(增订版),中华书局2019年版,第244页。
[4] 叶嘉莹:《迦陵诗词稿》(增订版),中华书局2019年版,第247页。

在本书第三章和第四章中有较为详细的介绍。20世纪80年代以来，她在词学方面的重要拓展有：运用西方最新文艺理论阐释中国古典词句，并较为系统地介绍给国内学人；与缪钺合撰《灵溪词说》，开创了一种词文结合的评赏新体例；将词划分为歌辞之词、诗化之词、赋化之词、哲化之词，为评赏不同的词提供了不同的方法和理论依据；对词之美感特质的原因——"丰富的潜能"——进行了追本溯源的探索，以西方文艺理论解释花间词女性叙写的困惑，使词学界长期以来的困惑和争议得以解开；提出词之美感特质为"弱德之美"，等等。进入21世纪，叶嘉莹又对女性词进行了一系列梳理和探讨，精敏地指出李清照、朱淑真等女性词人的性情与艺术特征。

90岁之后，叶嘉莹的目力、听力、腰腿之力都有所衰减，但她致力于诗词事业的决心并未松懈。她在《恭王府海棠雅集绝句四首》（其四）中写道：

一世飘零感不禁，重来花底自沉吟。纵教精力逐年减，未减归来老骥心。[1]

为了弥补年轻时羞于在课堂上吟诵的遗憾，她不遗余力地从事诗词吟诵的传承。她在《近日为诸生讲说吟诵》中写道：

来日难知更几多，剩将余力付吟哦。遥天如有蓝鲸在，好送余音入远波。[2]

她尽自己的一切所能，将有限的生命全部交付给诗词事业。

三、便随鸥鸟入晴空

2019年，叶嘉莹归国教书已满40周年，她已是95岁高龄的老人。生活中喜悦

---

[1] 叶嘉莹：《迦陵诗词稿》（增订版），中华书局2019年版，第245页。
[2] 叶嘉莹：《迦陵诗词稿》（增订版），中华书局2019年版，第252页。

与烦恼并行，她在春季经历了一次大病，备受疼痛之苦，但病愈之后，她又开始了日常工作。因为行走不便，她已较少下楼外出活动，却一直存有一颗活泼敏锐的诗心，向往外面自由的天空。她在《友人惠传海滨鸥鸟图，口占一绝》中写道：

此身老去已龙钟，日日高楼闭锁中。忽见画图心振起，便随鸥鸟入晴空。[1]

她从电脑屏幕上看到友人传来的海滨鸥鸟照片，诗心油然兴起，仿佛看到许多年前庭院里的花草、绿竹、流萤与蝴蝶，她的心也随着鸥鸟飞翔到湛蓝的晴空中。

马斯洛曾经说，超越自我的人，"植根于一种特定的文化，但他超越了这种文化，可以说是以各种方式独立于它并从高处俯视它"。"也许他就像一棵大树，它的根在土壤中，但它的树枝已伸展到极高的地方。"[2] 叶嘉莹的思想底色是中国儒家的，但她不被一家思想所局限，对多种文化精华都有所吸收与转化，这使她在诗词的品读和讲解中不断有精神上的顿悟和成长。

首先，是对传统释家与道家文化思想的领悟。母亲去世之后，她就对"人生的无常和空幻有了一种体认，形成了一些对空观的认识"。[3] 女儿女婿罹难后，她再一次看透了小我的狭隘与无常，她曾说："不仅使我对前面所叙及的儒家的'知命''不忧'的修养，有了更深的体会，而且使我对道家《庄子》所提出的'逍遥无待'与'游刃不伤'的境界，也有了一点体悟。"[4] 她曾把这种体悟写入《踏莎行》中：

一世多艰，寸心如水。也曾局囿深杯里。炎天流火劫烧余，蘪姑初

---

[1] 叶嘉莹：《迦陵诗词稿》（增订版），中华书局2019年版，第254页。
[2] 亚伯拉罕·马斯洛：《人性能达到的境界》，武金慧、熊强、林子萱译，江苏人民出版社2021年版，第297页。
[3] 叶嘉莹口述，张候萍撰写：《红蕖留梦：叶嘉莹谈诗忆往》（增订本），生活·读书·新知三联书店2021年版，第308页。
[4] 叶嘉莹：《多面折射的光影：叶嘉莹自选集》，南开大学出版社2004年版，第334页。

识真仙子。　　谷内青松，苍然若此。历尽冰霜偏未死。一朝鲲化欲鹏飞，天风吹动狂波起。[1]

她一生遭际坎坷，内心如水，也曾自我封闭与束缚在狭隘的深杯当中。在经历了炎天流火种种劫难之后，她本性没有改变，还是保持着初心，如庄子《逍遥游》中所说的藐姑射仙子，吸风饮露，游乎四海之外，精神专一而不受外界影响，游刃不伤；又如谷内的青松，历尽冰霜侵袭而锻炼成一种耐寒的品质，经冬不凋，苍然而立，别人难以体会她内心遭受的苦痛与研磨。她在完成了精神转变与成长之后，如鲲化而为鹏，达到逍遥无待的境界。

2022年，叶嘉莹在加拿大不列颠哥伦比亚大学的讲稿被整理出来，连载于《新华每日电讯·草地周刊》，她为《草地周刊》题词"兴于诗，与天地精神往来"。她的态度不是庄子原来"独与天地精神往来"的独自逍遥，而是通过诗，和大家一起达到"与天地精神往来"的境界，这正是她将儒、道精神相融合的体现。

其次，是对西方哲学思想的吸收，其中值得注意的是西方的马斯洛及其人本主义心理学。叶嘉莹在讲陶渊明时曾多次讲到马斯洛的心理学，并推荐马斯洛的《动机与人格》《存在心理学探索》《人性能达到的境界》等著作。她赞同马斯洛的观点，"人性的发展能否达到最高的境界，关键在于你有没有把你那自我的最宝贵的东西发展和完成。"[2] 她认为："在你的内心，在你的品性和感情之中，一定隐藏着某种最美好的东西，你把它挖掘出来，使它能够实现，那就是一种自我的完成。"[3] 她也颇为认同马斯洛的需求层次理论——生存的需要、安全的需要、归属的需要、自尊的需要、自我实现的需要。她认为陶渊明"完成了自己最超越的、最美好的一种品格。不过，陶渊明的自我完善是消极的、内向的，真正是只完成了自我"。[4] 因为他的缺点在于他

1　叶嘉莹：《迦陵诗词稿》（增订版），中华书局2019年版，第272页。
2　叶嘉莹：《好诗共欣赏：陶渊明、杜甫、李商隐三家诗讲录》，生活·读书·新知三联书店2016年版，第40页。
3　叶嘉莹：《好诗共欣赏：陶渊明、杜甫、李商隐三家诗讲录》，生活·读书·新知三联书店2016年版，第45页。
4　叶嘉莹：《好诗共欣赏：陶渊明、杜甫、李商隐三家诗讲录》，生活·读书·新知三联书店2016年版，第29页。

只是自己飞了起来,"没有能够带领大家一起飞"。叶嘉莹认为"读书人就应当以天下为己任",关心国家、关心社会,兼善天下。她从西方人文主义心理学出发,最终又回归到儒家的传统思想当中。

第八节
依然尼父是吾师

  叶嘉莹的思想归根到底属于儒家,孔子始终是她心中尊奉的圣师。她自幼受"诗"和"道"的启发,对生命和理想有着至高、至美、至善的追求,她是一位意志力异常坚强的诗人,而且坚定执着地把理想付诸实际行动,百折不挠,全力以赴,不断地自我完成、创新和超越。

叶嘉莹的自我实现与自我超越，源于儒家的"穷则独善其身，达则兼济天下"。20世纪70年代之前，她以"清者"自居的思想即属于独善其身，而在连连遭受人生的忧患与困厄之后，她没有继续沿此轨迹前行，而是毅然地迈向兼济天下的"任者"之路。在付出一切实现自己的理想和志愿的同时，晚年她的心境由"穷"转向了"达"，实现了"心转物则圣"的境界。

一、莲实千春此意痴

叶嘉莹的思想归根到底是属于儒家，她在心中始终尊奉孔子为师，她在2018年的一首诗中写道：

茶香午梦醒还疑，莲实千春此意痴。待向何方赋归去，依然尼父是吾师。[1]

曾子曾说："吾日三省吾身：为人谋而不忠乎？与朋友交而不信乎？传不习乎？"叶嘉莹有着极强的内省与参悟能力，更有着对儒家思想的诚笃践行。

首先，是对自身精神修养的重视。将叶嘉莹与前代或同时代诗人与作家相比，则会更清晰地发现持守儒者的精神修养是她的独特之处。她自幼就表现出一种"矜贵高古"的性情，如屈原所说，"纷吾既有此内美兮，又重之以修能"，一生持守高洁的品性、遗世独立的精神。叶嘉莹曾对《史记》中所写的伯夷、叔齐有过深刻的认同，也对品行美好的人却屡屡遭遇灾祸进行过反思。品行美好却得不到善德，让人对上天产生怀疑。但她觉得灾祸是对人之品格的考验，在困厄中还能持守自我才是真正有品格、有道德、有操守的人。在人生忧患中，她始终持守自己的品格，以儒家伦理道德严格要求自我，甚至将品格持守上升至对道的追求。她在幼时初读"朝闻道，夕死可矣"时，内心即有一种强烈的冲动，想知道"道"究竟是什么，为何有那么大的力量。而在她一生所追求的道中，就包含着至真、至善、至美的理想品

---

[1] 叶嘉莹：《迦陵诗词稿》（增订版），中华书局2019年版，第249页。

性。在晚年，她说：

> 这个"道"到底是什么？我现在觉得真的是有一点知道了。人生要有一种持守，不管落到什么地步，经历什么样的事情，你都要有自己的持守，不能够失去你自己。[1]

就如古人所说"守身如执玉，积德胜遗金"，她对待自己的品行德操像手持洁白无瑕的美玉一样，不能让玉摔碎，也不能让玉有一点污秽和瑕疵，以此品行立身处世，不为外物牵累，也不为别人赞美，只为对得起自己高洁的本性，对得起上天赋予自己的美好资质。叶嘉莹说：

> 这是一个要好的心情，不管是做人，还是做学问，我都是这样的。我这样做，还不是为了让别人赞美，而是已经成为我的一种本能。[2]

对自身品格修养的持守，使叶嘉莹为人十分谨慎谦和，弱德之美体现了她的这种性情，内敛、含蓄、坚韧、执着，由内而外散发一种气韵之美。

其次，是对道与理想坚定执着的追寻。叶嘉莹所追寻的道，既包含着对完美品性的持守，也包含着对至高理想的追求，二者互相依存，难以分割。她幼时不知道孔子所说的"朝闻道，夕死可矣"究竟是什么意思，但随着年龄增长，她对道认识得越来越清晰。她说："那是在强调做人的基本品格、基本操守以及为人的理想跟志意。"[3] 对道的悟解和对至高理想的追求，使她异常执着、坚定、热烈。她所追求的道与理想之所以有源源不断的力量，在于她不只是追求个人的完美，还有对他人的

---

[1] 叶嘉莹口述，张候萍撰写：《红蕖留梦：叶嘉莹谈诗忆往》（增订本），生活·读书·新知三联书店2021年版，第448页。

[2] 叶嘉莹口述，张候萍撰写：《红蕖留梦：叶嘉莹谈诗忆往》（增订本），生活·读书·新知三联书店2021年版，第448页。

[3] 叶嘉莹：《从古诗词中汲取人生力量》，《光明日报》2022年9月25日第12版。

关怀。

受儒家积极入世人生态度的影响，她对现实持一种关怀之情与责任之感。尽管她曾多次表示自己向来胸无大志，但是从其诗词中可见她心中始终怀有一种对天下苍生不能自已的关怀。这种感情与她自幼受到诗歌和《论语》的熏陶有着密切关系，无论是《论语》，还是中国古典诗歌中的优秀之作，都包含着一种以天下为己任的担当精神。尤其是《论语》，作为她幼时学习为人处世的指南，既让她接受了传统的女子美德教育，又使她悟解了"君子"之道。但是，20世纪40年代末，她看到了社会的黑暗与腐败，20世纪50年代又遭遇了台湾政治的"白色恐怖"，自顾不暇，使她褪去了少年时代的热情与狂想。中年时她以"清者"自处，不再关注现实社会。但是，在20世纪60年代，随着接触到西方文学与文化，她自觉地由"为己"转向"为人"之学，在学术探索中将中国古典诗歌传统放在世界文化的大坐标中，去找寻一个适当而正确的位置，体现出对中华优秀传统文化传承的责任感。20世纪70年代，在个人遭遇不幸的打击之后，她感受到新中国的新气象、新精神，主动申请志愿回国教书，以诗人的天真、热情和狂想，将自我投入社会当中，潜藏在其思想中"仁以为己任"的因素彰显了出来。

此转变过程虽然艰难，但也出于自然，因为她自幼即受孔子思想和中国古典诗歌的影响，在道和诗的指引和召唤下，做出自己的人生选择，以诗词文化传承为己任。而在择定之后，她不是浅尝辄止，也不是半途而废，而是从始至终全力以赴，一以贯之，坚持自己的诗词传承事业。既是对孔子"造次必于是，颠沛必于是"，屈原"虽九死其犹未悔"，陶渊明"托身已得所，千载不相违"精神的承继，更是对此精神的彻底实践，这种赤诚专一、殉身无悔的固执态度和坚定行动，使她具有一种超乎寻常的力量，从而超越了许多前辈诗人、作家和哲人，不再是悲剧式的哀叹吾道不行，无奈地抱憾终身，惋惜梦想落空，也不是决绝地玉碎身殉，惆怅天才陨落，而是圆融平和地完成了自我的生命和道。

二、花落为泥土亦香

叶嘉莹有着"敏而好学"的禀赋,一生"学而不厌,诲人不倦",这使她在教学和研究中能够运用自己全部感性与知性才能,取得过人的效果与卓越的成就。她乐于学习新知识、新理论,在教学与学术中不断创新、超越与突破。她勤奋不倦地工作,但并不以此为苦,而是以此为乐。即使在种种困难中阅读英文文献,她也能够从理论探索中得到乐趣。她说:"每当我发现西方文学理论中有的说法与中国传统诗论有暗合之处时,心里就非常高兴。"[1]至于用中文讲课与写作那更是一种至乐,如她所说:

在这种以生命相融汇、相感发的活动中,自有一种极大的乐趣。而这种乐趣与是否成为一个学者,是否获得什么学术成就,可以说没有任何关系。这其实就是孔子说的,知之者不如好之者,好之者不如乐之者。[2]

她有敏而好学的本性,又有执着不倦的精神,诗词事业使她乐在其中,如孔子所说的"发愤忘食,乐以忘忧,不知老之将至",甚至她曾说自己是"不知老之已至",始终怀有热情纯真的年轻心态和一颗活泼灵动的诗心。孔子的一生是充满遗憾的,在晚年曾哀叹"吾道穷矣""太山坏乎!梁柱摧乎!哲人萎乎!"。[3]叶嘉莹的晚年却始终有着诗意的美好希冀,从其诗中可以看到她充沛的生命力和一以贯之的坚强执着:

天行常健老何妨,花落为泥土亦香。感激故人相勉意,还将初曙拟微阳。[4]

---

1 叶嘉莹口述,张候萍撰写:《红蕖留梦:叶嘉莹谈诗忆往》(增订本),生活·读书·新知三联书店2021年版,第441页。
2 叶嘉莹口述,张候萍撰写:《红蕖留梦:叶嘉莹谈诗忆往》(增订本),生活·读书·新知三联书店2021年版,第440页。
3 司马迁:《史记》卷四十七,中华书局2009年版,第330页。
4 叶嘉莹:《迦陵诗词稿》(增订版),中华书局2019年版,第248页。

在心态上，她全然已由早年的消极悲观转变为坚定乐观，即便已经奔向百岁，却处于"不知老之已至"的年轻状态。她抱定了奉献全部、生死以之的态度，哪怕花朵零落也要化为芬芳的春泥，滋养和培育下一代。只要生命不停息，她就始终像初升的太阳般充满希望，发出无限的热和光。

叶嘉莹认同儒家努力有为的人生观，追求有价值、有意义的人生是其思想中的一条主线。她自幼流露出一种偏于悲观忧郁的性格，哲人的思致使她以悲悯之心观察人世，生命中几次大的打击更使她悲观消极。但儒家积极入世的思想，使她不甘于沉沦，最终做出乐观积极的努力。如她所说："以无生的觉悟做有生的事业，以悲观的心情过乐观的生活。"[1] 无生的觉悟，是她通过哲人的理性所认识到的，悲观的心情也是由此而产生的，但她有对道和完美理想的坚定追求，所以，她一直持守自我的品性，担荷自己的命运，扭转自己的心境，对抗外界的打击。对美好理想的追寻与残酷现实的打击是她生命中所面对的主要矛盾，生命幻灭与理想落空是其生命体悟中最大的悲哀，而对生命价值与意义的追寻，则是支撑她走过忧患的主要信念之一，使她在崩溃、绝望的边缘不肯放弃，坚定执着地朝着理想的方向前行。经历的痛苦越深，抵抗的力量则越坚定，她坚毅的品性也越明显，仁者的胸襟也越深厚。

叶嘉莹曾在致弟子的信中殷勤嘱咐：

生命的意义在创造继起的生命，生活的意义在增进人类全体的生活。[2]

在迦陵学舍启用仪式中，她也曾说："一个人生到世界上，在社会中就应该为人类作出一些贡献。"积极入世，为社会、为人类作出贡献是实现人生价值与意义的必经之路。

叶嘉莹曾说："凡是最好的诗人，都不是用文字写诗，而是用整个生命去写诗。

---

[1] 马玉娟、赵林涛编：《长者顾随》，河北大学出版社2017年版，第173页。
[2] 未刊稿，此信写于2014年6月17日。

成就一首好诗，需要真切的生命体验，甚至不避讳内心的软弱与失意。"[1] 通过对其一生中各阶段诗文的梳理，我们可以看到她一生所经历的光影。无论读者是同情、惋惜、赞美或是仰慕，她只是尽自己的本能和力量完成自己的生命并写下自己的诗。

现在，叶嘉莹依然过着自然平淡的生活，年近百岁的她与寻常老人一样，感叹视力、听力、体力退化得太快。但与常人不一样的是，她始终怀着平静愉悦的心情，乐此不疲地为诗词事业而工作，借助放大镜审阅各种稿件、用电脑收发邮件、打电话联系各种人、接待各路访客、处理各种事务、通过电视关注社会动态……她只是默默地做着自己该做的事情，以生活实践自己的道，以生命写作自己的诗。在她将诗与道相融汇的身后，我们已然可见一条生生不息的文化生命长河。

---

[1] 叶嘉莹：《沧海波澄：我的诗词与人生》，中华书局2017年版，第140页。

第三章 诗学

第一节
传承的责任

20世纪60年代至70年代,叶嘉莹曾致力于中国古典诗歌与现代诗歌的融合,使台湾的新诗人和旧诗人开始在一个桌上吃粽子;致力于西方文学与中国古典诗歌的沟通,使中国诗歌的跨文化翻译更为精准;她归国教书的根本目的,是以诗词振兴民族精神。

20世纪50年代，叶嘉莹受到"白色恐怖"的迫害，一直以"清者"自守，所写文章大多是"为己"之作。但是，她内心深处总怀有一种对诗歌文化传承不能消除的责任感。20世纪60年代至70年代，随着到海外教学，她进一步接触并了解西方文学理论与文化，在研读中又受到王国维的启发与影响，心中文化传承的责任感越来越强烈，并且以实际行动致力于中国诗学在海内外的发展，具体表现为以下几个方面。

一、致力于中国古典诗歌与现代诗歌的融合

20世纪60年代，台湾的旧派诗人与新派诗人曾有过非常激烈的论争，据痖弦回忆，观点不同的两派诗人甚至互不往来，甚至在端午节（按：当地规定的诗人节）也不在一起吃粽子。叶嘉莹作为旧派诗人，并不完全否定现代诗人，而是尽力使现代诗人懂得古典诗歌，并且挖掘古典诗歌中的现代性，使新旧两派能相互融合。为此，她撰写了《杜甫秋兴八首集说》一书，花费了她很大工夫，初版时搜集自宋迄清的杜诗注本35家，共得不同版本49种，分别考订异同，对诸家之说各依时代先后加以整理校评。她之所以写作此书，一方面是为了教学，她自20世纪60年代开始在台湾大学和淡江大学开设"杜甫诗"课程；另一方面就是因为在台湾，传统诗人跟现代诗人之间打起了笔仗，她意在将杜甫诗歌提供给写现代诗的年轻人作为参考。

叶嘉莹还完成了一篇颇为重要的论文《论杜甫七律之演进及其承先启后之成就》，亦在于借杜甫律诗为现代诗歌之发展提供可资借鉴的参考，沟通传统与现代之间的关系。此文堪称叶嘉莹的一篇"雄文"，既有诗学的深厚功力又有敏锐的理论见解。论文分为三个部分，第一部分论述杜甫集大成的时代因素，指出杜甫有着均衡而博大的才性和容量，感性与知性兼长并美，汲取博、途径正，面对悲苦能够正视与担荷，有幽默与欣赏的余裕，能够继承传统并突破传统。第二部分梳理了杜甫之前七言律诗的初兴与发展，分析比较了张衡、曹丕、梁简文帝、陈后主、庾信、隋炀帝、沈佺期、宋之问、王维、高适、岑参、李白、李颀、崔颢等前辈与同时代诗人七言律诗的数量、内容、风格与成就。整体而言，这些诗人的七言律诗在数量上较少，

在内容上多为酬应赠答之作，技巧上多直写平叙。直到杜甫，才扩展了七律一体的境界，提高了七律一体的价值，创造了足以笼罩千古的成就。第三部分分析了杜甫七律的演进过程：第一阶段不免拘狭平弱；第二阶段达到了运转自如的地步，能将较深微曲折的情意纳入其中，但仍停留于工整平顺中；第三阶段表现出对格律压迫感挣脱的尝试；第四阶段完全脱出于拘狭现实的束缚，达到尽致极工的地步——句法突破传统、意象超越现实。尾言分析杜甫、李商隐之后七律的发展轨迹，指出晚清时黄遵宪、王国维等人古典诗歌新旧融合的特点，继而指出五四以来白话诗过于求白与过于求晦之失，从而论及台湾现代诗的弊端。所以，她"举出杜甫七律一体之继承、演进、突破与革建的种种经过，为现代诗人作一参考之借镜"。[1]

同时，叶嘉莹还为台湾现代派诗人周梦蝶《还魂草》写作序言[2]，从"谁能于雪中取火，且铸火为雪"入手，称赞周梦蝶的诗闪烁着一种禅理和哲思，是一位以哲思凝铸悲苦的诗人。[3] 叶嘉莹之所以为新诗写序，则是希望能够成为"新旧之间破除隔阂步入合作的一种开端和尝试"[4]。

此外，叶嘉莹还写作了《旧诗新演：李义山〈燕台四首〉》《拆碎七宝楼台——谈梦窗词之现代观》（上、下）等论文，在《旧诗新演：李义山〈燕台四首〉》余论部分，她分析了李商隐与卡夫卡的同异之处。在《拆碎七宝楼台——谈梦窗词之现代观》中，提出梦窗词兼有古典与现代之美，其词的运笔修辞，与现代文艺作品中的现代化作风颇有暗合之处。一方面，他的叙述往往使时间与空间交错杂糅；另一方面，他的修辞往往凭一己之感性所得，而不依循理性所惯见习知的方法。经过叶嘉莹的分析，人们开始认识到梦窗词的现代性。她还运用西方文学批评对作者进行深微的心理探讨，深入分析梦窗的人品和复杂的心理，其心灵既有着向"醇"的一

---

1 叶嘉莹：《杜甫秋兴八首集说》，河北教育出版社1997年版，第61页。
2 1965年7月发表于《文星》第16卷第3期，第65—66页。
3 周梦蝶，1920年生，河南省新川人，曾加入青年军，后随国民党军队赴台。退伍后在台湾武昌街明星咖啡屋前开设书摊，专售当代文学书刊，被称为20世纪60年代台北文坛"一景"，他的诗在台湾颇有影响。参见王晋民、邝白曼编：《台湾与海外华人作家小传》，福建人民出版社1983年版，第163页。
4 叶嘉莹：《迦陵杂文集》，北京大学出版社2014年版，第184页。

面,又有着"疵"的病累,在两种相反张力的挣扎矛盾中,其心灵的向力有时反而会闪现出更为耀目的光彩[1]。

叶嘉莹的论文受到了台湾新、旧文学界的关注,痖弦说:"你读到她的东西,就会觉得新诗人不读旧诗是不行的。想要新诗写得好,对传统诗也要非常熟悉。"[2]叶嘉莹致力于台湾新旧诗派的融合取得了一定效果,痖弦曾说:"(叶嘉莹的文章)使得新诗人跟旧诗人开始在一个桌子上吃粽子",所以,"叶嘉莹先生对台湾文坛的贡献很大"。[3]

二、致力于西方文学与中国古典诗歌的沟通

1966年至1967年,叶嘉莹赴美国密歇根大学任客座教授;1967年至1968年,在美国哈佛大学任客座教授;1969年,她辗转至加拿大不列颠哥伦比亚大学任教,半年后即被聘为终身教授,正式开启专职的海外教学生涯。在海外诗词教学与研究中,她对中国诗词在跨文化传播中存在的问题有所反思,对台湾的文学批评也有所关注。1973年,她完成《漫谈中国旧诗的传统——为现代批评风气下旧诗传统所面临之危机进一言》一文,长达两万多字。关于其创作背景,陈国球曾提道:"当20世纪70年代初颜元叔以强悍的姿态把他掌握的美国'新批评'方法运用到中国古典诗词研究中,作出不少新颖说解的时候,叶嘉莹针对这种风气,发表《漫谈中国旧诗的传统——为现代批评风气下旧诗传统所面临之危机进一言》。"[4]可见,此文具有较强的现实意义。叶嘉莹在文章开端也说明,自己之前在台湾十几年的讲课和为文,大多是以个人兴趣为主,"并未尝真正想到自己对旧诗的教学,该怎样负起传承的责任来。因为当时对于旧诗具有深厚修养及功力的前辈先生甚多,传承的责任自有贤者去负担"[5],但是,她到海外后总是看到一些评说中国旧诗的西方著作,它们在理论

---

1 叶嘉莹:《迦陵论词丛稿(修订本)》,河北教育出版社1997年版,第112页。
2 行人文化、活字文化编著:《掬水月在手:镜中的叶嘉莹》,四川人民出版社2020年版,第49页。
3 行人文化、活字文化编著:《掬水月在手:镜中的叶嘉莹》,四川人民出版社2020年版,第52页。
4 陈国球:《中国抒情传统源流》,东方出版中心2021年版,第106页。
5 叶嘉莹:《我的诗词道路》,河北教育出版社1997年版,第139—140页。

及方法上虽有新意，但总有误解或曲解。台湾年轻一代学者，以西方新理论评说中国旧诗，也有偏差。叶嘉莹说："台湾岛内许多前辈先生们都将先后退休，因之乃不免对中国旧诗传统之逐渐消亡，颇怀杞人之忧。"[1] 由此，叶嘉莹内心产生了传承的责任感。

在《漫谈中国旧诗的传统——为现代批评风气下旧诗传统所面临之危机进一言》一文中，叶嘉莹强调对中国旧诗传统要有清楚的把握。在中西诗歌对比中，她归纳出中国旧诗不同于西方诗歌的几种特质：其一是语文方面的因素，中国语言文字以形为主，在语法上没有主动被动、单数复数及人称与时间的严格限制，极富伸缩变化的弹性。而且，中国古代没有精密周详的标点符号，形成了偏重形式的组合之美，忽略了逻辑性。中国旧诗的语言以精炼为特点，在解说和翻译时会发生种种错误，这些错误中国古代的说诗人也会出现，不熟悉中国古诗的西方人及当代人更应该注意避免。其二是中国古代的诗歌评论，偏重文字形式美，内容上却多是笼统的概念，缺少精密分析和说明，不如西方文学理论精微细密。中国古代诗歌理论产生于中国传统思想中，形成以儒家"托意言志"与道家"直观神悟"为主的两大流派。托意言志，重视作者的道德，喜欢在作品中寻求托意，好以作者之生平及人格为评论诗歌优劣的依据，托意言志虽具有拘执限制的缺点，但也符合中国诗歌传统，不能按照西方文学理论忽视作者与作品之间的关系。直观神悟，则形成中国传统说诗的思维模式，重在妙悟不在言传，此种方式以个人体会与感受为主，虽然能掌握诗歌的整体生命和精神，但缺少理论分析，难以令西方读者有会心的理解和感受。

只有清楚认识中国诗歌语言、思想及传统的特质，才能避免可能发生的错误，正确而合理地进行跨文化交流与传播。叶嘉莹又举例说明中国古诗翻译中易犯的错误：

一是关于诗歌的句法及字义的问题。有的现代人喜欢自标新意，不注重诗歌的句法，容易产生误读。如王融《自君之出矣》中"思君如明烛，中宵空自煎"，应该

---

[1] 叶嘉莹：《我的诗词道路》，河北教育出版社1997年版，第140页。

是二三的顿挫"思君／如明烛，中宵空自煎"，表示对君的深刻思念像蜡烛一样受着煎熬，但是有学者读为一四的顿挫"思／君如明烛，中宵空自煎"，翻译为"君如明烛，午夜煎炙着它自己"，明显是错误的。再如《诗经》中的《郑风·将仲子》"仲可怀也"，"怀"字为"怀思""怀念"之意，但是西方译者将其理解为"怀抱"之意，将此句翻译为：Chung：Will I ever hold you in my arms，认为此首诗表现了"性"的主题。此种译法的错误一是对"怀"字的字义缺乏理解，二是与中国旧诗的句法传统不合，将仲子作为诗句中说话的对象，读为"仲／可怀也"，这样是不正确的。所以，准确地掌握和理解古典诗词的句法与字义，是古典诗词跨文化传播的基本要求。

二是关于情意结构的问题，译者应透过诗歌的口吻神情来掌握诗人内心情意的动向。关于句法结构和字义理解的错误属于较为表层的问题，因这些诗句较易理解，难解的诗句还涉及更为复杂的问题，比如李商隐的诗向来以隐晦难解出名，在跨文化传播中更是一个难题，叶嘉莹对此进行了讨论。她举例李商隐《北楼》"酒竟不知寒"一句的译文："The wine is cold but I have not even noticed it"，从字义及句法来看翻译并无错误，但是在情意结构上并不正确，因为诗人并不是说不知道酒冷，而是说南方天气暖，不觉天气寒的意思。又有一种译法为："Although I have finished the wine, I do not feel cold."把不觉天寒的意思翻译了出来，却将"酒竟"理解为"将酒喝完"，还是未能正确把握诗人的原意，因为"竟"字在此句中是一个虚字，是"竟然"之意，与前一句"花犹曾敛夕"中的"犹"字相对应。叶嘉莹认为要对诗句做出正确理解和翻译需要把握全诗的情意结构。李商隐的《北楼》全诗为："春物岂相干，人生只强欢。花犹曾敛夕，酒竟不知寒。异域东风湿，中华上象宽。此楼堪北望，轻命倚危栏。"[1] 表现他在南方饮酒强欢，竟然没有助人酒兴的身外春寒，与北方的情味全然不同，觉得惆怅无聊。这是一种极为精微的辨识与体认，对于有中国诗歌与文化背景的中国学人来说都有一定难度，何况对于西方学人。

---

1 叶嘉莹：《我的诗词道路》，河北教育出版社1997年版，第156页。

译者要在理解句法字义的基础上，真正探触和理解诗人的内心情意，才能对古典诗词进行准确的翻译与传播。

三是关于诗中用字及用典的问题。"用字"指诗人在诗中所使用的某些字词是前人诗句中曾经使用过的，可能出于有意或偶合，如果不知道这些字词的出处，一般也可以读懂这些诗句。"用典"指在诗句中包含一则故事，是诗人有意使用的，必须找到正确的出处，才能求得正确的解释。中国旧诗的用典颇为复杂，叶嘉莹将难解的用典归纳为两种情况：一种是一句诗是两则典故的结合，字面上却只提供了一个出处。她举例李商隐《咏泪》中"人去紫台秋入塞"，前代学人认为只用了《文选·恨赋》中"若夫明妃去时，仰天太息，紫台稍远，关山无及"的典故，但实际上还有另一则典故，出自石崇的《王明君辞》，表现明妃出塞时哭泣流泪的样子，只有找到这两则典故，才能真正理解作者的用意。另一种情形是字面上虽提供了典故的出处，诗人所用的却非典故本意而另有所取之意。她举例李商隐的《锦瑟》"庄生晓梦迷蝴蝶，望帝春心托杜鹃"，李商隐用"庄生梦蝶"和"望帝化为杜鹃"的典故，只是借蝴蝶表现一种痴迷的梦境，借杜鹃表现一种不死的春心。所以，遇到较为复杂的情况，应该切实考查诗人用意之所在，才能真正懂得诗意，才能讲解透彻，翻译准确，不被典故所拘泥。

四是关于一诗或一句多义的问题。她认为有两种原因造成多义：一是对诗句的构造及句法可有不同的解读法，遇到此种情形应该先看多种解释是否互相抵触，如果互相抵触，当多方求证，为之寻得一种可信的解说。如果不同解读不相抵触，也该进行辨析，分辨轻重主从之义；如果不同解读可以同时并存，则可以使诗句得到更丰美的意趣，不必强加辨析。二是对诗歌中意象所提供的喻示可有不同解说，这是理解中国诗歌最复杂困难的部分。一种是对意象所指之物有不同解说，因而对其所喻示之含义亦发生不同的诠释；叶嘉莹举例李商隐《无题》（凤尾香罗薄几重）中的"断无消息石榴红"，对"石榴红"三字之所指，历来有种种不同解说，一说指石榴酒，一说指石榴裙，一说指石榴花，她经过种种辨析认为石榴花最为合理。一种是对诗中意象所指之实物虽然没有异词，但是对于其所暗示的喻义有不同的解说。

她举例杜甫《秋兴》八首之七中的"织女机丝虚夜月,石鲸鳞甲动秋风"。"织女"和"石鲸"给人的联想和感受有极大不同,对诗的喻示和托意也有很多不同说法。说诗者应该有自己的"心眼"和精微的鉴赏能力,不能盲从。中国旧诗用词造句及表情达意有独特传统,讲解诗词者需要有精微的辨析和很强的感悟能力,但这两种能力并不能凭空而来,而是建立在深厚扎实的古典诗词修养的基础之上。

叶嘉莹认为理解古典诗词的关键是具备足够的古典诗词修养,如何具有这种修养和鉴赏能力,她也给出了切实可行的途径:一是"熟读吟诵",掌握诗歌富有音律的语言。二是"入门须正",要有扎实的文学史基础以及广博的中国古典诗歌阅读积累,形成成熟深刻的鉴赏能力。"真正具有深微高远之境界的诗篇并不易懂",[1]要对旧诗正统源流的名著深入研读,才能具有鉴赏能力。三是要学习前人的诗话词话等批评著述,为自己所参考和印证,在许多不同评说的比较中,养成对诗词真伪是非的判断力。她还指出,即使有了旧传统的修养,要想进一步开拓中国的文学批评,还须对西方文学理论有相当深刻的认识和了解,而那同样也是一段需时长久的历程。[2]

三、致力于以诗词振兴民族精神

叶嘉莹在研读王国维的过程中,受到王国维的启发,也承继了王国维的志愿。在学术上,是承继王国维《人间词话》中未完成的事业,为词学建立批评体系。她曾说:"如何把西方富于思辨的理论概念融入中国传统之中,为中国文学批评建立起批评的理论体系来,当然便是我们今日所当负起的责任。"[3]她写作了一系列论文,建立起一套词学批评体系(按:在本书第四章第二节、第三节中将进行详细介绍),其写作都是出于"理想中传承的责任"[4]。

叶嘉莹对王国维的承继不仅体现在学术上,更体现在实践上。她承继了王国维

---

1 叶嘉莹:《我的诗词道路》,河北教育出版社1997年版,第177页。
2 叶嘉莹:《我的诗词道路》,河北教育出版社1997年版,第179—180页。
3 叶嘉莹:《王国维及其文学批评》,河北教育出版社1997年版,第126页。
4 叶嘉莹:《我的诗词道路》,河北教育出版社1997年版,第49页。

的观点,"在'为己'之学中,也同时寄托了'为人'的理想,一心以为从事文学、哲学及美学之研究乃是提高人民知识、复兴民族精神的唯一途径。"[1] 叶嘉莹为何归国教书,我们常常笼统地说是为了传承中华诗词文化,但并未真正理解她的初心。她曾说过:"对于古典诗歌的教授和欣赏,除去对于文字典故等的理性的解释说明,以及对内容和技巧的分析批评以外,如果更能对诗歌中感发之生命的美好的品质作一种感性的传达,使读者或听者能够从其中获致一种属于心灵上的激励感发,重新振奋起中华民族在几千年的历史中借诗歌而传承的一种精神力量,应该是一件极有意义的事。"[2] 所以,叶嘉莹归国教书传播中华诗词只是她的途径,她真正要达到的目的则在于振奋中华民族的精神。

叶嘉莹讲解诗词的目的不是传播诗词知识,而是欲以诗词感动读者和听者的心灵,从而提升国民品质。她曾说:"现在有一些青年人竟被一时短浅的功利和物欲所蒙蔽,而不再能认识诗歌对人的心灵和品质的提升的功用……也是我这些年来之所以不断回来教书,而且在讲授诗词时特别重视诗歌中感发之作用的一个主要的原因。"[3] 至此,我们可以理解叶嘉莹在讲解诗词时强调诗歌兴发感动之作用,意在唤起人们"一种善于感发的、富于联想的、活泼开放的、更富于高瞻远瞩之精神的不死的心灵"。[4]

正是在致力于沟通传统与现代、沟通中国与西方的基础上,叶嘉莹归国看到传统文化的断裂,才萌发出补此裂层的心愿,做出回国教书的决定,并用后半生践行了这一志愿。由此,叶嘉莹又架起了大陆与台湾、中国与西方之间的文学与文化桥梁。

---

1 叶嘉莹:《王国维及其文学批评》,河北教育出版社1997年版,第28页。
2 叶嘉莹:《我的诗词道路》,河北教育出版社1997年版,第44页。
3 叶嘉莹:《词学新诠》,北京大学出版社2008年版,第54页。
4 叶嘉莹:《词学新诠》,北京大学出版社2008年版,第54页。

第二节
以生命体悟为中心的诗词评赏方法

  叶嘉莹对中国诗最独特的贡献和成就之一，在于她以自身的深情锐感与写作表达能力，揭露了古代诗人寄托在诗歌中细腻丰富、深微幽隐的生命情感，展现出隐藏在古典诗词深处的美好心魂。她评赏诗词具有以生命体悟为中心的特点，"生命体悟"是一种"换我心为他心"式的思维方法，所体悟到的是作者内心对生命真切的感受和感情，而不是我们一般所分析的诗词中的思想和内容。

叶嘉莹在中华诗词文化传播中取得的成就大家有目共睹，在她 70 余年的海内外诗词教学和传播中，有着丰富的经验值得我们总结、归纳。评赏诗词的方法是其中的一个核心，对其进行理论性探究有助于我们学习她的经验，进一步将中华诗词发扬光大。

叶嘉莹以感发和联想为探索诗词的主要途径，此种方法具有以生命体悟为中心的特点，隶属于中国传统诗学，被历代学人所尊奉，但或许是因为"以生命体悟为中心"在理论上难以被准确把握，容易流为"主观唯心"；或许是因为它对于我们而言是一种太自然的存在，以至于被忽略。实际上以生命体悟为中心的诗词评赏意义重大，尤其是在中西文学交流互鉴中重建中国诗学理论时，很有必要重视它，发挥它的优势。

一、抒情传统

评赏古典诗词的方法有多种，比如从意象、修辞、用字、用典等方面入手，都有助于我们欣赏诗词。而中国古典诗词产生于抒情传统中，表现对生命的真切体悟始终是诗词的核心，所以，从生命体悟入手是最为直接的一种评赏方法，即评诗者透过文本，以自身的生命体悟去感受诗中表现的感情，还原诗中蕴含的作者的生命体悟。关于中国诗学的抒情传统，陈世骧、陈国球等前辈学人已有较为详细的论述，并被学界所认可。越是接触到西方文学和文论的学人，越对中国的抒情传统有明确的认知，可见中国传统诗学的特点在中西对比中更能突显出来。叶嘉莹曾长期在海外执教，深谙西方文学与文学理论，对中西诗学的不同有着清晰直观的认识，经过比较，她认为中西诗学传统不同的一个重要原因在于：

我们的起源不同，他们是史诗跟戏剧，我们是抒情的诗歌。他们注重向外的观察跟叙写，我们注重向内的推寻，向自己的内心推寻。我们中国诗的特质，在于注重一种内心感发的作用。[1]

中国诗学与西方诗学的源头不同、特质不同，适用的评赏方法也应该不同。中国诗歌重在表现诗人内心对生命的体悟，所以，读者也应该以自身的生命体悟去印证和还原诗人的感情。

叶嘉莹认为："真正伟大的诗人是用自己的生命来写作自己的诗篇的，是用自己的生活来实践自己的诗篇的，在他们的诗篇中，蓄积了古代伟大诗人的所有的心灵、智慧、品格、襟抱和修养。"[2] 解读诗词的人"应该透过自己的感受把诗歌中这种兴发感动的生命传达出来，使读者也能得到生生不已的感动，如此才是诗歌中这种兴发感动之创作生命的真正完成"[3]。所以，叶嘉莹评赏诗词的核心方法是用自己的生命去体悟，然后再将其体悟到的作者的生命感受传达出来。比如她讲李商隐的"锦瑟无端五十弦"时说："如果我的生命就是一个五十根弦的锦瑟的话，那么那上面的每一根弦每一根柱都曾有我过往的生命、我的感情和我的心灵"，表现出诗人生命中曾经热切的追寻与悲哀的失落之情；她讲辛弃疾的词"峡束苍江对起，过危楼，欲飞还敛"时，认为表现了词人恢复北方国土的壮志与现实谗沮之间的矛盾，虽然写的是眼前的江水之势，但同时也是辛弃疾心中激荡悲愤的情怀。

叶嘉莹以自身的生命体悟还原了诗人的生命，产生了打动人心的效果。席慕蓉在听过她关于辛弃疾词的讲座后曾说："是词人辛弃疾亲身来到我们眼前，亲口向我们一字一句诉说着他的孤危而又蹉跎的一生。"[4] 席慕蓉想找到产生这种效果的原因，而最终在叶嘉莹的一段自述中找到了答案：

1　叶嘉莹：《兴于微言：小词中的士人修养》，四川人民出版社2021年版，第110页。
2　叶嘉莹口述，张候萍撰写：《红蕖留梦：叶嘉莹谈诗忆往》（增订本），生活·读书·新知三联书店2021年版，第339—440页。
3　叶嘉莹：《词学新诠》，北京大学出版社2008年版，第16页。
4　叶嘉莹口述，张候萍撰写：《红蕖留梦：叶嘉莹谈诗忆往》（增订本），生活·读书·新知三联书店2021年版，第15页。

我对诗词的爱好与体悟，可以说全是出于自己生命中的一种本能。因此无论是写作也好，讲授也好，我所要传达的，可以说都是我所体悟到的诗歌中的一种生命，一种生生不已的感发的力量……当然在传达的过程中，我也需要凭借一些知识与学问来作为一种说明的手段和工具。[1]

叶嘉莹所传达的是诗词中蕴含的生命，而诗词中的生命来自诗人写作时投注的自身生命体悟。

"生命体悟"是一种"换我心为他心"式的思维方法，所体悟到的是作者内心对生命真切的感受和感情，而不是我们一般所分析的诗词中的思想内容和艺术特色。思想内容和艺术特色往往只是表层的，而生命体悟是最为本质、核心的，只有达到这一层才能够还原作者在诗词中隐藏的真实生命感受。

二、以生命体悟为中心的评赏诗词方法的理论建构

以生命体悟为中心是中国诗学所特有的一种传统，中国历代评说诗词也在运用这种直感妙悟式的方法，但有着很大的不足。叶嘉莹认识到前人运用此方法时存在的缺陷：

那就是他们在立说之际，都病在未能以理论为基础作详尽客观的分析和说明，因此便既不容易使读者完全了解和信服，也未能为自己树立起一种思考和衡量的依据，遂不免有时会因一己之主观而陷入偏差和错误之中，而这种现象实在是中国旧传统之文学批评的共同弊病。[2]

所以，叶嘉莹以自身真切的生命体悟为中心评赏诗词，并为其进行了理论建构，

---

[1] 叶嘉莹口述，张候萍撰写：《红蕖留梦：叶嘉莹谈诗忆往》（增订本），生活·读书·新知三联书店2021年版，第17页。
[2] 叶嘉莹：《我的诗词道路》，河北教育出版社1997年版，第39页。

借用西方的思辨思维和文学理论作为理论构建的依据。

叶嘉莹总结自己评赏诗词是以感性为主,结合了三种不同的知性的倾向。一是"传记的",即对于作者的认知,虽与中国传统的知人论世相近,却有着理性的不同,她受西方文论的启发,时时规避以人品好坏来评价诗词好坏的传统思维;同时,她也从中国实际出发,并不割裂作者与作品之间的关系,认为作者品格之高下、性情之纯驳、胸襟之广狭,属于作者生发感悟并写作为诗的一部分因素;通过传记资料,可以对诗歌中"能感之"的部分有更为深入的认识和了解,对诗歌中所传达的感发生命的质量作出更深刻也更正确的体会和衡量。二是"史观的",即对个体作品在整体文学史中的渊源、继承、演进和价值的认知。三是"现代的",即对于西方现代理论的融会,但与一般人心中先有一套西方的理论模式或奉西方文艺理论为圭臬不同,她始终是站在中国传统诗学的立场,对中西诗学进行比较,辨析其是否适用于中国诗词的评赏,在此过程中她吸收了西方长于思辨的理论与精密的批评术语。这三方面是叶嘉莹以生命体悟为中心评赏诗词的依据,但如她所说:"事实上我对古典诗歌的评赏,一向原是以自己真诚之感受为主的,无论中西新旧的理论,我都仅只是择其所需而取之,然后再将之加以我个人之融会结合的运用。"[1] 所以,自身的生命体悟始终是其评赏诗词的中心,她评赏诗词时往往结合自己的感悟而融入,凭一己之感发为主,"既带有创作之情趣也带有个人心灵之投影"[2],正是因此,她才能够将古代诗人的生命从诗词中还原出来。从接受美学的角度来看,这是一种带有创造性质的解读,赋予了作品新的生命。

叶嘉莹为其"以生命体悟为中心的诗词评赏方法"建立了相应的理论体系,使这种方法有所依凭。该理论以"兴发感动"说为核心,如她在《境界说与传统诗说之关系》中所言:"兴发感动之作用,实为诗歌之基本生命力。"[3] 她在评赏诗词时以生命体悟为中心,同时对于作者之性格、思想、为人,以及作品中之意象、音声、用

---

1 叶嘉莹:《迦陵论诗丛稿(修订本)》,河北教育出版社1997年版,第325—326页。
2 叶嘉莹:《我的诗词道路》,河北教育出版社1997年版,第15页。
3 叶嘉莹:《迦陵论词丛稿(修订本)》,河北教育出版社1997年版,第7页。

字、口吻等都加以考察。

叶嘉莹在中西诗学的相互融合、相互印证中揭示出中国独特的生命体悟诗学，不仅弥补了中国传统诗学缺少的理性分析和理论依据不足的问题，使以生命体悟为中心的诗词评赏方法有径可寻，进一步完善；同时还弥补了西方诗学的不足，如她所说：

> 西洋文学批评的今日之病，乃在过于仅在理论上求苛细，有时反不免研丧忽略了其本有的生命力；而中国的传统诗论，则对于诗歌中这种兴发感动的生命，虽然颇有深切的体悟，然而却可惜又终于未能发展成精密完整的理论体系。[1]

所以，叶嘉莹发挥了中国直感妙悟的优势，同时将其与西方的理性思辨相结合，将诗词中蕴含的生命完好无损地展现出来。

比如她讲陶渊明的《饮酒二十首之四》（栖栖失群鸟）、《咏贫士七首之一》（万族各有托）时，引用西方符号学家的观点，说明诗歌表现（expression）有它外形（form）的一层意思，还有它本质（substance）的一层意思；内容（content）也有它外形的一层意思和本质的一层意思，以此为理论依据说明在陶诗的飞鸟和孤云形象中，还有着更深层次的生命意蕴。"栖栖失群"的飞鸟，表现了诗人一颗不安宁的、有理想的、有追求的灵魂；"暧暧空中灭"的孤云，表现了生命的孤独、寂寞、短暂与无常。她还引用马斯洛心理学的观点，说明陶渊明有着最高层次的自我实现的人格追求，而在他超越低层次的物质需求、努力完成自我的过程中，在诗歌中流露出他心灵中复杂的矛盾和精神中种种的痛苦，如"量力守故辙，岂不寒与饥？知音苟不存，已矣何所悲"等，展示出陶诗真淳、丰富、深厚的生命意蕴。

叶嘉莹中西相融的评诗方法对当前中国诗学理论的建构有着启发和借鉴的意义，

---

[1] 叶嘉莹：《王国维及其文学批评》，河北教育出版社1997年版，第302页。

将中西相结合，既可以发挥中西文学批评方法各自的优点，又可以避免和弥补各自的不足。她曾说："我既不赞成中国旧传统之以'人'之价值来取代或影响'诗'之价值的批评标准，同时也不同意西方新批评之'泯除作者个性'及'作者原意谬误'等将写诗之'人'完全抹煞的看法。我所提出的评赏方式是要从'人'的性格背景，来探讨'诗'中'能感之'的一种重要的质素，从而对诗歌本身做出更为深刻也更为正确的了解和分析。"[1]

三、以生命体悟为中心的诗词评赏方法所需的素养

以生命体悟为中心评赏诗词，对评赏者的素养有一定要求。首先，就是要具有共情能力，与作者有相应的生命高度与生命体验深度，否则就不能正确探求。生命体验深度来自生命的经历与敏锐的感悟能力，生命高度则来自对生命的哲思和不断的超越，也就是王国维所说过的"诗人对宇宙人生，须入乎其内，又须出乎其外"。[2] 叶嘉莹一生经历过多次世变和个人的种种忧患，对人生的体验非常之深，对生命也有着哲人的思致。席慕蓉曾说："历经忧患的叶老师，由于拥有这样充沛的能量，以及这样美好的生命质地，才终于成就了这罕有的与诗词共生一世的丰美心魂。"[3] 正是因为叶嘉莹与作者有同样充沛美好的生命力量，同样深刻的生命体验，才能将诗词中蕴含的生命生动感人地展现出来。

此外，叶嘉莹还具有一种重要的素养使她与历代诗人们有着共鸣，那就是其"士"之精神修养。评赏者需具有与写诗者相应的充沛生命和心灵光彩，才能够体察到诗词中的生命与心灵。"士"之精神修养是叶嘉莹为人与为学的基础，正是因为她禀有传统的"士"之精神修养，有着与古代优秀士人心灵相通的理想、持守和品格，才能从自身生命体悟出发，对古典诗词进行精准辨析与深入解读。在本书第一章第

---

1 叶嘉莹：《我的诗词道路》，河北教育出版社1997年版，第60页。
2 王国维：《人间词话》，上海古籍出版社1998年版，第15页。
3 叶嘉莹口述，张候萍撰写：《红蕖留梦：叶嘉莹谈诗忆往》（增订本），生活·读书·新知三联书店2021年版，序言第18页。

二节中,曾较为详细地分析叶嘉莹的士之精神修养,概括而言,主要包括:真诚无伪、单纯专一的性情;深挚浓厚的家国情怀;对文化传承与创新的责任;执着的人世精神,积极追求人生的价值和意义;淡泊物质和名利,坚持精神品格的持守,以及对"道"和理想无私的奉献等。

以生命体悟为中心来评赏诗词的能力是否天生,后天能否培养呢?笔者认为是可以后天培养的,比如国家图书馆原馆长詹福瑞先生在以生命体悟方式解读李白时,自述四十岁时有过深刻的体悟,他曾因达不到李白的精神高度而读不懂李白,退休之后才深刻地体悟到李白的生命意识,由此完成其著作《诗仙·酒神·孤独旅人:李白诗文中的生命意识》。他认为:"人之精神的长成,却是一辈子的事。对生命的认识,也需要人的一生。所以对生命的感悟与揭示,也是我一生的事业。"[1] 以生命体悟为中心的诗词评赏方法是学人都能够掌握的方法,途径之一即加强自身"士"之精神修养,这是和古人在精神上产生共鸣的基础。

相对于一般的诉之于文本和理论的评赏方法,"生命体悟"直接诉之于人的心灵,因为对生命真切的体悟是诗词乃至文学的本真,所以,以生命体悟为中心是开启诗词大门、走入诗人心灵世界的方便法门。以此方法为纽带,不仅可以沟通古今作者与读者之间的生命共鸣,还可以沟通中西诗学,唤起中西读者的情感共鸣。叶嘉莹将自身真诚的生命体悟与中西文论相结合,在西方传播中华诗词取得了极大成功。她曾说:

> 我讲中国古典诗词真的是把我的感情都投入进去了,我尽量用我并不是很完美的英文,把诗人的感情,当时的时代、历史以及自己对诗歌的理解表达出来。记得那一班本来只有十六七个学生,结果我教后竟来了六七十人。后来我体会到,古今中外,文化虽有不同,但人心的基本情意大多是相通的。所以你只要把那些基本的东西,把诗歌里感发的生命讲出

---

[1] 詹福瑞:《诗仙·酒神·孤独旅人:李白诗文中的生命意识》,生活书店出版有限公司2021年版,第583页。

来，不同文化背景的人也是会感动和接受的。[1]

"心理东西本自同",以生命体悟为中心的诗学不仅是打开诗词世界的钥匙,还是沟通全世界人类感情的桥梁与纽带,也是中国诗词走向世界的必经之路。

以生命体悟为中心的诗词评赏方法的核心是感悟性思维,中国社会科学院的杨义教授曾说:

> 东方的感悟性和西方的分析性,在人类思维史上双峰并峙,可以相提并论。如何将这两座山峰沟通起来,在其间架设桥梁,将其内在的潜力和奥妙发挥出来……是我们完善中国现代理论方法,以及建立中国现代理论体系的一个很重要的工作。[2]

他还认为:"在全球性跨文化对话中,中国文学理论要把握住自己的身份标志,有必要利用自身智慧优势……创立一种包含着丰富的中国智慧的'文化—生命诗学'。"[3]叶嘉莹成功地将东方的感悟与西方的分析相结合,是中国生命诗学的大力推动者。我们应该学习、吸收她的方法和理论成果,将中华诗词文化进一步推广至全世界。

四、生命体悟中的旧诗新演

以生命体悟解读诗歌的方法属于中国传统说诗方法,具有强大生命力,能够因解读者自身个性而对旧诗产生新的理解,在一定程度上体现了"独立""自由"的精神。叶嘉莹借此方法打破旧传统的禁锢,使诗歌重新获得生命,产生华彩效应。她在解读《燕台四首》时曾说:"我之为人一方面虽然颇有任性大胆的狂想,而另一方

---

1 叶嘉莹:《沧海波澄:我的诗词与人生》,中华书局2017年版,第108页。
2 杨义:《感悟通论》,人民出版社2008年版,第2页。
3 杨义:《感悟通论》,人民出版社2008年版,第3页。

面却又颇有悖礼犯禁的顾忌……我今日之要推演某些旧诗,而给予一些新的注释和解说,则只是自己人水摸鱼的一点抚触的心得而已。"[1]她认为李商隐的这组诗"闪放的一种深幽而冶艳的光彩,使人对之有无穷的眩迷","所含孕的一种无可把捉的意蕴,使人对之生无穷的想象。而对如此幽微窈眇的诗篇,我们所见的只是一片心灵之光影与彩色的闪烁……这种作品好像是一种在梦幻中的心灵之呓语,原来就不属于人类理性之解说分析的范畴之内"[2]。叶嘉莹以自身的生命体悟完成说诗文稿《旧诗新演:李义山〈燕台四首〉》,这是她早年最为瑰玮宏丽、深邃绵密的文章之一。

叶嘉莹对破解诗词的秘密有着格外的兴趣,她通过自身生命体悟找到了解读诗歌的幽径,进入诗人深微幽隐的心魂与梦魇深处,揭露出诗人隐藏在诗词中细腻丰富的生命情感。她认为《燕台四首》是李义山生命中丰美幽微、惆怅缠绵、低回悱恻之情的自然流露,是经春历秋的整个一生的深情极怨:其一是蕴含在内心深处对美好情感的执着追寻之情志;其二是美好生命和心灵在现实生活的重重矛盾中所感受到的挫伤和寂寞之情;其三是生命的孤寒和无奈,以及无法打破此种枷锁的痛苦和悲哀;其四是对生命空幻,终将消散的悲观绝望,以及面对这一事实又极其不甘和哀怨的心灵。

第一首《春》,她认为对春天萌发着的生意与醒觉的追寻,比喻一个有情生命的诞生。"风光冉冉东西陌,几日娇魂寻不得",叶嘉莹认为表现了诗人追寻美好的情感、理想与境界的多情锐感之天性,面对轻柔缥缈、迷离恍惚之春日风光,其心中的追寻已非一日,而最终竟无所得,使人无限怅惘。诗人虽然用情追寻而无所得,追寻之情却难已,此种深情执着的品性,是千古以来有感情、有理想的诗人们的同悲。她认为李商隐在《燕台四首》诗中所追寻的并不是事功方面的理想,而是一种至完美的心灵相契之爱,唯有"雄龙"与"雌凤"相遇的世界才是圆满无憾的。她用诗的语言来描写李商隐内心的残缺与惆怅之情:"像再世的宿缘,像前生的梦魇,

---

[1] 叶嘉莹:《迦陵论诗丛稿(修订本)》,河北教育出版社1997年版,第226页。
[2] 叶嘉莹:《迦陵论诗丛稿(修订本)》,河北教育出版社1997年版,第228页。

永远无法忘怀,也永远无法解脱的。清醒时固然是絮乱丝繁的迷惘,而即使在醉里在梦里也一样在心魂之中盘旋萦绕着的,这是何等缠绵深切,何等凄迷哀怨的一份感情。"[1]以一个美好多情的生命来面对无情的人世、流逝的时光和终将陨落的生命,内心自然会产生无限深悲,她写道:"面对着如此无情地日日向人诉说着生命将终的渐宽之衣带,这是宇宙间何等无可挽赎的极恨深悲。"此种极恨深悲并非一时之感,而是始终萦绕在心间,时时触动诗人因不可弥补的不圆满而带来的缺憾。她说:"如此而从春到秋,诗人之生命乃尽消蚀于烟之迷濛与霜之冷漠之中。这种消蚀,其痛苦乃一如遭遇到研磨擘裂一样。"[2]多情生命被消蚀与被磨损之苦,甚于果断痛快之死亡,因为诗人以敏锐多情之心灵,清醒地感觉到自己在无情逼迫中所受到的腐蚀,一寸一寸地失去光泽、芬芳,一点一点地衰亡、腐烂,所以其心灵之痛苦如研磨擘裂一样,充满钻心蚀骨之痛。叶嘉莹以自己多情锐感之心灵和生命体悟,阐释了李商隐在诗歌中所蕴含的痛苦的心灵。

在对《夏》这首诗"前阁雨帘愁不卷,后堂芳树阴阳见"的解读中,叶嘉莹说:"彼亦一生命,此亦一生命,堂内有情之生命寂寞如斯,而堂外无情之生命则清阴若此。当此二种不同之生命相面对时,一个锐感的诗人,往往会产生一种极悲哀寂寞而内心又充满跃动的难以述说的感情。"[3]有情生命,生而具有对美好感情的向往与追寻,却被困于堂内,只能有热烈追寻之志而不能有自由追寻之行为,枉自增加有情之苦恼。这种烦恼可以归结为诗人心灵深处的一种基本矛盾,生命之美好与生命之受挫伤,心灵深处求美满而不得,又不甘心自弃:"内心深处所蕴蓄着的某种生命被挫伤的痛苦,以及对美好与完整之向往追求而终不可得的悲哀。"[4]诗人内心和性情中本有一种泣血追寻的深情苦恋之情志,并非为某一人,而是为所追寻的一份美好感情,此种深情是无比热烈、矢志不渝、至死无悔的,如她所说,"如火之燃烧,如血

---

[1] 叶嘉莹:《迦陵论诗丛稿(修订本)》,河北教育出版社1997年版,第243页。
[2] 叶嘉莹:《迦陵论诗丛稿(修订本)》,河北教育出版社1997年版,第244页。
[3] 叶嘉莹:《迦陵论诗丛稿(修订本)》,河北教育出版社1997年版,第249页。
[4] 叶嘉莹:《迦陵论诗丛稿(修订本)》,河北教育出版社1997年版,第252页。

之凝聚""深挚浓烈的一份追寻向往的情意"[1]"无论经历了多少艰阻，无论遭遇到多少挫伤，一颗追寻期待的心，则终始不易"[2]。她联想到韩偓的诗"此生终独宿，到死誓相寻"，同样表现了坚定决绝的态度。她发现李商隐等诗人性情中热烈坚贞的本质，有一种痴绝和固执。

在第三首《秋》的解读中，她说在从春到秋这一段漫长的时间之内，诗人承受着"无可温慰的孤寒与无可挽回的消逝的双重悲感"[3]，却要将这一切掩藏在内心当中，蕴含着"对此孤寂凄寒之境界一意承受负荷的坚贞的心力"。诗人以一己之心力独自担荷坎坷命运和心灵苦痛。对于"欲织相思花寄远，终日相思却相怨"，她说："在这种承受与负荷中，相思与苦怨同样深切""由相思而转为相怨，其原因乃同出于一份无法泯灭的深沉的爱意，除非能做到无爱，才能做到无怨"。[4]因为诗人往往有着热烈多情的品质，所以无法免除此种品质带来的苦恼。美好多情之生命有着美好的追求，却被闭锁在幽暗孤寂之中，眼睁睁看着自身生命磨损和落空，格外地痛苦和悲哀。在解释"金鱼锁断红桂春，古时尘满鸳鸯茵"时，她说："以如此美好之颜色，生当如此美好之时节，而金鱼之钥乃将其美好之生命一举而锁断终身，于是这一树红桂之春遂命定要在幽暗闭锁之中自开自落，永远不会有看到光明，永远不会有得到知爱的日子了，这是何等可憾恨的美好之生命的悲剧。"[5]她觉得必将走向死亡结局的生命不只是某一个人的悲哀，而是人类共同的悲哀。她觉得李义山所见之世界，也是整体的绝望堪悲，并不限于一人一事。她说："在如此充满悲剧性的宇宙之内，人类之难逃此类相似之命运，自然也是必然的了。"[6]但是，在绝望当中，她觉得李义山终究无法泯灭其对幸福美满之追求向往的一点未死心魂。

在对第四首《冬》的解读中，她通过李商隐的诗写道千古有生命者面对无常共

---

[1] 叶嘉莹：《迦陵论诗丛稿（修订本）》，河北教育出版社1997年版，第254页。
[2] 叶嘉莹：《迦陵论诗丛稿（修订本）》，河北教育出版社1997年版，第258页。
[3] 叶嘉莹：《迦陵论诗丛稿（修订本）》，河北教育出版社1997年版，第260页。
[4] 叶嘉莹：《迦陵论诗丛稿（修订本）》，河北教育出版社1997年版，第261页。
[5] 叶嘉莹：《迦陵论诗丛稿（修订本）》，河北教育出版社1997年版，第263页。
[6] 叶嘉莹：《迦陵论诗丛稿（修订本）》，河北教育出版社1997年版，第263页。

同的不幸，残酷而无情："俯攫向人间的无常的巨灵之掌，这是多么使人恐惧战怖的一种认知"，"所有光明温暖和生机的终结的消逝"。[1]她由"冻壁霜华交隐起，芳根中断香心死"联想到一种充满诗意的美艳而绝望的死亡境界，"一种在凝静幽美中逼人走向死亡之境界"，外界之冻壁和自然之霜华交隐而起，在绝无温暖复苏之望中，美好的芳根断折了，美好的香心死去了，表现出所有有情生命共同的矛盾和悲哀。她认为李商隐在万转千回中道尽了所有有情者的深悲极恨，"一切美好的生命都无法逃免被磨蚀毁损的不幸"[2]"以美好之资质面对折磨破损的深哀"，"一切都已无可挽留救赎，其中心之深悲极怨可知"[3]。在对诗歌的阐释中，她投注了自己对生命的看法和体验，使说诗文稿呈现出鲜明的抒情性，有着极强的感染力。她敏锐细腻丰富的心灵体验，与她富赡华美精微的语言，以及她当时悲观、绝望、哀怨的情绪结合在一起，创造性地阐释并再现了李商隐《燕台四首》中的诗心。

叶嘉莹对中国诗学最独特的贡献和成就之一，在于她以自身的深情锐感与写作表达能力，揭露了古代诗人寄托在诗歌中细腻丰富、深微幽隐的生命情感，展现出隐藏在古典诗词深处的美好心魂，而此情感和心魂实际上关系着一个民族记忆深处丰富细腻的心路历程。

---

[1] 叶嘉莹：《迦陵论诗丛稿（修订本）》，河北教育出版社1997年版，第271—272页。
[2] 叶嘉莹：《迦陵论诗丛稿（修订本）》，河北教育出版社1997年版，第276页。
[3] 叶嘉莹：《迦陵论诗丛稿（修订本）》，河北教育出版社1997年版，第279页。

第三节
生命体悟诗学的回响

  叶嘉莹讲解诗词时精妙而准确地把握了生命体悟这一核心，观照诗词内外的个体生命，剖析并展现复杂的人性，通过古典诗词沟通了古人和今人的心灵共鸣，激发了无数个体生命的感动，使人获得向上超拔的精神境界。

叶嘉莹的著述中蕴含着丰厚的诗学思想，前面对其家族文化特质、诗词中的心路历程、以生命体悟为中心的诗词评赏方法等进行了分析，但还缺乏一个关键的核心概括。笔者提出"生命体悟诗学"（按：此为广义的诗学，包括诗与词），但并未找到充分的依据，及至读到《为有荷花唤我来：叶嘉莹在南开》，种种关于"生命"的感受和感动扑面而来，该书收录文章的作者大多是20世纪80年代亲聆叶嘉莹诗词讲解的南开学子。四十年前，叶嘉莹在他们的心中播下诗词的种子，唤醒他们内心对生命的觉醒，经过多年的生活历练，他们依然保持着那份生命的感动与热情，甚至"随人生感悟越发浓郁"（陈洪先生言）。他们以亲身体验对叶嘉莹的诗教进行了总结，是叶嘉莹"生命体悟诗学"的回响和印证。这令笔者坚定了原来的想法：叶嘉莹所成就的是一种至高形态的"生命体悟诗学"，为诗学开辟了新境界，把诗词鉴赏上升至哲学高度，以诗词探讨人生的态度、人生的价值和人生的意义。

　　生命体悟诗学具有生命哲学色彩，不仅是叶嘉莹讲解诗词及诗学思想的核心，也是中国传统诗学的核心之一。将诗歌鉴赏与生命体悟联系起来，从远源上说是对孔子"兴于诗，立于礼，成于乐"诗学思想的承继，从近源看则是在王国维、顾随诗学思想基础上的大力开拓。王国维曾说："文学中之诗歌一门尤与哲学有同一之性质，其所欲解释者皆宇宙人生根本之问题。"[1]在评论诗词时，王国维喜欢"从通古今之全人类的哲理来探寻作品之含义"[2]，由此从晏殊、欧阳修、辛弃疾等的小词中读出"古今之成大事业、大学问，必经过三种之境界"。顾随也多次强调："古人创作时将生命精神注入，盖作品即作者之表现"[3]"一切文学的创作皆是'心的探讨'"[4]"诗人达到最高境界是哲人，哲人达到最高境界是诗人，即因哲学与诗情最高境界是一"[5]。叶嘉莹正是因为精妙地把握了"生命体悟"这一核心命题，才使得古典诗词沟通了古人和今人的灵魂共鸣，激发了无数个体生命的感动。叶嘉莹将小词提升至诗的高度

1　叶嘉莹：《王国维及其文学批评》，河北教育出版社1997年版，第142页。
2　叶嘉莹：《王国维及其文学批评》，河北教育出版社1997年版，第142页。
3　顾随：《顾随全集》卷3，河北教育出版社2000年版，第3页。
4　顾随：《顾随全集》卷3，河北教育出版社2000年版，第4页。
5　顾随：《顾随全集》卷六，河北教育出版社2014年版，第4页。

予以阐释，所谓"小词大雅""小词中的士人修养"，都是从"小"探寻到"大"，与人生修养相联系，从而将诗词鉴赏提升到人生哲理层面，由此可以达到启发心灵、提升生命精神的效果。傅佩荣曾说："任何一门专业的学科，学到最后所抵达的境界都是哲学的层次。"[1] 讲诗词而融合人生哲理，无疑是达到了诗词讲解的至高层次。"生命体悟诗学"同时也切合中国文化传统之要义。牟宗三说："中国文化的核心是生命的学问。由真实生命之觉醒，向外开出建立事业与追求知识之理想，向内渗透此等理想之真实本源，以使理想真成其为理想，此是生命的学问之全体大用。"[2] 叶嘉莹讲解诗词的核心目的正在于以诗词使人觉醒，"用诗词来感发人的善良的心"，"爱人爱物、爱国爱家的感情"。[3] 唤起人们"一种善于感发的、富于联想的、活泼开放的、更富于高瞻远瞩之精神的不死的心灵"[4]。这种心灵不是僵硬麻木、冷漠无情的，而是丰富活泼、富有创造力的，这种心灵不自私不贪婪，不囿于物质与眼前利益的束缚，而是纯洁无私，从追求自我美好的生命与理想出发，着眼于全人类美好的未来。

一、生命体悟诗学的内涵

"生命体悟诗学"是笔者对叶嘉莹终身之诗学成就所提出来的一个概念。叶嘉莹曾说过：

> 古典诗词所写的是古代的诗人们对他们生活的体验，对他们生命的反思，我们在读古典诗词时，使我们的心灵与古人有一种交会；在这种交会之中，我们除了体验古人的生命和生活，我们自己也有感动和兴发，在我们与古人的交会中感受我们自己当下的存在。[5]

---

1 傅佩荣：《跟傅佩荣读西方哲学》，长江文艺出版社2019年版，第2页。
2 牟宗三：《生命的学问》，广西师范大学出版社2005年版，第1页。
3 叶嘉莹：《荷花五讲》，商务印书馆2015年版，第117页。
4 叶嘉莹：《词学新诠》，北京大学出版社2008年版，第54页。
5 叶嘉莹口述，张候萍撰写：《红蕖留梦：叶嘉莹谈诗忆往》（增订本），生活·读书·新知三联书店2021年版，第30页。

由此，笔者认为叶嘉莹的诗学可以用"生命体悟诗学"来概括。

叶嘉莹的诗学思想涉及文学理论中作品、作家、世界、读者等诸要素，包括诗歌构成、诗歌本质、诗歌创作、诗歌接受、诗歌的作用等，每一个环节都凸显了"生命体悟"的重要性。

其一，关于诗歌构成要素，叶嘉莹承继王国维的说法，将诗歌分为"能感之"与"能写之"两个部分，诗人应同时具备此两种素质。"能感之"源自诗人敏锐的心灵和由此产生的真切生命体悟，叶嘉莹曾说过："成就一首好诗，需要真切的生命体验，甚至不避讳内心的软弱与失意。"[1] 真正的诗人必有不同于常人之处，常人可能会情思迟钝、麻木，或耽溺于物质及其表象中，对超物质的精神和心灵世界缺少关注和感应，或者虽有感应，却难以诉诸笔端。诗人往往富有敏锐多情之心灵，对宇宙、人生以及自然万物有着广泛的关怀和敏锐纤细的感觉，而且能够以恰当的文字、声音等将内心真切的生命感情贴切地表现出来，由此写成诗。"能写之"的部分是诗不可缺少的载体。"能感之"的部分则是诗的核心，即作为个体生命的种种体会、感受和感情，这是诗的种子，诗的根本。读者透过意象、音声、用字、口吻等"能写之"的部分，可以感受到作者投注在作品中的种种生命感情。

其二，关于诗歌的本质，叶嘉莹曾多次表示："诗歌中之基本生命，也就是诗人内心深处的一种兴发感动的力量。"[2] 从形式上看，诗歌需要以文字为载体，旧体诗词还受格律等因素的束缚，但诗歌之富有生命的本质不在于它的外表，而在于它内在包含的诗人真实的生命感情，此情可以来自大自然的外物，也可以来自人世间的悲欢离合。叶嘉莹多次强调，"诗歌当以感发生命为主要素质"[3]，内心真切的生命体验和生命情感是构成诗歌的本质要素，是诗歌生命的真正源泉，具备此要素的诗才是真正的诗。诗歌的"感发生命"有大小厚薄之分，受到作者生命本体的影响，顾随提倡诗人要将"小我"扩大为"大我"，叶先生也承继了此观点。

1　叶嘉莹：《沧海波澄：我的诗词与人生》，中华书局2017年版，第140页。
2　叶嘉莹：《王国维及其文学批评》，河北教育出版社1997年版，第285页。
3　沈立岩主编：《为有荷花唤我来：叶嘉莹在南开》，中国大百科全书出版社2022年版，第37页。

其三，关于诗歌创作，叶嘉莹有一个核心观点，即"凡是最好的诗人，都不是用文字写诗，而是用整个生命去写诗"[1]，"以自己全部生命中之志意与理念来写作他们的诗篇，而且是以自己整个一生之生活来实践他们的诗篇"[2]，中国古代大诗人屈原、陶渊明、杜甫、辛弃疾等都可称为代表。在"生命体悟诗学"中，诗人的性情、襟怀、行动与诗真诚无伪地结合在一起，"志"与"行"合一，诗与人合一。所以，叶嘉莹总是说："真正伟大的诗人是用自己的生命来写作自己的诗篇的，是用自己的生活来实践自己的诗篇的。"[3] 诗人在现实中以此感情、理想和志意面对生活和人生，在诗歌艺术中所体现的即自己现实中本真的生命感情、理想和志意。

其四，关于诗歌接受，叶嘉莹曾多次引用姚斯的观点，认为最高形态的接受是创造性质的接受，"读者也同样贵在有一种感发的作用……更且贵在感动之外还可以引起一种兴发，于是一可以生二，二可以生三，乃至于生生不已以至于无穷"[4]，创造出来一个新境界。好的讲诗人应该是最高形态的接受者，透过诗人的作品，使诗人的生命心魂得到再生。在接受的过程中，生命体悟是沟通读者、讲者和作者之心灵的最直接桥梁。叶先生讲解诗词时的鲜明特点就是带有自身生命体悟的色彩。许多听过她讲课的学生印证了这一点，如杨石说："先生以自己的忧患，理解诗人的忧患；以自己的喜乐，体会诗人的喜乐。"[5] 王宇建说："叶先生则以朴素、细腻的诗人视角，将她坎坷多艰的人生感悟融入诗词赏析。"[6] 再如刘波说："先生能看到许多的不同，正是她自己的生命体验使然。"[7] 叶嘉莹以自身生命体悟去解读诗词、感悟诗词，通过诗词达到了与古人生命的共鸣，正如韦承金说："仿佛与千年前的另一个生命同频共

---

1 叶嘉莹：《沧海波澄：我的诗词与人生》，中华书局2017年版，第140页。
2 叶嘉莹：《唐宋词名家论稿》，河北教育出版社1997年版，第236页。
3 叶嘉莹口述，张候萍撰写：《红蕖留梦：叶嘉莹谈诗忆往》（增订本），生活·读书·新知三联书店2021年版，第17页。
4 叶嘉莹：《我的诗词道路》，河北教育出版社1997年版，第129页。
5 沈立岩主编：《为有荷花唤我来：叶嘉莹在南开》，中国大百科全书出版社2022年版，第50页。
6 沈立岩主编：《为有荷花唤我来：叶嘉莹在南开》，中国大百科全书出版社2022年版，第54页。
7 沈立岩主编：《为有荷花唤我来：叶嘉莹在南开》，中国大百科全书出版社2022年版，第319页。

振。"[1]张卫和周子燕也说:"现代生命与古代生命因此在古诗词的起伏和扬抑中互相感应、彼此共鸣。"[2]

其五,关于诗歌的作用,叶嘉莹认为诗可以超越人类有限的肉体生命,寄托诗人的精神生命。她经常说,在古代诗篇中,"蓄积了古代伟大诗人的所有的心灵、智慧、品格、襟抱和修养"[3]。柏格森说过:"语言是思想的载体,它可以为人类存储思想。"[4]而诗歌,不仅是存储思想,更凝聚着个体生命的精神与情感,尽管那一个体生命的肉体已经腐朽,但其精神以文字的形式蓄积在诗歌当中,以不朽的形式保存下来,这是诗歌对作者而言的一种作用。

对读者而言,叶嘉莹认为诗歌的一项重要作用是能够使人有一颗活泼不死的心灵,能够使人的生命有所提升,使心灵和生命富有真善无伪的美好品质,这是她认为诗歌的价值与意义之所在,也是她以诗词传播为己任的目标之所在。朱光潜曾说:"'哀莫大于心死',所谓'心死'就是对于人生世相失去解悟和留恋,就是对于诗无兴趣。读诗的功用……(使人)到处可以吸收维持生命和推展生命的活力。"[5]诗歌实在是人类心灵的精神家园。

二、生命体悟诗学的特征

从用真切的生命体悟创作,到生命感发为作品中的本质,再到以生命体悟来接受诗词,再以生命体悟讲解诗词,由此激发生命共鸣,叶嘉莹的诗学表现出"生命体悟诗学"的一个完整循环过程。

通过讲解诗词而观照诗词内外的个体生命,是生命体悟诗学的一个特征。如张卫和周子燕所说:"从个体生命的主观感受出发,叶先生将诗词的美学推升为'生命

---

1 沈立岩主编主编:《为有荷花唤我来:叶嘉莹在南开》,中国大百科全书出版社2022年版,第126页。
2 沈立岩主编主编:《为有荷花唤我来:叶嘉莹在南开》,中国大百科全书出版社2022年版,第40页。
3 叶嘉莹口述,张候萍撰写:《红蕖留梦:叶嘉莹谈诗忆往》(增订本),生活·读书·新知三联书店2021年版,第17页。
4 亨利·柏格森:《生命的意义》,台海出版社2018年版,第66页。
5 朱光潜:《谈文学》,江苏人民出版社2020年版,第173页。

美学'……她在诗词阐释中,非常强调诗人对眼前景物的生命感动,分析诗人创作中体现出的个体生命之美。她引导我们对诗词展开生命的体验,让诗词在自己的生命里复活。"[1]不仅是观照诗歌之内作者的生命,还要从生命体悟中滋养并提升诗歌之外读者的生命。

通过讲解诗词剖析并展现复杂的人性,使诗词鉴赏富有哲理的意味,是"生命体悟诗学"的另一个特征。如汪梦川所说:"(叶先生)常在文字与文学之外,深刻剖析人性与人生。"[2]中国古代诗人多有儒家修齐治平的理想追求,但这并非他们全部的生命体验,他们的作品总被解说者涂上一层政治色彩,使其情感陷入僵硬教条的框架中,如怀才不遇、报国无门、壮志难酬等陈词滥调,戕害了诗歌中丰富活泼的生命感情。叶嘉莹所剖析的人性和人生不仅"广阔",包括个体生命对世间万物和悲欢离合的所有感动;而且"深微",丰富细腻地展现士人在追寻生命价值过程中产生的种种忧患得失等内心体验。她之所以具有此种能力,关键在于她本身有着敏锐的感悟能力和精密的思维能力。汪梦川曾说叶嘉莹讲解诗词:"最大的特色在于将诗词境界与人生感悟熔为一炉,对古人有理解的同情,于自身更有深切的体会,从而发掘出诗词独有的兴发感动,传达出一种穿越时空的生生不已的生命,展现诗词之美感与力量。"[3]

通过诗词使人获得向上超拔的精神境界,是"生命体悟诗学"的另一显著特征。叶嘉莹展示出诗词奇异的力量,能够对个体生命精神有所启发和提升。如刘波所说:"先生的感悟使我从中捕捉到一种引领人生超拔向上的力量,令每一个个体生命都能在艰难困顿、颠沛沉沦中得到拯救——要用尽心力来提升那一坚韧内核的品质。"[4]叶嘉莹讲解诗词具有"觉人"的特点和作用,而"觉人"是建立在"自觉"的基础之上,使其"生命体悟诗学"更富有哲理色彩。当然,凡是被叶嘉莹打动的听者(读

---

[1] 沈立岩主编:《为有荷花唤我来:叶嘉莹在南开》,中国大百科全书出版社2022年版,第37页。
[2] 沈立岩主编:《为有荷花唤我来:叶嘉莹在南开》,中国大百科全书出版社2022年版,第303页。
[3] 沈立岩主编:《为有荷花唤我来:叶嘉莹在南开》,中国大百科全书出版社2022年版,第302页。
[4] 沈立岩主编:《为有荷花唤我来:叶嘉莹在南开》,中国大百科全书出版社2022年版,第319页。

者），都属于有情有觉之人，往往对生命情感有着深刻体验，对人生怀有美好理想，对生命品质、价值和意义有更高追求。

三、以生命体悟为诗词世界的接引者

叶嘉莹称自己是诗词世界的"接引者"，这一说法包含两层意蕴：一方面是指她自己是诗词的接受者，另一方面是指她自己是理解诗词的引导者。她以自身生命体悟来解读诗词，从接受美学的角度来看，她是最高级形态的审美接受者，王蒙称她为"中华诗风的感受者、体验者、回应者"。[1] 这一说法与姚斯所说的审美接受的三个层次十分接近。姚斯认为第一层次为"美的快感与接受"，"艺术美陶冶接受者的心灵，使其感情和情绪发生变化，从而摆脱日常生活现实的束缚与烦恼，达到某种程度的内心平衡和自由"；第二层次为"获得心灵解脱，并得到自我证实"；第三层次为"更新对外部现实和自身内部现实的感知和认识方式，获得看待事物的新方式和经验"[2]，继而改变人们的知觉、情感、思维判断，甚至行为方式。

叶嘉莹对诗歌的审美接受达到了姚斯所说的每一层面的效果，这与她自幼受到古典诗歌熏染相关，使她能够全方位、多维度、深层次感受到古典诗歌的生命意蕴。叶嘉莹向来持弱德之美，低调内敛，唯独对于解读诗词，当仁不让，明确而自信地说："诗歌里面的每一个字那种非常微妙的作用我都能感觉到。"[3] 她不仅能够感受到诗词中隐藏的最纤细深微的感情，也能够用生动的语言将其传达出来，她不仅从诗词中获得美感和欢娱，摆脱现实中的烦恼，获得心灵解脱，还能从中汲取智慧和力量。她曾说："我命运多舛，但从诗词里，我就能得到慰藉和力量，有了诗词，便有了一切。"[4] "尤其当一个人处在一个充满战争、邪恶、自私和污秽的世道之中的时候，你从陶渊明、李杜、苏辛的诗词中看到他们有那样光明俊伟的人格与修养，你就不会丧

---

1 沈立岩主编：《为有荷花唤我来：叶嘉莹在南开》，中国大百科全书出版社2022年版，第339页。
2 林一民：《接受美学：精要与实践》，江西人民出版社2019年版，第17页。
3 叶嘉莹口述，张候萍撰写：《红蕖留梦：叶嘉莹谈诗忆往》（增订本），生活·读书·新知三联书店2021年版，第452页。
4 叶嘉莹：《沧海波澄：我的诗词与人生》，中华书局2017年版，封面页。

失你的理想和希望。"[1]正是因为她自己对诗词中的生命有着真切体悟,感觉到诗词对人生的独特作用和深远意义,所以她要将其传达出来,将其奉献给人们。

作为引导者,她不是按照传统的讲解诗词方式来引导学生,而是运用自己独特的方法,概括地说,就是以生命体悟为中心,对诗词作品进行一次再创作。如她讲解无名氏的《饮马长城窟行》时,认为所写是"在外边打仗的征夫离开自己家中的妻子,牵着他的战马,经过长城边一个积存着雪水的洞穴时饮马这一过程中的感情活动"。她解释"青青河边草,绵绵思远道。远道不可思,宿昔梦见之。梦见在我傍,忽觉在他乡。他乡各异县,展转不相见"时,即以此出征在外男子的生命感情为出发点,"我虽然思念她,却无法见到她,我只有每天晚上在梦中与她相见。在梦中我明明看见她就在我的身旁,可忽然醒来之后才发觉她依然在那遥远的地方"[2]。她讲解"枯桑知天风,海水知天寒",继续从征夫的生命感受来描述,她说:"我想他是在极言自己内心相思之苦的深痛难耐,无法排解,无所倾泻,就像冬天的枯桑失去了枝叶的遮蔽与保护,那毫无掩护、赤裸在外的枝干就特别体会到了天外来风的强烈摧残……"[3]这是叶嘉莹20世纪70年代末80年代初时在课堂上所讲的诗歌中的生命情感,语言优美生动、感情细腻活泼、态度真切自然,即使拿到现在课堂上也是富有魅力的。

表面上看,叶嘉莹是在向听者讲解一首古典诗词,却经过了她感性和理性的加工与再创作,带有她自身的思想与生命体悟。此创作不同于自由的文学创作,而是基于所讲解作品的意象、音声、用字、口吻以及诗人的品格、性情、胸襟等,以自己的生命体悟将诗人的生命再生出来。如她讲李商隐《燕台四首》中的"风车雨马不持去,蜡烛啼红怨天曙"时,以诗人李商隐的生命感情出发,她说:"我愿风能变成车,雨能变成马,把我带到我所怀念的人那里去,可是'风车雨马不持去'……眼前只剩得'蜡烛啼红怨天曙'了,如果把一支燃烧的红烛作为生命的象喻或一份

---

[1] 叶嘉莹:《沧海波澄:我的诗词与人生》,中华书局2017年版,第127页。
[2] 叶嘉莹:《汉魏六朝诗讲录》,河北教育出版社1997年版,第470页。
[3] 叶嘉莹:《汉魏六朝诗讲录》,河北教育出版社1997年版,第470页。

美好的感情的话，那么长宵欲曙，烛泪啼红，诗人以其心血所煎熬出的最后一缕思念也将随着泪尽天明而情消念绝。"[1] 从其解讲中可以体会到李商隐的那一颗敏锐多愁的诗心。叶嘉莹曾经说过："因为他们的作品所写的多是一种心灵的感受，所以要想欣赏他们的作品，你就应该先有一颗与他们相接近的心灵，然后才能进入属于他们心灵的梦幻的境界中去，作出比较深刻的体会和欣赏。"[2] 这是她讲解诗词时惯用的一种生命体悟方法。

叶嘉莹擅于讲解隐士、天才、哲人、英雄遗民、闺秀等各式诗人诗作，关键在于她能够把握每一位诗人生命的本质。如她在讲辛弃疾时曾说："既然他的诗篇是他生命的流露，就要把他生命里边的本质找出来。他的本质是什么？"[3] 她认为辛弃疾不同于苏东坡、陶渊明等诗人的本质之处在于：坚持实行他的理想和志意，绝不后退。但外在的环境总是给他各种打击和阻挠，多次被弹劾罢官，约二十年的时间被放废闲居，"他的忠义奋发的进的力量和遭到的谗毁、罢废的反面压抑的力量，这两种力量的激荡盘旋，就是他词里的一份本质"[4]。她从《水龙吟》（过南剑双溪楼）"峡束苍江对起，过危楼，欲飞还敛"中感受到辛弃疾要奋飞却总遭到压抑的挣扎和痛苦。叶嘉莹在讲解诗词的再创作过程中，表现出令人惊艳的效果。听过她讲课的学生杨茜萍说："我们分不清眼前所看到的是诗词中的辛弃疾，还是讲台上的叶嘉莹，深深地被先生打动。"[5] 伊瑟尔认为："文学作品文本中的不确定性与空白点激发读者创造性的理解力，这种不确定性与空白点不仅促使作品的创造意向与审美潜能的现实化，同时使作品在不同程度上得到读者主观想象的补充，以不同方式产生'华彩'的效果。"[6] 叶嘉莹也曾说："在这个再生的活动中（按：指诗词讲解），将会带着一种强大

1　叶嘉莹：《汉魏六朝诗讲录》，河北教育出版社1997年版，第471页。
2　叶嘉莹：《美玉生烟：叶嘉莹细讲李商隐》，北京大学出版社2018年版，第246页。
3　叶嘉莹：《唐宋词十七讲》，河北教育出版社1997年版，第336页。
4　叶嘉莹：《唐宋词十七讲》，河北教育出版社1997年版，第337页。
5　沈立岩主编：《为有荷花唤我来：叶嘉莹在南开》，中国大百科全书出版社2022年版，第62—63页。
6　林一民：《接受美学精要与实践》，江西人民出版社2019年版，第10页。

的感发作用,使我们这些讲者与听者或作者与读者,都得到一种生生不已的力量。"[1] 中国诗词具有含蕴的特点,尤其是词,本是源于酒筵歌席之间的歌辞,摆脱了传统诗文中言志与载道的标准,更具有丰富的潜能,叶嘉莹对小词的阐释表现出更强的创造性,在词学方面也更具有鲜明的开拓创新性。

四、生命体悟诗学的意义

作为诗词讲解者,叶嘉莹在"接受者"的基础上,发挥了"创造者"的作用,其讲解从生命体悟出发,往往对听者的心灵产生影响。如她讲《古诗十九首》"荡涤放情志,何为自结束"时说:"'荡'是放荡;'涤'是冲洗,冲洗什么?冲洗那一切加在你身上的拘束和限制!人生如此短暂,你何苦给自己加上这么多约束?你何苦总是要说的不敢说,要做的不敢做,要追求的不敢追求?"[2] 以诗启发学生对于自我人生的思考和选择,引导他们形成独立的思想。再如她讲陶渊明时结合马斯洛的"自我实现"哲学,以陶诗表现陶渊明达到"自我实现"之境界所经历的复杂、艰难、曲折的过程。在解释陶渊明诗中的"栖栖失群鸟""托身已得所,千载不相违"时,她说:"它从高高的空中敛起翅膀径直向这棵松树落下来,愿意把自己的整个生命交托给这棵松树,今后无论需要付出多么高的代价也不会再离开它……这是他在精神上所找到的一个能够安身立命的所在,有了这个所在之后,他就再也不徘徊,再也不彷徨了。"[3] 通过讲陶渊明,她还对比三种人生态度,第一种是自命清高型,第二种是和而不流型,这两种人都有思想上的觉悟,却不会管别人,第三种人最高尚,不仅自己有精神觉悟,能够飞起来,而且还要"回到地面上尽自己的努力,让更多的人也飞起来"[4]。她将人生抉择与诗歌相融合,引导学生追求一种无私、高远、光明的境界。讲嵇康"目送归鸿,手挥五弦。俯仰自得,游心太玄"时,她强调,"无待于

---

[1] 叶嘉莹口述,张候萍撰写:《红蕖留梦:叶嘉莹谈诗忆往》(增订本),生活·读书·新知三联书店2021年版,第17页。
[2] 叶嘉莹:《汉魏六朝诗讲录》,河北教育出版社1997年版,第122页。
[3] 叶嘉莹:《汉魏六朝诗讲录》,河北教育出版社1997年版,第495页。
[4] 叶嘉莹:《汉魏六朝诗讲录》,河北教育出版社1997年版,第499页。

外,独与天地精神往来的精神境界"[1]。姚斯认为人们在审美接受三层次中,一般仅停留在第一或第二层次,但叶嘉莹给人们带来的审美接受往往能到达第三层次的效果,即改变人们的知觉、情感、思维判断,甚至行为方式。学生的反馈即最好的证明,如刘跃进说:"叶先生的课在蓦然回首之间就改变了我的学术选择。""叶先生的言传身教让我们知道,生命的意义就是生生不息地追求。"[2]"不仅仅是向我们传授中国古典诗词的知识,更是向我们传递一种人生哲理和向上的力量。"[3]杨石说:"先生在我们年轻的心里,点亮一盏灯,烛照我们的人生之路……先生如天使送来光明,让我们顿觉天高地远而宇宙之无穷。"[4]再如杨红说:"在先生的光照中追逐自己想要的生命的样子……我的生命似乎多了一片天空,不受尘世生死羁绊,心中有一种莫名的乐观和坚定。"[5]陈洪先生总结说:"这些人往往通过叶先生那犹如润物春雨般的开示,从优雅的诗词文化中汲取日精月华,生命跃升到新的层次。"[6]从他们的反馈来看,叶嘉莹的"生命体悟诗学"确实达到了提升听者(接受者)生命境界的作用。

叶嘉莹以生命体悟为核心的诗学,是在中西诗学的比较中形成的,她认识到中西诗学的不同之处在于起源不同,西方文学的起源是史诗和戏剧,我们则是抒情诗歌;西方注重向外的观察和叙写,我们则注重向内心推寻。[7]中国诗歌向来有抒情传统,"生命体悟诗学"是在此传统中形成的最高级别、最具代表性的一种诗学。该诗学与其他各种诗学并存,但它无疑是最为纯粹、透彻的一种,放之世界诗学中都最为璀璨光华,因为它揭示了诗歌的本真,由此能够达到沟通中西的文化交流效果。叶嘉莹在长期的海内外诗词教学中对此有深切体会,将原本蕴含在中国诗学中的"生命"生动地召唤出来,这是她最为突出的一项成就,在古今中西诗学的对比中确立

---

[1] 叶嘉莹:《汉魏六朝诗讲录》,河北教育出版社1997年版,第366页。
[2] 沈立岩主编:《为有荷花唤我来:叶嘉莹在南开》,中国大百科全书出版社2022年版,第43页。
[3] 沈立岩主编:《为有荷花唤我来:叶嘉莹在南开》,中国大百科全书出版社2022年版,第44页。
[4] 沈立岩主编:《为有荷花唤我来:叶嘉莹在南开》,中国大百科全书出版社2022年版,第51页。
[5] 沈立岩主编:《为有荷花唤我来:叶嘉莹在南开》,中国大百科全书出版社2022年版,第99页。
[6] 沈立岩主编:《为有荷花唤我来:叶嘉莹在南开》,中国大百科全书出版社2022年版,第22—23页。
[7] 叶嘉莹:《兴于微言:小词中的士人修养》,四川人民出版社2021年版,第110页。

了中国诗学的核心本质,我们应该思考如何继续发挥它的作用。

叶嘉莹之所以能成就"生命体悟诗学",或者说以"生命体悟"将古典诗词发扬光大,与她自幼耽于蹈空梦想的哲人气质,关注人生之意义与价值等终极问题相关。她所受的儒家思想教育,更增强了她的这种品质。梁漱溟曾说:"儒家盖认为人生的意义价值,在不断自觉地向上实践他所看到的理。"[1]"孔子最初所着眼的,倒不在社会组织,而宁在一个人如何完成他自己。"[2]"生命体悟诗学"的意义不仅仅在于使人有一颗活泼不死的心灵,更在于让人做一个真正的人,一个有精神觉醒和追求的人。从晚明到新文化运动,文艺精神中对"生命"的呼唤越来越热烈,无论是现在还是未来,都不会消退。叶嘉莹承继了这一精神,生动、鲜明、准确地将蕴含在中国古典诗词中的"生命"凸显出来,这是她的一项突出贡献,其意义值得我们进一步探讨。

---

1 梁漱溟:《中国文化的命运》(珍藏版),中信出版社2013年版,第64页。
2 梁漱溟:《中国文化的命运》(珍藏版),中信出版社2013年版,第67—68页。

第四章 词学

第一节
词学的承继与探索

叶嘉莹的词学承继王国维、顾随而来，在西方理论的观照之下努力为词学开辟新的道路。自20世纪60年代，叶嘉莹开始运用西方文学理论阐释张惠言、王国维等人的词学，将诠释学、现象学、接受美学、符号学、新批评等西方文学理论引入词学中，并在80年代将其研究成果较为系统地介绍给国内，其意义不仅在于推动词学理论的发展，还在于为中国词学理论在世界文化中找到坐标。

叶嘉莹在词学方面多有建树，论著丰富，其中具有开拓性的是将中西文学理论相融合，对张惠言比兴寄托、王国维感发联想的说词方式，以及小词具有丰富潜能的缘由、作用，进行了颇为精密、细致、深邃的阐释和分析，为中国现代词学的发展开拓了新境界。

一、对王国维、顾随词学的承继

叶嘉莹的词学承继王国维、顾随而来，他们一脉相承之处有两个大的方面：其一是以真诚的生命体悟为中心，以感发联想为主要说词方式，予人以人生和心灵的启迪，传递诗词中生生不已的感发力量；其二是具有鲜明的开拓创新精神，在西方理论的观照之下构建中国词学，努力为词学开辟新的道路。与西方文论偏于科学推理的思辨分析不同，中国传统文学理论中虽然有很多词话，但词学并没有发展成精密完整的理论体系。在晚清西学东渐的大潮中，王国维是第一位尝试为中国词学批评开拓新途径的人物，他把西方思想带进中国的旧传统中，并尝试"把西方富于思辨的理论概念融入中国传统之中"[1]，《人间词话》被词学界公认为为中国词学打开新的一页。但是，《人间词话》在思维方式上还是以抽象的主观感悟为主，对究竟何为"境界"表述得并不清晰。如杨义所指出的："《人间词话》对'境界'这个中心词的内涵……过多地依赖吉光片羽的感悟，缺乏缜密严整的思辨，因而未能从根本上超越传统诗话词话的体例，形成现代学术的精严结构和深邃层次"[2]，所以只能遗憾地称它为"未完成的伟大"[3]，留待后人去完善。

顾随被吴宓称为王国维之后的"后起之秀"词人，他是最早在大学课堂讲解《人间词话》的学者之一，并在20世纪三四十年代评点《人间词话》，对其进行疏义、解说。顾随自幼即有扎实的古典文学修养，曾经报考北京大学中文系。北京大学校长认为他的文学水平已经很高，遂建议他进入英语系学习。顾随对西方文学有着相

1　叶嘉莹：《王国维及其文学批评》，河北教育出版社1997年版，第126页。
2　杨义：《感悟通论》，人民出版社2008年版，第107页。
3　杨义：《感悟通论》，人民出版社2008年版，第107页。

当的造诣，在讲解诗词时善于进行中西对比，可惜当时西方文学理论还没有迎来繁盛阶段，不如后来六七十年代丰富、发达，客观条件限制了他对词学进行中西理论相结合的系统建构。顾随曾借用禅宗的"因缘"思想来解释"境界"，很有独到见解，但这种方法颇为抽象，需要具有较强的顿悟能力才能理解。

顾随深谙中国词学理论建设的出路在于与西方文论相结合，遂将希望寄托在其学生叶嘉莹身上，他在1946年写给叶嘉莹的信中说：

假使苦水有法可传，则截至今日，凡所有法，足下已尽得之……不侫之望于足下者，在于不侫法外，别有开发，能自建树，成为南岳下之马祖；而不愿足下成为孔门之曾参也。然而"欲达到此目的"，则除取径于蟹行文字外，无他途也。[1]

顾随的"法"主要是指他讲解诗词、治学乃至做人的方法、准则。他讲解诗词注重感发，以自身真诚的生命体悟为中心进行创作、评赏，同时参以章法、句法、字法，以及文字的"音""形""义"等各种不同的作用，以此为衡量体系，颇有心得，这些对叶嘉莹影响很大。顾随向来是一位追求创新的学者，他希望叶嘉莹能够有所开拓，成为"南岳下之马祖"，而不是只继承老师做"孔门之曾参"，并指明"取径于蟹行文字"的道路，既给予了她精神上的鼓励，又指出了努力的方向。

叶嘉莹早年有一些英文基础，但因中学时生活在沦陷的北平，没有机会好好学习英文。南下之后，生活十分艰辛，无力再进行学术探索，老师的殷切期冀成为隐藏在她内心深处一个未完成的使命。直至1965年要到美国密歇根州立大学任教，她才开始重学英文。凭着超强的记忆力和学习能力，她在赴美任教的英文选拔考试中取得了98分的优秀成绩。她先到密歇根大学任客座教授一年，再到哈佛大学任客座教授一年。后因未能再申请到美国的签证，1969年转至加拿大的不列颠哥伦比亚大学工作。她受

---

[1] 赵林涛、顾之京编：《顾随与叶嘉莹》，河北教育出版社2009年版，第6页。

生活所迫，曾经白天上课，晚上艰难地查着字典读英文书籍备课。在繁重的教学工作之余，抽空旁听英文诗、英文文学理论等课程，阅读了大量西方文学理论著作。

叶嘉莹学习西方文学理论首先是因海外教学需求，也有完成内心使命的因素存在。她在海外给学生讲中国诗词时，常常被学生问"why"，她尝试对中国诗词进行种种关于"为什么"的解答。她曾说：

> 这些尝试不仅为我在中国词学理论的研究中找到了理论的依据，而且在课堂教学上也收到了很好的效果。多年来在海外教学，使我感到中国传统的妙悟心通式的评说诗词的方法，很难使西方的学生接受和理解。而运用这些西方文学理论来解释，能够帮助那些西方文化背景的洋学生更好地理解中国古典诗词中的美感特质。[1]

叶嘉莹在西方文学理论观照下反观中国词学，每每发现二者的相通暗合之处，由此借用西方文学理论来解释，使西方的学生能够在思维上理解和欣赏中国诗词。

二、对西方文学理论的翻译、介绍和辨析

叶嘉莹早在20世纪60年代就开始运用西方文学理论来解释中国词学，当时很多新出现的西方文学理论著作并没有中文译本。她不仅是把西方最新的文学理论引入中国词学的探索者，也是一些西方文学理论的翻译者和介绍者。

1. 对《文学与传记》的评译

1966年，叶嘉莹开始与哈佛大学的海陶玮教授合作。海陶玮认为需要把一些西方研究方法用到中国文学研究上，才能使西方读者心服口服地接受中国文学。叶

---

[1] 叶嘉莹口述，张候萍撰写：《红蕖留梦：叶嘉莹谈诗忆往》（增订本），生活·读书·新知三联书店2021年版，第328—329页。

嘉莹在他的建议下读了勒内·韦勒克（Rene Wellek）与奥斯汀·沃伦（Austin Warren）合著的《文学理论》（Theory of Literature），该书于20世纪40年代在美国出版，直到1984年才正式有了刘象愚、刘培明翻译的中译本。在20世纪80年代之前，只有朱光潜、钱锺书等少数学人对这部英文著作有过一些关注。叶嘉莹不仅关注此书，还翻译了其中的一章"文学与传记"（"Literature and Biography"），1968年在台湾大学学生刊物《新潮》上发表。这篇译文不是单纯的翻译，而是夹译夹评，颇为独特。从中可以看到叶嘉莹接受西方文学理论时的思辨过程，她始终是站在中西互鉴的角度。她在每一小段翻译之后，便总结其主旨；在翻译完一大部分之后，还进一步归纳其观点，在中西互鉴中辨析其观点的合理或不合理之处，表现出独特的见解。比如对于作者与作品之间的关系这一问题，韦勒克认为时代较早的作者，其作品与生平关系较少，他举了莎士比亚为例证。叶嘉莹认为这一点在中国文学中不适用，因为莎氏生活于1564年至1616年，中国最早的一位伟大诗人屈原则生活于约公元前340年至公元前278年，比莎士比亚早18个世纪，可是屈原《离骚》却表现出极为浓厚的个人色彩。韦氏只对西方文学有所关注，对中国文学没有了解，得出来的并不是放之四海而皆准的理论。由此，叶嘉莹认为韦氏的这一观点并不周密，在对问题进行更为详细的讨论后得出自己的结论："作品与作者生平之间的关系，主要并不在于时代之先后，而在于其作品之体式的不同及作者性格之不同。"[1] 相较于韦氏文学视野的局限性而形成的片面化观点，叶嘉莹的观点无疑更为合理。经过她对《文学与传记》周密的思辨，中国传统文学理论中存在的问题变得清晰，如她所说："因为中国文学传统一向过于强调作者主观的'言志'的作用，经常喜欢以作者之生平及人格来作为衡量作品的标准，这对于文学之艺术的成就而言，乃是并不正确的一种尺寸，韦氏的文章恰巧可以唤起我们对这一方面的省察和觉悟。"[2] 这为人们恰当运用韦氏的观点和中国传统文学理论的观点提供了理性的参考。

---

1 叶嘉莹：《迦陵杂文集二辑》，北京大学出版社2020年版，第13页。
2 叶嘉莹：《迦陵杂文集二辑》，北京大学出版社2020年版，第16页。

20世纪70年代，身居海外的叶嘉莹对西方新出现的各种文学理论多有关注，她认为："任何一种新的理论出现，其所提示的新的观念，都可以对旧有的各种学术研究投射出一种新的观照，使之可以获致一种新的发现，并作出一种新的探讨。"[1]而且，她恰好遇上西方文学理论蓬勃发展的时代，有机会直接接触很多新理论，如她所说："很多新的理论，而且是非常好的、精华的、扼要的理论都是那个时候出现的……我赶上了那个时代，也看了很多西方的理论的书，同时因为我要用英文教书，'境界'跟'兴趣'说不明白的，我就尝试用了西方的理论来解说。"[2]她从新文学理论中不断获得灵感，不断反思和完善对中国词学的阐释。如《对常州词派张惠言与周济二家词学的现代反思》《对传统词学与王国维词论在西方理论之观照中的反思》等文，都是她在西方新文学理论的启发下对相关问题的再度思考和认识。

2. 对西方文学理论的介绍

自20世纪70年代末，叶嘉莹开始利用暑假时间回中国教书。从她20世纪80年代的《唐宋词十七讲》《迦陵随笔》等著述中可以看到她对西方文学理论多有介绍。《迦陵随笔》是叶嘉莹1986年至1987年为《光明日报》撰写的学术随笔，她怀着"文明新旧能相益，心理东西本自同"的主旨，以较为系统的西方文学理论来说明中西诗学的相通暗合之处。对于用到的西方文学理论，她往往先简单地追溯其源，然后将重点放在近年来的发展上，再介绍对中国词学有启发的相关论著与观点，除发挥阐释诗词的作用之外，还有向国人介绍西方文学理论思潮的意义。中国社会科学院祝晓风就曾经说："谈《人间词话》，却引用佛语，还有现象学、接受美学的理论。真的是让人眼界大开。我就是读《迦陵随笔》才知道什么现象学、符号学这些新词的。"[3]叶嘉莹在《迦陵随笔》中对西方文学理论的介绍和运用主要有以下几种：

---

1 叶嘉莹：《词学新诠》，北京大学出版社2008年版，第69页。
2 叶嘉莹：《我的老师顾随先生》，河北大学出版社2017年版，第188页。
3 祝晓风：《穿裙子的"士"——记叶嘉莹先生》，载中国作协创研部选编：《2016年中国散文精选》，长江文艺出版社2001年版，第346页。

其一，她较为详细地解释了西方的诠释学，还梳理了20世纪六七十年代诠释学的新进展和理论观点，特别介绍了理查德·E. 帕尔默（Richard E. Palmer）《诠释学》（*Hermeneutics*）中的"原义"，赫芝（E. D. Hirsch）《诠释的正确性》（*Validity in Interpretation*）中的"衍义"，以及赫芝20世纪70年代的著作《诠释的目的》（*The Aims of Interpretation*）中"诠释者才是意义的创造者"等观点[1]，以此说明西方文学理论与中国传统"诗无达诂"的暗合之处。

其二，因诠释学受到现象学的影响，她又简要介绍了现象学，重点介绍了德国胡塞尔（Husserl）和美国詹姆士·艾迪（James Edie）的"意识向客体投射的意向性活动之说"[2]，并与中国传统诗论中的"心"与"物"交相感应的关系相比，以说明中西文论相通之处。

其三，她较详细介绍了西方的接受美学，重点谈及的有捷克的结构主义评论家莫卡洛夫斯基（Jan Mukarovsky）20世纪70年代的《结构、符号与功能》（*Structure, Sign and Function*）中"艺术成品"与"美学客体"之说，"未经过读者的阅读和想象而加以重新创造，那么这部作品就只不过是一种艺术成品而已，惟有经过读者的阅读和想象之重新创造者，这部作品方能提升成为一种美学客体。"[3] 以此来说明王国维、张惠言等对词的两种不同的创造性解读。还谈及伊塞尔（Wolfgang Iser）的《阅读过程：一个现象学的探讨》（*The Reading Process: A Phenomenological Approach*）中作者与读者的"两极"说，以及弗兰斯·墨尔加利（France Meregalli）的《论文学接受》（*La Reception Literaire*）中对读者的三种分类，由此说明王国维的"三种境界"说属于带有创造性之背离原意的一种解读法。

其四，她创新性地运用了西方的符号学，尤其是运用索绪尔（Ferdinand de Saussure）的"符号具""符号义""语序轴""联想轴"之说，同时参以俄国符号学

1　叶嘉莹：《词学新诠》，北京大学出版社2008年版，第4页。
2　叶嘉莹：《词学新诠》，北京大学出版社2008年版，第7页。
3　叶嘉莹：《词学新诠》，北京大学出版社2008年版，第15页。

家洛特曼（Lotman）的"信息交流论"，说明无论是语序轴或联想轴可能传达的信息，还是知性符号或感性符号，都可视为诗篇的一个环节，以此分析张惠言认为"照花前后镜"有"离骚初服"之意依据的是联想轴上所提供的信息。又引用语言学家罗曼·雅各布森（Roman Jakobson）的"语言符码"观点，说明张惠言解读温庭筠词所依据的是词中具有文化意义的语码。

其五，她简略介绍并运用了新批评学派的理论观点，一方面不赞成艾略特（T. S. Eliot）、卫姆塞特（W. K. Wimsalt Jr.）"泯除作者个性"的观点，另一方面又对其重视文字的形象、结构及肌理等质素的细读方式颇为认同，在解说诗词时经常加以运用。

以上西方文学理论虽然同时出现在叶嘉莹的文章中，但它们并非西方同一时代的产物。对这些西方文论在中国的传播和接受情况，笔者查阅了陈厚诚、王宁主编的著作《西方当代文学批评在中国》，其中新批评、现象学等引入较早（20世纪20年代），但较少有人将其系统地运用到词学中；至于诠释学[1]、接受美学[2]、符号学[3]等，则大多是20世纪80年代时才正式引入。叶嘉莹很早就接受了西方文学理论，掌握并运用得十分熟练，无论是讲课还是著述都能如数家珍般娓娓道来。从其接受西方文学理论时间之早，了解西方文学理论程度之深，运用西方文学理论技巧之熟等各方面来看，她不仅是中国词学的大力开拓者，也是较早将西方新文学理论进行传播运用的学者。叶嘉莹曾经说过"书生报国成何计"，她报国的途径不仅是传播中国古典诗词，也包括将西方文学理论及思潮介绍至国内。

---

[1] 关于诠释学，笔者查阅了李清良、张洪志所著的《中国诠释学研究40年》（载于《中国文化研究》2019年第4期，第68—82页），文中指出，"我国首次集中刊发西方诠释学译文始于1986年第3期《哲学译丛》"，之后才逐渐走向译介、研究和反思。

[2] 关于接受美学，笔者查阅了文浩的博士论文《接受美学在中国文艺学中的"旅行"：整体行程与两大问题》（湖南师范大学，2011年），文中指出，接受美学在西方兴起于20世纪60年代末期，兴盛于70至80年代，80年代引入中国。

[3] 关于符号学，笔者查阅了黄文虎的《20世纪80年代以来符号学在中国的传播与接受》［载于《集美大学学报（哲学社会科学版）》2022年第2期，第57—64页］，文中指出，虽然早在1926年赵元任曾关注过西方符号学，但在此后近40年间，符号学在中国并未引发实质性的影响，直到20世纪80年代之后，其重要意义才得到中国学界的普遍认可，进入起步阶段。

3. 对西方文学理论的持续关注

可贵的是，叶嘉莹一直站在世界文学的前沿，与时俱进地运用西方最新文学理论观照中国词学，不断受到启发而产生灵感，同时也介绍给读者和学生。如她1990年写作的长篇论文《论词学中之困惑与〈花间词〉之女性叙写及其影响》，就是在女性主义文学理论的启发下产生的硕果。该文长达4万字，对西方女性主义文学批评进行了简明扼要的梳理——从1949年西蒙·德·波伏娃（Simone de Beauvoir）的《第二性》（*Le deuxième sexe*），一直到20世纪80年代的重要理论著作及思想，都作了概括性介绍。其中很多理论著作是叶嘉莹独具慧眼发现并运用的，比如玛丽·安·佛格森（Mary Anne Ferguson）的《文学中之女性形象》（*Images of Women in Literature*）一书，出版于1980年，书中对文学作品中的女性进行详细分类的思路对叶嘉莹很有启发性。台湾学者欧丽娟还将此理论从叶嘉莹的文中引用到她自己的《唐诗公开课》中，也取得了很好的分析效果。再比如美国学者劳伦斯·利普金（Lawrence Lipking）的《弃妇与诗歌传统》（*Abandoned Women and Poetic Tradition*）一书，出版于1988年。叶嘉莹早在1990年就引用了他的理论，这些书至今也没有中译本。可见，叶嘉莹在西方文学理论方面所下功夫之深。她在中西互鉴中创造性地运用西方文论，对中国词学不断地进行新的观照，修订完善自己早年的观点，解决了词学中的一些关键问题。

笔者有幸得见叶嘉莹先生曾经读过的一本西方文学理论著作《当代文学理论大百科》（*Encyclopedia of Contemporary Literary Theory*）。此书印刷于1994年，当时她已70岁，还一直保持着对西方文学理论的研读和关注。这本英文书近700页，留有叶嘉莹先生阅读、思考的痕迹，随处可见她用彩笔标注的重点、夹存的备忘纸条。"问渠那得清如许，为有源头活水来"，对西方文学理论的研读、理解、翻译并运用，是叶嘉莹对中国词学开拓创新的一个源头。正是因为叶嘉莹在学术中取得的卓越成就，在西方文学理论与中国词学互鉴中的大力开拓创新，她在1991年当选为加拿大皇家学会院士。[1]

三、对词之美感特质根源的探索

1. 对词之美感特质进行探索的原因

叶嘉莹词学的核心之一是对词之美感特质的探索。她在《西方文论与中国词学》中曾说：

> 我一生之中真正努力完成的，是要把词的美感特质，它的原由、作用、理论解说出来，这真正是我自己独立完成的对于词的特质的一个根本的诠释和说明。我以为这在词学领域是很重要的开拓，解决了词学的一大问题。[2]

虽然她对词学的贡献远不止于此，但她最看重这一点。这一问题值得她探索多年，是因为词最早产生于歌筵酒席之间，其中所写的伤春怨别男女之情，不合于传统诗文中言志与载道的标准，导致文人士大夫们在很长一段时间内，不知如何衡量艳歌小词，以及是否应该写作此类小词，所以，中国词学是在困惑与争议中发展出来的。

张惠言运用中国传统诗学中的"比兴寄托"来说词，影响既广且久。王国维反对比兴寄托说，运用感发联想的方式来说词，并尝试将西方思想融入中国词学以建立理论体系。叶嘉莹在髫龄时就曾读过《人间词话》，产生一种直觉的感动，但王国维所说的"境界"究竟是什么，成为萦绕在她心中挥之不去的困惑。这个困惑不仅是她个人的，也是中国词学发展千年以来的困惑——即词之美感特质的根源是什么。

---

[1] 加拿大皇家学会（Royal Society of Canada）是加拿大的最高科研学术机构，院士为加拿大学术界的最高荣誉，其提名和评选都要经过严格的评估和审查程序，只有学科领域最为优秀的领军人物才能入选。
[2] 叶嘉莹：《我的老师顾随先生》，河北大学出版社2017年版，第199页。

张惠言、王国维、顾随等都是尝试回答这一问题的学人。叶嘉莹在多年的研读中，总是感觉到："小词里面有一个可以引起读者非常丰富的，而没有一定专指的种种的联想的作用。那么这个东西应该叫什么，而且这种作用是从何而来的？这是中国文学史上从来没有回答、没有解决，从来没有人真正解说明白的一个问题。"[1] 所以，她一直想要解答这个难题。

2. 发现小词具有丰富潜能

如何借用西方文学理论来解决词学中令张惠言与王国维产生的争议问题，循着《西方文论与中国词学》[2]，我们可追寻叶嘉莹的思路与方法。她运用思辨性思维，发现虽然诗词并称，但词的传统与诗歌的传统有着本质的不同。中国诗歌的"言志"传统，属于显意识的言语，而词却是一种新兴的音乐文学，不能用"言志"传统产生的诗学理论来衡量。《花间集》本是给歌儿酒女演唱的歌辞集，这些表面上写美女和爱情的小词却引发了读者丰富的联想，而且还产生了不休的争议。其中最具代表性的一段公案就是关于温庭筠的《菩萨蛮》（小山重叠金明灭），这首词所写的是一个女子梳妆打扮，但张惠言以比兴寄托论词，认为是作者"感士不遇也。篇法仿佛长门赋，而用节节逆叙"。王国维反对张惠言，认为"兴到之作，有何命意"？批评张惠言"深文罗织"。王国维提出新的评词标准，"词以境界为最上，有境界则自成高格，自有名句"，可是他没说明白境界是什么，也令后人产生种种歧义。叶嘉莹认为，"是比兴寄托，太狭窄了；是境界，太广泛了，张惠言、王国维他们都没有把词的真正的好处和作用说出来"[3]，所以，她要努力把词令人产生争议的根源解释清楚，解决词学中引发争议的根本问题。

叶嘉莹受到西蒙·德·波伏娃《第二性》中"女性是第二性，是男性眼中的'他

---

1 叶嘉莹：《我的老师顾随先生》，河北大学出版社2017年版，第188页。
2 《西方文论与中国词学》收录在叶嘉莹《我的老师顾随先生》一书中，作为她在学业方面取得的成绩向老师"汇报"，其实质是叶嘉莹晚年对自己在词学探索方面的总结。
3 叶嘉莹：《我的老师顾随先生》，河北大学出版社2017年版，第188页。

者',是'被男性所观看的'对象"理论,以及玛丽·安·佛格森《文学中之女性形象》将文学作品中的女性形象分为五种类型等方法的启示,将《花间集》中的女性进行了细致辨析和分类:第一种是被男性作为观赏对象的女性,如欧阳炯的《南乡子》(二八花钿);第二种是爱的对象,如欧阳炯的《浣溪沙》(相见休言有泪珠);第三种是独处女性的相思期待,如温庭筠的《菩萨蛮》(小山重叠金明灭)。前两种是用男性的口吻来写的,后一种是以女性口吻所写的思妇和怨妇。对于第三种小词中的思妇和怨妇为何引起张惠言和王国维丰富的联想和争议,叶嘉莹又借用"双性人格"来说明,在男性作者的显意识中小词所写的是弃妇、怨妇,可是在他们的潜意识之中却流露了自己失意的感情。"所以小词里边所写的弃妇就很可能有男子的托寓,所以张惠言说温庭筠的'懒起画蛾眉,弄妆梳洗迟'是'感士不遇也'"[1]。而王国维却没有看到这一点,所以批评张惠言"深文罗织"。

叶嘉莹发现读者对于小词能引发这么多的联想,"是因为小词里边有一种 potential effect",她把它翻译成"潜能"。她认为:"词的特色不要说那是比兴寄托,这是牵强附会;也不能说那是境界,这太浮泛了,都是不可靠的。我说好的词包含了丰富的潜能(potential effect)……"[2] 优秀的小词本身具有丰富的潜能,这是小词使人产生丰富联想并产生争议的根源之所在,对《花间集》词的争议是因为评论者不懂得这一道理,只运用自己惯用的思维和方法进行批评,只看到一方面,所以产生了争议。通过叶嘉莹的阐释,这些争议自然就有了一个了断,无论是张惠言还是王国维,他们的词说在西方文学理论的阐释中都有一定的思维模式和道理。

3. 建立评赏词的依据与方法

如何诠释具有丰富潜能的小词,叶嘉莹运用诠释学中"诠释的循环"理论来说明,每一种诠释都来自诠释者自身的主体意识,不同的读者能够从词中读出不同的

---

[1] 叶嘉莹:《我的老师顾随先生》,河北大学出版社2017年版,第192页。
[2] 叶嘉莹:《我的老师顾随先生》,河北大学出版社2017年版,第196页。

意思。是否所有批评者的意见都准确，评赏词究竟有没有对错之分，有没有法度可依，这些也是叶嘉莹试图解决的重要词学问题。她运用了西方的诠释学、符号学、接受美学等解析张惠言比兴寄托、王国维感发联想说词方式的思维轨迹和理论依据，为两种说词方式找到与西方文论的暗合之处，并为如何正确运用这两种方法建立了有"法"可依的理论依据。

叶嘉莹将词的发展过程分为歌辞之词、诗化之词与赋化之词。大致而言，晚唐五代及北宋初期为歌辞之词阶段，这时的小词"本无言志抒情之用意，也并无伦理政教之观念"，"某些作品形成了一种既可以显示作者心灵中深隐之本质，且足以引发读者意识中丰富之联想的微妙的作用"[1]。经北宋诗人文士的创作，本为游戏笔墨的歌辞逐渐转入到言志抒情的诗化之词阶段，苏轼使词进入诗化的高峰，"一洗绮罗香泽之态"，使小词不再同于歌筵酒席间的艳曲。其后，又有周邦彦以赋笔为词，"以铺陈勾勒的思力安排取胜，遂使词进入了发展的第三个阶段"[2]。叶嘉莹认为王国维的说词方式适用于第一类以自然感发取胜的歌辞之词的评说；张惠言的说词方式适用于第三类有心以思索安排取胜的赋化之词的评说；第二类诗化之词，已经有了与诗相近的倾向，其所叙写的情志也属于作者显意识中的概念，不容许读者以一己之联想对其作任意的比附和发挥，但它们也具有词的曲折含蕴之美质。所以，在评赏词时需要具体分析与精确辨析，再选用适当的评赏方法，不能无所区分地一概而论，也不能牵强附会。张惠言以比兴寄托解说温庭筠的《菩萨蛮》即犯了此种错误。

4. 提倡创造性的背离

中西方传统文论都重视作者和文本，叶嘉莹受新兴的接受美学启发，转向同时重视读者的作用："当这个作品被读者读到的时候它才成为一个美学客体，才有了美学的作用，真正把这个作品的价值完成的是读者。"[3]她提倡对词进行创造性阅读，发

1　叶嘉莹：《词学新诠》，北京大学出版社2008年版，第151页。
2　叶嘉莹：《词学新诠》，北京大学出版社2008年版，第152页。
3　叶嘉莹：《我的老师顾随先生》，河北大学出版社2017年版，第195页。

挥读者对作品诠释的作用，读者在文学的阅读接受过程中可以有"创造性的背离"，即违背诗词的原意，把自己的创造性情思放进去，这样能够更好地传达出诗词中生生不已的感发生命。由此，她认为王国维从小词中读出大事业、大学问的三重境界，是最为成功的一种说词方式，充分发挥了小词的丰富潜能。

叶嘉莹运用西方文学理论解释中国词学，立足点是她的感发性思维和独立的思辨精神。她曾在《迦陵论诗丛稿》中说："我对古典诗歌的评赏，一向原是以自己真诚之感受为主的，无论中西新旧的理论，我都仅只是择其所需而取之，然后再将之加以我个人之融会结合的运用。"[1] 她在《论纳兰性德词》中也曾说：

我文非古亦非今，言不求工但写心。恰似涌泉无择地，东坡妙语一沉吟。[2]

叶嘉莹还曾表示非常欣赏解释符号学家朱丽娅·克里斯蒂娃（Julia Kristeva），认为她是一位非常有思想有个性的杰出新女性，并借用她的话"我不跟随任何一种理论，无论那是什么理论"来说明自己的主张[3]。叶嘉莹运用西方文学理论的态度和方法，对于后学具有启示和借鉴意义。

四、中西文学理论互鉴的意义

叶嘉莹的词学思想颇为丰富，在探索词之美感特质的过程中她还提出"兴发感动""弱德之美"等，都是具有创新性的值得深入探究的理论观念。缪钺先生称赞她："不但精熟中国传统的诗论，而且能采撷西方哲思、文评之要旨，故新意焕发，不主故常，能发扬静安未竟之绪。"[4] 因她对中国古典文学有着精熟的掌握，又恰好赶上西方文学理论的繁荣时期，见到了王国维、顾随没有见到的西方文学理论，所以

1　叶嘉莹：《迦陵论诗丛稿（修订本）》，河北教育出版社1997年版，第325—326页。
2　叶嘉莹：《清词丛论》，河北教育出版社1997年版，第171页。
3　叶嘉莹：《迦陵论词丛稿（修订本）》，河北教育出版社1997年版，第267页。
4　陈洪主编：《叶嘉莹教授九十华诞暨中华诗教国际学术研讨会纪念文集》，中华书局2017年版，第286页。

能够在中西文学理论的互鉴中取得突破性的进展，完成王国维、顾随几代学人的心愿。当然，也在于她敏锐而富有探索精神的天性契合了词的微妙性，如她所说："词这个东西是很微妙的，从作者到作品，到接受，到诠释，甚至于你接受和诠释的时候可以不是作者的原意，这是小词的微妙作用。"[1] 叶嘉莹向来对晦涩难解的诗最感兴趣，词的深微幽隐使她势必要对其一探究竟才肯罢休，正因如此，她对中国词学的发展作出了独特贡献。

叶嘉莹不仅运用西方文论解释了词之美学特质的根源，还对词之评赏进行了理论建构，其意义不仅仅在于推动词学理论的发展，还在于为中国词学理论在世界文化中找到坐标，让世界理解中国词学的同时，也让国人明白自身文化的优势之所在。她的努力在海内外都取得了良好效果，加拿大学者施吉瑞（Jerry D. Schmidt）曾说：

> 许多中国读者认为她只是一个中国学者。其实，叶老师在加拿大工作多年，培养了许多中国古典诗歌研究领域的知名学者，并成为加拿大中国文学领域唯一的加拿大勋章获得者。叶老师如同一个现代加拿大骑士，她的贡献在于一直努力地、执着地把丰富的中国文学遗产传授到加拿大和西方其他国家。[2]

叶嘉莹向来以谦逊为美德，对自己在学术方面的建树较少谈起，晚年出于向老师顾随"汇报"的心理，才对自己的词学成绩进行简单的回顾总结。她在《我与顾随先生七十五年的情谊》中说：

> 我最近就在想我的学生们，他们所感兴趣的就是看一看我的《唐宋词

---

[1] 叶嘉莹：《我的老师顾随先生》，河北大学出版社2017年版，第199页。
[2] 陈洪主编：《叶嘉莹教授九十华诞暨中华诗教国际学术研讨会纪念文集》，中华书局2017年版，第128页。

十七讲》，看一看我的词说、词论，觉得挺有意思。可是很多时候，你做学问不是只能够肤浅地欣赏一下就算了，你真要入乎其内，出乎其外，把它表里澄澈，能够发掘，能够表述，能够说明出来。[1]

所以，学习叶嘉莹不能仅停留在表层，还要深入探索其在诗词学术中的开拓，学习其创新精神、思维与方法，才不辜负她"柔蚕老去应无憾，要见天孙织锦成"的殷切期冀。

---

[1] 叶嘉莹：《迦陵杂文集二辑》，北京大学出版社2020年版，第312页。

第二节
中西文论互鉴中以生命体悟为中心的词学创新

　　叶嘉莹在词学探究中体现出较为鲜明的创新精神,在承继王国维、顾随等前辈学人的基础上,她以自身心灵感发、生命体悟为基础,在中西文论互鉴中,对常州词派的"比兴寄托"说、王国维的"境界"说等进行了深层次的探析和较为系统的理论建构,提出"兴发感动"说,将词划分为歌辞之词、诗化之词、赋化之词,对小词富有丰富潜能的原因进行了追本溯源的探索,并将其美感特质归纳为弱德之美。叶嘉莹的创新精神与创新思维,对中国词学理论体系的建立具有引领作用和示范意义。

叶嘉莹是一位优秀学者，但人们一般只称赞和仰慕她的优美、坚强、高尚等美好品格，忽略了她更为优秀的一种内在品质，即创新精神。实际上，她不仅是一位以弘扬诗词文化为己任的传承者，还是一位具有国际声誉的学术创新者，一直致力于深层次的学术探索、发现和阐释，奠定其诗词文化传播的深厚基础。在学术研究中，她本人最为看重的是在词学中的开拓，因为词是中国文学中一种微妙的文体，具有与诗不同的美感特质，而且词在发展过程中有许多困惑与争议，词学理论至晚清时还没有建立起来，所以，叶嘉莹一直致力于对词学理论的探索和建构。自20世纪70年代末80年代初，叶嘉莹的词学就受到国内外学人的重视，缪钺、周汝昌、陶尔夫、邓广铭等都曾给予高度评价，指出其灵悟慧解、中西融通、独有创见等特点；安易（2001）、钟锦（2004）等，从其词学理论建构、词学中包蕴的哲学问题、对王国维和顾随词学的承继与发展、中西诗学的融会贯通等多个角度进行了阐释，为研究叶嘉莹的词学奠定了基础，但对于其在词学探索中表现出的创新精神，还鲜有论及。学术的特点即不断地超越和创新，叶嘉莹的创新精神贯穿于其一生的学术事业当中，梳理此过程可以让我们清晰地看到其词学的发展脉络。

一、创新之基础：心灵感发与生命体悟

叶嘉莹词学的成功在于对中西文论的融会贯通，学界已达成共识。如果将中西文论比喻为其词学的两翼，而使其自然和谐地翩翩起舞，在中枢起到关键作用的，则是她立足于自身生命体悟的思维模式。她曾明确地说："我不跟随任何一种理论，无论那是什么理论。"她总结自己评赏中国古典诗词是以感性为主，而结合了三种不同的知性倾向："传记的"，对于作者的认知；"史观的"，对于文学史的认知；"现代的"，对于西方现代理论的认知。但事实上，她说：

> 我对古典诗歌的评赏，一向原是以自己真诚之感受为主的，无论中西新旧的理论，我都仅只是择其所需而取之，然后再将之加以我个人之融会

结合的运用。[1]

可见，以自身真诚生命体悟为中心的独立思辨精神是其词学创新的基础。

1. 生命体悟的渊源

"生命体悟"属于中国传统诗学中的感悟思维，杨义教授曾在其专著中对感悟思维有过较为系统的梳理与论述，他指出："中国文学理论思维是感悟性强于思辨性，生命体验力强于逻辑分析力。"[2] 感悟能力对理解和研究中国文学作品至关重要，詹福瑞先生曾说："感悟力是研究文学作品最基本也是最重要的能力。""研究者对于他所研究的对象，能否有敏锐的感应，能否进入到切身的体验状态，会直接影响到对作品的接受与理解。"[3]

叶嘉莹的词学直接承继于王国维、顾随，前面一节已有所论，概括而言，他们一脉相承之处有两个大的方面：其一是以真诚的生命体悟为中心，以感发联想为主要说词方式，予人以人生和心灵的启迪，传递诗词中生生不已的感发力量；其二是具有鲜明的开拓创新精神，在西方理论的观照之下构建中国词学，努力为词学开辟新的道路。在此两方面中，生命体悟为核心。

2. 生命体悟的内涵

叶嘉莹之所以能够在坎坷的人生中以诗词战胜多重困厄并完成自我，一项关键因素在于她有着强烈的生命意识和敏锐的心灵悟解能力，能够从诗词中汲取智慧与力量。同时她又将自己对生命的种种体悟投注到诗词研读当中，较之传统的词学，其词学富有鲜明而独特的生命色彩，故可称之为"以生命体悟为中心"，是其生命体悟诗学的重要组成部分。

---

1 叶嘉莹：《迦陵论诗丛稿（修订本）》，河北教育出版社1997年版，第325—326页。
2 杨义：《感悟通论》，人民出版社2008年版，第3页。
3 詹福瑞：《古代文学研究中的文学感悟力》，《文学评论》2012年第1期，第63—68页。

对于叶嘉莹词学表现出的"生命体悟"特点，学人们也多有所感受，如缪钺（1987）称其"能兼融中西，自建体系，汲取中国传统文学理论之灵悟慧解，而运用西方思辨之法作清澈透辟之分析说明"[1]；吴晓枫（2014）指出其立足于生命感动，对词学的研究和阐述实质是对生命之美的解读；朱兴和（2021）指出其词学具有诗性书写与生命体悟相结合的特点。《为有荷花唤我来》（2022）是众多曾亲聆叶嘉莹课堂的学生们的讲述，关于"生命"的感受和感动尤为深刻，如张卫、周子燕说："从个体生命的主观感受出发，叶先生将诗词的美学推升为'生命美学'……她在诗词阐释中，非常强调诗人对眼前景物的生命感动，分析诗人创作中体现出的个体生命之美。她引导我们对诗词展开生命的体验，让诗词在自己的生命里复活。"[2] 可见，叶嘉莹词学中的生命体悟主旨、方法和意义是人们共同的感受。笔者提出"生命体悟"为其词学的核心，得到叶嘉莹先生本人的认可。中国古典诗词产生于抒情传统中，表现对生命的真切体悟始终是抒情的核心。叶嘉莹在评赏诗词时，以自身的生命体悟去感受作品中表现的感情，还原诗词中蕴含的作者的生命感情，而生命体悟也是她进行词学理论建构的基础。

3. 早年对生命体悟方法的运用

20世纪50年代初，在台湾时期，叶嘉莹先将承继于顾随先生的体悟诗学发挥到极高水平，撰写了《说静安词〈浣溪沙〉一首》《从李义山〈嫦娥〉诗谈起》等评赏性文章。顾随的好友郑骞称赞她："传了顾先生的衣钵，得其神髓。"[3] 在承继的同时，她在体悟的深度上有超越性拓展。她曾将诗词按照解读的难易程度分为四等，她最喜欢那些最为难解的诗人如李商隐、王国维等人的作品。她曾说："寻幽探奇虽艰难曲折也自仍有其一份乐趣在，以我个人而言，对这一类诗就是颇有着一些偏爱的。"[4]

---

1 缪钺、叶嘉莹：《灵谿词说》，上海古籍出版社1987年版，第596页。
2 沈立岩主编：《为有荷花唤我来：叶嘉莹在南开》，中国大百科全书出版社2022年版，第37页。
3 叶嘉莹口述，张候萍撰写：《红蕖留梦：叶嘉莹谈诗忆往》（增订本），生活·读书·新知三联书店2021年版，第309页。
4 叶嘉莹：《迦陵论诗丛稿（修订本）》，河北教育出版社1997年版，第127页。

在这种探索中她总是能够获得极大乐趣，如她在评李商隐诗时所说："如今我却妄想要迈越过人类理性的拘限，而进入一位作者心魂深处的梦魇里去探寻，则其不免于没顶丧生而终然无获，正该是必然的结果。但我仍然愿意跃入这一条绵渺幽深的水中去一作探寻的尝试，一则是因为我无法抵御其美与不可知的双重之诱惑……只是想亲自体验一番摸触追寻的欣喜而已。"[1] 由此，她通过一己之生命体悟在绵渺幽深的探索中发现种种秘密，比前人感悟到的更为深邃细腻。李商隐的《燕台四首》，向来被人们视为晦涩难解，叶嘉莹却以自我的生命体悟和深情锐感走入诗人的心魂与梦魇深处，揭露了诗人隐藏在诗歌深处细腻丰富的生命情感：对心灵相知之情的追寻，难以圆满却百折不回的热烈向往，在现实生活中遇到重重矛盾而遭受挫伤、无以慰藉的孤寒，以及无可挽回的消逝的悲哀，等等。沈秉和听了她讲《燕台诗》后，曾以玩笑的方式指出："你怎么革你老师的命呀！你的老师说《燕台诗》是不可以讲的。"[2] 老师认为不可讲的诗，她却讲得出神入化，正体现出她的创新。

叶嘉莹以心灵感发为起点，借评说古人诗词抒写自己对生命的深刻体验，形成"既带有创作之情趣也带有个人心灵之投影"的鲜明个性。缪钺先生看出这一特点，形容她："因迹求心，进而探寻诗人之幽情深旨、远想遐思，遂能获鱼忘筌，探骊得珠。"[3] "带有一种心灵与感情的感发之力量"[4]，不仅是她讲诗的方法与特色，也是她词学开拓创新的重要基础，因为所有理论的运用都需要她生命的感悟与心灵的思辨，这是她基本的思维方式。

二、创新之途径：以生命体悟为中心的中西文论互鉴

叶嘉莹对词学理论的创新精神，在一定程度上源自老师顾随的影响和期待。顾

---

1 叶嘉莹：《迦陵论诗丛稿（修订本）》，河北教育出版社1997年版，第228—229页。
2 叶嘉莹口述，张候萍撰写：《红蕖留梦：叶嘉莹谈诗忆往》（增订本），生活·读书·新知三联书店2021年版，第323页。
3 叶嘉莹：《迦陵论诗丛稿（修订本）》，河北教育出版社1997年版，第7页。
4 叶嘉莹：《迦陵杂文集》，北京大学出版社2014年版，第520页。

随极具创新精神，叶嘉莹曾说："先生对词之写作能具有创新之精神，足以自成一种风格。"[1]顾先生不仅自己创新，还要求学生创新，在给叶嘉莹的信中，希望她能成为南岳下之马祖，别有建树，而不是孔门之曾参，墨守成规，并指出创新需要"取径于蟹行文字外，无他途也"。叶嘉莹一生历经坎坷，但最终没有辜负老师的期冀，这是让她晚年颇觉欣慰的一件事情。缪钺先生曾称赞她"采取近现代西方新的文学理论，反照中国词学，发抒创新之见，可谓继静安之后又一次新的开拓"[2]，对其词学的创新给予了极大的肯定。叶嘉莹的词学创新是在中西文论互鉴中，历经几个阶段而不断深入完成的。在以往对其词学的研究中，虽然也有学人梳理其对西方文论的运用，但缺少一个核心，以"生命体悟"作为核心线索来梳理叶嘉莹的词学建构，可以使我们对其庞大的词学体系清晰明了，既可见其与中国传统词学的关系，又可见其对西方文论的吸收、转化，以及每一阶段的自我突破与发展完善。

1. 对常州词派的思辨分析：对"比兴寄托"说的理论建构

20世纪60年代，叶嘉莹开始大量接受西方文学理论，并将其融入对中国词学的探讨中。她首先要攻克的难题是常州词派的"比兴寄托"说，较早的一篇论文是《常州词派比兴寄托之说的新检讨》。比兴寄托本是中国诗学批评的一大传统，常州词派标举比兴寄托来说词，在中国近世影响深广，但其说是否适用，为何引来争议，是非常值得重视和研究的问题。她在细致梳理分析了张惠言的词论之后，认为以比兴寄托来说词，有部分可以成立的理由，因词人有可能以比兴寄托的方法作词。但使用一种只有部分正确性的理论时，她认为应该划定一个"分别的际限"，要具体地区分出来：第一，何时产生的词开始有比兴寄托之意，适用于"比兴寄托"说；第二，以什么标准来判定词中之有无寄托；第三，比兴寄托既难以确定，评赏者对比兴寄托应采取何种态度。三方面的思考显示出严谨的逻辑性，她继续沿此轨迹去分析。

---

[1] 叶嘉莹：《我的老师顾随先生》，河北大学出版社2017年版，第95页。
[2] 叶嘉莹：《迦陵杂文集》，北京大学出版社2014年版，第274页。

对于第一个问题,她认为应该区别对待每一阶段的词,不能一概而论;对于第二个问题,她提出三项可以凭借的标准判断词中有无比兴寄托之意:作者之生平为人,作品叙写之口吻及表现之神情,作品所产生的环境背景;对于第三个问题,她认为说词者应给予读者一种暗示和启发,让读者自己能够加以思索和体会,不能以一己的判断限制读者的想象空间,避免"由于牵强附会的解说所引发的种种误谬"[1]。由此,她发现张惠言以比兴寄托说词的弊端在于:未能区别对待不同时代的词,对所有阶段的词都一概而论,没有明确的评判标准,态度牵强附会等。相比之下,周济的词学则更为合理,"指出了读者之联想未必即为作者之用心"[2],使读者不受作者和文本的拘限,有了自由联想的空间,可以在解读中融入自我的情感和体验,避免了牵强附会的弊端。

此阶段叶嘉莹主要还是凭借对词学的深度体悟进行思辨性分析,在《常州词派比兴寄托之说的新检讨》一文中,对西方理论借用较少,只结尾处引艾略特(T. S. Eliot)《诗歌中的音乐》(*The Music of Poetry*)、燕卜荪(William Empson)《多义七式》(*Seven Types of Ambiguity*)等中的观点,以说明中西诗歌具有多种含义的现象,以及读者以一己之感受来解说诗词的合理性。她对"比兴寄托"说既不盲目信从也不一概诋毁,而是运用客观分析来探求其得失利弊。相较于王国维在《人间词话》中以只言片语批评张惠言"固哉,皋文""深文罗织",已有了质的飞跃。王国维对张惠言的批评是主观、感性和笼统的,没有解说或者不能解说其中的原委。叶嘉莹却有理有据地对张氏的词说进行了分析、阐释和比较,为词学中一段扑朔迷离的公案做出了一个公正客观的评判,令人信服,使学者运用比兴寄托时有据可依,实是一大进步。

但是,叶嘉莹对自己初步的词学理论建构并不满意,认为还没有形成一个完整体系。后来她又进一步撰写了《对常州词派张惠言与周济二家词学的现代反思》及

---

1 叶嘉莹:《中英参照迦陵诗词论稿.下》,海陶玮译,外语教学与研究出版社2019年版,第716页。
2 叶嘉莹:《中英参照迦陵诗词论稿.下》,海陶玮译,外语教学与研究出版社2019年版,第721页。

《从一个新论点看张惠言与王国维二家说词的两种方式》等文，运用西方的文化符码、接受美学等理论，进一步为张、周二家的词说进行理论分析，指出其合理与拘狭之处，对"比兴寄托"说进行了理论完善。

2. 对王国维词说的思辨分析与理论建构："兴发感动"说的提出

叶嘉莹不仅为比兴寄托建立了理论依据，20世纪70年代，在《王国维及其文学批评》中还为王国维的词说建立起一个理论系统。王国维将西方的新观念带进中国的旧传统中，尝试为中国文学批评建立起批评的理论体系，这也是叶嘉莹所思考并要解决的问题。

她将《人间词话》分为批评之理论与批评之实践两大部分：在批评理论部分，第一至九则是王氏评词的理论标准，第一则"境界"是评词的基准；第十至五十二则是按时代先后，对历代名家作品的个别批评。第五十三则以后，是批评实践中所得的一些重要结论。关于"境界"，她认为"其含义应该乃是说凡作者能把自己所感知之'境界'，在作品中作鲜明真切的表现，使读者也可得到同样鲜明真切之感受者，如此才是'有境界'的作品"。[1] 作者自己必须先对其所写之对象有鲜明真切的感受；然后，还要能用文字将之真切地表达呈现出来；由此，读者通过作者的表达，以自身的生命体悟感受到作品中蕴含的"境界"。"境界"的产生，始终离不开作者和读者的"生命体悟"。

叶嘉莹还将"境界"说与"兴趣"说、"神韵"说相比较，提出了一个新理论：兴发感动之作用，实为诗歌之基本生命力。"兴发感动"说是她在克服中国传统思维不擅于科学推理式思辨的弊端之后，从众多个别现象中归纳而出的。她认为诗词无论是写景、叙事或抒情，也无论是比体、兴体或赋体，"都需要诗人内心中先有一种由真切之感受所生发出来的感动的力量，才能够写出有生命的诗篇来"[2]。而解说者对

---

1 叶嘉莹：《王国维及其文学批评》，河北教育出版社1997年版，第193页。
2 叶嘉莹：《王国维及其文学批评》，河北教育出版社1997年版，第297页。

于诗词作品的评赏，首先要能够体认及分辨作品中感发之生命的有无多少，对作品的好坏以及有无评说的价值做出正确的判断；然后，要能够将从作品中所感受到的生命予以精密的诠释和说明。在此过程中，解说者对作品中生命的体悟能力处于核心地位，而对自身生命的深切体悟则有助于对作品的体悟。

3. 将词划分为三个阶段：歌辞之词、诗化之词、赋化之词

提出"兴发感动"说之后，叶嘉莹不久又产生了更新的想法，她认为"兴发感动"说既适用于诗又适用于词，不能突显词的特质。20世纪80年代，她又撰写了《对传统词学与王国维词论在西方理论观照中的反思》等论文，对王国维以"境界"作为评论词的标准进行了反思，明确词之兴起是对中国传统伦理教化诗学传统的一大突破；又根据词之发展阶段将词划分为：歌辞之词、诗化之词与赋化之词，在评赏词时需要具体分析属于哪一阶段哪一类型，再选用适当的评赏方法，不能一概而论。

历代词评家对于词之特性也有所认识，但可惜没有对不同阶段及不同类型的词做出理论性的说明，只提出一些"片段的抽象而模糊的概念"[1]。叶嘉莹为评赏不同的词提供了不同的方法，并建立了较为可行的理论依据，将词进行细分是其理论建构的关键一步。在细分的基础上，她发现王国维论词的最大成就在于对第一类歌辞之词"要眇"之美的体认和评说。处于歌辞阶段的晚唐五代小词，作者写作时并无显意识的言志抒情之用心，但作品往往"能以其'要眇'之美而触引起读者许多丰美的感发和联想"[2]，王国维通过自身感受将其揭示出来，如认为李璟词"菡萏香销翠叶残，西风愁起绿波间"具有美人迟暮之感，等等。而张惠言的"比兴寄托"说适用于第三类赋化之词，有心安排托意的作品。她又通过西方阐释学对《圣经》的多层次阐释，说明诠释者自作品中所获得的不一定是作者的本意，而可以是一种"衍义"，

1　叶嘉莹：《词学新诠》，北京大学出版社2008年版，第155页。
2　叶嘉莹：《词学新诠》，北京大学出版社2008年版，第168页。

可见中国词学与西方阐释学的暗合之处。她还进一步运用符号学来解释产生"衍义"的原因，作为表意符号的语言，其作用主要可以归纳为两条轴线，一条是语序轴，另一条是联想轴。雅各布森以二轴说为基础，发展出一种语言六面六功能的理论提出，其中之一就是诗的功能（poetic function），"由于把属于选择性的联想轴的作用加在了属于组合性的语序轴之上，于是就使得诗歌具有了一种整体的、象征的、复合的、多义的性质"。[1] 她又依据符号学家将符号分成理性认知与感官印象的理论，"无论是语序轴或联想轴所可能传达的信息，无论是知性符号或感性符号，甚至诗篇外的历史文化背景，都可视作诗歌的一个环节"[2]，说明张惠言能够从"照花前后镜"中看到"离骚初服之意"的原委，乃是在中国历史文化传统中常以美人的自我修饰比喻君子的高洁好修。张惠言采用的是以文本中某些语码来比附某种托意的方式，这种诠释虽然使词产生更为丰富的衍义，但给词的诠释加上了"拘执比附的限制"，相当于套上一个沉重的枷锁，失去了解说的自由性和灵动性。

叶嘉莹认为王国维的说词方式较之张惠言更为进步，是一种更重视读者的联想，更富于自由性的说词方式。王国维将评说的重点，由作者之用心转移到文本和读者中来，其凭据是文本所具含的感发力量以及所引发的联想，符合西方的接受美学理论。叶嘉莹即以西方的接受美学作为王国维说词的理论依据，强调读者对作品再创造的重要性："一定要经过读者或欣赏者的再创造来加以完成，然后此一艺术品才成为一种美学的客体。"[3] 由此，不能只把批评的重点放在作者和文本上，对于读者也应加以重视。接受美学认为在多种类型的读者中，有一类读者具有极强的创造性，"只把作品当成一个出发点，从而透过自己的想象可以对之作出一种新的创造性的诠释。"[4]（按：实际上叶嘉莹解说诗词即属于此一类型）此类读者对其所阅读的文本有可能造成一种"创造性的背离"，不一定是作者的用心，却能够赋予作品新的生命力。

1　叶嘉莹：《词学新诠》，北京大学出版社2008年版，第175页。
2　叶嘉莹：《词学新诠》，北京大学出版社2008年版，第176页。
3　叶嘉莹：《词学新诠》，北京大学出版社2008年版，第178页。
4　叶嘉莹：《词学新诠》，北京大学出版社2008年版，第179页。

所以，王国维通过自己的感发联想，使晏欧诸公的小词生发出一种新的生机与光彩，将小词读出了成大事业大学问的第三种境界。

叶嘉莹认为王国维感发联想的诠释方法富有创造性，自由开放，但也不能不予以限制，"一切诠释都必须以文本中所蕴含的可能性为依据"，不能毫无根据地臆想。王国维解读小词时依据的并不只是语言中的符码，还有文本中所蕴含的感发的潜能，这需要"对文本中语言符号的每个成分的功能都要有精微细致的感受和辨别能力"[1]，才能做出正确的发挥。她发现："王氏乃透过'菡萏'二句语言符号的某些特殊质素，从而引起了一种与主体意识之本质相暗合的感发。"[2]叶嘉莹真是实实在在地为王国维以感发说词的方式找到了合理的依据，并将之详细解说分析，从而使人们对"个人之锐感"这种含糊的说法有更加清晰的认识，使得对于感发联想说词方法的运用有迹可循。当然，她本人在解说诗词时，也往往运用此种方法，此方法的核心其实就是本文所讨论的"生命体悟"，可见，叶嘉莹的词学始终是围绕"生命体悟"建构理论依据和方法。

4. 对词之美感特质形成原因的探索：丰富潜能

关于叶嘉莹对词之美感特质根源的探索和对"丰富潜能"的发现等，在本章第一节已经略加介绍，为使之更明确，这里作为叶嘉莹词学创新过程中的一环再加以说明。叶嘉莹的词学理论建构看起来已颇具规模，但她继续深入探索最本源的问题：小词表面上都是写女性和爱情，可是它却可以引起读者很丰富的联想，究竟是为什么？20世纪90年代初，她追本溯源，指出中国词学中的困惑与词的源头花间词中的女性叙写有着密切关系，歌筵酒席间伤春怨别的男女之情，不合于传统诗文中言志与载道的标准，导致士大夫们在很长一段时间内不知如何衡量艳科小词，以及是否应该写作此类小词，中国词学就是在困惑与争议中发展出来的。

1　叶嘉莹：《词学新诠》，北京大学出版社2008年版，第184页。
2　叶嘉莹：《词学新诠》，北京大学出版社2008年版，第185页。

这些困惑导致后世评词有几种趋势并产生出相应的问题：一是回避男女之情，向言志靠拢，后来发展为"比兴寄托"说，而此说有时适用有时不适用，如何判断此种说词方式的利弊是一大问题；二是以雅郑自许的方式辩护，但如何判断和衡量词的雅郑优劣也是一个问题；三是以"空中语"强为自解，但早期的"歌辞之词"以"空中语"的轻松状态写成，流露了作者潜意识中某种深微幽隐的心灵本质，形成了小词佳作中要眇深微的特美，其后，词逐渐"诗化"和"赋化"，作者有了抒情言志的用心和安排、勾勒的思索，"诗化之词"与"赋化之词"是否还保持早期"歌辞之词"的特美，怎样加以衡量？

叶嘉莹认为早期小词属于艳歌性质，而中国士大夫们被拘束于伦理道德的限制之中，一直无人敢于正视小词中所叙写的女性与爱情的内容，没有对其意义与价值作出正面的、肯定性的探讨，导致词学在困惑与争议中陷入扭曲的强辩之说中。苏轼的出现改变了词为艳科的传统，但苏轼词的向诗靠拢与李清照宣告向诗背离，使中国词学更增加了新的困惑和争议。正是因为在创作与评说两方面都未能从理论上来解答词之美学特质的根本问题，词在宋代就产生了种种困惑和争议，如婉约与豪放的正变之争、婉约词中的雅郑之争、豪放词中沉雄与叫嚣的区别等。后世张惠言等人的比兴寄托之说又引起新的困惑和争议，王国维批评张惠言，自己又提出"境界"说，但也未能做出明确的理论说明，又引起更多的困惑和争议。所以，有必要把这些问题进行理论性说明，才能从根本上解决词学中的困惑和争议。

叶嘉莹借用西方女性主义文学批评理论，对中国小词之所以形成"以幽微深隐富于言外之意致为美"的根本原因，进行了深入探讨和细致分析。她发现中国传统评赏诗词时往往把诗词中所有关于女性的叙写都混为一谈，导致了任意比附的弊端。她借用玛丽·安·佛格森的《文学中之女性形象》中的思路和观点，将中国诗词中的女性形象进行了细分，从而发现词中所写的女性与诗歌中的不同，是一种处于写实与非写实之间的"美色与爱情的化身"，《花间集》中所写的女性形象属于现实的女性，却具含了一种可以使人产生非现实之想的"潜藏的象喻性"，这是形成词富于引人产生言外之想的象喻潜能的一项最主要因素；另一项主要因素则是花间词的语言富于长短参差之变化，属于一种更为女性化的语言，形成了词曲折幽隐、富于引人产生言外之想的美感特质；此外，小词大都是男性作者使用女性形象与女性语言写成的，表现出一种特殊品质。叶嘉莹引用卡洛琳·郝贝兰(Carolyn G.Heilbrun)的《朝向雌雄同体的认识》(*Toward a Recognition of Androgyny*)中的"双性人格"，说明男性作者在听歌看舞的游戏之作中，"无意间展示了他们在其他言志与载道的诗文中，所不曾也不敢展示的一种深隐于男性之心灵中的女性化的情思"[1]，由此形成一种"双性人格"之美，成为花间小词具含丰富潜能的另一重要因素。

她进一步说明，在中国传统诗歌中，也有男性假借女子形象或女子口吻抒写仕宦失志之情，但词与诗的不同之处在于，传统诗歌中有心托喻的作品是出于作者显意识的有心安排，是限定性的，也是读者的一种共同认知，故缺少丰富的潜能；而在词中，作者显意识中并没有任何托喻之想，但"女性形象""女性语言""双性人格"等因素使小词具含了一种象喻的潜能，这种潜能是不被限制的，是微妙的，由此形成了小词丰富微妙的潜能与独特的美感特质。

经过对女性叙写的理性辨析，叶嘉莹发现了小词具有丰富潜能的深层次原因，此问题的解决使得词学中长期以来存在的困惑和争议得以释然，叶嘉莹为它们各自都找到了合理的解释和理论依据，堪称一项"大工程"。她自己对这一发现也颇为满意，认为自己"一生之中真正努力完成的，是要把词的美感特质，它的缘由、作用、理论解说出来"。在生命体悟的基础上，借助于西方文论，她终于将其阐发出来，但是，她对词学的探索并未停止在此处，而是继续向前。

5. 对词之美感特质的总结：弱德之美

20世纪90年代后期，叶嘉莹又在前面理论的基础上，在《从艳词发展之历史看朱彝尊爱情词之美学特质》中，进一步提出弱德之美，来总结词的美感特质，"在强

---

[1] 叶嘉莹：《迦陵论词丛稿（修订本）》，河北教育出版社1997年版，第234页。

大之外势压力下,所表现的不得不采取约束和收敛的属于隐曲之姿态的一种美。"[1]她认为不仅《花间集》中温庭筠等男性作者经由女性叙写所表现的"双性心态"是一种弱德之美,就是豪放派词人苏轼在"天风海涛"中所蕴含的"幽咽怨断之音",以及辛弃疾在"豪雄"风格中所蕴含的"沉郁""悲凉"之慨,也是在外界环境的强势压力下,不得不将其"难言之处"变化出之的一种弱德之美的表现[2]。他们在相同中又有不同,苏轼词的深曲,是因为儒家用世之心受到挫折后遁而为道家的一种双重修养;辛弃疾词的深曲,是因为英雄志意受到外界压抑所形成的双重激荡;朱彝尊词的深曲,则是在礼教约束下追求爱情而不得,既想突破礼教又不得不驯服于礼教的挣扎与矛盾。[3]

之后,叶嘉莹在评论古农学家石声汉(1907—1971)《荔尾词存》时对弱德之美进行了实践性运用。石声汉在《忧谗畏讥——一个诗词故事》文中称自己的诗词是在"忧谗畏讥"中所写下,使叶嘉莹产生了共鸣,认为"忧谗畏讥"与弱德之美有着相通之处。石声汉自幼体弱,却有一颗十分敏感的诗心,他颖慧多才,曾考取第一届"庚款留学生",获伦敦大学植物生理学哲学博士,通晓古汉语、英语、俄语、拉丁语等,归国后在困难重重中完成了近百万字的《齐民要术今译》,以及《氾胜之书今释》《从〈齐民要术〉看我国古代农业科学知识》等著述,并且亲自把后两种翻译为英文。"文化大革命"中,他遭到残酷迫害,但还是坚持工作,直到1971年病逝,完成上百万字的著述。石声汉在词中以深微幽眇的意象表现了自己在困境中不甘放弃与无私奉献的品质,如《柳梢青》曰:"垂帘对镜谁亲?算镜影相怜最真。人散楼空,花蔫镜黯,尚自温存。"[4]《忆江南·丝》曰:"烂嚼酸辛肠渐碧,细纾幽梦枕频移,到死漫余丝。"[5]《忆江南·衣》曰:"敢与绮纨争绚丽,欲从悲悯见庄严,压线

---

1 叶嘉莹:《清词丛论》,河北教育出版社1997年版,第71页。
2 叶嘉莹:《弱德之美:谈词的美感特质》,商务印书馆2019年版,第32页。
3 叶嘉莹:《弱德之美:谈词的美感特质》,商务印书馆2019年版,第46页。
4 叶嘉莹:《弱德之美:谈词的美感特质》,商务印书馆2019年版,第67—68页。
5 叶嘉莹:《弱德之美:谈词的美感特质》,商务印书馆2019年版,第65页。

为人添。"¹ 叶嘉莹认为荔尾词中表现的弱德之美，"不仅是一种自我约束和收敛的属于弱者的感情心态而已，而是在约束和收敛中还有着一种对于理想的追求与坚持的品德方面之操守的感情心态"²，使弱德之美在隐曲的姿态中，更具积极、坚强的内涵品质。

沈秉和认为弱德之美即叶嘉莹之美，她自身的生命体悟和生活实践是对弱德之美的最好诠释。进入21世纪之后，80岁高龄的叶嘉莹又对女性词进行了较为系统的梳理和探讨，并多有创见，如她认为李清照所表现的是对于自我写作成就的追求，欲与男子一争短长，隐然含有一份士人的襟怀和志意；朱淑真则只是一个有才而多情的女子，所表现的是一种完全属于妇女本身的最为基本也最为重要的追求，即对一份真正的爱情的追求。

叶嘉莹对词学不仅有理论探讨，也将其理论运用到诗词评赏和教学实践中。在她对晚唐五代、两宋、明清、现当代词人词作进行的评赏中，大都表现出鲜明的创新性：其一是角度新，如在《从云间派词风之转变谈清词的中兴》中，因严迪昌等学人已讲过清词中兴的现象与成果，她另辟蹊径，讲解"清词为什么中兴？清词中兴的原因是什么？它的本质是在哪里？"³对清词中兴的问题有着追根溯源的意义，将研究又深入推进了一步；其二是观点新，抒发自己的真实感受，不囿于前人之见，如前人评论张惠言的词有褒有贬，褒之者认为他"开倚声家未有之境"，贬之者认为"难免大言欺人"，叶嘉莹从自己的体悟出发，对张惠言的《水调歌头》五首词做了细致入微的分析，指出其词属于既具有直接感发之力量，还具含一种低徊要眇之美的诗化之词，并进一步具体分析了形成此种特美的多方面原因，有理有据，使人叹服；其三是理论方法新颖独特，一方面是采用中西文学理论互鉴共证的方法，她曾运用并向国内介绍多种西方20世纪六七十年代新出现的文艺理论；另一方面即本文所讨论的"以自身生命体悟为中心"，她曾说："读古人书应有以窥其用心而想见其

1　叶嘉莹：《弱德之美：谈词的美感特质》，商务印书馆2019年版，第65页。
2　叶嘉莹：《弱德之美：谈词的美感特质》，商务印书馆2019年版，第64页。
3　叶嘉莹：《清词丛论》，河北教育出版社1997年版，第3页。

为人","吾论述古诗人,往往结合自己而融入焉"。[1] 以上从三方面各举一例来说明叶嘉莹评赏文章之创新性,实际上她对自己所研读的每位作者都有新见,而且新视角、新观点、新理论每每被她综合运用,经她独立思辨再以真实感受出之。缪钺称赞她,"不但精熟中国传统的诗论,而且能采撷西方哲思、文评之要旨,故新意焕发,不主故常,能发扬静安未竟之绪",确有道理。

总之,叶嘉莹以自身的心灵感发和生命体悟为中心,在中西文论互鉴中解决中国词学中的困惑,建立了较为系统的中国现代词学理论,运用新视角、新方法、新理论,深层次、细致入微地解读词人词作。学习她的理论和方法,我们可以在诗词评赏和研究中获得多种启发。

三、创新之意义:以生命体悟为中心词学的启示

叶嘉莹立足于生命体悟,吸收中西方文学理论的优点,建构具有中国特色的词学理论,表现出鲜明的创新性,强烈的自我意识,以及独立、科学的思辨精神,对中国词学的发展、诗学的创新,以及学人文化自信的树立等,具有一定的启示意义。

如前所述,中国词学向来缺少系统的理论,王国维曾经尝试为词学建立批评理论体系,但可惜不够缜密、严整,被学人称为"未完成的伟大"。叶嘉莹承继王国维的精神,在多年探索与不断创新中,不仅借助西方文论说明中国词学理论的优点与缺点,中西的暗合相通之处,解决了词学中长期引发争议和困惑的问题,还为中国词学建构了一套颇为严密的理论体系,故缪钺称赞她的词学是继王国维之后在词学史上的又一次新的开拓。

叶嘉莹的词学不仅具有理论意义,还具有实践价值。在教学中,她同样立足于自身真诚的生命体悟,并与中西文论相结合,使人们感受到小词的艺术魅力。她曾说"讲中国古典诗词真的是把我的感悟都投入进去了"[2],此种方法使她在西方传播中

---

1 叶嘉莹:《迦陵论诗丛稿(修订本)》,河北教育出版社1997年版,第10页。
2 叶嘉莹:《沧海波澄:我的诗词与人生》,中华书局2017年版,第108页。

华诗词取得了成功。在她初至加拿大不列颠哥伦比亚大学任教时,并不能熟练使用英文讲课,有时只能"照本宣科",但是当她把诗人的感情,诗词的时代、历史以及自己对诗歌的理解尽量表达出来后,竟然很快就得到了学生的喜爱和校方的认可。不仅她个人觉得奇怪,连她海外的朋友们也颇为诧异。她逐渐认识到"心理东西本自同"的妙处,只要"把诗歌里感发的生命讲出来,不同文化背景的人也是会感动和接受的"[1]。可见,"生命体悟"是沟通全世界人类情感的纽带,借此方法,可以使中国诗词进一步走向世界。

叶嘉莹所进行的词学创新不仅仅在于引用西方文论来阐释并建构中国词学,还在于将西方理论分析与中国直感妙悟的优点相结合的思维模式。20世纪90年代末,杨义曾说:"东方的感悟性,和西方的分析性,在人类思维史上双峰并峙","如何将这两座山峰沟通起来""创立一种包含着丰富的中国智慧的'文化—生命诗学'"[2],是建设中国现代学术体系的关键。叶嘉莹就是这种中国生命诗学的大力创建者,而且早在20世纪六七十年代,她就已经在实践如何创新性地将中西双方的优势相结合,为我所用。对于中华优秀传统文化的发展趋势,她有着十分明确的认识,自觉地把中国古典诗词的传统放在世界文化的大坐标中。在此坐标中,她认识到中西方文论各自的利弊,西方文学批评在理论上追求苛细,有时会斫丧诗词本有的生命力;中国的传统诗论,虽然对于诗歌中兴发感动的生命有深切的体悟,却未能发展成精密完整的理论体系。她所发挥的是中国传统直感妙悟的优势,同时将其与理性的思辨相结合,由此将诗词中蕴含的生命完好无损地展现出来,此种方法对当前建构具有中国特色的诗学理论有着示范性和借鉴性意义。

在叶嘉莹一生不懈的学术创新中,始终有着强烈的自我生命意识,独立的思辨精神,以及对文化传承的责任感。我们一般只认识到她对于中国古典诗词的大力弘扬,而忽略了她对于中国古典文论的弘扬,这是一大遗憾。叶嘉莹曾说她转向理论

---

1 叶嘉莹:《沧海波澄:我的诗词与人生》,中华书局2017年版,第108页。
2 杨义:《感悟通论》,人民出版社2008年版,第2页。

的原因，一是现实谋生的需要，一是理想中传承的责任。她认为不仅在中国古典诗词中蕴含着才人志士宝贵的精神、品格与意志，在中国古典文论中也积蓄着前贤往哲深思冥索的智慧结晶[1]，所以，对于中国古典文论她也有一种自觉传承与弘扬的意识。她借用西方文论说明其合理性乃至前瞻性，表明其并不劣于西方，只是因自身特色而难以被理解。她欲使中国读者和学者明白自身文化的优点所在，重视自身的文化财富，而不是盲目学习西方。同时，通过西方文论的观照，她也认识到中国文学理论的不足，自觉吸收西方文论的优点，运用西方文论阐释中国的"比兴寄托"说、"境界"说等传统词学理论，说明其与西方文论的相通之处，为其建立理论依据，使其在当前的文学批评中能够得到创新性的运用，发挥其作用和价值。

　　章太炎曾说学者的作用在于："第一，他运用精利的工具，辟出新境域给人们享受；第二，他站在前面，指引途径，使人们随着在轨道上走。"[2]叶嘉莹以生命体悟为中心对词学进行的理论探索与建构，既是对中国词学理论的丰富、发展，为词学辟出了新境界；又为中国生命体悟诗学的发展指出途径，使人们随之探寻。面对她开创的理论体系，如何吸收转化，并承继其精神，进一步完善和创新，则是新一代学人的使命。

1　叶嘉莹：《迦陵论诗丛稿（修订本）》，河北教育出版社1997年版，第315页。
2　梁启超：《清代学术概论》，中华书局2010年版，前言页。

第三节

中西文论互鉴中对传统的突破——
从张惠言《水调歌头》（五首）比较叶嘉莹与缪钺的说词方法

  对张惠言备受争议的《水调歌头》五首，缪钺与叶嘉莹都持赞赏态度，但解读方式不一样，两位先生都注意到小词的文本具有多层次潜能，不能只停留在表层的景象描写中，也都注重对文本进一步挖掘，但挖掘的方法、途径和着力点不一样。

缪钺与叶嘉莹是在词学中有所建树的两位学人，二人互相欣赏。叶嘉莹曾经说她早年最赏爱两种评赏诗词的著作：一种是王国维的《人间词话》，是她开启评赏古典诗词门户的一把钥匙；另一种即缪钺的《诗词散论》，使她获得灵感与共鸣。她认为两书的相似之处在于，它们都是作者多年阅读和写作体验后"深辨甘苦，惬心贵当"之作，既有思辨精神和精微分析，又闪烁着由内心体悟得来的灵感，"不只是诉之于人之头脑，而且也是诉之于人之心灵的作品"。王国维和缪钺的词说与叶嘉莹的性情相契合，对她产生了一定影响。

缪钺对叶嘉莹也十分欣赏，曾称赞她：知情兼胜，在对诗词的评赏中既有深挚的感情，又有精严的分析；中西贯通，能结合西方文学理论，常有新意，不主故常；思想开拓，能够摆脱世人思想上的羁绊，评论古人时能切于实际，合情合理，等等。二人曾经合作过《灵谿词说》，有着心灵与说词方法的契合，但在相同当中他们又有很大的不同。对张惠言备受争议的《水调歌头》五首，二人也都持赞赏态度，但解读方式不一样。

一、对作者和创作背景的认知

缪钺的《论张惠言〈水调歌头〉五首及其相关诸问题》完成于 1988 年；叶嘉莹的《说张惠言〈水调歌头〉五首——兼谈传统士人文化修养与词之美学特质》完成于 1995 年。首先，他们都注重对作者生平背景的介绍，这是中国文论的一大特色，即知人论世。缪钺的文章介绍了张惠言的家庭出身、科考和任职情况、多方面的学术造诣等。叶嘉莹的文章对张惠言也作了相关介绍，但不同的是：叶嘉莹通过其生平中一些琐细事件对张惠言进行了深入分析，说明他早年的艰苦经历与勤奋读书的品性；又通过其经学造诣分析其思维特质——善于从具体之象来推求抽象之理，富于联想及推衍之能力；又从张氏的资料出发分析他有学道知命和为政致用的理想；认为张氏"是一个身世孤寒的从艰苦自学之中成长起来的经师与儒士"，以此把握张氏的生命之本，了解其品性、为人以及人生追求等。对比两位先生对作者生平的介绍，有如下几点值得注意：一是要广泛收集与作者相关的史料以说明其生平经历；

二是要在史料的基础上深入分析，找出作者作为生命个体的特质，进一步分析其人格、性情和追求等。叶嘉莹通过对生平材料的分析获得对作者精神的把握，这一点对还原作者的生命信息至为关键，对理解作品也至关重要。因为真正好的诗词是在表现作者心灵中真实的生命感受，把握了作者的品性，就易把握作品的主旨。

其次，他们都重视词的创作背景。《水调歌头》有一则小序"春日赋示杨生子掞"，缪钺以此判断词作的时间和地点，认为是张惠言居安徽歙县时所作，杨子掞是张氏的高足。叶嘉莹从这则小序出发，阅读了杨子掞的相关资料，发现他是一个有着"好学向道之心"的学生，在学道中有过种种矛盾、痛苦和反思，由此认为张氏的《水调歌头》五首词含有对学生的"学道相慰勉之意"，相对于时间、地点、人物等外部因素而言，这是最为关键的一个创作背景，因为它牵涉到作品的创作主旨。所以，叶嘉莹在此基础上认为张氏的词"不仅果然写出了学道之儒士的一种心灵品质方面的文化修养，而且还果然表现了词这种文学体式所特有的一种要眇深微的特美"[1]。这提示我们在解读词作时，对文本中微小的信息也要注意，不能轻易放过，应以此为线索去发现创作的背景。找到创作背景与创作目的是理解作品的核心，发现了这个核心，才能对作品进行"因迹求心"式的探索，探寻词人的种种幽情深旨。

缪钺与叶嘉莹对创作背景的认识不同，因此对《水调歌头》五首词创作主旨的理解也不同。缪钺认为《水调歌头》是张氏借赏春抒发政治感慨之作，因为张氏有才华，而当时还没有考中进士，看到和珅擅权，政治腐败，贪官横行，怀有如何使朝廷登进贤才、澄清吏治的志愿，却无从施展，"他胸中蕴藏着这许多感慨，所以当春天到来观赏景物之时，就借机发抒，写成这五首《水调歌头》"[2]。叶嘉莹则认为这五首词含有与学生"学道相慰勉之意"，是张氏的儒学修养和词的富于潜能的美感特质的美妙结合。对词的主旨的认识和把握，是他们分析五首词的切入点。

1　叶嘉莹：《清词丛论》，河北教育出版社1997年版，第213—214页。
2　缪钺、叶嘉莹：《词学古今谈》，万卷楼图书有限公司1992年版，第183页。

二、对张惠言《水调歌头》五首词的评说

让我们来看两位先生对张惠言《水调歌头》五首词的具体评说。为了便于体会两位先生的方法，兹将张惠言的词录于下，请看《水调歌头》其一：

东风无一事，妆出万重花。闲来阅遍花影，惟有月钩斜。我有江南铁笛，要倚一枝香雪，吹彻玉城霞。清影渺难即，飞絮满天涯。

飘然去，吾与汝，泛云槎。东皇一笑相语，芳意在谁家？难道春花开落，更是春风来去，便了却韶华。花外春来路，芳草不曾遮。

缪钺从词所写的景象出发，认为第一首写作者春夜赏花的豪情逸兴，上阕表现傍花吹笛的清美景象，下阕想象自己与杨生在云中泛槎，与东皇对语，对春天的来去表现出哲理的思致，最后转为乐观情绪，春天是遮不住的。叶嘉莹则运用联想的方法，从小词中的"微言"来解读词中的深层意蕴，每一个字都不放过，如认为上阕中"东风"暗示一种活泼的生命力，"万重花"表现萌发之生命的美好；"闲来阅遍花影，惟有月钩斜"，写出天地间一份相知相赏的珍贵情谊和境界；"我有江南铁笛"，是一种既坚贞而又多情的品质的自我认定；"要倚一枝香雪"，是"我"的一种追求和向往；"吹彻玉城霞"，表示了吹者的尽力，强烈而热诚的追求和向往。而"清影渺难即，飞絮满天涯"，却使"我"所追求的品质和理想跌入落空无成中。下阕"飘然去，吾与汝，泛云槎"，表现了儒家道不成而乘桴浮于海的修养境界，将上阕的落空失志之悲转化为一种洒脱飞扬之致，表现了学道之人自得的精神修养，后面与东皇的对话："东皇一笑相语，芳意在谁家？难道春花开落，更是春风来去，便了却韶华？花外春来路，芳草不曾遮。"表明作者并不从外表色相来认识春天，而是天心春意常留在"见道者"心中，春花凋落不能断送它，春草生长不能阻隔它，因为春天自在"我"心中。所以，叶嘉莹认为张氏的第一首词写出了儒家至高的修养境界，表现了张氏对儒学的心得与修养，是将词心与道心结合的极为微妙的好词。从

第一首词的解说中，可以看到两位先生说词的方式：缪钺较为客观，叶嘉莹更为主观；缪钺的解说较为精简，叶嘉莹的解说非常详尽。下面再看他们对第二首词主旨的理解。

请看《水调歌头》其二：

百年复几许，慷慨一何多。子当为我击筑，我为子高歌。招手海边鸥鸟，看我胸中云梦，蒂芥近如何？楚越等闲耳，肝胆有风波。

生平事，天付与，且婆娑。几人尘外相视，一笑醉颜酡。看到浮云过了，又恐堂堂岁月，一掷去如梭。劝子且秉烛，为驻好春过。

缪钺认为，第二首词承继上一首写惜春之意，上阕多以典故表现激昂不平，胸襟广阔，世事变化难测；下阕表现世事浮云、及时行乐的思想。叶嘉莹则认为，词的上阕以直叙入手，表现人生苦短、与杨子掞共伤不遇的感慨，同时又超越了人间得失利害机心，表现出修养的曲折精进；下阕表现了儒家欣愉自得的"知命""不忧""自得其乐"境界，同时还有对时光的珍惜，对心中美好之事物和理想的勤力追求。与缪钺所认为的"及时行乐"颇为不同，叶嘉莹始终围绕对"道"的"求"和"得"来解说，显得曲折丰富。

再请看《水调歌头》其三：

疏帘卷春晓，胡蝶忽飞来。游丝飞絮无绪，乱点碧云钗。肠断江南春思，粘著天涯残梦，剩有首重回。银蒜且深押，疏影任徘徊。

罗帷卷，明月入，似人开。一尊属月起舞，流影入谁怀。迎得一钩月到，送得三更月去，莺燕不相猜。但莫凭阑久，重露湿苍苔。

缪钺认为这一首写一日之中早晨与夜晚的赏春情况，表现一片清美的图景。叶嘉莹认为：上阕表现人心对世上繁华的追寻和向往，以及不再为其缭乱的决心，任疏影徘徊；下阕表现对天心的妙悟，把心境提升到与明月同样超妙的光明境地，表现一种不假外求的自足境界，同时含有对扬子㧊不可以一心向外追寻，以免自身会受到玷污的隐喻和警示。

再请看《水调歌头》其四：

今日非昨日，明日复何如？揭来真悔何事，不读十年书。为问东风吹老，几度枫江兰径，千里转平芜。寂寞斜阳外，渺渺正愁予。

千古意，君知否？只斯须。名山料理身后，也算古人愚。一夜庭前绿遍，三月雨中红透，天地入吾庐。容易众芳歇，莫听子规呼。

缪钺认为，第四首意思曲折，用笔回环往复，上阕写春光流逝，具有骚人忧愁之心；下阕写吾庐充满天地间的生意，具有悠然自得之意。叶嘉莹认为，上阕是叹光阴易逝年命无常，表现进德修业的自勉；下阕是对于人类究竟能否突破生命短暂的追问，对人生的意义有着理性思考，最终得出以天地之心为心，充实饱满而不假外求，表现了自我提升后进入与天地同德的境界。

再请看《水调歌头》其五：

长镶白木柄，斸破一庭寒。三枝两枝生绿，位置小窗前。要使花颜四面，和著草心千朵，向我十分妍。何必兰与菊，生意总欣然。

晓来风，夜来雨，晚来烟。是他酿就春色，又断送流年。便欲诛茅江上，只恐空林衰草，憔悴不堪怜。歌罢且更酌，与子绕花间。

缪钺认为第五首表现了知足与春光难驻之意。叶嘉莹认为是词人"要以自力来创造出一个美好的春天"，上阕表现自我耕耘开拓的欣然自足，下阕表现自己所遭遇的忧患挫伤，表明人生既在忧患中成长，也在忧患中老去，表明儒家入世与用世的理想和志意。

通过以上对比可以看到，两位先生论词方法大为不同。总体而言，缪钺对五首词的解说颇为简练，可谓言简意赅。他认为张氏的五首词是承继"屈原、贾谊以来贤士大夫经常怀抱的忧国伤时的深心远虑而又不便于明言"的传统而来[1]，优点在于透露出其"百感交集的复杂而深沉的情思"[2]，认为张惠言五首词的词品之高与他"表里纯白""为人之耿介"的人品密切关联[3]。而叶嘉莹对这五首词的解说却颇为繁复，可谓汪洋恣肆。她认为张氏的五首词，"正是一个学道之人的个人的体会，既有着对于'道'的笃信力行的真诚的情志，也有着在学习寻找中的反复曲折的经历"[4]；五首词的优点在于充满了反复曲折的意致，兼具诗之直接感发和词之低徊要眇的双重美感。至于说词品与人品有直接对等关系，叶嘉莹并不赞成。

相较而言，缪钺的说词方式较为质实，叶嘉莹则较为灵妙，从接受美学的角度来看，后者更具有创造性，也更具有感染力，所以缪钺曾经大大称赞叶嘉莹，认为她能够创新，不主故常。加拿大的华侨蔡章阁先生因为听了叶嘉莹讲张惠言的《水调歌头》五首词，对词中表现的求学、修身、做人的儒家思想产生了情感共鸣，深受感动，捐献了一笔巨款，兴建了南开大学中国古典文化研究所教研楼。

三、解说方法分析

两位先生都注意到小词的文本具有多层次潜能，不能只停留在表层的景象描写中，他们也都注重对文本进一步挖掘，但挖掘的方法、途径和着力点不一样。相较而言，缪钺运用的方法较为传统，注重对典故和字句的挖掘，努力探求词人的主旨与意蕴，但受传统观念与思路束缚，比如政治失意说、人品决定词品说等，限制了对词丰富意蕴的挖掘。而叶嘉莹切入的角度较为新颖，运用传统但不囿于传统，更多运用主观联想，认为词的主旨是修道体悟，发掘出词中包含的丰富曲折的意蕴。

1　缪钺、叶嘉莹：《词学古今谈》，万卷楼图书有限公司1992年版，第184页。
2　缪钺、叶嘉莹：《词学古今谈》，万卷楼图书有限公司1992年版，第183页。
3　缪钺、叶嘉莹：《词学古今谈》，万卷楼图书有限公司1992年版，第185页。
4　叶嘉莹：《清词丛论》，河北教育出版社1997年版，第259页。

二位先生在解说《水调歌头》五首时运用的方法，有以下几点值得学习：

其一是重视小词中的"微言"，以感发和联想探寻作品的深层次意蕴。叶嘉莹除了注意典故之外，还会注意字质本身及作者的口吻等带给人的联想。如对"我有江南铁笛"一句，一般人只注意出自朱熹的《铁笛亭诗序》，"刘善吹铁笛，有穿云裂石之声"，而叶嘉莹除了注意典故外，还注意到"铁"字在本质上给人强硬坚贞的联想，"江南"给人温柔多情的联想，两者和"我有"结合在一起，所写的不仅是现实中的铁笛，而是一种既坚贞又多情的品质。具有敏锐的感悟能力及广博扎实的古典文学素养，才能够产生贴切而丰富的联想，但也要避免主观臆断，做到有理有据，前后圆通，才能使小词展现超越表层文本的丰富意蕴。

其二是对于词中的意蕴不宜限定在传统的"政治感慨说"中，而应"换己心为他心"，突出个体生命与情感的细腻性、丰富性和变化性。叶嘉莹始终围绕作者对修道的体验之情出发，而不是一般的政治失意、怀才不遇等类型化的感慨。她将自身的人生体悟与词中情感密切联系，认为词中表现的对道的执着追求，对理想境界的热烈感情，对春心天意的敏锐感悟，对外界风雨烟雾的侵袭、生命理想的落空和时光易逝的感慨，求道中的曲折反复，对外物的超越及内心自足的欢愉境界等，都和自身生命体验相关，其中甚至有她自身心路历程的投影。由此，她的赏析与作者在小词中蕴含的生命相呼应，产生了极强的感染力。

其三是应注重对理论的运用，有所依凭，避免主观随意性。叶嘉莹以思辨分析性思维和西方文艺理论解说小词，并与中国式的直感妙悟相结合，达到了超逸自如、圆通自在的境地。她以西方文论说明张惠言论词掌握了词之美感的两种基本素质——"兴于微言"的语言符号作用和"低徊要眇"的美感效果，张氏的词正体现出这两种素质。她先运用西方符号学家洛特曼（Lotman）的理论说明一切文本既有表层的语言规范，还有第二层的文化规范系统。任何语言符号经过长久使用，都会形成一个带有文化信息的语码（code），可以引发人的联想。这种联想方法近似于中国传统的比兴寄托说，受文化中约定俗成的观念所约束，但有拘束牵强之弊，如张惠言将温庭筠的《菩萨蛮》与屈原的《离骚》相联系，就遭到王国维的批评。所以，还要认识到语言符号除去文化含义之外，还有一种内含的肌理和质地。艾考（Umberto Eco）将其称为显微结构，也可以引发人的感发与联想。此种联想比较不受拘束，更偏重读者个人的感受，更为灵活自由，甚至可以不是作者的原意，如王国维解说李璟《山花子》"菡萏香销翠叶残"有美人迟暮之感。接受美学家伊塞尔把此种文本所自生的作用称为文本的潜能，这些都属于张惠言所说的"兴于微言，以相感动"的作用，可见他在理论上对词学有着精微的体认。叶嘉莹又借用解析符号学家克里斯蒂娃的理论，说明词的语言属于符表与符义之关系比较不固定而不可确指的，由此形成了词体"低徊要眇"的美感特质，张惠言的词就具有此种特质。

其四是对于词的好处不能只给予简单论断，而应对其原委进行详细解说，也就是要同时运用感性思维与理性思维。感性思维是中国传统词论的优势，理性思维却不足。缪钺是较早注重精密分析性思维的一位学人，从其早期的《诗词散论》中即可看到。叶嘉莹感性与理性兼胜，一直致力于对词学理论体系的建构，包括词的本体论、批评论、词史论等。她曾根据词的发展过程和特点将词分为"歌辞之词""诗化之词""赋化之词"，对每种词的美学特质也有过总结与辨析。她将张惠言的《水调歌头》五首归属为"诗化之词"，认为张氏的词既具有诗歌的直接感发之美，又具有词的低徊要眇之美。她不仅归纳出张氏词的美学特质，而且还进一步分析其深层次成因：一是因为他在词中所写的儒家学道修养是他自身的一种真诚体验与情志；二是因为儒家修养本身就有进退、穷达、忧乐等多种内涵，学道过程充满了反复曲折，使词表现出了一种低徊要眇之美，可谓由表及里、由感性到理性地说明了张氏五首词的美感特质之所在及其成因。

总之，缪、叶两位先生对张惠言五首词的评赏各有特点，缪钺更多从中国传统出发，注重作者的生平思想、创作背景以及对文本意蕴的解读。叶嘉莹更注重对西方文论与思辨思维的结合运用，对词人的性格、情感、心理以及词的美感特质等作深层次的探析与把握，给小词丰富的联想和发挥空间。叶嘉莹向来尊缪钺为师长，缪钺对叶嘉莹也多有奖掖，可见两位学人的胸襟。二文在时间上呈先后关系，一方面说明叶嘉莹不囿于前辈学人之说，勇于对词作进行创新性解读，对词学进行开拓；

另外一方面说明中国词学在发展过程中，在传统理论和方法的基础上，越来越具有国际化视野与理论性建构，唯有此才能将中国词学发扬光大。学习两位先生的优点，避免他们的缺点，是我辈学人当着力的地方。

第四节
通向自由与心灵不死：叶嘉莹与朱莉娅·克里斯蒂娃

　　叶嘉莹与朱莉娅·克里斯蒂娃同为优秀的女性学者，虽然她们之间没有过直接对话，文化背景和性情也不相同，一是东方式的内敛温和，一是西方式的外向犀利，但有着共同的精神特质。以朱莉娅·克里斯蒂娃为参照，可以让我们更好地理解叶嘉莹词学的精神内涵。

叶嘉莹具有长期在海外教学和研究的经历，需要对其进行跨文化观照，才能还原并彰显其诗学与词学的精神内涵。叶嘉莹在中西诗学互鉴中，对多位西方学人的文艺理论有所吸收和运用，其中朱莉娅·克里斯蒂娃是她最为看重并推崇的一位，虽然二者没有直接对话，但在思想上多有相通暗合之处。朱莉娅·克里斯蒂娃是一位卓越的当代女性学者，同时也是一位作家和精神分析师。1941年她出生于保加利亚，1965年移居法国，任法国巴黎第七大学教授，兼任欧美多所大学和研究机构的常任客座教授等。她于20世纪60年代后期创立互文性理论，并在符号学、语言学、哲学、文学理论、精神分析、女性主义等领域都有所建树，在西方和东方国家的文学理论界都有一定影响。朱莉娅·克里斯蒂娃思想独立，在学术中不断挑战、超越。叶嘉莹对其学术精神十分欣赏，曾称赞她"学识之渊博与思辨之深锐都是过人的"[1]。

一、引领读者通向自由

叶嘉莹热爱学习，在沉重的生活压力和繁忙的教学中一直坚持对西方文论的关注，成为名教授之后也虚心向学，一有机会就去旁听课程，这是很宝贵的一种品质。她在海外时，对西方文论不只是表层次的了解，而是有着较为深入的研读，她像树木一样扎根于丰厚的文化土壤，获得所需营养，奠定中西融通的基础。20世纪70年代，叶嘉莹初到加拿大不列颠哥伦比亚大学任教时，就接触到朱莉娅·克里斯蒂娃的《诗歌语言的革命》(*Revolution in Poetic Language*)等著作，觉得她"真是一个了不起的、有感觉、有见地的人，她的理论引起了我的兴趣"[2]。叶嘉莹对克里斯蒂娃理论的运用主要有以下几个方面：

一是将克里斯蒂娃的"Chora"（这个术语现在国内有多种翻译，译作"场所""子宫间"等，指的是万物被授予秩序之前的孕育场所或空间）与中国诗学中的"兴"及诗歌吟诵相联系。叶嘉莹注意到克里斯蒂娃提出的作为诗歌创作原动力

---

[1] 叶嘉莹：《迦陵论词丛稿（修订本）》，河北教育出版社1997年版，第238页。
[2] 叶嘉莹：《沧海波澄：我的诗词与人生》，中华书局2017年版，第94页。

的"Chora","是不成为符示而先于符示的一种作用,它是类似于发声或动态的一种律动"[1]。叶嘉莹觉得此"Chora"与中国古典诗论中的"兴"有暗合之处,从而将"Chora"与中国诗歌的吟诵联系起来,为吟诵的作用找到了理论依据。叶嘉莹认为诗歌创作的原动力与音律有密切关系,高声诵读诗歌可以使人从内心生发出一种"兴发感动",感受到诗歌产生之前的原始动力,从而产生活泼的"诗心",并进一步理解作者创作时的动力,"使自己的心灵与作品中诗人的心灵能借着吟诵的音声达到一种更为深微密切的交流和感应"[2]。诗歌吟诵不仅具有沟通古今的作用,还具有沟通中西的好处,在海外教学中,叶嘉莹较为充分地发挥了吟诵的作用,这是她海外传播诗词获取成功的重要因素之一。

二是将克里斯蒂娃的互文理论与中国诗歌传统的"出处""典故"相结合,强调阅读时联想的重要性,当然她也将此理论作为自己讲课时喜欢"跑野马"的依据。她之所以喜欢这种自由的讲课方式,原因如她所说,就是一定要讲出自己的真实感受,由此,她总是沿着诗词典故与创作思维的脉络,随意挥洒。

三是将克里斯蒂娃的解析符号学运用到对花间小词的解读中。1990年,叶嘉莹被新竹清华大学请去做客座教授,旁听了留法学者于治中关于克里斯蒂娃解析符号学的专题课。经过这次较为系统的学习,叶嘉莹进一步受到克里斯蒂娃的启发,完成了其词学理论建构中尤为重要的一篇论文《论词学中之困惑与花间词之女性叙写及其影响》。在此文中叶嘉莹引用了多位西方学人的理论,包括克里斯蒂娃的解析符号学,她认为克里斯蒂娃对她的启发最大,曾说"用她的理论对词的美感特质开拓出了一条新的理论途径"[3]。克里斯蒂娃将符号分为"符示的"(semiotic)和"象征的"(symbolic)两类:在"象征的"一类中,符表与其所指符义对象之间的关系,是一种被限制的作用关系;在"符示的"一类中,符表与其所指符义对象间的关系,则没有任何限制关系,带有一种不断在运作中生发的特质。此理论使文本具有了极大

---

1 叶嘉莹:《我的诗词道路》,河北教育出版社1997年版,第200页。
2 叶嘉莹:《我的诗词道路》,河北教育出版社1997年版,第210页。
3 叶嘉莹:《迦陵杂文集二辑》,北京大学出版社2020年版,第367页。

的自由性，可以脱离创作者的主体意识，"成了一个作者、作品与读者彼此互相融变（transformer）的场所"。[1]叶嘉莹由此联想到中国传统诗歌中有心托喻的作品，近于克里斯蒂娃所说的"象征的"一类，出于作者显意识的有心安排，比如屈原《离骚》中的"美人"，曹植《七哀诗》中的"弃妇"等，其关系是被限定的，对于读者而言，自由解读的空间很小。花间小词中的美女形象，则近于克里斯蒂娃所说的"符示的"一类，因为在晚唐五代歌辞之词的时代，词人作词时往往无心托喻，使小词具有了丰富的象喻潜能，可以使历代读者做出多种解读，成为"充满了生发之运作的活动而却完全不被限制"的自由文本。[2]由此，叶嘉莹成功地说明了小词具有丰富潜能，引历代学人不断争论的深层次原因，将小词从中国诗歌传统的束缚中解放出来，获得了艺术本体的独立和自由。

之后，叶嘉莹又吸收了姚斯等人的接受美学，充分肯定了王国维以感发和联想为主要途径的说词方式，强调读者对作品再创造的重要性："（一切艺术品）一定要经过读者或欣赏者的再创造来加以完成，然后此一艺术品才成为一种美学的客体。"[3]叶嘉莹认为王国维感发联想的诠释方法富有创造性，自由、开放。她本人也持这种自由解读方式，由一首小词生发出自己的体会和感受，当然这种生发也是有所限定的，并不是出于臆断。

叶嘉莹词学理论建构的最终方向，是将小词从诗教的僵化传统中解放出来，成为独立自由的艺术客体，将小词引入一个具有丰富潜能的境界，将读者从比兴寄托的套路和扑朔迷离的争议中解放出来，并将其引入一个自主、自由解读的世界中。其中的意义值得我们寻味，自主，就要求有一个独立的、有辨识能力的自我，有思考和批评能力的主体。所以，叶嘉莹的词学除了引导读者以自身生命来欣赏和感受诗词的艺术美感之外，更为重要的是通过这一思维过程，使读者意识到并建立起真正独立的自我。从一个没有鉴赏能力，到具有一定鉴赏能力，再到具有高超鉴赏能

1　叶嘉莹：《迦陵论词丛稿（修订本）》，河北教育出版社1997年版，第238页。
2　叶嘉莹：《迦陵论词丛稿（修订本）》，河北教育出版社1997年版，第239页。
3　叶嘉莹：《词学新诠》，北京大学出版社2008年版，第178页。

力的读者（阅读主体），此过程包含着个体自我意识的觉醒、自信和坚定。听过叶嘉莹课的学生曾说："在先生的光照中追逐自己想要的生命的样子……我随先生进入诗歌的世界，我的生命似乎多了一片天空，不受尘世生死羁绊，心中有一种莫名的乐观和坚定。"[1]对接受者而言，叶嘉莹的诗学与词学具有一种启蒙精神和提升生命境界的作用。

叶嘉莹常说，学习古典诗词最大的好处是可以让"心灵不死"，强调人性中"仁心"的重要性。实际上，诗歌使心灵不死的意义，除了使人具有仁心之外，还有一层要义就是让人们通过诗歌到达自由。如克里斯蒂娃所说，诗歌是一条"通往自由之路"。克里斯蒂娃曾多次强调："让阅读成为一个复杂丰富的行为"，"它是对平庸与单调的反抗……请你们发现自身的复杂，超越平庸，读出多样，而不要成为网络中一个简单的数字。"[2]从克里斯蒂娃的表达中，或可体味到叶嘉莹诗学与词学的精神内涵与当代意义。

二、发现心灵的丰富性与复杂性

克里斯蒂娃将"符号生成"引入文本研究领域，为文本研究开创了一个新"空间"——无意识空间。[3]她受弗洛伊德意识与无意识理论影响，认识到主体内部还有一个空间，从而使主体变得更加丰富和复杂，这是克里斯蒂娃对结构主义的一项卓越贡献。其意义在于向人们揭示："人不是平面单调的，而是一个多声部的构成。他至少有两个舞台：意识与无意识，每一个层面又包含多种逻辑。"[4]

叶嘉莹将克里斯蒂娃的理论引入诗学与词学，其意义不仅是解决了词学中的困惑，或笼统地概括为发展了词学理论，而在于她发现了古典诗词创作主体的丰富性

---

1 沈立岩主编：《为有荷花唤我来：叶嘉莹在南开》，中国大百科全书出版社2022年版，第99页。
2 朱莉娅·克里斯蒂娃：《主体·互文·精神分析：克里斯蒂娃复旦大学演讲集》，祝克懿、黄蓓编译，生活·读书·新知三联书店2016年版，第72页。
3 朱莉娅·克里斯蒂娃：《主体·互文·精神分析：克里斯蒂娃复旦大学演讲集》，祝克懿、黄蓓编译，生活·读书·新知三联书店2016年版，第24页。
4 朱莉娅·克里斯蒂娃：《主体·互文·精神分析：克里斯蒂娃复旦大学演讲集》，祝克懿、黄蓓编译，生活·读书·新知三联书店2016年版，第29页。

和复杂性，并将其运用在对诗词的解读中。读过叶嘉莹著作或听过她讲课（讲座）的人都能感觉到，她非常善于体察古代作者的心灵世界。对于向来受到诟病的诗人，她能找到他们内心的闪亮之处，比如吴文英、王沂孙等。对于向来受到肯定的诗人，她能发现他们内心深处隐藏的脆弱一面，比如苏轼、辛弃疾等。对于充满争议的作品，她能做出自己合理恰当的解释，比如张惠言《水调歌头》五首等。朱自清曾以"仕隐情结"来解说唐代诗人的内心情感，颇有可取之处，但仅以此情结来解读古代作者还远远不够。叶嘉莹意识到中国传统文学批评缺少对作者心理的深入探究与细腻分析，她曾说："西方或日本的电影和文学，常常会探讨人的心灵深处一些非常深隐的感情和意识。可是中国人写传记，只是写外表，写哪年出生、哪年死去，都做过什么官，真正心灵感情的活动不谈。"[1] 由此，使人们对中国古代诗人和词人感觉很有隔膜，缺乏真切深入的理解。

叶嘉莹通过对克里斯蒂娃、弗洛伊德、马斯洛等人的文学和心理学理论的反思，突破传统仕隐情结，更深一步到达诗人心灵世界的核心地带：生命情结，即对生命价值与意义的追求，在此过程中，追求与落空、希望与失望交织在一起。缪钺曾称赞叶嘉莹非凡的感悟能力，"胸襟宽恕，对古人处境的同情""平恕惬当"。[2] 在叶嘉莹深入解读创作主体的背后，则是克里斯蒂娃所说的一种"新人文主义"思想："尊重个体的脆弱性与异质性，以此为基点，挖掘创造力，寻找表达，建立沟通。"[3] 正是因为叶嘉莹懂得人性的复杂，并且把握住复杂人性中的核心要素，才具有通过生命体悟来探寻诗词中生命本质的能力，并具有建立中西之间、古今之间沟通渠道的能力。

---

[1] 叶嘉莹：《"仕隐两失"孟浩然——叶嘉莹讲诗歌之十：孟浩然的人格和诗作的复杂性》，《新华每日电讯·草地周刊》"迦陵课堂" 2022年4月29日第14版。
[2] 陈洪主编：《叶嘉莹教授九十华诞暨中华诗教国际学术研讨会纪念文集》，中华书局2017年版，第286页。
[3] 朱莉娅·克里斯蒂娃：《主体·互文·精神分析：克里斯蒂娃复旦大学演讲集》，祝克懿、黄蓓编译，生活·读书·新知三联书店2016年版，第135页。

三、创新与独立思辨精神

　　叶嘉莹之所以特别欣赏克里斯蒂娃，一个重要原因是她本身也是一位具有独立思想、不断挑战并超越的女性学者，她们有一颗相近的心灵。叶嘉莹深受儒家思想影响，以谦逊为美德，以夸耀为耻，很少标榜自己的学术探索与创新，以至于为学界所忽略。事实上，叶嘉莹在词学中建构了一座大厦，她以自身心灵感发、生命体悟为中心，在中西文论互鉴中，对常州词派的比兴寄托词说、王国维的词说进行了深层次的原理探析，将词划分为歌辞之词、诗化之词、赋化之词，对词之具有丰富潜能的原因进行了追本溯源的探索，并将词的美感特质归纳为弱德之美。从叶嘉莹对词学的不断建构中，可以看到创新与探索精神贯穿其整个学术生涯。建构具有科学性、逻辑性的词学理论体系，是晚清自王国维以来几代中国学人共同致力的一项大工程。叶嘉莹的老师顾随曾将希望寄托在她身上，叶嘉莹在巨大的生活压力之下，承继师长们的愿望，努力为中国诗词在世界文化中找到坐标，将词学理论大力推进，终有所成。缪钺曾称赞她"采取近现代西方新的文学理论，反照中国词学，发抒创新之见，可谓继静安之后又一次新的开拓"[1]，对其词学创新给予极大肯定。

　　作为一位承继家族文化基因的天才诗人，叶嘉莹本身具有敏锐的感悟能力，感悟思维是她的长处，但同时，她还具备传统诗人少有的理性思维，使她能够将以生命体悟为中心的词学建构成颇为缜密的理论体系。叶嘉莹的词学建构基于对中西理论的融合，但本质上是她本人的独立思辨起到至关重要的作用，她曾引用克里斯蒂娃的话"我不跟随任何一种理论，无论那是什么理论"来说明自己的独立思辨精神，这种精神是叶嘉莹词学的基础与精华要义之一。

　　叶嘉莹词学的理论建构从思辨精神开始，并始终强调思辨的重要性。她20世纪60年代研究常州词派的比兴寄托说，关键是辨析清楚这一词说究竟有没有道理，这是困惑她少年时代的一个问题。在思辨中，她发现比兴寄托只是一种部分正确的理论，在运用它时，要从多方面来限定。其中最为重要的一点，就是作者写作时究竟

1　叶嘉莹：《迦陵杂文集》，北京大学出版社2014年版，第274页。

有没有比兴寄托之心。她根据词的发展阶段，对不同阶段的词进行了细分，划分为歌辞之词、诗化之词与赋化之词，评赏三种不同类型的词需要运用不同方法，这一系列建构是其思辨精神的体现，而运用她的理论也需要具有思辨精神。或者说，解读诗词本身即一个思辨过程。为何强调思辨的重要性？因为不能思辨，不仅难以真正理解诗词，更为可怕的是养成惰性和没有自我。顾随曾说，"人无思想等于不存在"。[1] 克里斯蒂娃的表述则是："没有自己的思考能力，这就是恶。""思考就是生活，如果活着而不思考，就不是生活。生与思是一种共生。"[2] 叶嘉莹从顾先生那里受到过启发，从克里斯蒂娃那里也得到共鸣。其实在接触到克里斯蒂娃的理论之前，叶嘉莹对诗学的批评讨论就表现出极强的思辨精神，从她20世纪60年代发表的论文，《论杜甫七律之演进及其承先启后之成就》(《大陆杂志》1965年1—4期)、《谈〈古诗十九首〉之时代问题——兼论李善注之三点错误》(《现代学苑》第2卷第4期)等中，可见一斑。[3]

解读诗词的背后，实际上是建构一个具有思辨能力的主体，一个具有思考和判断能力的人。而此种能力的核心就是要求人学会独立运用自己的理性和判断，具有启蒙意义。克里斯蒂娃具有法国文化中"来自启蒙时代的质疑、批评、讨论的精神"，她反复强调理性思考的重要性，启发人们运用自己的理性思辨，明显具有启蒙精神。叶嘉莹没有克里斯蒂娃犀利的语言风格，她温和地说："你做学问不是只能够肤浅地欣赏一下就算了，你真要入乎其内，出乎其外，把它表里澄澈的，能够发掘，能够表述，能够说明出来。"叶嘉莹虽然讲课富有感染力，但课下并不擅长言谈，其

1　顾随：《顾随全集》卷五，河北教育出版社2014年版，第179页。
2　朱莉娅·克里斯蒂娃：《主体·互文·精神分析：克里斯蒂娃复旦大学演讲集》，祝克懿、黄蓓编译，生活·读书·新知三联书店2016年版，第99—100页。
3　关于《古诗十九首》产生的时代一直有争议，叶嘉莹认为应该是傅毅、班固以后，建安曹、王以前东汉的作品。她在文中指出十九首诗纷争不已于两汉之间的缘故，在于李善《文选·古诗十九首注》中的三点错误：一是李善在注中把《古诗十九首·明月皎夜光》中的"玉衡"与"招摇"混为一谈；二是李善以为"孟冬"乃指季节，而实为方位；三是李善以为汉初之改历，是将阴历之十月改称为正月，实际上汉代以十月为岁首，仅把十月当作一年的开始，而其季节与月份之名称，则未改易，仍称为冬，仍称为十月。由此，推翻了李善认为《古诗十九首》中有西汉之作品的理由。从此文可见叶嘉莹敢于对权威提出疑问，亦可见她对中国传统文化中天文历法的掌握，既有见解又有才学，是她诗学与词学的基础及特色。

思辨精神更多体现在其著述中，从20世纪60年代撰写《杜甫秋兴八首集说》开始，她就格外强调对前人的说法要有自己的判断，这也是她想让读者和学生明白的一件事情。

更为关键的问题是，人们拥有了这一独立的主体意识之后该如何？叶嘉莹在讲解诗词中，说得更为明朗、透彻，她解释"甘为夸父死，敢笑鲁阳痴"时说："如果有一个光明的，我看到那是太阳，我就要追它，我甘心为我所追求的那一点光明而牺牲。"[1] 她也曾说："人毕竟不等同于禽兽，人之所以异于禽兽者几希，就因为人有一点灵性。"[2] 叶嘉莹平生最反对空口说话，最信奉儒家的笃行，认为坚定地以实际行动去追求心中的理想，才能真正完成自我。她的哲学看似简单，却大道至简，是在纷纷扰扰世界中的一道光，也是她在认识到世界和人性的复杂之后所坚守的真理——光明，在自我内心，在自我完善当中。这与克里斯蒂娃的观点不谋而合，克里斯蒂娃认为人权，其实现最终是个体特殊性（ecceitas）的实现。[3] 所以，人在自我意识醒觉之后，要保持对自我理想的追求，才能实现自我。叶嘉莹的非凡之处，还在于她不仅仅完成了自我，还将自我不断扩大，她始终扎根于家国的土壤中，在奉献中完成自我，其中既有儒家兼济和仁爱思想的因素，也有顾随"自觉，觉人；自度，度人"思想的影响。她以自己的笃行，将各种思想和谐地统一起来，谦逊笃行是她的一大特点。

四、不断地新生

克里斯蒂娃是一位女性主义者，勇于挑战各种权威，强调个体自我的重要性。她认为女性天才有几种特点：一是对生命与思想的珍惜和捍卫，她说："思想就是生

---

[1] 叶嘉莹：《兴于微言：小词中的士人修养》，四川人民出版社2021年版，第214页。
[2] 叶嘉莹：《兴于微言：小词中的士人修养》，四川人民出版社2021年版，第252页。
[3] 朱莉娅·克里斯蒂娃：《主体·互文·精神分析：克里斯蒂娃复旦大学演讲集》，祝克懿、黄蓓编译，生活·读书·新知三联书店2016年版，第90页。

命，不是抽象的思想，而是与生命共生的思想。"[1] 二是不断地新生。叶嘉莹个人并不觉得自己是女性天才，她认为自己只是尽一切力量去做了该做的工作而已，但实际上，她具有天才女性捍卫生命和思想、不断新生等特点。

叶嘉莹命运多舛，一生多次遭遇打击，也曾屡次挣扎在崩溃与死亡的边缘。但是，最终她凭坚强的意志战胜了厄运。而且，在困苦中由小我迈向大我，将自我生命投注到中华诗词的文化长河中，由此获得了新生。在她的诗词中，频频可以看到充满重生象喻的抒写："芳根早分委泥尘，风雨何曾识好春。谁遣朱蕤向秋发，花开只为惜花人。"[2] "不须浇灌偏能活，一朵仙人掌上花。"[3] "不向西风怨摇落，好花原有四时香。"[4] "一任流年似水东，莲华凋处孕莲蓬。"[5] "不向人间怨不平，相期浴火凤凰生。"[6] "焦桐留得朱弦在，三拂犹能著意弹。"[7] 等等。克里斯蒂娃曾说："作为一个女人，会经历很多的失败，很多的痛苦。但最终，如果她不愿倒下，如果她不愿陷入绝望，她总是能够获得新生。所以生命能够延续，不仅是自然的生命，也是精神的生命。"[8] 如同叶嘉莹在词中所说："莲实有心应不死，人生易老梦偏痴，千春犹待发华滋。"[9] 叶嘉莹在生命无常的痛苦中，在对诗词的体悟中获得了智慧和新生的力量。

五、为词学带来新的发展向度

叶嘉莹成功解读诗词的核心，是自我对隐藏在诗词深处的主体生命的把握，这

---

1 朱莉娅·克里斯蒂娃：《主体·互文·精神分析：克里斯蒂娃复旦大学演讲集》，祝克懿、黄蓓编译，生活·读书·新知三联书店2016年版，第106页。
2 叶嘉莹：《迦陵诗词稿》（增订版），中华书局2019年版，第179页。
3 叶嘉莹：《迦陵诗词稿》（增订版），中华书局2019年版，第195页。
4 叶嘉莹：《迦陵诗词稿》（增订版），中华书局2019年版，第195页。
5 叶嘉莹：《迦陵诗词稿》（增订版），中华书局2019年版，第226页。
6 叶嘉莹：《迦陵诗词稿》（增订版），中华书局2019年版，第226页。
7 叶嘉莹：《迦陵诗词稿》（增订版），中华书局2019年版，第190页。
8 朱莉娅·克里斯蒂娃：《主体·互文·精神分析：克里斯蒂娃复旦大学演讲集》，祝克懿、黄蓓编译，生活·读书·新知三联书店2016年版，第106页。
9 叶嘉莹：《迦陵诗词稿》（增订版），中华书局2019年版，第295页。

是充满感性的认知过程,同时她又借用西方理论给予必要说明,建立起相应的理论,感性与理性的结合使她受到海内外学生的广泛欢迎。她个人只是意识到"中西心理本自同",从而真诚地把自己从诗词中体会到的生命和感情传达给学生。或许她并不知道,自己无意中切合了当时西方世界的哲学思潮,一是理性与非理性的统一,二是对主体的更加重视。西方向来重视理性思维的作用,但在20世纪起越来越注意到非理性因素的重要性,在法国产生了"理性与非理性统一、共存的全新主体观"[1]。克里斯蒂娃把握住了这一哲学思潮的精髓,注重主体因素在意义生成中的重要作用,强调自我生命感悟的价值与意义。

通过与克里斯蒂娃的互相参照可以看到,叶嘉莹对中国词学的贡献还不仅仅在于中西融通,更为重要的是为词学带来了新的发展向度:

其一,对词体美感特质的探索和确立,使词成为更加独立、自由的艺术本体,从而有了更为丰富的潜能和诠释空间。

其二,发现诗词创作主体(作者)的丰富性和复杂性,深层次挖掘并展示了中国古代诗人和词人的心灵世界,使人们看到他们至少有显意识与潜意识两层舞台。花间小词无意中流露了作者潜意识中某种深微幽隐的心灵本质,形成了小词佳作中要眇深微的美感特质。

其三,作为阅读主体,对自我生命的珍视,以及对他人生命的重视,在阅读体悟中不断完善自我,并不断超越自我。

其四,为读者找到了一条由诗词通向心灵自由的道路,并以自己的笃行引导大家向上、向前、向着光明而努力。

另外,值得注意的是,克里斯蒂娃在大学时曾辅修中国文学课程,还曾有过四次中国之旅,她早年的写作风格极具理性,后期却由理性转向感性。与之相反,叶嘉莹则是由感性转向理性。二者都是从自身文化优势出发,吸收对方文化的精华,

---

[1] 朱莉娅·克里斯蒂娃:《主体·互文·精神分析:克里斯蒂娃复旦大学演讲集》,祝克懿、黄蓓编译,生活·读书·新知三联书店2016年版,第259页。

将理性与感性相结合，建立了成功的诗学，这是对我们当前建设中国特色诗学体系尤为重要的一种启示。

第五章

古典诗词曲创作

第一节
诗

  叶嘉莹的诗歌对陶渊明、杜甫、李商隐等人有所承继，却以自己独特的心灵、智慧、品格和志意拓展了古典诗歌的意境，表现出自我生命的重生、勃勃春气的喜悦，以及柔韧的拼搏战斗精神。叶嘉莹的诗歌与其生命密切结合，是其本体生命精神、情感与志意的呈现，印证了她所提出的"用生命写作诗，用生活实践诗"的诗学理念。诗歌是叶嘉莹生命历程的记载方式，还原其中的空白，会看到隐藏其中的中华民族抗战史及中华民族复兴史。

关于叶嘉莹的诗歌创作已多有讨论，缪钺认为她富有学养，游历广，涉世深，又有坚韧不拔之品德、书生报国之志向，在从古至今的女诗人中属于佼佼者。缪钺还认为叶嘉莹"兼工诗词，而词尤胜"[1]，认为她诗歌的成就或不如词。缪钺的评论写于20世纪80年代，此后叶嘉莹又继续创作40余年，此段时间正是她笃行自己"书生报国"志愿的时候，表现出"用自己的生命实践自己的诗篇"的特点，这是缪钺有生之年未曾完全看到的。

从《迦陵诗词稿》收录诗词的情况来看，叶嘉莹创作诗歌的数量比词要多，诗约计204题497首，词计110余首，质量更可与词比肩。叶嘉莹不仅承继了中国古典诗歌的传统，而且拓展了古典诗歌的抒情与叙事功能，表现出现代人的情志和时代气象，应将其放置于从古至今的中国诗歌史中进行评价，不应该只将其囿于"女性诗人"的行列之中。由此，笔者试对叶嘉莹诗歌创作的成就在中国古典诗歌发展史中重新进行考量。

一、叶嘉莹古典诗歌对前代诗人的承继

叶嘉莹自幼受传统文化熏陶，诗歌一直是她最为喜爱的抒情方式，她的诗由"情动于中"而生发，是心灵深处真实情感的自然流露。缪钺认为叶嘉莹"少时为诗，清逸似韩致尧"[2]，有他独特的认识和道理，但是并未厘清叶嘉莹诗歌的渊源，对叶嘉莹的为诗之道，需要更加细致地分析才能知其承继渊源。

1. 叶嘉莹与李商隐

叶嘉莹早年最爱读的是李商隐（字义山）的诗歌，她曾说："皎洁煎熬枉自痴，当年爱诵义山诗。"[3]她不仅多愁善感、细腻敏锐、孤高自持的性情与李义山有几分相似，早年诗风也与义山有所相近，在对纯粹心灵世界的印象式表现中融入对内心情

---

1 叶嘉莹：《迦陵诗词稿》（增订版），中华书局2019年版，序第3页。
2 叶嘉莹：《迦陵诗词稿》（增订版），中华书局2019年版，序第3页。
3 叶嘉莹：《迦陵诗词稿》（增订版），中华书局2019年版，第295页。

绪的婉转抒写。如她1942年的《春日感怀》："往迹如烟觅已难，东风回首泪先弹。深陵高谷无穷感，沧海桑田一例看。世事何期如梦寐，人心原本似波澜。冲霄岂有鲲鹏翼，怅望天池愧羽翰。"[1]通过形象的比喻、系列的典故，表现心中对生命、历史及宇宙的感受。再如1965年她在台湾所作的《南溟》："白云家在南溟水，水逝云飞负此心。攀藕人归莲已落，载歌船去梦无寻。难回银汉垂天远，空泣鲛珠向海沉。香篆能消烛易尽，残灰冷泪怨何深。"[2]将心灵深处的情感化为朦胧的形象，让读者在曲折深婉中感受到情绪的失落与哀怨。

叶嘉莹喜欢李商隐的诗歌，同情他的遭遇与性情，对他最令人费解的《燕台四首》等，曾做出精辟深入的解读，堪称李商隐的千古知己。但李商隐的性格总是在忧郁失落中，沉浸在"荷叶生时春恨生，荷叶枯时秋恨成。深知身在情长在，怅望江头江水声"的哀愁幽怨中。叶嘉莹虽然欣赏其诗其人，但她的性情还有坚强乐观的一面，很早就表现出不同于李商隐的超拔之处。如她少时所作的《咏莲》"如来原是幻，何以度苍生"，是对李商隐诗句"何当百亿莲花上，一一莲花见佛身"的反问与质疑。

叶嘉莹最为欣赏的，是李商隐诗歌中蕴含的热烈执着、高洁赤诚的心灵，缠绵专一、百折而不回的用情态度。她有时会借用李商隐的诗句表现自己高洁坚贞的持守，如她中年所作《梦中得句杂用义山诗足成绝句三首》："换朱成碧余芳尽，变海为田夙愿休。总把春山扫眉黛，雨中寥落月中愁。""波远难通望海潮，朱红空护守宫娇。伶伦吹裂孤生竹，埋骨成灰恨未销。""一春梦雨常飘瓦，万古贞魂倚暮霞。昨夜西池凉露满，独陪明月看荷花。"[3]美好的生命、热烈的希望往往被无情的命运和残酷的现实摧毁，但她始终保持着向上、向好、向光明的追求，内心之热烈执着与外界之无情凄冷呈现出鲜明对比，表现出在强大外界压力之下的坚贞自守品格。

叶嘉莹凭着自己的坚强意志，从愁绪的泥潭中超拔出来，诗歌中表现出李商隐

---

1 叶嘉莹：《迦陵诗词稿》（增订版），中华书局2019年版，第17页。
2 叶嘉莹：《迦陵诗词稿》（增订版），中华书局2019年版，第52页。
3 叶嘉莹：《迦陵诗词稿》（增订版），中华书局2019年版，第117页。

所不具有的勇气。如她晚岁所作《连日愁烦以诗自解》中所写：

一任流年似水东，莲华凋处孕莲蓬。天池若有人相待，何惧扶摇九万风。
不向人间怨不平，相期浴火凤凰生。柔蚕老去应无憾，要见天孙织锦成。[1]

李商隐的原诗是："路绕函关东复东，身骑征马逐惊蓬。天池辽阔谁相待，日日虚乘九万风。"表现的是身心漂泊中的迷茫哀怨。叶嘉莹的诗在时光流逝中，在美好的事物凋零之后，却看到美好的果实，有一份充盈的期待，怀着勇往直前的无畏，表现出不忧不惧、坚定乐观、执着无悔的志意，这是李商隐的诗歌中所缺少的，是叶嘉莹诗歌所彰显的一种独特品质。

2. 叶嘉莹与陶渊明

叶嘉莹的诗歌受到陶渊明充满象喻和富有哲思之诗歌的影响。在她对人生归宿的抉择中，可以看到陶渊明的身影。她在《向晚二首》中写道：

向晚幽林独自寻，枝头落日隐余金。渐看飞鸟归巢尽，谁与安排去住心。
花飞早识春难驻，梦破从无迹可寻。漫向天涯悲老大，余生何处惜余阴。[2]

千年之前，陶渊明也曾目送飞鸟归巢，思索自己的人生归宿。叶嘉莹与陶渊明的息息相通之处，还不在于借用了飞鸟形象和象喻手法，而在于他们对生命和生活都持郑重态度，严肃地思考人生归宿问题，在时光之流和广袤宇宙中究竟什么是人生的终极理想与目标。陶渊明寻找到的是"孤生松""托身已得所，千载不相违"，固执任真地持守了自己高洁的品格，完成了圆融的自我。陶渊明的归宿曾经也是叶

---

[1] 叶嘉莹：《迦陵诗词稿》（增订版），中华书局2019年版，第226页。
[2] 叶嘉莹：《迦陵诗词稿》（增订版），中华书局2019年版，第151页。

嘉莹的追求，但是后来，她认识到陶渊明的狭隘之处，他的自我完善"是消极的、内向的，真正是只完成了自我"[1]。这并不是她想要的人生终极目的，所以，在遭受人生第三次打击之后，她勇敢而毅然地从小我中走出来，下定决心回归祖国，志愿教书，以传播诗词文化为自己生命的依托和归宿。她在《为南开大学首届荷花节作》中写道："结缘卅载在南开，为有荷花唤我来。修到马蹄湖畔住，托身从此永无乖。"[2]这是对她归国教书三十多年的回顾与总结，也是与陶渊明的一种特殊对话，她选择了与陶渊明截然不同的归宿，却用与陶渊明相同的任真与固执态度，履行自己的选择。2015年，迦陵学舍建成之后，她写道："迦陵从此得所栖，读书讲学两相宜。学舍主人心感激，喜题短歌乐无极。"[3]可以说，叶嘉莹超越了陶渊明的局限，在对尘世的倾心投注和执着无悔的奉献中，完成了一个大我的生命。

3. 叶嘉莹与杜甫

叶嘉莹诗歌中流露的仁者襟怀以及深厚博大的感情，近似杜甫。叶嘉莹自幼受儒家思想的教化和熏陶，具有士人的修养与仁者的襟怀。在她涉世未深之时，就怀有一颗丰富活泼的"诗心"，对外界事物和自然界变化有敏锐的感受，院落中草木虫鸟等弱小生命的兴衰，都会触动她的心弦，使其流露出悲悯情怀。如《秋蝶》："几度惊飞欲起难，晚风翻怯舞衣单。三秋一觉庄生梦，满地新霜月乍寒。"《对窗前秋竹有感》："记得年时花满庭，枝梢时见度流萤。而今花落萤飞尽，忍向西风独自青。"《咏莲》："植本出蓬瀛，淤泥不染清。如来原是幻，何以度苍生。"对秋蝶、落花、流萤等的关怀，对如来佛法的质疑和对苍生困厄的忧虑，都表现出她的仁者诗心。她曾经说过，沦陷的北平条件异常艰苦，上学路上往往会看到冻死的穷人的尸体，她对"路有冻死骨"的社会无力改变，只能为他们哀叹伤悲，此仁者之"诗心"是她的本心，也是认识叶嘉莹的根本。

---

1 叶嘉莹：《好诗共欣赏：陶渊明、杜甫、李商隐三家诗讲录》，生活・读书・新知三联书店2016年版，第29页。
2 叶嘉莹：《迦陵诗词稿》（增订版），中华书局2019年版，第241页。
3 叶嘉莹：《迦陵诗词稿》（增订版），中华书局2019年版，第247页。

杜甫是叶嘉莹尤为崇敬的一位诗人，她曾说自己"一世最耽工部句"。北平沦陷期间，她对杜甫在天宝乱离中所写的诗篇产生共鸣，曾在《鹧鸪天》中写下："愁意绪，酒禁持。万方多难我何之。天高风急宜猿啸，九月文章老杜诗。"[1] 在海外的时候，内心对故土的思念和对祖国深厚的热爱之情，使她进一步与杜甫产生了深切的感情共鸣，读到"每依北斗望京华"会有哽咽欲泣的感动，她在诗中写道："天涯常感少陵诗，北斗京华有梦思。"[2] 可见她内心始终萦绕着家国忠爱之思。杜甫一直有非常高远的理想追求，曾在青年时代写下"会当凌绝顶，一览众山小"的诗句，想为国家和社会做一番事业，如他在诗中所说"致君尧舜上，再使风俗淳"等。但是，杜甫生逢难以施展自身理想的时代，最终在颠沛流离中抱憾离去。叶嘉莹对诗圣理想的落空深怀同情，她在诗中说："曾叹儒冠误，当年杜少陵。致君空有愿，尧舜竟无凭。"[3] 叶嘉莹无形中承继了杜甫等诗人的爱国遗志，欲完成历代诗人的夙愿，她在诗中说："构厦多材岂待论，谁知散木有乡根。书生报国成何计，难忘诗骚李杜魂。"[4] 她在诗词教学与文化传播方面做出的努力，是对前辈诗人美好志愿的一种承继。他们往往有着美好高远的理想，却因种种限制，不能将其落到实处，因而总留下种种落空的遗憾和悲哀。叶嘉莹与前辈诗人相比，最大的不同就在于，她要把理想付诸实际行动，笃行自己的志愿，可以说，她最终做到了。

叶嘉莹之所以成长为一位优秀诗人，关键不在于她与前人的相似性，而在于她广泛汲取了前辈诗人的精华，在诗歌中表现出自己独特的心灵、智慧、品格、襟抱和修养。她不同于李商隐的哀感凄艳，而是坚强明朗；她既有杜甫的深厚情怀，又有陶渊明的人生智慧；她把陶渊明的小我圆融升华为杜甫的大我，又将杜甫的大我情怀以陶渊明的固执态度运用到诗词事业中，最终完成了自我的生命与诗歌，这是她的独特之处。

1　叶嘉莹：《迦陵杂文集二辑》，北京大学出版社2020年版，第17页。
2　叶嘉莹：《迦陵杂文集二辑》，北京大学出版社2020年版，第17页。
3　叶嘉莹：《迦陵杂文集二辑》，北京大学出版社2020年版，第18页。
4　叶嘉莹：《迦陵诗词稿》（增订版），中华书局2019年版，第157页。

二、对古典诗歌意境的开拓：象喻中的生命书写

在叶嘉莹的诗歌中，有一种独特的表现生命意境之作，是中国古典诗歌史上少有的。笔者将之称为"象喻中的生命书写"。所谓象喻，既如叶嘉莹在讲杜甫诗时所说："它不是西方所说的狭义的'象征'或'寓托'，它是有中国特色的，是把你的精神、感情、志意都结合在里边的一种写作的方法。"[1] 叶嘉莹的诗歌承继中国古典诗歌传统而来，却以自己独特的精神、品格、志意突破了传统，在古典诗歌中表现出坚韧的生命力量和现代精神。

1. 持守生命本源，表现自我生命的重生

叶嘉莹的诗源自她坎坷多难的人生道路和丰富深广的人生阅历，她在生活中几度遭受打击，在精神上也备受命运之神的摧残，屡屡挣扎于垂死边缘，但她不甘于被打倒，总是以坚韧的品性来承担。最终她以诗词为生命所依托之事业，志愿归国教书，以投入工作来实践自己的志愿，在此过程中她感受到自身生命力量的成长，乃至精神生命历经劫难（死亡）后的重生。她以敏锐的心灵将这种独特的生命体验写于诗中，有时以焦桐的意象来表现，如："天海风涛夜夜寒，梦魂常在玉阑干。焦桐留得朱弦在，三抚犹能著意弹。"有时以凤凰的意象来表现，如："不向人间怨不平，相期浴火凤凰生。"更多时候以花的意象来表现，现将相关诗作按时间顺序排列如下：

记得花开好，曾经斗雪霜。坚贞原自诩，剪伐定堪伤。雨夕风晨里，苔阶石径旁。未甘憔悴尽，一朵尚留芳。[2]（1985年《为茶花作》）

芳根早分委泥尘，风雨何曾识好春。谁遣朱蕤向秋发，花开只为惜花人。[3]（1985年《秋花》）

---

1 叶嘉莹：《杜甫诗在写实中的象喻性》，《华中师范大学学报》（人文社会科学版）2005年第4期。
2 叶嘉莹：《迦陵诗词稿》（增订版），中华书局2019年版，第179页。
3 叶嘉莹：《迦陵诗词稿》（增订版），中华书局2019年版，第179页。

峭壁千帆傍水涯，空堂阒寂见群葩。不须浇灌偏能活，一朵仙人掌上花。[1]

（1992年《纪梦》）

晚霞秋水碧天长，满眼金晖爱夕阳。不向西风怨摇落，好花原有四时香。[2]

（1992年《金晖》）

雪冷不妨春意到，病瘥欣见好诗来。但使生机斫未尽，红蕖还向月中开。[3]

（2007年《小病渐瘥》）

一任流年似水东，莲华凋处孕莲蓬。天池若有人相待，何惧扶摇九万风。[4]

（2007年《连日愁烦以诗自解》）

天行常健老何妨，花落为泥土亦香。感激故人相勉意，还将初曙拟微阳。[5]

（2016年《奉和沈秉和先生〈迎春口号〉七绝二首》）

以上数首诗，分别作于叶先生60、70、80、90多岁的时候，每一首诗都有一定的创作背景，笔者在前面第二章"生命体悟与心路历程"中已有介绍，但抛开当时的背景，可以看到这些诗具有一种共同的品质：表现了生命的重生、生命力量的坚强与生命精神的永恒。从作于1985年的《为茶花作》和《秋花》中可以看到，诗中的花朵好像是劫后再生一样，拼尽全部力量与即将枯萎的命运作战，"未甘憔悴尽，一朵尚留芳"，努力开出一朵自己的生命之花，不辜负自己美好芬芳的生命本质。作于1992年的《纪梦》中，那朵花已经成长得非常茁壮，哪怕没有水的浇灌也能成活；而且在《金晖》中它超越了花朵命定的运数，"好花原有四时香"具有一种永恒的品质。2007年的《小病渐瘥》诗中，那朵花也会遇到斫伤，但是只要它一息尚存，还是要热烈绽放红色的生命之花，"但使生机斫未尽，红蕖还向月中开"，此时叶先

---

[1] 叶嘉莹：《迦陵诗词稿》（增订版），中华书局2019年版，第195页。
[2] 叶嘉莹：《迦陵诗词稿》（增订版），中华书局2019年版，第195页。
[3] 叶嘉莹：《迦陵诗词稿》（增订版），中华书局2019年版，第225页。
[4] 叶嘉莹：《迦陵诗词稿》（增订版），中华书局2019年版，第226页。
[5] 叶嘉莹：《迦陵诗词稿》（增订版），中华书局2019年版，第248页。

第五章　古典诗词曲创作

生83岁,在病痊后作了这首诗,可见她生命意志的充沛与坚强。在《连日愁烦以诗自解》中,即使莲花凋零,它的生命也孕育出莲蓬,将以另一种形式的生命延续。2016年,已经是92岁的她感到自己的衰老,但是她心中的花还是有着无尽的芬芳:"天行常健老何妨,花落为泥土亦香。"从不同年龄段的诗歌中可以看到,她是在用生命本体来写作,她的生命意志、精神和品格并不随外界的挫折、年龄的老迈而衰颓,而是历久弥坚,表现出一种与以往古典诗歌不同的新境界。瘂弦曾称赞叶先生"很勇健,面对苦难穷且益坚"[1],她勇健面对生活的背后支撑,是她对自身生命的执着与坚持。席慕蓉曾说:"她(叶先生)的生命力永远充满了热情,永远不会老去,她的生命与她的诗不仅仅是叠合,更是融合在一起的。"[2]

2. 突破穷愁的牢笼,表现勃勃春气的喜悦

梁启超曾引用曾志齐的话说,古今诗人的特性为恋、穷、狂、怨,在诗中多写相思爱恋、叹老悲穷、落拓失意、忧伤哀怨等感情,"求其和平爽美,勃勃有春气者,鲜不可得"。[3]在叶嘉莹早年诗歌中,表现悲哀愁苦的作品亦占多数,而在晚年诗歌中,随着她选择归国教书,投身于文化传承事业,其诗歌一改愁苦悲哀之风,多表现出勃勃春气,在欢娱中充满盎然生机。

叶嘉莹诗歌中的勃勃春气,源自她人生境界的扭转,自1979年3月志愿归国教书,她体验到人生中难得的欢欣喜悦,诗歌中出现了不同以往的新气象。请看:

五年三度赋还乡,依旧归来喜欲狂。榆叶梅红杨柳绿,今番好是值春光。[4]

(1979年《绝句三首》其一)

---

[1] 行人文化、活字文化编著:《掬水月在手:镜中的叶嘉莹》,四川人民出版社2020年版,第52页。
[2] 行人文化、活字文化编著:《掬水月在手:镜中的叶嘉莹》,四川人民出版社2020年版,第79页。
[3] 梁启超:《梁启超全集》第九册,北京出版社1999年版,第5344页。
[4] 叶嘉莹:《迦陵诗词稿》(增订版),中华书局2019年版,第152页。

喜见枝头春已到，颓垣缺处好花妍。[1]（1979年《天津纪事绝句二十四首》）

最喜相看如旧识，珍丛开遍刺梅花。[2]（1979年《天津纪事绝句二十四首》）

作别天涯花万树，归来为看草堂春。[3]（1981年《一九八一年春自温哥华乘机赴草堂参加杜诗学会机上口占》）

虽然是春天寻常的花开柳绿景象，但在她眼中别样明媚灿烂，既是因为她终于从海外远道归来，亦是因为她开始在祖国大地践行自己心中的志愿，开始一种新的人生与生活，感觉到生命中的春天扑面而来。有了归国讲学的欢乐，她虽然穿梭在海内外，但也有一种快乐，如她在《温哥华花期将届》中说："久惯生涯似转蓬，去留得失等飘风。此行喜有春相伴，一路看花到海东。"[4] 可见她无论在国内还是国外，内心都与春相伴，充满期待。

叶嘉莹诗歌中的欢欣愉悦还来自知己之情。她在与国内学人的诗词唱和中表现出得遇知音的喜悦，如："新词赠我沁园春，感激相知意气亲。"[5] "庄惠濠梁俞氏琴，人间难得是知音。"[6] 也表现了与诗词友人宴饮聚会的喜悦，如她在1993年的诗中写道："我是东西南北人，一生漂泊老风尘。归来却喜多吟侣，赠我新诗感意亲。"[7] "淋漓醉墨写新篇，歌酒诗吟意气妍。共入葫芦欢此夕，壶中信是有壶天。"[8] 她由内心生发出与知己喝酒吟诗的欢欣。"心有灵犀一点通"的师生之情更令她留恋："白昼谈

1　叶嘉莹：《迦陵诗词稿》（增订版），中华书局2019年版，第157页。
2　叶嘉莹：《迦陵诗词稿》（增订版），中华书局2019年版，第159页。
3　叶嘉莹：《迦陵诗词稿》（增订版），中华书局2019年版，第163页。
4　叶嘉莹：《迦陵诗词稿》（增订版），中华书局2019年版，第205页。
5　叶嘉莹：《迦陵诗词稿》（增订版），中华书局2019年版，第169页。
6　叶嘉莹：《迦陵诗词稿》（增订版），中华书局2019年版，第189页。
7　叶嘉莹：《迦陵诗词稿》（增订版），中华书局2019年版，第200页。
8　叶嘉莹：《迦陵诗词稿》（增订版），中华书局2019年版，第200页。

诗夜讲词，诸生与我共成痴。临歧一课浑难罢，直到深宵夜角吹。"[1]在祖国各地的讲学和游览中，她同样也体验到暮年生命的欢娱。1992年她在《西北纪行》中说："西行万里到兰州，自喜身腰老尚遒。"[2]"却喜暮年来陇上，更于此地见芳菲。"[3]她欢喜自己虽然年龄老迈，但身腰依然矫健，体力充沛，兴致勃勃。1996年到新疆，她写下："欣逢嘉会值高秋，绝域炎天喜壮游。满架葡萄开盛宴，共夸美果出西州。"[4]72岁的她兴致勃勃称自己的出行为"壮游"，硕果累累的满架葡萄映衬着她金秋丰收的喜悦和豪情。她已年过古稀，却豪兴不减地写下："人间何处有奇葩，独向天山顶上夸。我是爱莲真有癖，古稀来觅雪中花。"[5]可见她对探索、攀登的不倦精神和浓厚兴致。

3. 蕴藏着柔韧的拼搏与战斗精神

叶嘉莹在道德上是一名传统女性，性格沉潜内敛，并非发扬显露的"战士"或"革命者"，但是，在她的诗歌中蕴藏着一种勇健的力量，一种柔韧的拼搏与战斗精神。这种精神或许与她秀美的外表不相符合，但是，这就是她向来所持守的"弱德之美"，"在强大之外势压力下，所表现的不得不采取约束和收敛的属于隐曲之姿态的一种美。"[6]这种美德难道只是被迫的、无奈的，在强大外力之压力下而隐曲存在吗？在隐曲存在的同时，难道不是以一种更为强大、持久、坚韧的力量来承受和抵抗外界之势力吗？正是因为有更为强大、持久、坚韧的力量，才能够在强大之外势压力之下不被打倒，而能保持一种约束收敛之美。所以，叶嘉莹诗歌中有一种独特的境界，使其诗歌具有兴发感动人心的力量，那就是其中蕴藏的拼搏与战斗精神。叶嘉莹早年诗歌也具有这种精神，说明这是她一贯的品质。请看：

1　叶嘉莹：《迦陵诗词稿》（增订版），中华书局2019年版，第160页。
2　叶嘉莹：《迦陵诗词稿》（增订版），中华书局2019年版，第191页。
3　叶嘉莹：《迦陵诗词稿》（增订版），中华书局2019年版，第192页。
4　叶嘉莹：《迦陵诗词稿》（增订版），中华书局2019年版，第203页。
5　叶嘉莹：《迦陵诗词稿》（增订版），中华书局2019年版，第203页。
6　叶嘉莹：《清词丛论》，河北教育出版社1997年版，第71页。

入世已拼愁似海，逃禅不借隐为名。¹（1944年《再为长句六章仍叠前韵》）

高丘望断悲无女，沧海波澄好种桑。²（1944年《再为长句六章仍叠前韵》）

这种精神在其晚年诗歌中愈加鲜明，尤其是在她遭受了痛失爱女的打击，决计志愿归国教书之后，勇健的拼搏与战斗精神更为鲜明地表现出来。叶先生曾经说过，她以往的人生没有自己做过选择，唯有归国教书是她自己所做的一次选择。这种选择，是她对命运的一种宣战。如果用诗歌的语言来说，犹如她从命运之神的手中夺过打神鞭，向那无常之命运奋力击去（按：笔者在写作这段话时唯恐叶先生本人不会同意，没想到却得到了叶先生的首肯）。叶先生在词中曾说："余烬重燃。试谱新声战斗篇。"在其诗中亦多有拼搏奋斗精神的流露，下面将相关诗句按时间排列：

如今齐向春郊骋，我亦深怀并辔心。³（1978年《再吟二绝》）

他年若遂还乡愿，骥老犹存万里心。⁴（1978年《再吟二绝》）

历尽艰辛愁句在，老来思咏中兴篇。⁵（1979年《赠故都师友绝句十二首》）

所期石炼天能补，但使珠圆月岂亏。⁶（1983年《高枝》）

天池若有人相待，何惧扶摇九万风。⁷（2007年《连日愁烦以诗自解》）

---

1 叶嘉莹：《迦陵诗词稿》（增订版），中华书局2019年版，第45页。
2 叶嘉莹：《迦陵诗词稿》（增订版），中华书局2019年版，第45页。
3 叶嘉莹：《迦陵诗词稿》（增订版），中华书局2019年版，第151页。
4 叶嘉莹：《迦陵诗词稿》（增订版），中华书局2019年版，第151页。
5 叶嘉莹：《迦陵诗词稿》（增订版），中华书局2019年版，第156页。
6 叶嘉莹：《迦陵诗词稿》（增订版），中华书局2019年版，第176页。
7 叶嘉莹：《迦陵诗词稿》（增订版），中华书局2019年版，第226页。

柔蚕老去应无憾，要见天孙织锦成。[1]（2007年《连日愁烦以诗自解》）

纵教精力逐年减，未减归来老骥心。[2]（2014年《恭王府海棠雅集绝句四首》其四）

来日难知更几多，剩将余力付吟哦。遥天如有蓝鲸在，好送余音入远波。[3]（2017年《近日为诸生讲说吟诵，偶得小诗一首》）

中华诗教播瀛寰，李杜高峰许再攀。已见旧邦新气象，要挥彩笔写江山。[4]（2018年《诗教》）

她在1978年的诗句中有着为中华诗教而努力奋斗的愿望，继而她尽力实践自己的志愿，从"所期石炼大能补""何惧扶摇九万风""要见天孙织锦成"可以看到她的坚定、无畏和坚持不懈。2017年，在年华老去的时候，她的心愿依然不减，尽自己剩余的力量传授诗词吟诵。2018年，她已95岁高龄，还要再攀高峰，以彩笔描绘祖国的大好河山。

4. 圆融平和的境界

前面分析了叶先生诗歌中所具有的生命重生、勃勃春气与坚韧的奋斗精神，那不仅是她的诗，也是她的生命历程。最终，她晚年的诗作达到了圆融平和的境界。请看下面几首诗：

结缘卅载在南开，为有荷花唤我来。修到马蹄湖畔住，托身从此永无乖。[5]

1　叶嘉莹：《迦陵诗词稿》（增订版），中华书局2019年版，第226页。
2　叶嘉莹：《迦陵诗词稿》（增订版），中华书局2019年版，第245页。
3　叶嘉莹：《迦陵诗词稿》（增订版），中华书局2019年版，第252页。
4　叶嘉莹：《迦陵诗词稿》（增订版），中华书局2019年版，第253页。
5　叶嘉莹：《迦陵诗词稿》（增订版），中华书局2019年版，第241页。

（2013年《为南开大学首届荷花节作》）

迦陵从此得所栖,读书讲学两相宜。学舍主人心感激,喜题短歌乐无极。[1]

（2015年《迦陵学舍题记将付刻石》）

茶香午梦醒还疑,莲实千春此意痴。待向何方赋归去,依然尼父是吾师。[2]

（2018年《奉和沈秉和先生》）

叶嘉莹早年在讲解《人间词话》三种境界时曾说,第三种境界所写是理想得到实现后满足的喜乐,"只可惜我国诗歌中,描写这种境界的作品似乎并不多"[3]。而她晚年的作品多有表现此种境界者：理想得到实现后满足的喜乐。

叶先生的诗歌是其生命中情感、精神与志意的本体呈现,与其生命密切结合在一起,由此印证了她所说的："真正伟大的诗人是用自己的生命来写作自己的诗篇的,是用自己的生活来实践自己的诗篇的。"

三、对古典诗歌叙事功能的承继与拓展：历史、记忆与空白

1. 对古典诗歌叙事功能的承继

对叶嘉莹而言,诗歌是其生命历程的记载方式。虽然有了当代照相技术,她也很看重诗歌的记录功能,并习惯于以诗来记事写情。2004年她在托菲诺（Tofino）度假时,相机胶卷因错误安装而报废,她在诗中写道："灵台妙悟许谁知,色相空花总是痴。翻喜相机通此意,不教留影但留诗。"[4] 她曾说：

我觉得,写一首诗就能把事情记下来了,不写的话,很多记忆都是模

1　叶嘉莹：《迦陵诗词稿》（增订版）,中华书局2019年版,第247页。
2　叶嘉莹：《迦陵诗词稿》（增订版）,中华书局2019年版,第249页。
3　叶嘉莹：《王国维及其文学批评》,河北教育出版社1997年版,第403页。
4　叶嘉莹：《迦陵诗词稿》（增订版）,中华书局2019年版,第217页。

模糊糊的，写下来就比较真切。如果不写成诗，即使你还记着这件事，但是当时的感受已经找不着了，而有诗留下来，就能帮你把当时的感受留下来。[1]

诗歌是她现实生活的记录和过往时光的清晰印证，笔者整理的叶嘉莹学术年谱（未刊发）中许多行踪和线索都来自她的诗歌。中国古典诗歌本来擅于抒情，弱于叙事，叶嘉莹通过多种方法拓展了诗歌的叙事功能：

一是利用长标题，在题中标明时间、地点、人物、事件，然后以正文抒情。如《一九六八年春张充和女士应赵如兰女士之邀携其及门高弟李卉来哈佛大学演出昆曲〈思凡〉、〈游园〉二出，诸友人相继有作因亦勉成一章》，从此记事性的标题即可知1968年春天，在美国哈佛大学，张充和、赵如兰等组织了一场中国昆曲演出，将中国戏曲文化展示给西方观众。叶嘉莹被昆曲的华美情韵和友人的热诚所感动，写下自己对祖国的思念："梦回燕市远，莺啭剑桥春"[2]。

二是在诗题下写作小序，说明时间、地点、事件等，与诗歌互相印证补充，比如《大庆油田行》的小序：

今年四月底，回国探亲，正值全国工业学大庆代表在京开会。每见报章所载有关大庆之报道，不免心怀向往，因要求一至大庆参观。其后于六月中得偿此愿，在大庆共留三日，曾先后参观铁人纪念馆、女子钻井队、女子采油队、创业庄、缝补厂、萨尔图仓库、喇嘛甸联合站、大庆化工厂及铁人学校等地，对大庆艰苦创业之精神，深怀感动，因写为长歌一首以纪其事。惟是在大庆之所见闻，皆为古典诗中所未曾前有之事物，作者虽有意为融新入古之尝试，然而力不从心，固未能表达大庆之精神及个人之

---

1 叶嘉莹口述，张候萍撰写：《红蕖留梦：叶嘉莹谈诗忆往》（增订本），生活·读书·新知三联书店2021年版，第206页。
2 叶嘉莹：《迦陵诗词稿》（增订版），中华书局2019年版，第53页。

感动于十百分之一也。[1]

在小序中交代了写作缘由,在大庆的见闻,所参观地方等,与诗中的记述相互补充。叶嘉莹也意识到自己所写新事物为古典诗歌中所无,将新时代的所见所闻写入古典诗歌中正是对古典诗歌表现功能的拓展。

三是为诗写作注释,用以说明具体情况,如《西安纪游绝句十二首》,每一首都标注了简明扼要的注释。第一首:"诗中见惯古长安,万里来游鄠杜间。弥望川原似相识,千年国土锦江山。"[2]作者自注说:"在西安旅游期间,曾至户县(即古之鄠县)参观农民画,并至长安县参观韦曲一中,故诗中有'鄠杜间'及'古长安'之语。深感透过悠久之历史,对祖国之情感乃更觉深厚,故云'千年国土'也。"[3]将注释与诗歌相结合,使诗歌的抒情记事功能更为详尽、明确和具体。

四是在诗歌中以富有感情色彩的诗句来叙事记行。比如七言古风《祖国行长歌》,是叶嘉莹阔别北京二十六年之后第一次回归所作,全诗2000余字(含序),记录了她这次回国的一系列行程:先到北京察院胡同,与两个弟弟及家人团聚。始知伯父、伯母、顾随先生已经离世。在北京,游览陶然亭、颐和园、故宫、北海公园、十三陵水库、动物园、美术馆等风景名胜。到山西昔阳县大寨村,见到劳动模范孙立英,住在大寨窑洞,到狼窝掌、虎头山等现场参观,被大寨艰苦奋斗的精神和事迹所感动。返回北京,与家人辞别。继续跟随旅游团到达陕西延安抗日根据地,看到毛主席、周总理等领导人住过的窑洞。到达南泥湾,听老红军战士刘宝斋报告开荒经过。再到西安市,参观半坡遗址、骊山华清宫等地。经过上海,回忆童年时旧游之地。由上海乘车到杭州,游览西湖景区,再到桂林,游览桂林山水。然后到广州,参观烈士陵、农民讲习所、越秀公园等。全诗真挚自然,充盈着积极明朗的感情色彩和乐观向上的感发力量,如孙克宽教授所说,"真是一篇大作,意无不达,用赋体,而

---

[1] 叶嘉莹:《迦陵诗词稿》(增订版),中华书局2019年版,第137—138页。
[2] 叶嘉莹:《迦陵诗词稿》(增订版),中华书局2019年版,第144页。
[3] 叶嘉莹:《迦陵诗词稿》(增订版),中华书局2019年版,第145页。

感情却逆烈异常"。[1]

五是采用相对而言较为自由的古体诗、歌行体、乐府体等，如《旅游开封纪事》《祖国行长歌》《大庆油田行》等，或者以绝句写为组诗，如《西安纪游绝句十二首》《天津纪事绝句二十四首》《西北纪行诗十五首》《昆明旅游绝句十二首》《妥芬诺度假纪事绝句十首》等，也有以律诗写为组诗者，如《欧游纪事八律作于途中火车上》等。

从诗人角度而言，叶嘉莹的诗歌堪称是一部个体生命的心灵史，记录了她每一阶段的生活和感受。但是，叶嘉莹诗歌的意义还不仅仅在于此，其诗歌对于宏观历史的表现同样值得我们关注。

2. 诗歌中隐藏的历史

叶嘉莹虽然是一位生活在我们身边的诗人，但我们是否真正读懂了她？我们与其诗歌之间究竟有何距离？一是心灵之间的隔膜，她讲朱彝尊的小词"共眠一舸听秋雨，小簟轻衾各自寒"时曾说："你有你的感情，他有他的感情。"[2]哪怕是亲密地生活在同一屋檐下的父母子女之间也难以真正体会对方的心灵感受。二是代际的鸿沟，德国学者阿莱达·阿斯曼（Aleida assmann）认为："一代与一代之间的界限产生于影响深刻的历史体验和社会创新，这些都是人们所经历的历史转折。""在12到25周岁之间。这是个人进入成年人承负责任的生活之前个性发展的敏感阶段，这一阶段的发展和印迹将对之后的一生具有持续性的影响。"[3]叶嘉莹正是在此敏感阶段经历了北平沦陷。所以，解读其诗既需要以诗人之心为心，又需要伴随着诗人之心回到历史现场，去发现其诗歌中的丰厚意蕴。德国接受美学理论家伊塞尔认为，文学作品由审美意蕴层、历史意蕴层或哲学意蕴层构成，形成一个由外到内的"召唤结构"[4]，

1　叶言材：《我与姑母叶嘉莹》，人民出版社2022年版，第59页。
2　《兴于微言：小词中的士人修养》，四川人民出版社2021年版，第37页。
3　阿莱达·阿斯曼：《记忆中的历史：从个人经历到公共演示》，袁斯乔译，南京大学出版社2022年版，第20—21页。
4　童庆炳主编：《文学理论教程》，高等教育出版社2015年版，第229页。

"那里面包含着某些'空白',只有读者才能填充这些'空白'"[1]。由此,笔者试图通过填补空白的方法,探寻叶嘉莹诗歌的历史意蕴。

2.1 诗歌中隐藏的民族苦难与抗战史

叶嘉莹曾在诗中写道:"读书曾值乱离年,学写新词比兴先。"[2] 在她少年时代,虽然还未更事,但也从家人长辈的言谈中感受到国家危亡。她曾说:"我虽不问世事,而世变之来,其及身切肤之痛则有不能逃避者在。我到现在仍然记得1935年夏天何梅协定的签署,和相继而来的冀东防共自治政府,以及冀察政务委员会的先后成立。"[3]1935年12月9日,她也曾亲眼见到北平大中学校学生在爱国抗日游行中,被大刀队纷纷砍伤的悲惨事件。1937年卢沟桥事变爆发,她的生活更是发生了翻天覆地的变化,遭受了家破国亡的变故。在史书中,1937年、1938年的一系列事件触目惊心:

1937年7月7日,"卢沟桥事变"爆发,日军开始全面侵华,中国守军奋起自卫,力战而失败。7月底,北平、天津相继失陷。8月,淞沪会战爆发,中国空军首次参战。11月,淞沪会战结束,上海失陷。11月20日,国民政府宣布迁都重庆。12月13日,日军占领南京,进行了一个多月的烧杀抢掠。

1938年(抗战第二年),3月,汪精卫投敌,伪民国政府在南京成立。6月,中日在武汉发生空战,我方损失惨重。10月,经过喋血抗战,武汉、广州相继失陷。11月13日,长沙遭遇大火,居民被烧死2万余人。而此一年,叶嘉莹的父亲叶廷元还在《航空杂志》中刊发《飞机上无线电罗盘航行法(附图)》等文章[4]。

这些历史事件,虽然不是诗人亲身经历,却是诗人所生活的时代背景,并影响到其生活,这既是诗人生活的真实环境,也是其生命和诗歌的扎根之处。叶嘉莹曾

---

1 童庆炳主编:《文学理论教程》,高等教育出版社2015年版,第357页。
2 叶嘉莹:《迦陵诗词稿》(增订版),中华书局2019年版,第156页。
3 叶嘉莹:《我的诗词道路》,河北教育出版社1997年版,第18页。
4 叶廷元:《飞机上无线电罗盘航行法(附图)》,《航空杂志》1938年第8卷第3期。

说：" 我的父亲离家到后方去，他当时的处境是那么危险：日本进攻上海的时候，我父亲在上海；'南京大屠杀'的时候，我父亲在南京；武汉陷落的时候，我父亲在武汉；长沙大火的时候，我父亲在长沙。"[1] "我在沦陷区，在中学读书的时候，日本人说，要庆祝南京陷落……庆祝汉口陷落。"[2] 诗人与其父亲生活在平行时空，一边是浴血奋战，一边是忍辱偷生。叶嘉莹的母亲忧伤成疾，英年早逝。从叶嘉莹《哭母诗八首》《母亡后接父书》《不接父书已将半载深宵不寐，百感丛集，灯下泫然赋此》等诗歌中，可以看到她作为个体所承担的痛苦。这些诗歌看似只是她的个体叙述和痛苦记忆，却隐藏着深刻的民族苦难史与坚韧的民族抗战史。叶嘉莹在《母亡后接父书》中写道：

昨夜接父书，开缄长跪读。上仍书母名，唐乐遥相祝。惟言近日里，魂梦归家促。入门见妻子，欢言乐不足。期之数年后，共享团乐福。何知梦未冷，人朽桐棺木。母今长已矣，父又隔巴蜀。对书长叹息，泪陨珠千斛。[3]

诗中写了战争时代千百万中国人的一件共同心事：梦魂回到家中，与妻儿相见；也有历代中国人的一个美好愿望：希望战乱结束，一家团聚，共享和平幸福的生活。但是，对叶廷元和叶嘉莹父女以及无数在战争中遭遇死难的家庭和个人来说，这一美好愿望无疑是落空了。

在沦陷的屈辱中，是不屈的抗战和文化的坚守。叶嘉莹曾说她们在沦陷区也曾唱"农工兵学商，一起来救亡""起来，不愿做奴隶的人们"等抗战歌曲[4]（按：1982年《昆明旅游绝句十二首》中写有"当年曾唱聂耳歌"句）。在课堂上，老师们也表

---

1 叶嘉莹：《迦陵杂文集二辑》，北京大学出版社2020年版，第178页。
2 叶嘉莹：《迦陵杂文集二辑》，北京大学出版社2020年版，第181页。
3 叶嘉莹：《迦陵诗词稿》（增订版），中华书局2019年版，第12页。
4 叶嘉莹：《古典诗歌吟诵九讲》，广西师范大学出版社2014年版，第31页。

现出绝不妥协的抗战精神。叶嘉莹初二时的语文老师纪清漪（1904—1998），是纪晓岚第七代孙女，有"中华女杰"之称[1]，致力于爱国抗日活动，上课时讲抗日，讲革命，慷慨激昂，给叶嘉莹留下深刻印象。顾随的课堂上亦有着鲜明的抗战精神。他讲晚唐韩偓的诗《别绪》"此生终独宿，到死誓相寻"时，说："人是血肉之躯，所以人该为自己造一境界，为将来而努力是很有兴味的一件事。如抗日战争，即使我本是赖汉，也要把你强国熬趴下，这也是对未来的追求。"[2] 讲欧阳修词《玉楼春》"人生自是有情痴，此恨不关风与月……直须看尽洛城花，始共东风容易别"时，说："人生不过百年，因此而不努力，是纯粹悲观。不用说人生短短几十年，即使还剩一天、一时、一分钟，只要我有一口气在，我就要活个样给你看看，决不投降，决不气馁。"[3] 讲辛弃疾《满江红》（家住江南）一首词时，说："你不把别人打出去，你就活不了。"[4] 顾随的课堂笔记都是叶嘉莹记下来的，她对这种不屈服的抗战精神自然有着深刻的共鸣。

在艰苦的环境中持守气节，有时会以生命为代价。叶嘉莹有一首诗《挽缪金源先生·一九四一年时在沦陷中》，是为缪金源先生而作。缪金源（1898—1941），始终抱定"誓饿死不失节"的骨气，最困苦时全家一天只喝一顿粥，最终在贫病交迫中去世，终年43岁。叶嘉莹在诗中写道："山林城市讵非讹，箪尽瓢空志未磨。又见首阳千古节，春明也唱采薇歌。"[5] 叶嘉莹还有一首诗《悼皖峰夫子》。储皖峰（1896—1942），在艰苦的环境中"举全力以助忠贞人士"[6]，协助敌后工作，在困窘的生活环境中，病情加剧，46岁即离世。叶嘉莹在诗中写道："遥想孤吟风露下，数丛磷火代青灯。"[7]

1　其事迹可参见诸天寅：《中华女杰纪清漪》，北岳文艺出版社2021年版。
2　顾随：《顾随全集》卷五，河北教育出版社2014年版，第417页。
3　顾随：《顾随全集》卷六，河北教育出版社2014年版，第50页。
4　顾随：《顾随全集》卷六，河北教育出版社2014年版，第84页。
5　叶嘉莹：《迦陵诗词稿》（增订版），中华书局2019年版，第9页。
6　夏晓虹、吴令华编：《清华同学与学术薪传》，生活·读书·新知三联书店2009年版，第357页。
7　叶嘉莹：《迦陵诗词稿》（增订版），中华书局2019年版，第12页。

第五章　古典诗词曲创作

从叶嘉莹的诗歌中，可以看到沦陷区师生经历的苦难和不屈服的抗争，也可以看到当时北京的环境："风劲沙飞，土硗水恶，黄尘古道，殿宇丘墟而已。"[1] 不仅自然环境恶劣，人文环境更为悲惨。叶嘉莹曾说："寒冷的冰天雪地的日子，你一开门出去，转过一个墙角，就能看到街上冻饿而死的饥民。"[2] 不只是在北京，全国上下情况都很艰难。叶嘉莹在讲座中曾提到影片《一九四二》："那是抗战以后非常艰苦的一个阶段。河南地区大饥荒导致人们吃草根树皮，吃所谓观音土，我所看的那不是一个书本上的历史，那是我所亲身经过的一个时代。"[3] 她也曾说："在我小的时候，常常在报纸上看到某某省市发生了饥荒，有的是蝗虫的蝗灾，有的是雨水的涝灾，有的是天旱的旱灾。老百姓那时候真是流离失所。没有粮食吃就吃草根，吃树皮，吃泥土——他们管那个叫作'观音土'，吃了以后会得'膨胀'，很多人都死去了。"[4] 对我们而言，这是书本上的历史，对叶嘉莹而言，却是亲身经历的时代，这正是我们与叶先生及其诗歌之间的距离与隔膜。

2.2 "白色恐怖"的历史阴影

《转蓬》写于1950年，是叶嘉莹多次提到的一首诗，诗中写她随丈夫到台湾后的不幸遭遇，其背后则是一段特殊的历史。自1949年5月起，国民党在台湾连续颁布严厉的法令《惩治叛乱条例》等，实施恐怖的大整肃，大肆镇压杀戮可疑的政治异议者，其中多数为外省人[5]。叶嘉莹与丈夫到达台湾之后，很快就遭遇了这场"白色恐怖"。1949年的12月24日夜（12月25日凌晨），赵钟荪因"匪谍"嫌疑和"思想问题"在彰化女中被捕，入狱三年，1952年才获释出狱。

1950年6月，国民党在台湾的"白色恐怖"继续升温，颁布《戡乱时期检肃匪谍条例》等法令，其中规定人人均应告密检举"匪谍"或有"匪谍"嫌疑者，知

---

1 叶嘉莹：《迦陵诗词稿》（增订版），中华书局2019年版，第926页。
2 叶嘉莹：《古典诗歌吟诵九讲》，广西师范大学出版社2014年版，第16页。
3 叶嘉莹：《古典诗歌吟诵九讲》，广西师范大学出版社2014年版，第16页。
4 叶嘉莹：《人间词话七讲》，北京大学出版社2014年版，第6页。
5 戚嘉林：《台湾史》（增订版），华艺出版社2014年版，第424页。

"匪"不报者也将被捕判刑[1]。这一年的 7 月初，彰化女中校长及教员六人因思想问题被拘询，叶嘉莹亦在其中，她尚在哺乳期，未满周岁的女儿同被拘留。叶嘉莹曾说："'白色恐怖'时期，你如果说话不小心，你如果讲到'鲁迅'两个字，就认为你这思想有问题了，所以很多人被抓进去了。"[2] 叶嘉莹幸得彰化警察局局长同情，才得以获释。出狱后她离开彰化中学，失去工作与宿舍，寄居于左营赵钟荪姐姐家，晚上带着女儿打地铺。

据历史学者估计，在 1949 至 1958 年十年间，台湾因"匪谋""叛乱"等罪名被逮捕者约 5 万人，其中 1 万人以上被定罪，约 4000 人被处死，就当时的中壮年男性而言，每千人中约有 32.7 人遭逮捕，每千人中约有 6.5 人被判刑坐牢，每千人中约有 2.6 人被处死。[3] 在 20 世纪四五十年代，外省人迁到台湾，所遭政治迫害远超当地人，"对遭'白色恐怖'逮捕的外省人而言，远离故乡，在台湾举目无亲，其悲哀实远甚于同为政治犯的台湾人"。[4] 叶嘉莹在《转蓬》中写道：

转蓬辞故土，离乱断乡根。已叹身无托，翻惊祸有门。覆盆天莫问，落井世谁援。剩抚怀中女，深宵忍泪吞。[5]

这虽是她个人的遭遇，实则也是一代人的遭遇。外省人到台湾后，生活相当困难，气候不适应，语言不通，工作待遇差，许多人都难以生活下去。1957 年 4 月，发生了一件悲惨事件，新华社亦有报道："蒋军空军中校李朝魁，3 月 28 日晚上在台北市寓所对他九岁的儿子和六岁的女儿下毒药，又把一个三岁的女儿勒毙，然后自杀。第二天邻居发觉时，李朝魁等三人已死去，只有他九岁的儿子中毒后幸存。台

---

1 戚嘉林：《台湾史》（增订版），华艺出版社 2014 年版，第422页。
2 叶嘉莹：《从西方文论与中国诗学谈李商隐诗的诠释与接受》，《北京社会科学》2014年第6期。
3 戚嘉林：《台湾史》（增订版），华艺出版社 2014 年版，第425页。
4 戚嘉林：《台湾史》（增订版），华艺出版社 2014 年版，第424页。
5 叶嘉莹：《迦陵诗词稿》（增订版），中华书局2019年版，第50页。

第五章　古典诗词曲创作　235

湾报纸说，李朝魁到台湾后，平日生活很清苦，最近因妻子在贫病交迫中死去，精神更受重大刺激，以致发生杀全家幼小然后自杀的惨剧。"[1] 李朝魁的妻子就是顾随先生的第二女顾之英，她和丈夫李朝魁到台后，顾先生还期望她与叶嘉莹能互相往来照顾，却未料到一家人遭此厄运。据顾随六女顾之京回忆，李朝魁"是一个爱国军人，报考军校选入空军，在美国学习飞行，抗战中在缅甸作战受伤。他有山东汉子的豪爽与正直，又有留学生的清醒与儒雅"，[2] 最后却在不堪重负中以如此悲惨绝望的方式撒手人寰。这是叶嘉莹所亲历的时代，她不仅在生活上遭受了同样的艰苦，在思想上更是"绝口不谈国事，以为生当乱世，亦惟有苟全生命而已"[3]。

3. 中华民族复兴史

了解了叶嘉莹早年在北京和台湾的生活背景，大约就可以理解她26年后第一次回归祖国时的狂喜心情。在《祖国行长歌》中，讲述个人的悲欢离合之外，她以诗人的敏锐和感情，展现了新中国城市和乡村、社会和人民的新气象。她描写北京城的美景："陶然亭畔泛轻舟，昆明湖上柳条柔……郊区厂屋如栉比，处处新猷风景异，蔽野葱茏黍稷多，公社良田美无际。"与她记忆中风劲沙飞、土硗水恶，人民流离失所冻饿而死的北京有了天壤之别。新中国建设也取得了非凡成就，大寨即典型代表，叶嘉莹在诗中写道："昔日荒村穷大寨，七沟八梁惟石块，经时不雨雨成灾，饥馑流亡年复代。一从解放喜翻身，永贵英雄出姓陈，老少同心夺胜利，始知成败本由人。""三冬苦战狼窝掌，凿石锄冰拓田广，百折难回志竟成，虎头山畔歌声响。"[4] 又写道延安革命根据地的艰苦创业过程："旧居初仰凤凰山，土窑筹策艰难日，想见成功不等闲。"[5] 还有南泥湾三五九旅自力更生的革命精神："丛林为幕地为床，一把镢

1　参见1957年4月12日新华社新闻稿。
2　顾之京：《我的父亲顾随》，河北大学出版社2019年版，第139页。
3　叶嘉莹：《我的诗词道路》，河北教育出版社1997年版，第18页。
4　叶嘉莹：《迦陵诗词稿》（增订版），中华书局2019年版，第130页。
5　叶嘉莹：《迦陵诗词稿》（增订版），中华书局2019年版，第130页。

头一杆枪,自向山旁凿窑洞,自割藤草自编筐。日日劳动仍学习,桦皮为纸炭为笔。寒冬将至苦无衣,更剪羊毛学纺织。"[1]现在读来,亦有一种感发力量。游览西安、路经上海等地,也引发了叶嘉莹的历史之思,产生了今昔对比之情:"骊山故事说明皇,昔日温泉属帝王,咫尺荣枯悲杜老,终看鼙鼓动渔阳。宫殿华清今更丽,辟建都为疗养地。"[2]这是与杜甫时代的唐朝社会对比。"黄浦江边忆旧游,跑马前厅改医院,行乞街头不复见,列强租界早收回,工厂如林皆自建。市民处处做晨操,可见更新觉悟高,改尽奢靡当日习,百年国耻一时消。"[3]这是与幼时所见上海情景对比(按:1931年,叶嘉莹和弟弟曾跟随母亲到上海看望父亲)。在今昔对比中,叶嘉莹强烈感受到新中国已洗刷了晚清民国时殖民地半殖民地的耻辱,展现出新社会的新气象与新精神,她自豪地说"千年帝制兴亡史,从此人民做主人"[4],流露出发自内心的欢欣。

  1977年,叶嘉莹再次回国,她在《西安纪游绝句十二首》中说:"天涯常感少陵诗,北斗京华有梦思。今日我来真自喜,还乡值此中兴时。"[5]虽然她漂泊多年,但内心始终牵系着祖国和人民的命运,为国家取得的成就,人民过上美好的生活而欢喜,为国家经历的挫折,人民遭受的苦难而叹息,这种不能自已的关怀之情总是萦绕在她的脑海,充斥于她的心胸。从叶嘉莹的诗歌中,可以看到近现代以来中华民族自强不息的复兴史。如《大庆油田行》,开端回忆了晚清以来国势的衰颓:"老大中华危且穷。强邻昔日相侵略,国土如瓜任人割,专政军阀只自肥,弃民弃地同毫末。"[6]她所追溯的历史是中国近代以来衰弱的根源,已然超越了个人亲身经历的时代,融入了全部中华儿女记忆中的国耻和沸腾热血。她继而写到新中国开创的新天地:"一从日月换新天,江山重绘画图妍,奋发八亿人民力,共辟神州启富源。"[7]进而写道大

---

1 叶嘉莹:《迦陵诗词稿》(增订版),中华书局2019年版,第131页。
2 叶嘉莹:《迦陵诗词稿》(增订版),中华书局2019年版,第131页。
3 叶嘉莹:《迦陵诗词稿》(增订版),中华书局2019年版,第131页。
4 叶嘉莹:《迦陵诗词稿》(增订版),中华书局2019年版,第129页。
5 叶嘉莹:《迦陵诗词稿》(增订版),中华书局2019年版,第144页。
6 叶嘉莹:《迦陵诗词稿》(增订版),中华书局2019年版,第138页。
7 叶嘉莹:《迦陵诗词稿》(增订版),中华书局2019年版,第138页。

庆油田艰苦创业的过程：

> 当时誓把油田建，海北天南来会战，荒原冰雪聚雄师，朔风凛冽红旗艳。总为国贫创业艰，吊车不足运输难，全凭两手双肩力，共举钻机重似山。井架巍巍向天起，急欲开钻难觅水，以盆端取递相传，终送钻头入地底……眼明心亮志弥坚，战斗精神拼到底。[1]

诗句描写在荒原冰雪中，天寒地冻，机器设备也不足，人们以满腔豪情和两手双肩克服种种困难，取得胜利。在对工人群体艰苦奋斗的描述中，诗歌还突出了铁人王进喜为了油田事业奋不顾身的拼搏精神："临危抢险气凌云，博得英名号铁人，铁杆伤腿不离井，身拌泥浆压井喷，革命雄怀拼性命，草原果见原油迸。"[2]继而描写了女子钻井队及采油队的英姿："上井能将刹把扶，行文下笔扫千夫，打靶更看频命中，女郎似此古今无。不需粉黛同罗绮，铝盔一顶英姿美，时写新诗谱作歌，豪情伴取歌声起。"[3]她们不仅能操控现代化机器，还能打靶射击，更能提笔写诗，并谱为歌曲演唱，真可谓"又美又飒"。诗歌又描绘创业庄的美景："庄内居民近千户，遍地农田兼菜圃，长街饼熟正飘香，幼儿园内方歌舞，昔年盐碱一荒滩，此日真成安乐土。"[4]这里比陶渊明笔下的桃花源更美好富饶，充满生机。她又描写缝补厂工人的生产情景："布条弹出更生棉，碎革拼为皮护膝。"[5]萨尔图仓库井然有序："五五规格创制新，四号明标分定位。大方套小方，大五套小五，或状似梅花，或形如圆柱，一目瞭然记在心，管库人成活账簿。"[6]语言生动形象、活泼有趣，而且还含有一种不能抑制的自豪之情。从中国近现代发展史来看，叶嘉莹的这些诗歌无疑具有诗史的

---

1 叶嘉莹：《迦陵诗词稿》（增订版），中华书局2019年版，第138—139页。
2 叶嘉莹：《迦陵诗词稿》（增订版），中华书局2019年版，第138页。
3 叶嘉莹：《迦陵诗词稿》（增订版），中华书局2019年版，第139页。
4 叶嘉莹：《迦陵诗词稿》（增订版），中华书局2019年版，第139页。
5 叶嘉莹：《迦陵诗词稿》（增订版），中华书局2019年版，第139页。
6 叶嘉莹：《迦陵诗词稿》（增订版），中华书局2019年版，第140页。

价值。

四、叶嘉莹诗歌的价值

叶嘉莹在《大庆油田行》小序中曾说："惟是在大庆之所见闻，皆为古典诗中所未曾前有之事物，作者虽有意为融新入古之尝试，然而力不从心，固未能表达大庆之精神及个人之感动于十百分之一也。"[1]虽然她有言不称意之叹，却尝试以古典诗歌细致地描绘新时代新事物，展现新社会新气象，在中国古典诗歌史中，承继了晚清黄遵宪、王国维等近现代诗人"以新融旧"的余绪，发展了古典诗歌的抒情和叙事功能，有着多方面意义。

其一是以诗歌沟通过去和现在，构成中华民族历史记忆的一部分。"书生报国成何计，难忘诗骚李杜魂。"叶嘉莹对前辈诗人精魂的承继，既体现在归国讲解诗词的实践上，也体现在对诗人以诗句构成的历史文化时空的体验中。她在诗词中曾读到一个历史中的遥远中国，又曾亲历民国时旧中国和社会主义新中国，由此，她的诗歌往往表现多个历史时空，昔日的衰颓和今日的繁盛，形成鲜明对比。如《旅游开封纪事一首》展现了北宋的南迁之恨、抗战沦陷之悲和新中国的重建之盛："驱车向龙亭，遗址宋宫殿。国弱终南迁，繁华如梦幻……琉璃佛像砖，曾遭敌寇弹。兵火劫灰余，今日皆完缮。父老为客言，此城旧多难。人祸与天灾，旱涝兼争战。河道高于城，水决城中灌。居民不聊生，黄沙扑人面。自从解放来，百废俱兴建。新设工厂多，品类千余件。试种水稻田，计亩七八万。古迹得保存，文化亦璀璨。"[2]遥远的历史记忆、父老过往的记忆、眼前所见的情景交织在诗歌中，多重的历史时空，而且具有延续性，沟通过去和现在。

叶嘉莹在祖国山河的游览中，每经一地就会联想到相关的诗人与诗句，屈原、李白、杜甫、辛弃疾、李清照、高适、岑参等，往往是其诗歌潜在的读者与无形的

---

1 叶嘉莹：《迦陵诗词稿》（增订版），中华书局2019年版，第138页。
2 叶嘉莹：《迦陵诗词稿》（增订版），中华书局2019年版，第143页。

对话者。在新疆时她想到边塞诗人高适、岑参："曾读高岑出塞诗，关河风物系人思。谁知万里轮台夜，来说花间绝妙词。"[1]到山东时她想到杜甫，登泰山时写下："髫年吟望岳，久仰岱宗高。策杖攀千级，乘风上九霄。众山供远目，万壑听松涛。绝顶怀诗圣，登临未惮劳。"[2]到成都过长江时，她自然想起李白杜甫的诗句，但她没有看到诗中滟滪堆的险恶，也没有听到猿的悲啼："不见江心滟滪堆，不闻天外暮猿哀。忽然惆怅还成喜，无复风波惧往来。"[3]她本要惆怅，却又转而为新时代不再有险恶风波的新气象而欢喜。

其二是以诗歌展现了不同时代的个体命运。沦陷时期的储皖峰、缪金源等，一代知识分子坚持民族气节而英年早逝。在"文化大革命"中受到迫害的端木留等，也给我们留下了深刻的印象。尤为振奋人心的是其诗歌中具有新精神风貌的人民大众，宋立英、陈永贵、王进喜、刘宝斋等模范人物外，还有一些平凡却闪光的人物，如农民女画家："春锄一幅兴沉酣，作者贫农李凤兰。欲问翻身今昔事，绘来家史付君看。"[4]地方老年书法家："八旬矍铄翁，隶体尤精擅。铁画与银钩，意气何遒健。"[5]不管职业如何，年龄大小，这些人都充满了勃勃生机。

其三是以诗歌表现中华民族的宝贵精神。无论写人记事，叶嘉莹诗歌中表现的核心是爱国、爱民、不屈服、勇于拼搏、艰苦奋斗的精神，这是中华民族最为宝贵的精神品质。她在诗歌中批判晚清的腐败："不为苍生谋社稷，寿山福海总虚名。"[6]称颂新中国："欣见中华果自强，辟地开天功不浅。""千年帝制兴亡史，从此人民做主人。"[7]这些诗句背后所隐藏的，是诗人的爱国之心与爱民之情。

叶嘉莹的诗歌是对古典诗歌的延续，也是对古代诗人的回应。笔者在前文曾言

---

1 叶嘉莹：《迦陵诗词稿》（增订版），中华书局2019年版，第203页。
2 叶嘉莹：《迦陵诗词稿》（增订版），中华书局2019年版，第174页。
3 叶嘉莹：《迦陵诗词稿》（增订版），中华书局2019年版，第161页。
4 叶嘉莹：《迦陵诗词稿》（增订版），中华书局2019年版，第144页。
5 叶嘉莹：《迦陵诗词稿》（增订版），中华书局2019年版，第143页。
6 叶嘉莹：《迦陵诗词稿》（增订版），中华书局2019年版，第153页。
7 叶嘉莹：《迦陵诗词稿》（增订版），中华书局2019年版，第129页。

"叶嘉莹诗歌中流露出的仁者襟怀以及深厚博大的感情，近似杜甫"，正是此种仁者襟怀，使叶嘉莹对家国和苍生怀有一种不能自已的关怀之情，作为时代的诗人，她始终与祖国同呼吸共命运，从而在诗歌中记录了中华民族的苦难和重生，表现了中华民族伟大的复兴历程。

　　将叶嘉莹的诗歌置于中国古典诗歌史中，会看到中华民族的过去、现在以及未来。如《诗教》："中华诗教播瀛寰，李杜高峰许再攀。已见旧邦新气象，要挥彩笔写江山。"这首诗潜在的读者还有李白、杜甫，更深一层的意蕴是将中国今日之繁盛与昔日唐代之历史进行对比。盛极一时的大唐经安史之乱后由盛转衰，杜甫《秋兴八首》中曾说："彩笔昔曾干气象，白头吟望苦低垂。"表现他对国运衰颓的痛心和对国势繁盛的追忆与期盼。叶嘉莹说："已见旧邦新气象，要挥彩笔写江山。""周虽旧邦，其命维新。"具有几千年悠久历史的古老中华民族，焕发出复兴的新气象，诗人的欢欣自豪之情油然而生，只有以彩笔描绘才不负时代。而唯有国家强盛，才有了诗人可以攀登李杜诗歌高峰的自信。由此，可以体会到，叶先生始终将自我命运与国家命运融为一体。历代优秀诗歌，都具有真挚自然，深厚博大的感情，能够彰显时代气象，叶嘉莹的诗歌无疑表现出这些特点，为渐趋没落的古典诗歌注入了新内容和新精神。

第二节
词

叶嘉莹之本性与李商隐多有相近之处，敏锐多情，孤独高洁，用情专一热烈。她执着追寻美好而高远的理想之境，其痴绝态度与家国情怀相结合，形成词中赤诚晶莹的情感品质，其词中有一种前无古人的独特境界：与命运相搏和死而后生之境；长调在沉郁中有飞扬之致，颇似稼轩。

作为诗词讲解者，叶嘉莹曾评论过从唐宋至明清，以及现当代的诸多词人词作，深入挖掘词人深微幽隐的词心，使我们感受到词人生动丰盈的情感世界和心灵中闪耀的光焰，并曾和缪钺合著《灵谿词说》，创造了独特的诗与文相结合的论词体式。叶嘉莹本身也是一位词人，《迦陵诗词稿》中收词120余首。相较于她解读历代词人词作的生动丰盈，我们对她本人词作的解读却显单一拘束。她曾说："心头一焰凭谁识，的历长明永夜时"[1]，作为一位诗人和词人，一位提倡"创造性背离""兴发感动""弱德之美"的诗词讲解者，她的内心世界敏锐丰富，词境亦深邃幽微，有待我们深入探寻，才能发现并真正理解其词心意蕴。

一、千古情痴是词心

> 千古情痴似义山，梦魂已惯碧宵寒。
> 一生皎洁终无倦，谁识孤帆沧海间。

世人评叶嘉莹及其词时常将她比作李清照，或是一番美意，却透露出潜在的性别之见。欲要真正认识叶嘉莹及其词心，首先要打破这一层隐形牢笼。叶嘉莹与李清照不仅所生时代不同，所完成事业不同，最主要的是性情并不相同。李清照是一位争强好胜者，拟以才华与男子一争短长。叶嘉莹却无争胜之心，只是一任真诚地书写自我，追寻理想之境，实践自己的"道"。虽然叶嘉莹以中西跨文化背景，在学术探索、诗词教学以及诗词创作等方面有着不倦热情，但其根本是以品格持守为自身所求之"道"，外在成就只是她对"道"笃志以行的种种"色相"而已，由此，她不仅不同于历代女性诗人，也不同于一般男性诗人。

如果一定要从前代诗人找一参照者与叶嘉莹相较，以更了解其词心，笔者认为应选李商隐。迦陵之本性与李商隐多有相近之处，她之所以能够对李商隐的诗做出

---

[1] 叶嘉莹：《迦陵诗词稿》（增订版），中华书局2019年版，第295页。

深入细密的解读，根本原因就在于"有一颗与他们相接近的心灵，然后才能进入属于他们心灵的梦幻的境界中去，作出比较深刻的体会和欣赏"[1]。叶嘉莹认为李商隐是中国诗人中"最有词人美感特质的一个诗人"[2]，在她各阶段的诗词中多有李商隐的影子，可见她借李商隐诗句表现自我词心的痕迹。

叶嘉莹与李商隐的相近之处，首先在于敏锐多情、孤高自持的性情。她曾在《木兰花慢·咏荷》中说自己："稍长，读义山诗，每诵其'荷叶生时春恨生，荷叶枯时秋恨成'，及'何当百亿莲花上，一一莲花现佛身'之句，辄为之低徊不已。"[3]在李商隐诗句与情怀的基础上，她幼时即写出了"如来原是幻，何以度苍生"的超拔之句，流露出对苍生的关怀。在词中，她曾引用李商隐诗意感叹自己的惆怅心情与悲哀命运："岂是有生皆有恨，果然无福合无情。"[4]"莫遣佳期更后期。人间桑海已全非。怀人肠断玉谿诗。"[5]词人既生而敏锐，内心自难免孤独，如《三字令》所写：

怀锦瑟，向谁弹。掷流年。千点泪，一声弦。路茫茫，尘滚滚，是人间。[6]

此词作于16岁，或许是"为赋新词强说愁"之作，但随着年龄渐长，这种孤独情怀并没有减却，反而在孤独中愈显澄澈高洁，如《鹊踏枝》："玉宇琼楼云外影。也识高寒，偏爱高寒境。沧海月明霜露冷。姮娥自古原孤另。"[7]《浣溪沙》："一轮明月自高悬。已惯阴晴圆缺事，更堪万古碧霄寒。人天谁与共婵娟。"[8]李商隐曾有诗句："沧海月明珠有泪""青女素娥俱耐冷，月中霜里斗婵娟""嫦娥应悔偷灵药，碧海青

---

1 叶嘉莹：《美玉生烟：叶嘉莹细讲李商隐》，北京大学出版社2018年版，第246页。
2 叶嘉莹：《清词选讲》，人民文学出版社2020年版，第23页。
3 叶嘉莹：《迦陵诗词稿》（增订版），中华书局2019年版，第284页。
4 叶嘉莹：《迦陵诗词稿》（增订版），中华书局2019年版，第67页。
5 叶嘉莹：《迦陵诗词稿》（增订版），中华书局2019年版，第69页。
6 叶嘉莹：《迦陵诗词稿》（增订版），中华书局2019年版，第64页。
7 叶嘉莹：《迦陵诗词稿》（增订版），中华书局2019年版，第275页。
8 叶嘉莹：《迦陵诗词稿》（增订版），中华书局2019年版，第286—287页。

天夜夜心""万古贞魂倚暮霞"等句，都表现出心灵中孤独高寒，坚守品格之境。迦陵词中也有这样一种高绝的境界，她在《水龙吟》中曾形容榴花："色艳如霞，情浓胜火，芳心深闭。"[1] 她的心灵世界丰富充盈，却深邃幽缈，恍如世外之境，高绝到只有她一人，是世间常人所不能到达之处。可见，敏锐、多情、孤独、高洁，是她与李商隐性情的相近之处。

另外，他们的相通之处还在于心灵与情感中隐藏的一种痴绝，用情热烈专一，执着追寻美好而高远的理想之境，百折不回，殉身无悔，堪称千古情痴。在诗词中，叶嘉莹曾多次写到自己的"痴"，如"左家娇女本书痴"[2]，实际上她不仅少年时沉浸在诗书中，而且一生都是"书痴""诗痴""词痴"，如她在诗中说"我是耄年老教师，谈诗论古久成痴"[3]，这是她的本性和本能；再如"忽闻道九品莲开，顿觉痴魂惊起"[4]，她在广济寺听到"待到功成日，花开九品莲"诗句，顿生痴魂惊起之感；再如"广乐钧天世莫知，伶伦吹竹自成痴"[5]，哪怕是无人能解，伶伦也用尽心力和血泪吹奏珍贵的竹笛，沉浸在美好的音乐当中；"莲实千春此意痴"[6]，"莲实有心应不死，人生易老梦偏痴"[7]，虽然年华老去，但她心头所追寻之理想并未改变，依然那么强烈，而为实现此理想，她甘愿倾尽全部。

叶嘉莹始终持守孤独高洁之本性，却因对人间的悲悯情怀，而有坚强执着的用世之意。她曾引用王国维的词写道："孤磬遥空如欲语。试上高峰，偏向红尘觑。"[8] 只因她是天地间诚笃痴绝之人，怀有对家国的热爱和对人间的关怀，由此不得不入世做她力所能及之事。以高洁之性情而生活于喧嚣之尘世，以出世之情怀做入世之事业，必定会遭遇种种挫伤，但她只是以痴绝之心笃志以行，遂在词中形成一种在孤

1　叶嘉莹：《迦陵诗词稿》（增订版），中华书局2019年版，第78页。
2　叶嘉莹：《迦陵诗词稿》（增订版），中华书局2019年版，第156页。
3　叶嘉莹：《迦陵诗词稿》（增订版），中华书局2019年版，第237页。
4　叶嘉莹：《迦陵诗词稿》（增订版），中华书局2019年版，第288页。
5　叶嘉莹：《迦陵诗词稿》（增订版），中华书局2019年版，第294页。
6　叶嘉莹：《迦陵诗词稿》（增订版），中华书局2019年版，第249页。
7　叶嘉莹：《迦陵诗词稿》（增订版），中华书局2019年版，第295页。
8　叶嘉莹：《迦陵诗词稿》（增订版），中华书局2019年版，第302页。

寂中绽放光明，在清冷中坚守痴心的独特境界。如《鹧鸪天》：

皎洁煎熬枉自痴。当年爱诵义山诗。酒边花外曾无分，雨冷窗寒有梦知。　人老去，愿都迟。蓦看图影起相思。心头一焰凭谁识，的历长明永夜时。[1]

皎洁的灯烛甘于点燃自我，为人们驱逐黑暗，带来光明，独自默默地承担煎熬之苦痛，在无人体贴的孤寂中，词人却用情深挚，她只求绽放自身本性的光明皎洁，对抗无边之黑暗，这是其本心与本性的自然流露，无论外界如何，只是"把内心的灵光从云雾荆棘中直接涌出来"[2]。叶嘉莹的词虽借用了义山诗句，但较义山凄凉悲怨的诗境，更为坚定明朗，充满希望，给人一种向上、向前、向光明的积极力量，这是其词的卓然之处。

叶嘉莹词中的高寒之境与痴绝之心，虽是常人难及，却并不扑朔迷离，而是有着透明的词心——家国之思与苍生之念。家国之思深深印刻在她心魂深处，难以磨灭，常常在夜深人静之时徘徊在她的梦境中。如《临江仙》中所写："叶落漫随流水，新词写付谁看。惟余乡梦未全删。故园千里外，休戚总相关。"[3]《减字木兰花》中所写："此心好在。纵隔沧溟终不改。夜夜西风。万里乡魂有路通。"[4] 醒来之后的惆怅遗憾促使她必定要有所行动，即她后来决定的归国教书。她以后半生践行这一志愿，在40多年中，遭遇过各种困难、烦恼，还有自身的疲惫、劳累，但是没有退缩改变。在高寒之境中他也感觉到心灵的孤寂，却依然捧一颗情浓如火的热烈痴心，追寻所向往的理想之境。如《蝶恋花》中所写：

1　叶嘉莹：《迦陵诗词稿》（增订版），中华书局2019年版，第295页。
2　牟宗三：《生命的学问》，广西师范大学出版社2005年版，第14页。
3　叶嘉莹：《迦陵诗词稿》（增订版），中华书局2019年版，第261页。
4　叶嘉莹：《迦陵诗词稿》（增订版），中华书局2019年版，第281—282页。

爱向高楼凝望眼。海阔天遥，一片沧波远。仿佛神山如可见。孤帆便拟追寻遍。

明月多情来枕畔。九畹滋兰，难忘芳菲愿。消息故园春意晚。花期日日心头算。[1]

"高楼"不仅是我身之所在，更是我魂之所居。海阔天遥，无际沧波中，哪怕驾一叶孤帆，也要天涯海角去追寻我的理想，到达神山之所在。哪怕海上长路漫漫、波涛汹涌，哪怕狂风巨浪、船覆人亡，我都无所畏惧，在所不辞。而在明月之多情光照中，我的理想是"九畹滋兰"，愿为国家培植人才，得见"花期"，看到国家兴盛。

她的痴绝态度与家国情怀结合在一起，形成一种无比赤诚的固执态度。如："相思试把高楼上。只缘明月在东天，从今惟向天东望。"[2] 因我心中所眷恋的祖国在东方，从此我就只望向天东；"仿佛神山如可见，孤帆便拟追寻遍。""微禽衔木有精魂，会见桑生沧海变。"[3] 从词中所使用的形象和口吻中，可以看到她的痴绝与执着，无论是追寻理想之神山，还是追寻故乡之明月，她都以坚韧的精神去实践她心中的理想。无论是孤帆，还是微禽，都是在弱小的身躯中潜藏着柔韧而坚强的意志、精神和力量，使其词呈现出一种弱德之美，在强大的外界压力之下的一种自我坚持。叶嘉莹的词不仅形象鲜明生动，对读者而言还格外具有一种激励志意的感发力量。精卫填海、夸父逐日、女娲补天等，都是她多次使用的典故，表现出勇于抗争、无私奉献和甘于牺牲的品质，与中华民族精神息息相通。

二、开拓小词意境新

开拓小词意境新，焦桐未死作瑶琴。

1　叶嘉莹：《迦陵诗词稿》（增订版），中华书局2019年版，第283页。
2　叶嘉莹：《迦陵诗词稿》（增订版），中华书局2019年版，第260页。
3　叶嘉莹：《迦陵诗词稿》（增订版），中华书局2019年版，第290页。

雪中却见鲲鹏起，莲实千春有本心。

缪钺与迦陵论词，认为词史中曾有四次大的变化：柳永大量创制慢词，以铺叙手法，对词之表现力大有拓展；苏轼以超卓之才华、旷逸之襟抱，以诗法入词，扩展内涵，更新境界；周邦彦"以辞赋之法作词，安排勾勒，叙写情事，密丽精工"，结北开南；王国维"融会西方哲学、美学思想于词中，以小喻大，思致深邃，开古人未有之境"[1]。缪钺说："叶君虽生长中华，而足迹涉及北美、西欧、日本，历览各国政俗文化，既精熟于故土之典籍，又寝馈于西方之著作，取精用宏，庶几能继王静安之后，于词体更开新境乎？"[2] 叶嘉莹对词境确有所创新与开拓，但并非借助其思力才学，而是借助其独特的生命体悟与感发之力。叶嘉莹论诗词，乃至论中西小说戏剧，都颇为推崇象喻手法，此象喻不是一般的运用象征或寓托技巧，而是作者以本体生命的精神、感情和志意进行创作的方法。

迦陵词在精微要眇之美感中，蕴含着词人本体的生命精神、感情和志意，其词中至少有一种前无古人的独特境界：与命运相搏和死而后生之境，两者往往互相结合，盖因生命不甘于被置于死地，遂奋力与无常之命运相搏，从而获得重生，展现出庄严光明之境。

顾随曾说中国文学缺少生的色彩和力的表现[3]，即使戏剧中的人物也多被命运所转，而不能与命运相搏[4]。迦陵词中每每表现出与命运相搏之境，不肯倒下，不肯死去，不肯放弃，由此获得生命的重生。请看下面一首词：

《踏莎行》（1980）

一世多艰，寸心如水。也曾局囿深杯里。　　炎天流火劫烧余，藐姑

1　叶嘉莹：《迦陵诗词稿》（增订版），中华书局2019年版，序第7页。
2　叶嘉莹：《迦陵诗词稿》（增订版），中华书局2019年版，序第7页。
3　顾随：《顾随全集》卷3，河北教育出版社2000年版，第5页。
4　顾随：《顾随全集》卷一，河北教育出版社2014年版，第299页。

初识真仙子。　　谷内青松，苍然若此。历尽冰霜偏未死。　　一朝鲲化欲鹏飞，天风吹动狂波起。[1]

从小序可知，这首词是叶嘉莹对自己五行多水之命运的隐喻和喟叹，只有经历炎天流火的劫烧，才能历练成真正的姑射仙子，成为一位"真人"，在劫难之中持守高洁之本性。青松是其本体，历尽冰霜而依旧苍然，鲲、鹏是其精神，在层层冰霜的封杀中，鲲却不畏严寒，在艰苦卓绝中努力变化而为鹏，象征词人的精神突破重重困境获得超越和重生。天风狂波中，由鲲初化而成的大鹏奋力跃出水底，伴随着长吟急啸搏击长空，其响凄厉悠长而荡气回肠。词中意境神奇宏伟，庄严而光明，充满强健不息的生命力量与拼搏精神，令人敬畏。再如：

《鹊踏枝》（1980）
玉宇琼楼云外影。也识高寒，偏爱高寒境。　　沧海月明霜露冷。姮娥自古原孤另。　　谁遣焦桐烧未烬。斫作瑶琴，细把朱弦整。　　莫道无人能解听。恍闻天籁声相应。[2]

词人本性惯于生长在玉宇琼楼的高寒之境，却降临人间。焦桐有幸未死，然重生为瑶琴也要接受刀工斫刻，那过程又是一种伤心蚀骨的苦痛，难以言说。但是此际，词人却在身心的累累伤痕中"细把朱弦整"，她细致调整的是自己过往的悲哀吗？遗恨吗？她要把那些统统都忘掉、抛弃掉，弹奏出新的乐章，那应是对重生的希望，对生命的珍爱和珍重。她在苦痛中仍然坚持对美好的追求，彰显了坚强的品质，表现出生命的郑重庄严之美，令人肃然起敬。

古人云"死生亦大矣"，生死是一个严肃的主题。现实中，人的肉体不能死而复

---

[1] 叶嘉莹：《迦陵诗词稿》（增订版），中华书局2019年版，第272页。
[2] 叶嘉莹：《迦陵诗词稿》（增订版），中华书局2019年版，第275页。

生，精神生命却能够不断地超越而获得重生，但也绝不是轻易就能实现。如迦陵词中所表现的，既需在艰苦卓绝中奋力拼搏，又需要一颗坚决持守的本心，还要接受重重磨炼、抛弃种种疑虑、克服人性中的弱点，最终变得干净透明，纯之又纯，才能够一朝鲲化，轻盈而自由，抵达光明，获得重生。叶嘉莹的词隐藏着这样一种深邃神秘、神圣崇高的意境，以象喻手法表现出自身生命精神由死而生的过程。请看下面几首词：

《鹊踏枝》（1980）

啮锁金蟾销篆印。四壁霜华，重叠相交隐。　小院红英飞作阵。芳根中断芳心尽。　羽客多情相问讯。冉冉风光，疑见娇魂近。　云汉长河千古恨。人天只有相思分。[1]

《鹧鸪天》（2000）

似水年光去不停。长河如听逝波声。梧桐已分经霜死，幺凤谁传浴火生。　花谢后，月偏明。夜凉深处露华凝。柔蚕枉自丝难尽，可有天孙织锦成。[2]

《浣溪沙》（2001）

又到长空过雁时。云天字字写相思。荷花凋尽我来迟。　莲实有心应不死，人生易老梦偏痴。千春犹待发华滋。[3]

这三首词都表现了对精神生命的生死体验，而且表现了几个不同阶段。起初，对于精神生命的重生，她并没有强烈的意识，如《鹊踏枝》（啮锁金蟾销篆印）中所

---

[1] 叶嘉莹：《迦陵诗词稿》（增订版），中华书局2019年版，第276页。
[2] 叶嘉莹：《迦陵诗词稿》（增订版），中华书局2019年版，第293页。
[3] 叶嘉莹：《迦陵诗词稿》（增订版），中华书局2019年版，第295页。

写,在四壁霜华的入骨寒冷中,"芳根中断芳心尽",那朵花最终没有复活,带着遗恨死掉了,只留下相思的悲哀和愿望的落空。之后,在《鹧鸪天》(似水年光去不停)中,"梧桐已分经霜死,幺凤谁传浴火生。""柔蚕枉自丝难尽,可有天孙织锦成。"对于重生,她流露出一种怀疑态度,认为那只是神话传说,但她还是如蚕一样痴心吐丝,坚持自我本性。然而,在《浣溪沙》(又到长空过雁时)中,"莲实有心应不死""千春犹待发华滋",她的态度变得无比坚定,莲会凋落,但只要莲实有心,就能够在千年之后重生,有一种不死的生命精神永恒绵延。

从三首词中可以看到叶嘉莹对于生死的思考和体验,其生命精神不断随着年龄增长而充实。人的肉体可以朽坏,但人的精神生命可以无限绵延而造福社会与人类。迦陵词中之所以有此"死而后生"之境,是她与命运搏击,冲破种种困境,不断求证而得的"正果"。在人生困厄中,她既不肯将自我高洁的品格降低为世俗的标准,也不肯将自我束缚在悲苦的泥潭当中,而是通过教学和研读,在与历代诗人的精神交流中,使自己获得力量与智慧。伴随着精神生命的重生,迦陵词中有一种自己创造出的生命春天之境,如"心头滴处。留得春长驻"[1]"休道襟怀惨不温。小窗横幅有余春"[2]"千春犹待发华滋"等,春天,象征着勃勃生机,孕育着无限希望,蕴藏着生生不息的生命力量。

王国维曾说:"不胜古人不足与古人并。"叶嘉莹以本体生命精神与意志,在词中表现出与命运相搏之境、死而后生的境界,充满兴发感动的力量,彰显了勇健不息的生命精神之美和生命力量之强。在词史中,可以说是前无古人,后待来者。

值得说明的是,迦陵词中的"重生境界"与她的生命轨迹并行,获得新生之始恰是她决定归国教书之时。她曾经认为生命的价值与意义在于自我品格的持守,她要完美地持守自我的品格,使之如美玉般无瑕。但是,在中年再次遭受无常的打击之后,她不是将自我封闭在悲哀的茧中,而是将目光投向了祖国和社会,从高寒之

---

[1] 叶嘉莹:《迦陵诗词稿》(增订版),中华书局2019年版,第278页。
[2] 叶嘉莹:《迦陵诗词稿》(增订版),中华书局2019年版,第296页。

境来到人世之间。由此可知迦陵词之所以具有庄严宏伟、神圣崇高之境界，直接原因是其个人坚强的生命精神，但深层原因在于她回归祖国后找到了精神归属和托身之所。使她奋力拼搏的立足点不再是小我，而是大我。

三、神致飞扬似稼轩

<blockquote>
小令能传家国恨，慢词谱写复兴魂。
深情曲处偏能直，神致飞扬似稼轩。
</blockquote>

叶嘉莹对词境的拓展，不仅在于象喻中生命精神的体现，还在于其词有着历史的意义。陈洪曾说："北斗京华望欲穿，诗心史笔两相兼。"[1]指出叶嘉莹"诗心史笔"的特点，根本原因在于她有一颗赤诚的爱国之心，个体生命体验与家国命运密切交织在一起，不能拆分。迦陵词总计120余首，按其人生历程，约可分为三个时期，纵观其各阶段的词，或能一窥中华民族近百年来的劫难与复兴史：

第一阶段是早年在北平所作（1940—1948），约50首，此时她生活在沦陷的北平，词作以小令为主，间有长调慢词，多是"伤时例托伤春"之句，书写沦陷时期的家国之恨，抒发失去母亲的哀伤，对父亲的思念，以及对祖国光复的期盼，还有对未来的期待。此阶段其词风悲婉，偶有意兴飞扬之作。

第二阶段是青年和中年时在台湾及海外所作（1949—1978），约16首，主要写她遭遇"白色恐怖"后的情怀，在美国、加拿大对祖国的思念，以及回归大陆探亲后的所见所感。此时她历经艰辛，虽然成为加拿大不列颠哥伦比亚大学教授，却遭遇了又一次致命打击。虽然她还没有回归大陆教书，但内心已经燃起报国热情，表现出勇健战斗的意志。如《采桑子二首》其二："儿时只解吟风月，梦影虽妍。世事

---

[1] 叶嘉莹口述，张候萍撰写：《红蕖留梦：叶嘉莹谈诗忆往》（增订本），生活·读书·新知三联书店2021年版，第10页。

难全。茹苦终生笔欲捐。而今却悟当初错,梦觉新天。余烬重燃。试谱新声战斗篇。"[1] 预示着她的觉醒与转变。

迦陵词风格之明显变化,约始于1977年、1978年,此亦是其思想变化之时。周恩来总理、毛泽东主席的相继离世都对她产生了极大冲击。她在《金缕曲·周总理冥诞作》中写道:

> 万众悲难抑。记当年、大星陨落,漫天风雪。伫立街头相送处,忍共斯人长诀。 况遗恨、跳梁未灭。多少忧劳匡国意,想临终、滴尽心头血。有江海,为呜咽。[2]

每一句都有千钧之力,催人泪下,激越悲怆,荡气回肠。在下片,表现出政治环境的好转,国家建设的希望,表达了为国效力的愿望。之后,她又写了《水龙吟·秋日感怀温哥华作》:"一水盈盈清浅。向人间、做成银汉。阋墙兄弟,难缝尺布,古今同叹。血裔千年,亲朋两地,忍教分散。待恩仇泯没,同心共举,把长桥建。"[3] 表现对祖国统一的期望;又在《水调歌头·秋日有怀国内外各地友人》直接抒发有志于报效祖国的愿望:"书生报国心事,吾辈共初衷。天地几回翻覆,终见故园春好,百卉竞芳丛。何幸当斯世,莫放此生空。"[4] 在深挚的家国情怀中有一种飞扬的神致。

叶嘉莹在评韦庄词时曾说"深情曲处偏能直",她自己亦是如此,她本是沉潜内敛的性格,在决计报销祖国时却难以掩抑内心的激动与热情,写出了多篇意兴飞扬的长调词作,既具有诗歌的直接感发之美,又具有词的低徊要眇之美。如《金缕曲·有怀梅子台湾》:"惆怅胸中家国恨,几度暗伤憔悴。剩迟暮、此心未已。若遂

---

[1] 叶嘉莹:《迦陵诗词稿》(增订版),中华书局2019年版,第257页。
[2] 叶嘉莹:《迦陵诗词稿》(增订版),中华书局2019年版,第258页。
[3] 叶嘉莹:《迦陵诗词稿》(增订版),中华书局2019年版,第259页。
[4] 叶嘉莹:《迦陵诗词稿》(增订版),中华书局2019年版,第259页。

还乡他日愿，约重逢、聚首京华里。然诺在，长相记。"[1] 她和友人相约春天花开之日，在祖国北京相逢，豪兴飞扬。再如《水龙吟》："记得激情狂辩。每怜君、志高量浅。岂知归去，关心乡土，胸襟大展。近日书来，英才作育，壮怀无限。约春风吹放，故园桃李，向花前见。"[2] 她称赞友人回归家乡教书育人，大有作为，期待与友人在桃李盛开的时节相见。

叶嘉莹早年词作以小令为主，风格悲婉，在兴起回归祖国之志后，终于找到了自己的另一个声音，她不再是孤芳自赏的低吟，也没有了失望的悲苦，而是转向祖国和世界，写出《水调歌头》《水龙吟》《金缕曲》等潇洒旷达的长调，一改之前的忧伤哀怨，颇令人惊讶。她说："近写《水龙吟》及《水调歌头》诸词，或以为气类苏辛，不似闺阁之作，因仿稼轩之效李易安体，为小词数首。唯是词体虽效古人，词情则仍为作者所自有耳。"[3] 无论词体如何，她所书写的都是自己最为真诚的内心情感与体验。

第三阶段的叶嘉莹词是自1979年归国教书以后所作，约70首。一般词人往往是青少年时意气风发，积极进取，随着年龄增长，面对理想落空，渐多伤老悲穷之叹。迦陵词却表现出"逆生长"状态，晚年词作中总是充盈着坚韧的力量，表现出精神的重生，"历尽冰霜偏未死。一朝鲲化欲鹏飞，天风吹动狂波起。""谁遣焦桐烧未竟。斫作瑶琴，细把朱弦整。""莲实有心应不死，千春犹待发华滋。"从中可以看到她对生命的认识，莲花绽放，莲子不死，预示着其精神的顽强与不朽，焦桐重获生命与获得知音，显示着其生命的圆满与喜悦，大鹏腾飞而起则表现了精神的升华、转变与超越，最终找到追寻的理想，到达光明自由之境。

叶嘉莹不仅拓深了小令的意境，对长调亦有所发展。她感情敏锐丰富，而且力大思雄，对于所听到所看到的具有真感情、真生命的声音、图画、文字等，都会产生翩然遐想和强烈共鸣，表现出神致飞扬的意兴。如听范曾吟诵诗词，她在《水龙

---

[1] 叶嘉莹：《迦陵诗词稿》（增订版），中华书局2019年版，第262—263页。
[2] 叶嘉莹：《迦陵诗词稿》（增订版），中华书局2019年版，第263页。
[3] 叶嘉莹：《迦陵诗词稿》（增订版），中华书局2019年版，第260页。

吟》（一声裂帛长吟）中写道："多少豪情胜概。恍当前、座中相对。杜陵沉挚，东坡超旷，稼轩雄迈。"[1] 好像杜甫、苏东坡、辛稼轩，都在吟诵中复活，来到她面前，令她激动不已。看到友人来书写黄山之胜后，她在《水龙吟》（画师隔海书来）中写道："想青松万壑，迥飙激荡，吟啸处，飞云起。铺展长笺巨笔。尽挥洒淋漓元气。"[2] 好像黄山的怪石、青松与白云都飞到她的眼底。看到一幅画她也意兴浓厚，如《沁园春·题友人赠〈仕女图〉》中写："飞扬处，听狂言惊座，意兴干云。""泼墨张颠，挥毫风雨，幻出云鬟雾鬓身。"[3] 好像看到翠袖单寒，倚竹独立的佳人。再如《沁园春·题〈曹孟德东临碣石图〉》："老骥虽衰，犹存壮志，千里长途有梦过。须珍惜，趁风华正茂，直上嵯峨。"[4] 受曹操东临碣石的激励而产生"骥老犹存万里心"的壮志。意识批评认为伟大的诗人或作家，"文章中所表现的意识活动有一个固定的模式"[5]，在叶嘉莹的作品中也有这样一种固定模式，将所见所闻都与自己的家国情怀相联系，从中获得感悟和激励。她的长调中有一首壮词《水调歌头·题美国麻省大学梁恩佐教授绘〈国殇图〉》，虽是题画之作，却表现了她内心对家国的忠爱及对为国牺牲的将士们诚挚的崇敬：

死有泰山重，亦有羽毛轻。开缄对子图画，百感一时并。几笔线条勾勒，绘出英魂毅魄，悲愤透双睛。楚鬼国殇厉，气壮动苍冥。　挟秦弓，带长剑，意纵横。枪林弹雨经遍，血染战袍腥。自古无人曾免，偏是江淹留赋，写恨暗吞声。何日再相见，重与话平生。[6]

她对将士们浴血奋战的场景深有共鸣，在心潮澎湃、热血沸腾中写下这样一首

---

1 叶嘉莹：《迦陵诗词稿》（增订版），中华书局2019年版，第268页。
2 叶嘉莹：《迦陵诗词稿》（增订版），中华书局2019年版，第273页。
3 叶嘉莹：《迦陵诗词稿》（增订版），中华书局2019年版，第270页。
4 叶嘉莹：《迦陵诗词稿》（增订版），中华书局2019年版，第271页。
5 叶嘉莹：《兴于微言：小词中的士人修养》，四川人民出版社2021年版，第38页。
6 叶嘉莹：《迦陵诗词稿》（增订版），中华书局2019年版，第267页。

"气壮动苍冥"的雄壮之作。

对于有才情、有志意、有品格的学人，叶嘉莹也真心敬赏，以长调抒发自己内心的逸兴豪情。如《水龙吟》（周公吐哺迎宾）："痴人多少，相逢说梦，高谈忘倦。血泪文章，凭谁解会，疑真疑幻。甚苍天未补，奇书未竟，向千古，留长憾。聆取座中雄辩。喜天涯、聚兹群彦。"[1]描写在威斯康星大学参加红楼梦研究会的情景。再如《水龙吟·壬戌中秋前夕有怀故人》："当日高楼，阑干同倚，此情依旧。愿加餐共勉，千秋志业，向他年就。"[2]书写对国内友人的勉励。还有写给澳门实业家沈秉和先生的："倾盖千金蒙一诺，大雅扶轮借力。看天海、飞鹏展翼。"[3]写给范曾画师的："引江东奇士，能抟十翼，扶摇起，来天外。"[4]等等，凡此种种都表现出叶嘉莹后期对长调词意境的拓展。

周济曾说："诗有史，词亦有史，庶乎自树一帜矣。"叶嘉莹的词在表现心灵的深度与历史的广度上都有独特之处，很多作品见证了国家的兴盛。她在《金缕曲》小序中说："嘉莹幼长于北京，于一九四一年考入辅仁大学，在女院恭王府旧址读书，府邸之后花园内有海棠极茂，号称西府海棠。每年清明前后，自校长陈援庵先生以下，与文史各系教师往往聚会其中，各题诗咏。而当时正值卢沟桥事变之后，北京处于沦陷区内，是以诸师之作常有'伤时例托伤春'之句。于今回思，历时盖已有七十二年之久矣……值兹盛世，与七十二年前相较，中心感慨，欣幸不能自已。"[5]词的下片写道：

古城当日烟尘里。每花开、诗人题咏，因花寄意。把酒行吟游赏处，多少沧桑涕泪。都写入、伤春文字。七十二年弹指过，我虽衰、国运今兴起。

---

1 叶嘉莹：《迦陵诗词稿》（增订版），中华书局2019年版，第274页。
2 叶嘉莹：《迦陵诗词稿》（增订版），中华书局2019年版，第280页。
3 叶嘉莹：《迦陵诗词稿》（增订版），中华书局2019年版，第298页。
4 叶嘉莹：《迦陵诗词稿》（增订版），中华书局2019年版，第302页。
5 叶嘉莹：《迦陵诗词稿》（增订版），中华书局2019年版，第303—304页。

恣宴赏，海棠底。¹

词中融入了72年前之民族耻辱和文士们以文抗争的爱国情义。今昔对比之下，前辈先生都已作古，词人也日渐衰老，却有幸见证了国运兴起，冥冥中可以向诸位先生告慰：盛世繁华，正如先生们所愿，如今祖国大地一片繁荣昌盛。

再如，为恭王府移植至迦陵学舍的两株海棠所作的《水龙吟》：

迦陵学舍初成，迎来王府双姝媚。长车远送，良辰共咏，桃夭归妹。沽水萦回，燕云绵渺，意牵情系。想古城旧邸，南开新寓，身总在，黉宫里。　　老我飘零一世。喜余年、此身得寄。乡根散木，只今仍是，当年心志。师弟承传，诗书相伴，归来活计。待海棠开后，月明清夜，瞻楼头霁。²

艰苦岁月虽然在历史中已成为过去，但对于叶嘉莹而言，是她生命永远的扎根立足之地，在那无法再现的时光里，隐藏着她的青春、她的泪痕、她的期待、她的叹息。词人叶落归根，虽然年华老去，但并未改变当年的报国心志，而且这种精神会通过诗书代代相传。

词人非凡的艺术才华和炽热的爱国感情相结合，使词体展现出诗之直接感发、词之低徊要眇的双重美感。如果为叶嘉莹长调慢词的风格做一概括，应是沉郁中有飞扬之致。因她性情中兼有这两种因素："既可如杯水之含敛静止，亦可如江海之汹涌澎湃。"³她性情内敛沉静，本性如水之宁静淡泊，常怀出世之高情，内心却蕴藏着深挚丰富的感情，一旦被激发就会爆发出强大力量。在一生多舛的遭遇中，她既担荷个人的苦痛，又深怀对人间的关怀悲悯，以她出世的觉悟早已能如大鹏一样展翅飞去，但她又有引渡众生的使命与志愿，使世间有情众生同她一起飞，她才可以毫

1　叶嘉莹：《迦陵诗词稿》（增订版），中华书局2019年版，第304页。
2　叶嘉莹：《迦陵诗词稿》（增订版），中华书局2019年版，第305页。
3　叶嘉莹：《迦陵诗词稿》（增订版），中华书局2019年版，第272页。

无留恋与遗憾地飞去，由此，对现实深沉诚挚的关怀之情与心中高蹈自由的光明之境融合在其词作中，构成沉郁中具有飞扬之致的风格特点。这种特质虽然在叶嘉莹晚期词中表现得最为明显，但在早期也略见端倪。在她早期为数不多的长调中，有一首《贺新郎·夜读稼轩词说感赋》，被顾随评为"飞动中有沉着之致，颇得辛老子笔意"[1]。叶嘉莹本人向来推崇这种美感特质，曾形容友人的画作"用笔沉郁而神采飞扬"，也曾称赞辛弃疾的词"万里倚天长剑在，欲飞还敛慨风雷"[2]。从渊源上说，她既有对杜甫深厚感情的承继，又有对辛弃疾情怀的沿袭，由此形成了其长调沉郁中有飞扬之致的风格特点。

顾随曾经希望叶嘉莹做南岳下之马祖，不做孔门之曾参。她不仅在词学理论建构中给老师交了一份颇为满意的答卷，在诗词创作中同样如此。但她并非有心求得，而是无意间达到。因为她只是真诚书写，真诚表达，她表现的是天地之间，从古至今，最独一无二的一个"我"，我的生命，我的痛苦，我的希望，我的挣扎，我的软弱，我的重生，我的喜悦。这是叶嘉莹与前代诗人、词人根本不同的地方，她承继了他们，但又在一定程度上超越了他们，为词拓展出一片新的天地。

---

1 赵林涛、顾之京编：《顾随与叶嘉莹》，河北教育出版社2009年版，第30页。
2 叶嘉莹：《唐宋词名家论稿》，河北教育出版社1997年版，第233页。

第三节
曲

迦陵曲是其自我生命与情感的真诚书写，从中可以看到一个真切无隐的叶嘉莹，曲中流露出其性格中的多情与痴绝，与诗词中的她相互印证补充。

当前对叶嘉莹的诗词作品讨论较多，而对于《迦陵诗词稿》收录的20余支曲子，却少有人论及。叶嘉莹的曲子主要作于青年时代，以在北京读书和教学时期为主，1948年到南京、台湾后也有所作，虽然数量不多，却有自己的特色。叶嘉莹对曲学也颇为看重，曾撰写长文评论《苦水作剧》，是中国戏曲史上空前绝后的成就，也曾特别向人推荐20世纪40年代看到的宗志黄的两套散曲，希望宗志黄内容与辞采兼胜的作品有机会重见天日。

一、真诚书写自我性情

曲与诗词有着不同的美感特质，在语言风格上更为通俗易懂，明白晓畅。徐渭曾说："夫曲本取于感发人心，歌之使奴、童、妇、女皆喻，乃为得体。"[1]任讷在《词曲通议》中也曾说："曲以说得急切透辟、极情尽致为尚，不但不宽弛、不含蓄，且多冲口而出，若不能待者；用意则全然暴露于辞面，用比兴者并所比所兴亦说明无隐。此其态度为迫切、为坦率，恰与词处相反地位。"[2]叶嘉莹的曲子是她自我生命与情感的真诚书写，从中可以看到一个更为真切无隐的迦陵，可与诗词中的她相互印证补充。

首先，曲中流露出她性格中的情与痴。她对时光流逝异常敏锐，对家国陷落也深有感触，在深悲遗恨中，心头却总有一种追求理想的痴绝。如《寄生草》："看长江浩浩流难住。对青山点点愁无数。问征鸿字字归何处。俺则待满天涯踏遍少年游。向人间种棵相思树。"[3]再如《山坡羊·咏蝉》："一声蝉下劳人泪。送春归。待秋回。五更霜重留无计。两岸芦花风乍起。嘶。犹未已。痴。谁似你。"[4]虽是写蝉，但也融入自我在时光流逝、秋景萧瑟中徒然无计的痴绝之情。

从曲中可以看到，叶嘉莹青年时也有过意气风发、豪情壮志的激情，但与之相

1　郭绍虞主编：《中国历代文论选第三册》，上海古籍出版社2001年版，第95页。
2　转引自袁行霈主编：《中国文学史.第三卷》，高等教育出版社2005年版，第293页。
3　叶嘉莹：《迦陵诗词稿》（增订版），中华书局2019年版，第91页。
4　叶嘉莹：《迦陵诗词稿》（增订版），中华书局2019年版，第96页。

伴的往往是壮志落空的满腔幽愤，继而产生人生梦幻之感。如《般涉调·耍孩儿》中所写："俺也曾誓雄心坚似铁，拂吴钩寒作芒。少年豪气凌云上。则道是壮怀不遂屠龙志，纵兴应耽文酒狂。却谁料皆空想。"[1] 这些或许是她一时兴起之作，但也流露出潜意识中的襟怀抱负。但当时她偏于悲观，有一种人生如梦似幻的感觉。如她在《大石调·六国朝》中说："憔悴本来真，繁华都是假。""学剑我原输项羽，驻颜何处有丹砂。事事镜中花。""算人生一任教天公耍。我和你非呆即傻。从今后莫嗟呀。随便他蛮触纷纷几时罢。"[2] 此时她并未成熟，对于人生还没有形成自己坚强的意志，在曲中表现的是被人生所转的情绪。从《正宫·端正好·二十初度自述》中，也可以见其悲观的人生态度：

想人生能几年。天和寿一任天。尚兀自多求多恋。便做个追日死夸父谁怜。也不痴。也不颠。争信这人生是幻。长日的有梦无眠。怕的是此身未死心先死，一事无成两鬓斑。有几个是情愿心甘。[3]

对生活她怀有美好的愿望，但是北平沦陷的现实让她的愿望件件落空，心生哀叹："我愿只愿慈亲此日依然健。我愿只愿天涯老父能相见。我愿只愿风霜不改朱颜面。我愿只愿家家户户皆欢忭。试问这愿忒赊些也么哥，试问这愿忒赊些也么哥，不然时可怎生件件皆虚幻。"[4]

但在此虚幻落空中，她还是非常不甘，如其套数《仙吕·点绛唇》中，《混江龙》曲子写时光流逝、理想落空之恨："西风无限。人生多少恨难言。漫赢得头上乌丝成白发，空悬着腰间宝剑长青斑。秋老怕题红叶字，春深懒看绿杨烟。到头来一声长

1　叶嘉莹：《迦陵诗词稿》（增订版），中华书局2019年版，第98页。
2　叶嘉莹：《迦陵诗词稿》（增订版），中华书局2019年版，第98—99页。
3　叶嘉莹：《迦陵诗词稿》（增订版），中华书局2019年版，第99—100页。
4　叶嘉莹：《迦陵诗词稿》（增订版），中华书局2019年版，第100页。

叹。年华是东流不返。世事如皓月难圆。"[1]《寄生草》写自己的相思怀远之情:"空将这愁绪托残简。相思写断笺。晚秋天。倚危楼数尽南来雁。早春时,把同心结在垂杨线。粉墙边。有泪痕洒上桃花片。纵教那人间万象尽虚空,则我但有这情心一点终留恋。"[2]顾随先生评点说:"元人无此等思致。"[3]概因迦陵写出自我之生命志意、精神,流露出自我之性情襟抱,故能够在思致上超越元人。

叶嘉莹在曲中表现的是一位心怀家仇国恨、落拓清狂的痴人形象。如《仙吕·点绛唇》中的《上马娇煞》:"盏盏酒,仰头干。一回沉醉一颓然。壮怀消尽当初愿。欲待问青天。空赢得泪如泉。"[4]再如《中吕·粉蝶儿》中《尧民歌》:"谁承望稼轩豪气草堂诗。使这些生事家人我已久不支。况值着连年烽火乱离时。那里讨烂醉金尊酒一卮。嗟也波咨。清狂浑似痴。落拓成何事。"[5]对家国的忧患直接显露在其曲作当中,如《中吕　粉蝶儿》中《耍孩儿》:"常拼着一年兰芷思公子。谁晓得直恁的河清难俟。经几度寒林衰草日斜时。则那行吟泽畔的心事谁知。论情怀,我对着这三更灯火倒似有千秋意,论事业,则怕只是赢得一榻空花两鬓丝。他年事,畅好是茫茫未卜,枉嗟叹些逝者如斯。"[6]她多愁善感而思绪纷纷,以屈子之志自比,期望努力有所作为,唯恐自己美好的梦想会落空,对未来充满期待,表现出青春的热情与迷茫。

二、一以贯之的国家情怀

叶嘉莹的曲子在表现个人情怀与生命体验之外,还表现出对现实的关注,具有一定社会价值与历史意义。如1948年旅居南京时所作《越调·斗鹌鹑》,描写了南京战后的萧条景象:"更休问江南美景。谁曾见王气金陵。空余下劫后长堤杨柳

1　叶嘉莹:《迦陵诗词稿》(增订版),中华书局2019年版,第101页。
2　叶嘉莹:《迦陵诗词稿》(增订版),中华书局2019年版,第101页。
3　赵林涛、顾之京编:《顾随与叶嘉莹》,河北教育出版社2009年版,第35页。
4　叶嘉莹:《迦陵诗词稿》(增订版),中华书局2019年版,第101页。
5　叶嘉莹:《迦陵诗词稿》(增订版),中华书局2019年版,第103页。
6　叶嘉莹:《迦陵诗词稿》(增订版),中华书局2019年版,第103—104页。

青。""争败赢。论废兴。可叹那六朝风物尽飘零。""说什么秦淮酒醒。画舫箫声。但只见尘污不整。破败凋零。""小巷内雨过泥泞不可行。""乌衣巷曲折狭隘，夫子庙杂乱喧腾。"[1]南京丝毫没有诗书中所描写的六朝古都气象。而市面上更是混乱："近新来更有人把银圆业营。遍街头一片价音响丁丁。"[2]叶嘉莹曾说："那时共产党的军队已经占领了东北，南京政府已经开始紧张，币制混乱，一日数变。……1948年8月国民政府又开始发行金圆券，本来最高限制是二十亿，结果是十个月发行了六百万亿。"[3]由此市面大乱，她从中看到了国民政府贪腐的下场："当日个六代繁华震耳名。都成了梦幻南柯转眼醒。现而今腐草无萤。休讥笑陈后主后庭花，可知道下场头须自省。"[4]叶嘉莹曾推崇宗志黄反映时事的两套曲子，肯定它们的价值与意义，实际上她的曲子中也有针砭时事的表达，不容忽视。

《迦陵诗词稿》中所收最末的曲子，是作于1953年的《双调·新水令》《怀故乡——北平》。叶嘉莹到台湾后，经历"白色恐怖"，生活艰辛困顿，1949年至1953年几无余力创作，诗词总计不过留下3首，曲子却有一篇颇长的套数，包含8支小令，开端即言："故都北望海天遥。有夜夜梦魂飞绕。稷园花坞暖，太液柳丝娇。玉蛛金鳌。念何日能重到。"[5]她曾说那时经常梦见自己回到北平老家，却是门窗紧闭不能进去；梦见和同学去拜望顾随先生，却迷失在茫茫的芦苇丛里；梦见母亲来接自己，梦见给学生讲课……她对北平的思念一定是达到了浓烈惆怅不能自已的程度，从而写一套曲子来抒发思念之情，释放心头堆积的怅惘，平缓抑郁的情绪。在《怀故乡——北平》中她如数家珍般说起北平的美景美食，当时因为身处沦陷中，她的生活实际并无很多乐趣，更多是忧思与哀愁，但到了台湾她遭遇了更大困厄，对故乡倍加怀念。她在结尾说："常记得故乡当日风光好。怎甘心故乡人向他乡老。""但

---

[1] 叶嘉莹：《迦陵诗词稿》（增订版），中华书局2019年版，第105—106页。
[2] 叶嘉莹：《迦陵诗词稿》（增订版），中华书局2019年版，第105页。
[3] 叶嘉莹口述，张候萍撰写：《红蕖留梦：叶嘉莹谈诗忆往》（增订本），生活·读书·新知三联书店2021年版，第132页。
[4] 叶嘉莹：《迦陵诗词稿》（增订版），中华书局2019年版，第106页。
[5] 叶嘉莹：《迦陵诗词稿》（增订版），中华书局2019年版，第108页。

记得离别日泪痕多,须信我还乡时归去早。"[1]这种对故乡的思念之情一直伴随了她很多年,直到20多年以后回北京探亲,她才得以实现此心头之愿。

三、在本色自然中融入独特情思

顾随先生曾称赞叶嘉莹:"作诗是诗,填词是词,谱曲是曲,青年有清才如此,当善自护持。"[2]言下之意,叶嘉莹的诗、词、曲皆能得各文体之韵,具有可观之处。

首先,叶嘉莹的曲子有着当行本色的特点,有直追元人的自然之处。如《落梅风》:"寒灯烬,玉漏歇。点长空乱星残月。一天风送将冬至也。拥柴门半堆黄叶。"顾随认为"结二语逼真元人;未可以其看易而忽之"。[3]再如《塞鸿秋》:"功名未理磻溪钓。求仙未起烧丹灶。清风未学苏门啸。扁舟未放潇湘棹。叹红尘总未消。问大梦谁先觉。但只见滚滚的轮蹄儿早碾破了长安道。"顾随认为"此章有元人风致"[4]。

但是,叶嘉莹的曲子也有不同于元人之处,以自己的情思创造了新颖的意境。如《仙侣·点绛唇》中的《寄生草》:"空将这愁绪托残笺。相思写断笺。晚秋天。倚危楼数尽南来雁。早春时,把同心结在垂杨线。粉墙边。有泪痕洒上桃花片。纵教那人间万象尽虚空,则我但有这情心一点终留恋。"[5]曲中表现了深厚的情怀,纵然人间万象只是虚空,我则痴心不改,沉郁中透出一种执着、坚持、担荷之力,顾随颇为欣赏,认为"元人无此等思致"。[6]叶嘉莹在曲子中融入自己的思致,使曲子具有一定的哲思,但仍不失自然本色。如《叨叨令》:"说什么逍遥快乐神仙界。有几个能逃出贪嗔痴爱人生债。休只向功名事业争成败。盛似那秦皇汉武今何在。兀的不恨煞人也么哥,兀的不恨煞人也么哥,则不如化作一点轻尘飞向青天外。"顾随评曰:

---

[1] 叶嘉莹:《迦陵诗词稿》(增订版),中华书局2019年版,第109页。
[2] 赵林涛、顾之京编:《顾随与叶嘉莹》,河北教育出版社2009年版,第21页。
[3] 赵林涛、顾之京编:《顾随与叶嘉莹》,河北教育出版社2009年版,第21页。
[4] 赵林涛、顾之京编:《顾随与叶嘉莹》,河北教育出版社2009年版,第24页。
[5] 叶嘉莹:《迦陵诗词稿》(增订版),中华书局2019年版,第101页。
[6] 赵林涛、顾之京编:《顾随与叶嘉莹》,河北教育出版社2009年版,第35页。

"小令妙在自然；深刻之思力，健举之笔力，须要使人不觉。此作庶几近之。"[1]

叶嘉莹的曲子，具有自己的独特思致，同时以情胜，在明白晓畅、酣畅淋漓中而不失深情远韵，为曲中上品。如《双调·新水令》《怀故乡——北平》描写北平四季的景象：春天"积雪初消。垂杨绿软，杏花红小。梨白海棠娇"；夏天"庭槐荫满，榆荚钱飘。火绽榴花，翠擎荷盖，果熟樱桃。什刹海鲜尝菱角。五龙亭嬉试兰桡"；秋天"剪烛吟诗助相思纱窗雨哨。登楼望远畅胸襟四野风飘。赤枣子点缀着闲庭情调。黄花儿呈现着篱下风标。凉宵萤火稀，水夜银河悄。香山枫叶艳，北海老荷凋。写不尽气爽天高。古城秋好。鸳瓦上白露凝霜，雁影边纤云弄巧"；冬天"瑞雪飘飘。白满门前道。寒夜萧萧。风号万木梢。喜围炉共看红煤爆……睛明日，看碧天外鸢影风摇。冰场上刀光寒照。爱古城玉琢银装，好一幅庄严貌"。[2]令读者也不禁对北平心生遐想，何况是在外的游子。

总之，从以上所举数例中可见，叶嘉莹对曲子的写作艺术有着颇为精熟的掌控能力，能够达到内容与辞采兼胜。因她后来以诗词创作和研读为主，中断了曲之创作，从而未引起人们的注意。叶嘉莹也曾创作过一篇一折的杂剧《骷髅语》，选取《庄子·至乐》一篇中所写的寓言故事，谈及生死问题[3]，可惜在乱离中遗失，成为她心头颇为遗憾的一件事。

1　赵林涛、顾之京编：《顾随与叶嘉莹》，河北教育出版社2009年版，第22页。
2　叶嘉莹：《迦陵诗词稿》（增订版），中华书局2019年版，第108—109页。
3　叶嘉莹口述，张候萍撰写：《红蕖留梦：叶嘉莹谈诗忆往》（增订本），生活·读书·新知三联书店2021年版，第92页。

第六章

诗词教学

第一节
海外诗词教学中遇到的困境

初到海外教学,叶嘉莹感到最大的困难是不同语言和文化背景造成的交流障碍。

1966 年，叶嘉莹赴美国密歇根大学任客座教授；1967 年至 1968 年，在美国哈佛大学任客座教授；1969 年，辗转至加拿大不列颠哥伦比亚大学任教，在带两名研究生的同时，还需要用英文教一门全校选修的"中国文学介绍"（Chinses Literature in Translation），此课内容多，时间跨度大，要从《毛诗》讲到毛泽东诗词，有相当难度。她说："那个时候还没有那么多亚洲人到温哥华，所以很多人没有一点点中文背景。"[1] 她曾经使用过一种教材是加州大学白芝教授（Cyril Birch）编写的《中国文学选集》（Anthology of Chinese Literature）。教学中，她感到最大的困难是不同语言和文化背景造成的交流障碍，她说："我这人讲课喜欢跑野马，上天入地的，而用英文讲真的是放不开。我能把每个字用英文说明就不错了，根本没有办法发挥。"[2] 她还写了一首诗《鹏飞》表现此种受局限的困窘状态："鹏飞谁与话云程，失所今悲匍匐行。北海南溟俱往事，一枝聊此托余生。"她曾说："查着生字讲中国诗，我心里知道自己的痛苦，诗里有那么丰富、深刻的内涵，可是我的英文一时说不出来，我只能是昨天晚上怎么查的今天就怎么说。"[3] 没有了用母语自由讲解诗词的乐趣，就像匍匐在地的大鹏，欲飞不能，可见她遇到的语言和文化障碍非常大。此外，她还感受到中西方不同思维模式所造成的认知障碍。西方人重视科学推理的思辨方式，难以理解中国直感妙悟的思维方式。解决此障碍的方法就是借用西方的理论和思维，回答学生关于为什么的问题，她感觉到"借用他们的理论能使中国传统中一些心通妙悟的体会，由此而得到思辨式的分析和说明"。[4]

　　叶嘉莹每天抱着英文词典查生字备课到深夜，还利用课余时间去旁听英文理论课程，较快克服了语言、文化和思维方式等多方面障碍，她说："我的英文语法也不是完全正确，发音也不是那么标准，靠着查词典这么笨的教法，可是学生们还是很

---

[1] 叶嘉莹：《沧海波澄：我的诗词与人生》，中华书局2017年版，第93页。
[2] 叶嘉莹口述，张候萍撰写：《红蕖留梦：叶嘉莹谈诗忆往》（增订本），生活·读书·新知三联书店2021年版，第208页。
[3] 叶嘉莹：《沧海波澄：我的诗词与人生》，中华书局2017年版，第98页。
[4] 叶嘉莹：《我的诗词道路》，河北教育出版社1997年版，前言，第18页。

有兴趣。"[1] 她并没有博士学位，只教了半年，不列颠哥伦比亚大学就给了她终身教授的聘书，这在北美几乎是史无前例的。之后，叶嘉莹又在不列颠哥伦比亚大学开设过中国古文选读、中国历代诗选、唐宋词选读等课程，受到了学生的喜爱和欢迎，成功的关键在于其得当的教学方法，恰到好处地展示了中国古典诗词的精华。

---

[1] 叶嘉莹口述，张候萍撰写：《红蕖留梦：叶嘉莹谈诗忆往》（增订本），生活·读书·新知三联书店2021年版，第209页。

第二节

诗词教学方法

叶嘉莹海外诗词教学始终以表现诗歌中蕴含的个体生命情感为中心，沟通古代诗人与当代人的感情，达到古今和中西生命相通的效果。

叶嘉莹海外诗词教学方法可以概括为一个中心，四个基本方法。"一个中心"是指以表现诗歌中蕴含的个体生命情感为中心，沟通古代诗人与当代人的感情，达到古今和中西生命相通的效果。她在教学中意识到"文明新旧能相益，心理东西本自同"，表现诗词中个体生命的感情是其教学核心，如她所说："由于我是学中文出身，所以当时英文的根底并不是很好，而听课的洋学生们也都不是专门研究中国古典文学的。在那种情况下，本来我是很担心，但说起来很奇妙，就因为我太喜欢诗词了，我讲中国古典诗词真的是把我的感情都投入进去了，我尽量用我并不是很完美的英文，把诗人的感情，当时的时代、历史以及自己对诗歌的理解表达出来……后来我体会到，古今中外，文化虽有不同，但人心的基本情意大多是相通的。所以你只要把那些基本的东西，把诗歌里感发的生命讲出来，不同文化背景的人也是会感动和接受的。"[1]

叶嘉莹在诗词教学中"以个体生命情感为中心"，有两层含义，一是以讲诗者个体生命对诗词中情感的体悟为主，她在讲解诗词时也会结合中西文化，但她明确表示："一向原是以自己真诚之感受为主的，无论中西新旧的理论，我都仅只是择其所需而取之，然后再将之加以我个人之融会结合的运用。"[2] 二是揭示、表现和体会诗词中表现的诗人的个体生命情感。叶嘉莹认为中国古典诗词的核心是向自己内心推寻，表现个体生命情感，此种特质与西方诗歌注重向外的观察跟叙写是不同的，所以，她解读中国古典诗词"既不赞成中国旧传统之以'人'之价值来取代或影响'诗'之价值的批评标准"，因为这种人品决定诗品的简单思维模式有失客观与精密，受到西方学者的批判，引起她的反思。但同时，她也不同意西方新批评之"泯除作者个性"及"作者原意谬误"等将写诗之"人"完全抹杀的看法，因为这并不符合中国诗歌的传统。所以，她在西方文学理论的观照下，从中国诗歌的实际出发，恰当处理作者与诗歌之间的关系，将诗歌中表现的个体生命情感作为核心，同时对诗歌的

---

1 叶嘉莹：《沧海波澄：我的诗词与人生》，中华书局2017年版，第107—108页。
2 叶嘉莹：《我的诗词道路》，河北教育出版社1997年版，第59—60页。

艺术性做理性分析和判断，避免在作者价值与诗歌价值之间画等号。她说："我所提出的评赏方式是要从'人'的性格背景，来探讨'诗'中'能感之'的一种重要的质素，从而对诗歌本身做出更为深刻也更为正确的了解和分析。"[1] 她的教学往往是这种思路的实践。

在她的讲解中，中国古代的诗人纷纷露出了作为"人"的真面目和真性情，具有了丰满鲜明的个性形象，比如她讲唐诗时分析了陈子昂有"不得知遇的悲慨""遇而不得的悲哀"以及"自甘寂寞的持守"；李白是"仙而人者""是一个不羁的天才落入了尘世的大网"，表现出诗人们充沛丰盈，既充满理想、追求，又充满挫折、痛苦，乃至孤独与失望的心灵。叶嘉莹意识到中国传统文学批评缺少对作者心理的深入探究，她在讲解诗词时往往对诗人的个体生命情感和深微幽隐的心理进行探寻。如她讲王维虽是"仕隐两得者"，但因曾被迫接受安禄山的伪职，在心理上有一种亏欠的矛盾；孟浩然则是"仕隐两失者"，诗歌中表现出复杂的两面性，他的性格适于隐逸，却出于生命的追求和生活的困穷而求仕，最终仕和隐全都落空。

表面上看，叶先生是在讲解诗词，但从更深一层来看，她的讲解体现出以个体生命为本的人本主义思想，这是能够打动中外学生，沟通古今生命情感共鸣的关键因素。无论讲解哪个时代的作品，她始终以诗词内外的个体生命为观照，比如讲《古诗十九首》"荡涤放情志，何为自结束"时，她谈到要勇于打破人生的束缚："别人的意见虽然也应该考虑，但更重要的是要找到你自己——你自己真正的感情，你自己真正的意愿，你自己所真正要做的事情。如果你实现了这样一种觉悟，也算是达到了人生的一种境界。"[2] 讲曹操诗歌时说到人生老去的悲哀："凡是英雄豪杰之士，当他们衰老的时候，都有一种对人生无常的恐惧和悲慨。因为，凡属英雄豪杰，都希望留下一番丰功伟绩，他总觉得他所要做的事情还没有完成，他的理想还没有实现，所以对人生的短暂感到悲哀。"[3] 讲曹植《赠白马王彪》时，谈到对人生的反省，她说：

1　叶嘉莹：《我的诗词道路》，河北教育出版社1997年版，第60页。
2　叶嘉莹：《汉魏六朝诗讲录》，河北教育出版社1997年版，第122页。
3　叶嘉莹：《汉魏六朝诗讲录》，河北教育出版社1997年版，第141页。

"人，都是软弱的。尤其当一个人遭到不幸的时候，很容易产生精神上的危机。"[1] 凡此种种，都是以个体生命情感为线索，沟通诗里与诗外的生命共鸣。

围绕诗歌中个体生命情感这一中心，叶嘉莹在诗词教学中常用的四个基本方法是声情相生、文史相融、诗哲相合与中西互鉴。其一，声情相生，注重以吟诵表现诗词的声律之美和情感意蕴之美。梳理她的教学录音、录像等资料就会发现，她的诗词吟诵声调独具特色，被学界称为"叶调"。她坚持沿用古代音韵，区分平上去入声，注重区分汉字异读字与古人声字，以诗词的平仄格律表现音调的抑扬顿挫，使学生体会到诗词的声律之美，并进一步理解诗词的情感和意蕴。此种方法与当前国内诗词教学"重文本，轻声律"不同。早年在国内任教时，叶嘉莹并没有在课堂上展示并教授吟诵。到海外教学之后，她逐渐认识到诗词吟诵在教学中的重要性。1966年，在密歇根州立大学任客座教授的时候，她曾经旁听两门课，一位西方老师讲英文诗的时候很注重朗读，并请她吟诵中国诗歌。虽然有语言障碍，但那位老师感受到她对诗歌很有体会，并请她给班里学生作一次讲演。叶嘉莹用英文给他们讲演了中国诗的诵读，引起他们对中国诗歌的兴趣，获得了师生的称赞，认为她是"天才的会讲诗的人"。[2] 通过这样的交流，叶嘉莹认识到诗歌吟诵在海外教学中具有沟通感情的重要作用。后来，到加拿大不列颠哥伦比亚大学任教时，她在课堂上一直注重诗词吟诵，也收到了良好的教学效果。她曾说："这还是与我将我个人对于诗词的真挚的感动和理解传达出来，或者说，我真正用生命将诗歌的情感、意志诠释出来有极大的关系。当然，我在课堂上的吟诗诵词，也吸引学生们陶醉于中国传统文化。"[3] 可见吟诵有助于诠释和理解诗歌中的情感和意志。

叶嘉莹曾在《谈古典诗歌中的兴发感动之特质与吟诵之传统》等文中梳理中国古典诗歌的吟诵传统，认为中国古代诗人不仅在创作时常伴随着吟诵，还伴随着吟

---

[1] 叶嘉莹：《汉魏六朝诗讲录》，河北教育出版社1997年版，第226页。
[2] 叶嘉莹口述，张候萍撰写：《红蕖留梦：叶嘉莹谈诗忆往》（增订本），生活·读书·新知三联书店2021年版，第187页。
[3] 张道正：《叶嘉莹：中华诗词在文明互鉴中发挥何种作用？》，《中国民族博览》2022年第5期。

诵来改诗，"吟安一个字，捻断数茎须""陶冶性灵存底物，新诗改罢自长吟""酒酣懒舞谁相拽，诗罢能吟不复听"等诗句都是很好的例证。她说："'声情相生'，使作者内心的情意伴随着声音一起涌出，然后才落纸成为文字，这正是中国古典诗歌何以特别富于直接的兴发感动之力量的一个主要的原因。"[1] 在此诗歌传统的基础上，她强调吟诵在诗歌教学中的重要性，她说："中国古典诗歌之生命，原是伴随着吟诵之传统而成长起来的。古典诗歌中的兴发感动之特质，也是与吟诵之传统密切结合在一起的。"[2]

叶嘉莹发现西方同样重视诗歌的诵读，她看到美国英语诗歌课中常用的教材，肯尼迪（X. J. kennedy）所编著的《诗歌概论》(*An Introduction to Poetry*)，开端第一章首先提出的就是诗歌的读诵，认为读诗不能"只用眼睛去阅读"[3]，在该书的第八章，还提出诗歌中声音的重要性，高声朗诵可以增强读者对诗歌的了解。另外，她还注意到法国女学者朱莉娅·克里斯蒂娃在其《诗歌语言的革命》(*Revolution in Poetic Language*) 及《语言之意欲》(*Desire in Language*) 二书中提出"Chora"作为诗歌创作的原动力，"是不成为符示而先于符示的一种作用，它是类似于发声或动态的一种律动"。[4] 叶嘉莹认为"Chora"与中国古典诗论中的"兴"有暗合之处，为吟诵的作用在理论上找到科学依据。为帮助学生更好地理解诗歌的情意，叶嘉莹在海外教学中一直重视诗词吟诵的重要性。晚年她在国内也不遗余力提倡吟诵，以弥补早年没有教授吟诵留下的遗憾。

叶嘉莹诗词教学的第二个重要方法是文史相融，注重还原诗词产生的历史语境，对相关的中国历史文化背景做细致生动的介绍。中华诗词具有典型的高语境文化特点，文字符号只表达少量信息，大量信息内化于作者生平思想及其时代背景之中，而学生普遍不甚了解中国古代历史文化，叶嘉莹总是将作家作品置于具体的文化背

1　叶嘉莹：《我的诗词道路》，河北教育出版社1997年版，第194页。
2　叶嘉莹：《我的诗词道路》，河北教育出版社1997年版，第184页。
3　叶嘉莹：《我的诗词道路》，河北教育出版社1997年版，第199页。
4　叶嘉莹：《我的诗词道路》，河北教育出版社1997年版，第200页。

景中，使学生对诗词产生的语境有所把握。与文学史中一般对历史背景做浅层次介绍相比，叶嘉莹对历史的讲解更为生动细致、活泼有趣，努力还原诗歌产生的历史语境。童庆炳曾经说："'历史背景'只讲外在的形势，而'历史语境'则除了要讲外在的形势之外，还要把作家作品产生的文化状态和情景语境都摆进去。"[1]叶嘉莹在讲解诗词时总是深刻地切入历史肌理当中，还原诗人创作的历史语境，使不懂中国历史的西方学生对诗人及作品产生的背景有较为清楚的了解。比如她讲"正始诗歌"时，先介绍当时复杂的政治背景，通过讲解魏明帝临终托孤的细节等历史事件，说明曹爽、司马懿、司马昭等人的政治立场，虚伪、奸诈及充满野心的为人本质，使学生清楚当时阮籍、嵇康所处的微妙政治环境与诗歌产生的情境，明白其中的是非曲直。对于与阮籍、嵇康及竹林七贤相关的历史记载，她也都以故事的形式予以详细讲解，如嵇康的"好锻"（打铁）、与山巨源绝交等，使学生了解诗人激切、正直、刚强的性格，进而理解其诗歌中表现的感情。

叶嘉莹诗词教学的第三个重要方法是诗哲相合，注重表现诗词中蕴含的人生哲思。叶嘉莹承继了王国维和顾随的诗学思想，往往把人生与诗词相结合，在诗词教学中灵活地融入对人生哲理的观照与思考。介绍诗人的生平出处时，她会结合中国传统儒家、道家等哲学思想予以解说，说明诗人面对的人生抉择与困境，引发学生对诗人的理解和同情。叶嘉莹在讲课时总是用"你"这样一种平等的对话视角，采用的是"共享"式的交流态度，而不是"说服"式的。如她讲解陈子昂《登幽州台歌》时说："这时间的长久，空间的茫然，茫茫的天地，悠悠的宇宙。你一个人生不过百年的短小的生命，尽管有那么美好的理想，有那么美好的才智，可你完成了什么？你一旦消失了，就从宇宙永远消失了。以前没有，以后也不会有你。在这种时间的长久、空间的广远的对比之中，显示出人类的渺小，生命的短暂。人的生命终究不免于落空，不管你多么美好，没有人认识你的寂寞和悲哀。"[2]这样直击心灵与灵

---

1 童庆炳：《走向文化诗学》，山东文艺出版社2020年版，第312页。
2 叶嘉莹：《〈感遇〉诗的兴寄，陈子昂的风骨——叶嘉莹讲诗歌之九：陈子昂在诗歌演进历史上的地位和作用》，《新华每日电讯·草地周刊》"迦陵课堂"2022年4月22日第14版。

魂的讲解，无论是在国外，还是在国内，无疑都会引发学生的兴趣和思考，对诗歌产生深切的认识与体会。而且，还能够通过诗歌提升个体生命的品质，增强对人生理想与人生价值、意义的思考。

叶嘉莹诗词教学的第四种重要方法是中西互鉴，注重以西方文学理论阐释中华诗词。前文已经说到中西方思维模式不同，为了解决学生的疑问，叶嘉莹学习了大量西方文学理论，将中西文学理论融合运用在教学中，以西方精密的学术语言解释中国古典诗词，使学生明白诗词的好处究竟何在，掌握判断诗词好坏的正确途径与方法。她发现"运用这些西方文学理论来解释，能够帮助那些西方文化背景的洋学生更好地理解中国古典诗词中的美感特质"[1]。关于叶嘉莹对中西文学理论相融合的具体情况，在本书第三章、第四章中都作了较为详细的介绍，梳理了叶嘉莹使用过诠释学、现象学、接受美学、符号学、新批评等西方文学理论，分析了她在中西文学理论互鉴中阐释中国古典诗词的方法，兹不再述。

需要注意的是，叶嘉莹在教学中借用西方文学理论，使用理性分析方法，使海外学生明白中国诗的好处之所在，但同时她也以感性认知为主，引导学生对古典诗词有自己的体会，她认为西方文学理论和理性分析方法虽然可以对诗歌做出细密的推论，但会斫丧诗歌中的感发生命，所以，它们只是工具，并非目的。叶嘉莹适当引用西方文学理论做理性分析，以适用于西方学生的思维模式，但同时又以引导学生感受中国古典诗词中的感发生命为目的，以此沟通中国古代诗人与当代学生的感情。

---

1 叶嘉莹口述，张候萍撰写：《红蕖留梦：叶嘉莹谈诗忆往》（增订本），生活·读书·新知三联书店2021年版，第329页。

第三节
诗词教学成功的其他因素及启示

叶嘉莹以实际行动彰显诗词精神并传播中国文化。美好的外表形象,扎实的国学基础和专业素养,对诗词理论的不断探索和学术创新等,是叶嘉莹海外诗词传播的重要因素。

从学生的反馈、学校的认可和学术界的评价等各方面来看，叶嘉莹的海外诗词教学无疑是颇为成功的，教学方法是其成功因素中的核心，但其他因素也值得注意。首先是她的个人魅力，无论是从传播心理学来看，还是从教育心理学来看，教师作为文化的传播者和学习的引导者，其个人魅力至关重要。柏拉图曾经说过："在个人身上，最美的就是'心灵的优美与身体的优美和谐一致，融成一个整体'。"叶嘉莹典雅的形象，脱俗的气质，甜美的声音，和悦的性情，醇厚的修养等，使她成为一位富有魅力的教师。

但美好的外表只是有利因素之一，更为关键的是她具有扎实的国学基础和专业素养，以及很强的学习适应能力，能够游刃有余地克服跨文化传播中不同语言、不同文化，以及不同思维模式等多重障碍。她对中国诗词格律、历史和哲学等专业知识的掌握，源自她自幼熟读中国经史典籍，大学时又受到系统的教育，而运用西方文学理论则是她在海外勤奋学习得来，表现了"学而不厌，诲人不倦"的精神。叶嘉莹坦诚平等的教学态度和自然活泼的教学语言也值得注意。她在教学中并没有利用诙谐幽默等噱头吸引人，甚至也没有使用特别先进的教学方法和工具，她的魅力就在于以真才实学，与学生站在平等位置细致讲述和认真领悟。她所使用的语言生动自然，海外的学生大多能够理解和接受。

另外，更不能忽视她对诗词的理论探索和学术创新。她的学术理论探究看似与教学无直接关系，却是其教学的重要基础。她在学术和教学中的不懈探索，使她成为一流学者。叶嘉莹之所以成为加拿大皇家学会有史以来唯一的中国古典文学院士，并非因为她是一位会讲课的优秀教师，而是因为她是一位卓越学者。从前面几章对叶嘉莹诗学与词学的梳理中可以看到，她在学术研究中极具创新精神，一直在不断地探索与超越中，以一己之力构建了颇为庞大精密的学术理论体系，受到海内外学者的好评。她的学术创新被大众忽略，却是她在海内外教学取得成功的最为重要的基础。

叶嘉莹本人不仅热爱中国文化，深谙中国文化精髓，而且恪守儒家思想道德，为人性情以真诚为本，坚持精神品格的持守，努力担当，积极追求人生的价值和意义。她与中国古典诗词的品格，由外到内都表现出高度和谐一致，由此成为中国古典诗词的优秀传播者。她曾说："我觉得文化不只表现在文字上，更体现在行为中。中国文化传播到世界，不是空谈，不是喊口号。你要传播中国文化，要先问问自己是不是真正热爱中国文化，是不是知道中国文化美好的品格道德之所在，是不是能让它们在你的身上表现出来。一句话，就是要用你的言行、实践来传播中国文化，让外国人从你的行为、从你的身上，看到中国文化中美好的东西。"[1] 用实际行动彰显诗词精神并传播中国文化是她给我们的昭示。

叶嘉莹海外诗词教学较为成功地使学生从文字、声律、意蕴、精神等各方面、各层次领悟到中国诗词之美，在海外培养了一批中国古典诗词传播人才。诗词传播的影响不是固化的，会不断生发，所以，叶嘉莹诗词传播的意义还不止于此。

首先，叶嘉莹以个体生命感情为核心的诗学，突出了中国诗学的优点，与西方诗学形成鲜明对照。中国自先秦就十分推崇诗歌，孔子曾有过"不学诗，无以言""诗可以兴，可以观，可以群，可以怨"等著名观点，从而形成绵延不息的中华诗教传统。但是，西方则不然，柏拉图曾主张把诗人驱除出理想国，有学者指出："在西方的古希腊理性传统和后来的科学传统中，文学往往被认为不具有价值，或不具有真理性。"[2] 在西方文学史中，诗歌屡屡遭到责难，而诗人也要起而"为诗辩护"，说明诗歌的价值与意义。哈佛大学海陶玮教授曾经说："中国文学在世界文学中占有重要地位。"叶嘉莹向西方传递了不同的诗学观念，以及中国诗词中蕴含的生命情感之美，与西方诗学形成鲜明对比。

其次，叶嘉莹讲述的中国古典诗词文化意蕴对西方文化精神具有互补意义。她在诗词教学中体现出中国传统文化中"以人为本"的人文主义思想，她重视诗词中的个体生命与情感，展现了细腻的人性，具有丰富的精神文化意蕴。西方物质文明发达，精神上却面临着种种危机。华兹华斯曾经写道："人世俗务过分繁重；起早摸

---

[1] 叶嘉莹：《沧海波澄：我的诗词与人生》，中华书局2017年版，第108页。
[2] 童庆炳：《文学：精神之鼎与诗意家园》，复旦大学出版社2016年版，第275页。

黑／挣钱花钱，我们荒废了天赋；／我们在大自然里很少看到自己的东西；／我们丢失了自己的心灵，可怜的恩赐。"[1]马克思、恩格斯也多次提到工业文明为西方世界带来的弊端，对人性造成的摧残："不是自由地发挥自己的体力和智力，而是使自己的肉体受折磨、精神遭摧残"。[2]梁启超也曾经指出全世界之弊在于："物质文明烂熟，而'精神上之饥饿'益不胜其苦痛。"[3]叶嘉莹也注意到此种现象，她说："近世纪以来西方资本主义过分重视物质的结果，也已经引起了西方人的忧虑。1987年美国芝加哥大学的一位名叫布鲁姆（Allen Bloom）的教授，曾经出版了一本轰动一时的著作，题目是《美国心灵的封闭》(The Closing of the American Mind)。这本书的作者认为，美国今日的学生在学识和思想方面已经陷入了一种极为贫乏的境地，其结果是对一切事情都缺乏高瞻远瞩的眼光和见解。"[4]中国古典诗词中包含着宁静、高远、自然、和谐的精神境界，是人类共同追求的理想家园，能为西方人提供精神憩息和心灵滋养。叶嘉莹初到不列颠哥伦比亚大学任教时，美国正在打越战，很多美国年轻的大学生不愿意打仗，为了逃避征兵就都到加拿大来，美国加州大学来的两个学生跟随她学习中国古典文学。其中施吉瑞的硕士论文是关于韩愈的研究，博士论文是关于杨万里的研究；白瑞德的博士论文是关于孟浩然的研究。此外，叶嘉莹也指导过多名海外研究生，他们都对中国古典诗词文化有着真挚的热爱，也为中国古典诗词在西方世界的传播做着自己的贡献。

童庆炳曾说："从古希腊孕育起来的西方文化，讲科学，讲民主，讲理论，讲逻辑，讲分析，讲个体，讲自由竞争……但它的个人主义、自由主义、科学主义等的极端发展，使人的精神处在高度紧张与强烈焦虑之中，社会弊病丛生，人的精神家园的失落，人的灵魂无家可归成为最大的问题。"[5]海德格尔等西方学者，强调并重视

---

1 童庆炳：《维纳斯的腰带：创作美学》，上海文艺出版社2001年版，第504页。
2 马克思：《1844年经济学哲学手稿》，人民出版社2000年版，第54页。
3 梁启超：《清代学术概论》，中华书局2010年版，第161页。
4 叶嘉莹口述，张候萍撰写：《红蕖留梦：叶嘉莹谈诗忆往》（增订本），生活·读书·新知三联书店2021年版，第453页。
5 童庆炳：《从审美诗学到文化诗学》，首都师范大学出版社2014年版，第373页。

东方文化的优越，主张取中西诗学与文化之长建立一种新的世界文化，更加有利于实现人类精神结构的完整和发展。中国古典诗词无疑是一座沟通中西，为世界建立一种新文化的桥梁。

叶嘉莹通过古典诗词展现了历代诗人轻视外物而重视修养，在困境中努力超拔，不甘于堕落，保持内心高洁的品格，在山水中回归自然等思想，在一定程度上揭示出中国文化精神的意蕴，使学生在研读中国古典诗词的同时，可以汲取诗词中蕴含的宝贵精神。叶嘉莹诗词教学方法丰富而实用，值得深入学习理解并运用推广，使中国古典诗词在海外文化传播中发挥相应的作用。

结语

前面六章，我们梳理了叶嘉莹的家族文化特质，各阶段诗文中的生命体悟与心路历程，诗学与词学的理论建构，诗词曲创作以及诗词教学方法等，对其人格修养及学术思想的渊源、开拓等有了一定认识。叶嘉莹之所以成为叶先生，经历了曲折复杂的历程，有三方面因素至为重要：一是她对品格修养的持守，二是她扎实的学识素养和不断前进的学术探索，三是她贯穿始终的笃志以行。最为重要的是这三方面密切结合在一起，构成她的诗词、她的学术、她的课堂，成就了她独特的诗词人生。叶嘉莹是中华诗教精神的承继者，也是诗教精神的发扬者。

最后，我们还要思考一个问题，叶先生究竟要以诗词教给我们什么？或者说她最终要以诗词接引我们到哪儿去？不同的读者或许会有不同的答案。笔者还想在此多言几句，对叶先生的诗教精神略加概括。

她以诗词引导我们成为一个"有情"的人。既对人间世有关怀之情，也要与宇宙间大自然万物息息相通。沈秉和曾说："她的志愿是'觉有情'，让有情有敏锐心灵的人再进一阶，得到觉悟。"不仅以细腻敏锐的心灵感知人间冷暖与风疏雨骤，还应以深厚博大的胸怀关心国家民族的前途命运。细腻敏锐的感情可以使人养成丰富活泼富有创造力的心灵，深厚的家国情怀可以使人突破自私狭隘的小我，走向大我。有情之心实际上就是儒家所讲之"仁"心，怀有这样一颗有情之仁心，人的品格会高尚纯洁，消除自私、贪婪等黑暗因素，从而使人类和社会向着美好迈进。

同时，她以诗词引导我们成为一个"有梦想"的人。古今中外的诗人多有高远的梦想和"会当凌绝顶，一览众山小"的豪情，这种积极向上的追求与昂扬蓬勃的热情，是最为可贵的一种勇气和力量，可以让我们点亮人生，超越平庸。人生而为人，就应该有超越动物的先进之处，不能只沉浸在物质层面的消费享乐中，而应怀有高瞻远瞩的目光，对美好理想不懈追求，实现自身生命的价值和意义的同时，为人类和社会做出贡献。我们在这个世界生存，要面对诸多压力和种种诱惑，一不小心就会迷失那个曾经有高远追求的自我，如曹丕在《典论·论文》中所言："人多不强力，贫贱则慑于饥寒，富贵则流于逸乐，遂营目前之务，而遗千载之功。日月游于上，体貌衰于下，忽然与万物迁化……"贫贱只顾谋求生活温饱，富贵则沉浸于安逸享乐，年华易逝，青春易老，人生匆匆而过，碌碌庸庸。叶先生所提出的弱德之美，就是指在强大压力之下仍然能有所持守、有所完成的一种品德。真正有理想的人，无论是在贫贱饥寒中，还是在富贵安逸中，都会持守自己的本志追求，如孟子所说"富贵不能淫，贫贱不能移，威武不能屈"，在任何情况下都不改变心志，不抛弃梦想，才能真正完成自我，不辜负宝贵的人生。

叶先生以诗词引导我们成为一个"有思想"的人。作为一个真正的人，要有独立的思考能力和思辨精神、对宇宙人生的思索、对生命的体悟和醒觉，如此才能不随波逐流，不迷失自我，坚定自己的持守。陶渊明曾说："托身已得所，千载不相违"，杜甫曾说："葵藿倾太阳，物性固莫夺"，他们在思考中认识自我，找到心灵的归宿，坚定自己的方向。叶嘉莹也曾说："修到马蹄湖畔住，托身从此永无乖。""我不跟随任何理论，无论那是一种什么理论"，她的诗词讲解源于自身的独立思辨和真切体悟。我们读诗词，不只是感受诗词的艺术之美，更为重要的是在解读中生发对宇宙人生的思考，在大千世界中认清自我心灵本质，汲取诗词中的精神与智慧，从而摆脱种种束缚，进而达到精神的自由和独立，成就自己的事业与学问。

可见，叶先生是以诗词引导我们对生命的觉醒，对美好生命的捍卫和完成，作为有情有觉之人，当然也有觉醒，也有美好追求，可问题的关键就是如何去实现，如何去完成？在现实生活中最为残酷的就是在觉醒之后加倍感受到挫折、失望与痛苦，有时甚至会希望自己根本就不要觉醒，只要做一头快乐的猪，终生沉沦在苍茫的海里。叶先生，她以自己的实际行动告诉我们一个到达彼岸的真理，那就是：当你有一个美好的梦想时，你一定要行动，持之以恒地行动！叶先生平生最反对空谈和喊口号，经常说"说食不饱""功不唐捐"，只有朝着志向行动，才能实现美好的理想。

一个人真正的觉醒并非思想上的，而应该是行动上的，笔者将其归纳为"志行合一"，这是叶先生一生当中最为宝贵和突出的品质，也是对我们最具启发性之处。她自1979年申请自费回国教书，曾经写下"书生报国成何计，难忘诗骚李杜魂"的诗句，迄今已四十多年，为传播诗词文化她付出了大量心血。90岁以后，她的视力、听力、腰腿的能力等都逐渐衰退，但还致力于吟诵，她在诗中说："来日难知更几多，剩将余力付吟哦。""纵教精力逐年减，未减归来老骥心。"直到现在，她已是百岁老人，还在疗养中勤奋工作。中国古代诗人，或者说世上大部分的人都有着美好的理想，但因为种种原因，往往缺少行动，或不能真正实行，最终总是留下落空的遗恨和不圆满的悲哀。叶先生的独特之处就在于，她要尽自己的一切力量笃行自己的志愿，而且始终如此，绝不改变，一以贯之，"造次必于是，颠沛必于是"，"志行合一"是她对中华诗教精神做出的独特诠释。当然，叶先生的成就也离不开时代的发展和国家的强盛，她在《诗教》中曾说："中华诗教播瀛寰，李杜高峰许再攀。已见旧邦新气象，要挥彩笔写江山。"她的个人理想始终与家国情怀密切结合在一起，她用自己的行动为诗教精神注入了新的活力。

　　叶先生曾说："诗歌，让我们的心灵不死。"其诗教乃至中华诗教归根结底是让我们成为有情怀、有梦想、有思想、有行动、有力量的人，并借此精神、智慧和力量去完成我们的使命，振兴中华民族，建设人类共有家园，使世界更美好！

附录

一、叶嘉莹诗文编年

2018年4月学习期间，叶先生曾嘱我编制一份较为详细的诗词目录，我遵嘱完成，现在原目录基础上修订为诗文编年，以展现叶先生历年创作诗词及刊发诗文情况：（1）诗词根据《迦陵诗词稿》（增订版）辑录；（2）论文统一列于诗词之后，一部分根据笔者在中国知网、读秀学术网和国家图书馆、台湾图书馆、台湾大学图书馆、香港中文大学图书馆、澳门大学图书馆等各大图书馆的网站检索而来，尽力详细到页，不再标明出处；一部分从叶先生及学人公开出版的著述中辑录而来，注明了出处。

1938年（戊寅　民国二十七年）　15岁

抗日战争第二年。在北京市立女二中。

高一课堂上曾写《秋柳赋》（已佚），受到国文老师钟一峰的赞赏。

1939年（己卯　民国二十八年）　16岁

抗日战争第三年。在北京市立女二中，秋季为高二。

诗《秋蝶》《对窗前秋竹有感》《小紫菊》。

1940年（庚辰　民国二十九年）　17岁

抗日战争第四年。在北京市立女二中，秋季为高三。

联语《挽外曾祖母联》。

诗《咏莲》《咏菊》《秋晓》。

词《如梦令》（山似眉峰愁聚）、《醉公子》（玉栏人独倚）、《三字令》（怀锦瑟）、《临江仙》（一片冻云天欲暮）。

1941年（辛巳　民国三十年）　18岁

抗日战争第五年。

诗《蝴蝶》《高中毕业聚餐会后口占三绝》《入伏苦雨晚窗风入寒气袭人秋意极浓因走笔漫成一律》《挽缪金源先生·一九四一年时在沦陷中》《读皖峰夫子诗后》《哭母诗八首》《母亡后接父书》《空山》《铜盘》《过什刹海偶占》《晚秋偶占》《秋兴》《短歌行》。

词《浣溪沙》（屋脊模糊一角黄）、《忆萝月·送母殡归来》（萧萧木叶）、《浣溪沙》（忍向长空仔细看）、《明月棹孤舟》（连日西风连夜雨）、《浣溪沙》（坐觉宵寒百感并）。

1942年（壬午　民国三十一年）　19岁

抗日战争第六年。

诗《悼皖峰夫子》〔按：此诗《迦陵诗词稿》系于1941年，但储皖峰（1896—1942）病逝于1942年2月6日，故系于本年〕、《思君》《杨柳枝八首》《春日感怀》《闻蟋蟀》《昨夜》《归雁》《秋草》《坐对》《寒蝉》《冬柳》《晚归》《折窗前雪竹寄嘉富姊》《寒假读诗偶得》《枉自》《岁暮偶占》《除夕守岁》《不接父书已将半载深宵不寐百感从集灯下泫然赋此》《六朝》《潇湘》《故都怀古十咏有序》（按：包括《瀛台》《太液池》《文丞相祠》《于少保祠》《颐和园》《三忠祠》《蒯文通坟》《将台》《黄金台》《卢沟桥》）、《六朝》《潇湘》。

词《菩萨蛮·母殁半年后作》（伤春况值清明节）、《荷叶杯》（记得满帘飞絮）、《南乡子》（柳带斜阳）、《浣溪沙》（莫遣佳期更后期）、《如梦令·残柳》（冷落清秋时节）、《踏莎行》（霜叶翻红）、《临江仙》（十八年来同逝水）。

附录　289

曲《拔不断》《寄生草》《落梅风》《庆东原》《红绣鞋》《叨叨令》《水仙子》《朝天子》《醉高歌》《塞鸿秋》《山坡羊·咏蝉》《折桂令》《清江引》。

1943年（癸未　民国三十二年）　20岁

抗日战争第七年。

诗《早春杂诗四首》《故都春游杂咏》《昨夜东风来》《生涯》《聆羡季师讲唐宋诗有感》《读羡季师〈载挈〉诗有感》《初夏杂咏四绝》《夏至》《拟采莲曲》《夜来风雨作》《夜坐偶感》《秋宵听雨二首》《咏怀》《登楼》。

词《浣溪沙四首》（送尽春归人未归；岁岁东风塞北沙；漠漠京华十丈尘；蚕簇初成四月天）、《浣溪沙》（记得南楼柳似金）、《临江仙·题秀蕴学姊纪念册》（开到藤花春色暮）、《踏莎行·次羡季师韵》（草袭春堤）、《踏莎行·用羡季师句试勉学其作风苦未能似》（烛短宵长）、《鹧鸪天·广济寺听法后作》（一瓣心香万卷经）、《鹧鸪天》（叶已惊霜别故枝）。

曲《般涉调耍孩儿》《大石调六国朝》《正宫端正好·二十初度自述》《仙吕·点绛唇》《仙吕赏花时·春游》。

1944年（甲申　民国三十三年）　21岁

抗日战争第八年。

诗《园中杏花为风雪所袭》《题羡季师手写诗稿册子》《摇落》《晚秋杂诗五首》《羡季师和诗六章用〈晚秋杂诗五首〉及〈摇落〉一首韵，辞意深美自愧无能奉酬，无何既入深冬，岁暮天寒，载途风雪，因再为长句六章，仍叠前韵》《冬至日与在昭等后海踏雪作》《岁暮杂诗三首》。

词《临江仙·闻羡季师谱聊斋连琐事有感》（记把聊斋灯下读）、《临江仙·连日不乐夜读〈秋明集〉有作》（早岁不知有恨）、《鹧鸪天》（生计何须费剪裁）、《南歌子》（垂柳经时老）、《破阵子二首·咏榴花》（谁道园林寂寞；时序惊心流转）、《水龙吟·咏榴花用东坡咏杨花韵代友人作》（日长寂寞园林）、《临江仙》（处世原无好计）、《鹧鸪天二首》（香印烧残心字灰；欲赋秋情尽费辞）、《南歌子》（秋水连天瘦）、《醉太平》（风凉露凉）、《蝶恋花》（重九中秋都过了）、《菩萨蛮》（平城夕照秋阳阔）、《贺新郎·夜读羡季诗稼轩词说感赋》（此意谁能会）、《浣溪沙五首·用韦庄浣花词韵》（别后魂销塞北天；说到人生已自慵；清夜双眉入鬓斜；重拨心灰字已残；杜宇黄莺各自啼，自注："一九四四年冬时北平沦陷已七年之久"。）

曲《中吕粉蝶儿》。

1945年（乙酉　民国三十四年）　22岁

8月15日，日本宣布无条件投降，抗日战争胜利。

大学毕业，在北平佑贞女中开始教学生涯。

诗《得凤敏学姊书以诗代简》。

词《采桑子》（新春那有新情绪）、《破阵子》（理鬓薰衣活计）、《采桑子》（少年惯做空花梦）、《破阵子》（记向深宵夜话）。

1946 年（丙戌　民国三十五年）　23 岁

同时在北平佑贞女中、志成女中、华光女中任教。

小说《水边的话》（已佚），刊登于《新生报》副刊。（《顾随与叶嘉莹》，第 5 页）

1947 年（丁亥　民国三十六年）　24 岁

文《顾羡季先生五旬晋一寿辰祝寿筹备会通启》。

1948 年（戊子　民国三十七年）　25 岁

3 月下旬赴上海。在上海与赵钟荪结婚。婚后，与赵钟荪一起到南京。

曲《越调斗鹌鹑》《南仙吕入双调步步娇》。

1950 年（庚寅）　27 岁

在彰化女中任教。

诗《转蓬》。

1951 年（辛卯）　28 岁

在光华女中任教。

词《浣溪沙》（一树猩红艳艳姿）。

1952 年（壬辰）　29 岁

在台南光华女中任教。

词《蝶恋花》（倚竹谁怜衫袖薄）。

1953 年（癸巳）　30 岁

在台北二女中任高中国文老师。

曲《双调新水令》（怀故乡——北平）。

1954 年（甲午）　31 岁

在台北二女中任教，并到台湾大学任教。

《辛弃疾的〈祝英台近〉》，《幼狮月刊》1954 年第 2 卷第 8 期，第 30—31 页。

第一部著作《夏完淳》，中国台湾幼狮出版社 1954 年版。

1956 年（丙申） 33 岁

是年，无诗词作品。

1957 年（丁酉） 34 岁

刊发文稿：

《说静安词〈浣溪沙〉一首》，《教育与文化》第 136 期，第 8—10 页。

《从义山〈嫦娥〉诗谈起》，《文学杂志》第 3 卷第 4 期，第 9—16 页。

1958 年（戊戌） 35 岁

在台湾大学，同时兼职淡江文理学院。

刊发文稿：

《温庭筠词概说》，《淡江学报》1958 年第 1 期，第 55—80 页。

1959 年（己亥） 36 岁

刊发文稿：

《中国诗体之演变》，《中国一周》第 457 期，第 4 页。

《几首咏花的诗和一些有关诗歌的话》，《文学杂志》第 4 期，第 8—12 页。

《由〈人间词话〉谈到诗歌的欣赏》，《文学杂志》第 6 卷第 2 期，第 8—13 页。

1960 年（庚子） 37 岁

刊发文稿：《大晏词的欣赏》，《文星》第 6 卷第 3 期，第 26—30 页。

1962 年（壬寅） 39 岁

诗《郊游野柳偶成四绝》《海云》。

1964 年（甲辰） 41 岁

诗《读〈庄子·逍遥游〉偶成二绝》《读义山诗》《南溟》。

刊发文稿：

《从"豪华落尽见真淳"论陶渊明之"任真"与"固穷"》，《中国时报》1964 年 10 月 26 日。（参见台湾图书馆书目整合查询系统）

1965 年（乙巳） 42 岁

刊发文稿：

《论杜甫七律之演进及其承先启后之成就》，《大陆杂志》1965 年第 1 期，第 16—24 页；第 2 期，第 27—30 页；第 3 期，第 24—30 页；第 4 期，第 23—27 页。

《序梦蝶的〈还魂草〉》，《文星》第 16 卷第 3 期，第 65—66 页。

《谈〈古诗十九首〉之时代问题——兼论李善注之三点错误》，《现代学苑》第 2 卷第 4 期，第 9—12 页。

《从义山嫦娥诗谈起》，《新境界》第 1 期，第 16—19 页。

1966 年（丙午）　43 岁

出版专著《杜甫秋兴八首集说》。

刊发文稿：

《说杜甫赠李白诗一首——谈李杜之交谊与天才之寂寞》，《现代文学》第 28 期，第 1—17 页。

1967 年（丁未）　44 岁

词《菩萨蛮》（西风何处添萧瑟）、《鹧鸪天·用友人韵》（寒入新霜夜夜华）。

刊发论文：

《旧诗新演：李义山〈燕台四首〉》，《纯文学》1967 年第 2 期，第 1—40 页。

1968 年（戊申）　45 岁

春季学期，继续在哈佛大学。

诗《一九六八年春张充和女士应赵如兰女士之邀，携其及门高弟李卉来哈佛大学演出昆曲〈思凡〉、〈游园〉二出，诸友人相继有作，因亦勉成一章》（诗中原有序：张充和女史应赵如兰女史之邀，携其及门高弟李卉来哈佛大学演出昆曲《思凡》《游园》二出。莲笙、英时诸先生相继有作，亦勉成一律。1968 年 4 月 30 日叶嘉莹稿。《张充和诗文集》第 90 页。）、《一九六八年秋留别哈佛三首》《水云谣》。

刊发文稿：

《从李义山嫦娥诗谈起》，《当代文艺》（香港）第 4 卷第 26 期，第 16—23 页。

《拆碎七宝楼台——谈梦窗词之现代观》（上、下），《纯文学》1968 年第 2 期，第 1—6 页；第 4 期，第 97—109 页。

《一组易懂而难解的好诗》，《文学季刊》1968 年第 7—8 期，第 17—24 页。

《"文学与传记"译评》，《新潮》。（参见《迦陵杂文集二辑》，第 2 页）

1969 年（己酉）　46 岁

诗《异国》。

文《迦陵存稿跋》。

刊发文稿：

《谈诗歌的欣赏与〈人间词话〉三种境界》，《幼狮文艺》第 30 卷第 6 期，第 57—63 页。

《从〈人间词话〉谈温、韦、冯、李四家词的风格——兼论晚唐五代时期词在意境方面的拓展》，《纯文学》第 31 期。

《略谈李义山的诗》，《幼狮文艺》第 31 卷第 6 期，第 70—80 页。（后转载于《新文艺》1970 年第 12 期，第 42—51 页。）

Wu Wen-ying's Tz' u: A Modern View[vol.29（1969）,pp.53-92（40 pages）（《拆碎七宝楼台——谈梦窗词之现代观》，参见《千川映月唱莲歌：叶嘉莹著述版本图录与提要》，第 168 页。）

1970 年（庚戌）　47 岁

诗《鹏飞》。

刊发文稿：

《从比较现代的眼光看几首中国旧诗》，《现代文学》1970 年第 3 期，第 272—299 页。

专著《迦陵谈诗》（一、二），台北三民书局。

专著《迦陵谈词》，台北纯文学出版社。

1971 年（辛亥）　48 岁

诗《父殁》《庭前烟树为雪所压持竿击去树上积雪以救折枝，口占绝句二首》《梦中得句杂用义山诗足成绝句三首》《感事二首》《发留过长，剪而短之，又病其零乱不整，因梳为髻，或见而讶之，戏赋此诗》《欧游纪事八律作于途中火车上》《秋日绝句六首》。

1972 年（壬子）　49 岁

为西雅图施友忠教授七旬初度撰写贺联。

诗《春日绝句四首》《许诗英先生挽诗》。

1973 年（癸丑）　50 岁

刊发文稿：

《从性格与时代论王国维治学途径之转变》，《香港中文大学学报》第 1 卷，第 61—96 页。

《漫谈中国旧诗的传统——为现代批评风气下旧诗传统所面临之危机进一言》（上、下），《中外文学》1973 年第 4 期，第 4—24 页；第 5 期，第 30—61 页。

《常州词派比兴寄托之说的新检讨》，《现代文学》第 51 期。

1974 年（甲寅）　51 岁

夏，回北京探亲。

诗《祖国行》。

刊发文稿：

《对〈人间词话〉中境界一词之义界的探讨》，《幼狮文艺》第243期，第15—28页。

《从性格与时代论王国维治学途径之转变》，《幼狮月刊》第39卷第5期，第18—24页；第39卷第6期，第2—12页。

1975年（乙卯） 52岁

刊发文稿：

《〈人间词话〉中批评之理论与实践》，《文学评论》第1期，第199—292页。

《对〈人间词话〉中境界一词之义界的探讨》，《人间词话研究汇编》，巨浪出版社（此文最初发表于台湾《幼狮文艺》第243期，后收录于此书中。）

《钟嵘〈诗品〉评诗之理论标准及其实践》，《中外文学》第4卷第4期，第4—25页。

《座谈大陆与台湾文艺问题》，《广角镜》（香港）第38期，第12—17页。

《座谈大陆与台湾文艺问题》，《广角镜》（香港）第39期，第14—18页。

《一个新旧文化激变中的悲剧人物：王国维死因之探讨》，《香港中文大学学报》第3卷第1期，第1—48页。

The ch'ang-chou School of Tz'u Criticism[vol.35（1975），pp.101-132（32 pages）（《常州词派比兴寄托之说的新检讨》，参见《千川映月唱莲歌：叶嘉莹著述版本图录与提要》，第168页。）

1976年（丙辰） 53岁

1月周恩来总理逝世，联合国中国代表团嘱写挽联一副。

9月毛泽东主席逝世，联合国中国代表团撰写挽联嘱代为审定。

诗《一九七六年三月廿四日长女言言与婿永廷以车祸同时罹难，日日哭之，陆续成诗十首》《天壤》。

刊发文稿：

《〈人间词话〉境界说与中国传统诗说之关系》，《抖擞》（香港）第14期，第1—18页。

《从元遗山论诗绝句谈谢灵运与柳宗元的诗与人》，《抖擞》（香港）第15期，第1—21页。

《李义山〈海上谣〉与桂林山水及当日政局》，《抖擞》（香港）第18期，第1—19页。

《我看〈艳阳天〉》（八万字左右），《七十年代》（香港），1976年。（《迦陵杂文集》，第109页。）

《祖国行》（合著）出版，《七十年代》（香港）。

1977年（丁巳） 54岁

诗《大庆油田行》《旅游开封纪事一首》《西安纪游绝句十二首》《返加后两月，接武慕姚先生惠寄手书拙著长歌,并辱题诗,赋此奉和》。

词《采桑子二首》(我生一世多忧患;儿时只解吟风月)。

刊发诗文:

诗《迦陵近稿》,载于《七十年代》(香港)第总第93期,第12页。

诗《大庆油田行》,载于《七十年代》(香港)总第94期,第43—44页。

1978年(戊午)　55岁

诗《向晚二首》《再吟二绝》。

词《金缕曲·周总理冥诞作》(万众悲难抑)、《水龙吟·秋日感怀温哥华作》(满林霜叶红时)、《水调歌头·秋日有怀国内外各地友人》(天涯常感旧)、《踏莎行》(黄菊凋残)、《西江月》(昨夜月轮又满)、《临江仙》(惆怅当年风雨)、《浣溪沙》(摇落西风几夜凉)、《金缕曲·有怀梅子台湾》(难忘临歧际)、《水龙吟》(旧游街巷重经)、《鹧鸪天》(老去相逢更几回)。

刊发诗文:

诗作《许诗英先生挽诗——一九七二冬》,《南北极》(香港)第93期,第68页。

《从王国维〈红楼梦评论〉之得失谈到〈红楼梦〉之文学成就及贾宝玉之感情心态》,《抖搂》(香港)第27期,第27—43页。

《浩然访问记》,《抖擞》(香港),1978年3月。(参见《迦陵杂文集》第109页。)

《碧山词析论:对一位南宋古典词人的再评价》,《大公报在港复刊三十周年纪念文集》1978年9月,第833—881页。

《〈艳阳天〉中萧长春与焦淑红的爱情故事》,北美《星岛日报》,1978年。(参见《迦陵杂文集》,第109页。)

1979年(己未)　56岁

诗《绝句三首》《喜得重谒周祖谟师》《游圆明园绝句四首》《观剧》《赠友人赵瑞蕻、陈得芝先生绝句三首》《赠故都师友绝句十二首》《天津纪事绝句二十四首》《成都纪游绝句九首·旅途口占》。

词《西江月三首·一九七九年旅游途中戏作》(万里归国客子;甜瓜或黄或绿;车里笑声时起)、《水龙吟》(半生想像灵均)、《八声甘州》(想空堂素壁写归来)、《水调歌头·题美国麻省大学梁恩佐教授绘〈国殇图〉》(死有泰山重)、《水龙吟》(一声裂帛长吟)、《水龙吟·题〈嵇康鼓琴图〉》(分明纸上琴音)、《水龙吟·题范曾先生绘孟浩然画像》(浩然正副斯名）、《沁园春·题友人赠〈仕女图〉》（万里相邀）、《沁园春·题〈曹孟德东临碣石图〉》（魏武当年）。

1980 年（庚申）　57 岁

诗《五律三章奉酬周汝昌先生》。

词《踏莎行》（一世多艰）、《鹊踏枝》（记得当年花烂漫）、《水龙吟·友人来书写黄山之胜》（画师隔海书来）、《水龙吟·红楼梦研究会纪事》（周公吐哺迎宾）、《玉楼春·有怀梅子台湾》（天涯聚散真容易）、《鹊踏枝》（玉宇琼楼云外影）、《鹊踏枝》（喵锁金蟾销篆印）。

刊发诗文：

《词二首》，《七十年代》（香港）总第 123 期，第 98 页。

《拆碎七宝楼台：谈梦窗词之现代观》，《南开学报（哲学社会科学版）》1980 年第 1 期，第 41—56 页。

《拆碎七宝楼台：谈梦窗词之现代观（续）》，《南开学报（哲学社会科学版）》1980 年第 2 期，第 34—41 页。

On Wang I-sun and His Yung-wu Tz'u [vol.40（1980），pp.55-91（37 pages）] (《碧山村析论——对一位南宋古典词人的再评价》，参见《千川映月唱莲歌：叶嘉莹著述版本图录与提要》，第 168 页。）

1981 年（辛酉）　58 岁

诗《雾中有作七绝二首》《一九八一年春自温哥华乘机赴草堂参加杜诗学会机上口占》《赋呈缪彦威前辈教授》《归加拿大后寄缪彦威教授》《赠俞平伯教授》《律诗一首·久惯飞航作远游》《员峤·奉答缪彦威教授〈古意〉诗》《为加拿大邮政罢工作》。

词《西江月·阳平关下作》（久慕蜀都山水）、《鹊踏枝》（花树樊城长陌满）、《点绛唇》（回首生哀）。

刊发诗文：

缪钺，黄肃秋，殷孟伦，金启华，叶嘉莹，刘开扬，周虚白，曾君一，许永璋，李易，徐艾：《杜甫学会年会诗录》，《杜甫研究学刊》1981 年第 2 期，第 77—79 页。（其中有先生诗《一九八一年四月，由加拿大至成都草堂，出席杜甫学会年会，赋此感志》）

《杜甫学会年会诗录》，《草堂》1981 年第 2 期，第 77—80 页。（按：此篇内容同上。）

《旅游成都及三峡口占绝句九首》，《南北极》（香港）第 132 期，第 61 页。

《祖国行》（长歌），《星星诗刊》1981 年第 7 期，第 7—11 页。

《谈诗歌中兴发感动之作用与词的评赏——《迦陵论词丛稿（修订本）》后叙》，《抖擞》

（香港）第 42 期，第 37—46 页。

《杜甫七律诗演进的几个阶段》，《南京大学学报（哲学社会科学版）》1981 年第 18 卷第 3 期，第 18—31 页。

1982 年（壬戌） 59 岁

诗《答谢北京大学陈贻焮教授赠我〈沁园春〉词》《赠陈贻焮教授及其公子蓟庄绝句二首》《为内侄女诗诗作》、《昆名旅游绝句十二首》（翠湖、龙门、滇池、魁星像、缥缈楼、聂耳墓、华亭寺钟、筇竺寺罗汉、黑龙潭唐梅、大观楼长联、石林、云大致公堂）、《山泉》、《旅游有怀诗圣赋五律六章》（过兖州、游曲阜、登泰山、游济南、参加成都草堂纪念杜甫大会、游巩县杜甫故居）、《缪彦威前辈教授以手书汪容甫赠黄仲则诗见贻，赋此为谢》。

词《蝶恋花》（盼得春来春又暮）、《鹧鸪天》（死别生离久惯谙）、《水龙吟·壬戌中秋前夕有怀故人》（天涯又睹清光）、《浣溪沙》（尺幅珍悬字字珠）、《减字木兰花》（天涯秋老）。

刊发诗文：

《旅游昆明九绝句》，《滇池》1982 年第 6 期，第 33—33 页。

《柳永及其词》，《南开学报》1982 年第 3 期，第 53—66 页。

《谈李白、杜甫的友谊和天才的寂寞——从杜甫〈赠李白〉诗说起》，《北京师范大学学报》1983 年第 3 期，第 1—13 页。

《从几首诗例谈中国古典诗歌中形象与情意之间的关系》，《天津师院学报》1982 年第 3 期，第 37—45 页。

《冯正中词的成就及其承先启后的地位》，《北京师院学报》（社会科学版）1982 年第 4 期，第 10—23 页。

《从几首诗例谈中国古典诗歌中形象与情意之间的关系》，《中国古代、近代文学研究》1982 年第 19 期，第 37—46 页。

《灵谿词说》，四川大学学报丛刊第 15 辑"古典文学论丛"1982 年 10 月，第 1—7 页。

1983 年（癸亥） 60 岁

诗《高枝》《樊城秋晚风雨中喜见早梅》。

词《满庭芳·一九八三年春写于温哥华》（樱蕊初红）、《蝶恋花》（爱向高楼凝望眼）、《浣溪沙》（已是苍松惯雪霜）、《木兰花慢·咏荷》（花前思乳字）、《水调歌头·贺周士心教授八秩寿庆画展》（云城有高士）、《浣溪沙·连夕月色清佳，口占此阕》（无限清晖景最妍）。

发表诗文：

《怀乡吟草》[包括《近来颇有归国之思，傍晚于林中散步，吟此二绝》《后两日接国内友人来信,悉教育界气象一新,再吟二绝》《还乡有作》(绝句四首录二)、《南溟》、《一九六六年自台应聘赴美讲学,初意借此机会还乡探亲,然国内正值"文化大革命"而未果,1968年重返台湾,赋此留别哈佛》(三首录一)、《水龙吟》(满园霜叶红时)、《金缕曲》(难忘临歧际)、《鹊踏枝》(玉宇琼楼云外影)、《减字木兰花》(天涯秋老)],《中国老年》1983年第2期,第32页。

《冯正中词的成就及其承前启后的地位》,《中国古代、近代文学研究》1983年第1期,第105—120页。

《灵谿词说》(续),《四川大学学报(哲学社会科学版)》1983年第1期,第47—54页。

《灵谿词说续五——论南唐中主李璟词》(按:编者说明之前未注明续稿次数。故自本期注明"续五"),《四川大学学报(哲学社会科学版)》1983年第3期,第37—43页。

《谈我在古典诗歌评赏中感性与知性的结合——〈迦陵论诗丛稿〉后叙》,《文艺理论研究》1983年第3期,第54—64页。

《灵谿词说(续六)——论晏几道词》,《四川大学学报(哲学社会科学版)》1983年第4期,第54—61页。

缪钺,叶嘉莹:《〈灵谿词说〉撰写计划》,《四川大学学报(哲学社会科学版)》1983年第4期,第62—63页。

《〈灵谿词说〉前言》,《四川大学学报丛刊》第21辑"唐宋文学论丛"1983年11月,第1—8页。

1984年(甲子)　61岁

联语《为黄尊生姻丈九旬大庆作》。

诗《春归有作》《河桥二首寄梅子台湾》。

刊发文稿:

《从中西诗论的结合谈中国古典诗歌的欣赏》,《当代文坛》1984年第1期,第27—33页。(据1983年6月29日、30日两天成都学术报告整理而成。)

《从中西诗论的结合谈中国古典诗歌的欣赏》,《当代文坛》1984年第2期,第45—50页。

《古典诗歌中形象与情意的关系——在我校的一次学术讲演》,《复旦学报》(社会科学版)1984年第2期,第52—56页。(转载于《中国古代、近代文学研究》1984年第9期,第20—25页。)

《从中西诗论的结合谈中国古典诗歌的欣赏》,《当代文坛》1984年第3期,第39—44页。

《灵谿词说(续八)——论柳永词》,《四川大学学报》(哲学社会科学版)1984年第2期,第75—87页。

《学词自述》（治学经验谈），《江海学刊》1984年第2期，第118—120页。（转载于《文教资料简报》1984年第6期，第16—22页。）

《论词之起源》，《中国社会科学》1984年第6期，第171—185页。（转载于《中国古代、近代文学研究》1984年第23期，第109—129页。）

"唐五代词"，日本九州大学《中国文学论集》。（参见《我与姑母叶嘉莹》，第163页。）

1985年（乙丑） 62岁

诗《秋晚怀故国友人》《为茶花作》《秋花》《寄怀梅子台湾》《初夏绝句·咏栀子花》《咏荷花》。

词《生查子》（漂泊久离居）。

刊发诗文：

《踏莎行》，《词刊》1985年第3期，第6页。（按："黄菊凋残"一首）

《论词绝句》三十八首，《明报月刊》（香港）第20卷第9期，第77—78页。

《王国维及其文学批评》补跋（上、下），《明报月刊》（香港）第20卷第2期，第33—38页；第20卷第3期，第58—63页。

《苦水说诗》（一），叶嘉莹笔记，《明报月刊》（香港）第20卷第6期，第98—100页。

《苦水说诗》（二），叶嘉莹笔记，《明报月刊》（香港）第20卷第7期，第95—98页。

《灵谿词说（续十二）——论秦观词》，《四川大学学报》（哲学社会科学版）1985年第2期，第47—60页。（转载于《中国古代、近代文学研究》1985年第13期，第147—160页。）

《每依北斗望京华——〈杜甫秋兴八首集说〉再版后记》，《文史哲》1985年第4期，第3—11页。

《论苏轼词》，《中国社会科学》1985年第3期，第175—192页。

《从中西诗论的结合谈中国古典诗歌的评赏》（上），《求是学刊》1985年第5期，第45—55页。（据1984年4月下旬黑龙江大学讲学整理）

《从中西诗论的结合谈中国古典诗歌的评赏》（下），《求是学刊》1985年第6期，第38—47页、83页。

《灵谿词说（续十四）——论陆游词》，《四川大学学报（哲学社会科学版）》1985年第4期，第53—61页。

《纪念我的老师顾随羡季先生——谈羡季先生对古典诗歌之教学及其词之成就》（上），《河北大学学报（哲学社会科学版）》1985年第4期，第9—16页。（按：后收录于《顾随文集》，上海古籍出版社1986年版；《顾羡季先生诗词讲记》，台北桂冠图书公司1992年版；《顾随全集》，河北教育出版社2000年版。）

1986年（丙寅） 63岁

诗《挽夏承焘先生二绝》《陈省身先生七十五岁寿宴中作》《谢友人赠菊》《论词绝句五十首》（按：论词之起源、论温庭筠词、论韦庄词、论冯延巳词、论李璟词、论李煜词、论晏殊词、论欧阳修词、论柳永词、论晏几道词、论苏轼词、论秦观词、论周邦彦词、论陆游词、论辛弃疾词、论吴文英词、论王沂孙及咏物词）。

受《光明日报》"文学遗产"之邀，撰写"迦陵随笔"系列（参见《词学新诠》，北京大学出版社2008年版）：

《一、前言》（1986年10月3日）；

《二、似而非是之说》（1986年10月6日）；

《三、从现象学到境界说》（1986年11月2日）；

《四、作为评词标准之境界说》（1986年11月15日）；

《五、要眇宜修之美与在神不在貌》（1986年11月15日）。

刊发诗文：

诗《祝哈尔滨国际红学研讨会开幕》（红楼赏析集群贤，黑水白山思渺然。海外明湖留梦影，更期相聚向他年），《红楼梦学刊》1986年第4期，第1页。

《灵谿说》论词绝句十九首，《明报月刊》（香港）第21卷第9期，第90—91页。

《纪念我的老师顾随羡季先生——谈羡季先生诗作与剧作之成就》（下），《河北大学学报（哲学社会科学版）》1986年第1期，第39—47页。

《王国维及其文学批评》补跋（上、下），《中国文学研究》1986年第2期，第64—75页。

《从一首〈水龙吟〉（过南涧双溪楼）看辛弃疾词一本万殊之特质》，《文史杂志》1986年第4期，第25—28页。（转载于《中国古代、近代文学研究》1987年第2期，第151—156页。）

《灵谿词说（续十七）——论咏物词之发展及王沂孙之咏物词》，《四川大学学报（哲学社会科学版）》1986年第4期，第72—86页。

《说韦庄〈思帝乡〉词（春日游）一首——缘情造端以相感动》，《明报月刊》（香港）第21卷第1期，第162—163页。

《从三首小诗的比较谈诗歌的评赏》，《香港文学》第14期，第26—32页。

《说欧阳修〈采桑子〉一首——融情入景，欣慨交心》，《明报月刊》（香港）第21卷第3期，第90—91页。

《论温庭筠、韦庄、冯延巳、李煜四家词》，《国文天地》1986年第12期，第44—48页。

"苏轼词论"，东英寿译，《中国诗人论》（冈村繁教授退官纪念论集），1986年。（参见《我与姑母叶嘉莹》，第163页。）

1987年（丁卯） 64岁

联语"祝贺中华诗词学会成立联语""贺不列颠哥伦比亚大学亚洲系蒲立本教授荣退"。

受《光明日报》之邀，继续写作并刊发系列论文（参见《词学新诠》，北京大学出版社2008年版）：

《六、张惠言与王国维对美学客体之两种不同类型的诠释》（1987年1月15日）；

《七、从符号与信息之关系谈诗歌的衍义之诠释的依据》（1987年1月15日）；

《八、温庭筠〈菩萨蛮〉词所传达的多种信息及其判断之准则》（1987年1月19日）；

《九、"兴于微言"与"知人论世"》（1987年1月24日）

《十、"比兴"之说与"诗可以兴"？》（1987年3月18日）；

《十一、从李煜词与赵佶词之比较看王国维重视感发作用的评词依据》（1987年3月26日）；

《十二、感发之联想与作品之主题》（1987年4月4日）；

《十三、二种境界与接受美学》（1987年11月12日）；

《十四、文本之依据与感发之本质》（1987年11月30日）；

《十五、结束语》（1988年9月18日）。

刊发文稿：

《论辛弃疾词的艺术特色》，《文史哲》1987年第1期，第44—54页。（转载于《中国古代、近代文学研究》1987年第4期，第127—138页。）

《词二首赏析》（按：说冯延巳《抛球乐》（逐胜归来雨未晴）、说苏轼《八声甘州》（寄参寥子），《名作欣赏》1987年第1期，第17—20页。

《论辛弃疾词》，《文史哲》1987年第4期，第16—25页。

《论辛弃疾词的艺术特色》，中国李清照辛弃疾学会《首届辛弃疾学术研讨会论文集》1987年5月，第174—192页。

《说欧阳修〈玉楼春〉一首》，《名作欣赏》1987年第4期，第9—10页。

《说韦庄〈思帝乡〉词一首》，《名作欣赏》1987年第4期，第11—12页。

《王沂孙及其咏物词》，《文学遗产》1987年第6期，第90—99页。（转载于《中国古代、近代文学研究》1988年第3期，第193—203页。）

《论周邦彦词之政治托喻——兼说〈渡江云〉（晴岚低楚甸）》，《河北大学学报（哲学社会科学版）》1987年第3期，第29—32页。（转载于《中国古代、近代文学研究》1988年第3期，第181—185页。）

《难忘诗骚屈杜魂》，《电大语文》1987年第8期，第2—15页。

论词文稿连载于《国文天地》：《论晏殊词》1987年第9期，第38—41页；《论欧阳修词》1987年第10期，第12—16页；《论南唐中主李璟词》1987年第11期，第54—60页；《论晏几道词》1987年第12期，第74—81页。

1988年（戊辰）　65岁

诗《〈灵谿词说〉书成，口占一绝》《朱弦》。

词《瑶华》（当年此刹）。

刊发文稿：

《从一个新角度看张惠言与王国维二家说词的两种方式》（续《灵谿词说》之五），《四川大学学报（哲学社会科学版）》1988年第4期，第76—81页。

《说韦庄词五首》，《名作欣赏》1988年第2期，第18—24页。

《说秦观〈画堂春〉》（"落红铺径水平池"一首），《名作欣赏》1988年第5期，第20—21页。

《三种境界与接受美学》，《美学》1988年第5期，第6—9页。

《论辛弃疾词》，《高等学校文科学报文摘》1988年第1期，第52—52页。

1989年（己巳）　66岁

诗《七绝三首》《戒烟歌·应人邀稿作》。

词《水调歌头（降龙曲）·己巳孟春为友人戏作》（幽谷有龙孽）、《木兰花令》（人间谁把东流挽）。

刊发文稿：

《对传统词学与王国维词论在西方理论之观照中的反思》，《中华文史论丛》1989年第2期，第209—252页。

《唐诗的魅力》序，《唐诗的魅力——诗语的结构主义批评》，上海古籍出版社1989年版，序第1—2页。

《说秦观词〈踏莎行〉一首》，《女性人》1989年第1期，第64—75页。

《论王国维词：从我对王氏境界说的一点新理解谈王词之评赏》（上、下），《中外文学》第18卷第3期，第4—30页；第4期，第40—58页。

《〈迦陵随笔〉结束语》，《中国古代、近代文学研究》1989年第2期，第318—320页。

1990年（庚午）　67岁

刊发文稿：

《从一个新的理论角度谈令词之潜能与陈子龙词之成就》，《四川大学学报（哲学社会科学版）》1990年第1期，第62—78页。

《论辛弃疾词》，中国高等科学技术中心《辛弃疾国际学术研讨会论文集》1990年10月，第187—204页。

《叶嘉莹自温哥华致纪念会的信》，《河北大学学报（哲学社会科学版）》1990年第4期，第13页、28页。

《当代古典作品推介——宗志黄散曲》，《女性人》第3期，第107—110页。

《由词之特质论令词之潜能与陈子龙词之成就》，《中外文学》第19卷第1期，第4—38页。

1991年（辛未） 68岁

刊发文稿：

《论王国维词——从我对王氏境界说的一点新理解谈王词的评赏》（续《灵谿词说》之十四），《四川大学学报（哲学社会科学版）》1991年第1期，第59—70页。

《论王国维词（续）——从我对王氏境界说的一点新理解谈王词的评赏》，《四川大学学报（哲学社会科学版）》1991年第2期，第50—65页。

《中国词学之困惑与〈花间词〉之女性特质》，《中国文哲研究通讯》第2期，第15—28页。

《论纳兰性德词——从我对纳兰词之体认的三个不同阶段谈起》，《中外文学》1991年第19卷第8期，第4—33页。

1992年（壬申） 69岁

诗《西北纪行诗十五首·写赠柯杨、林家英、牛龙菲诸先生》《月牙泉口占寄梅子台湾》《杨振宁教授七十华诞口占绝句四章为祝》《贺缪彦威教授九旬初度·壬申冬日写于加拿大温哥华》《纪梦》《金晖》《端木留学长挽诗二首》。

刊发文稿：

《冯延巳词承先启后之成就与王国维之境界说》，《词学》1992年第1期，第50—72页。

《论纳兰性德词（从我对纳兰词之体认的三个不同阶段谈起）》，《中国古代、近代文学研究》1992年第5期，第249—264页。

《妙理推知不守恒——在南开大学庆祝杨振宁70华诞报告会上的发言》，《科学学与科学技术管理》1992年第8期，第15—18页。

《从女性主义文论看〈花间〉词之特质》，《社会科学战线》1992年第4期，第240—249页。

《顾随先生临帖四种·序言》，《顾随先生临帖四种》。（按：前面为周汝昌所撰引言。）

安易整理：《陶渊明诗讲录之二》，《国文天地》第8卷第5期，第22—23页。

安易整理：《陶渊明诗讲录之三》，《国文天地》第8卷第6期，第54—62页。

《论词学中之困惑与〈花间词〉之女性叙写及其影响》（上、下），《中外文学》1992 年第 8 期，第 4—31 页；第 9 期，第 4—30 页。

1993 年（癸酉）　70 岁

诗《绝句四首》（1993 年春美国加州万佛圣城邀讲陶诗，小住一周，偶占四绝）、《查理斯河畔有哈佛大学宿舍楼一座，我于多年前曾居住此楼，今年又迁入此楼》《偶见圣诞卡一枚，其图像为布满朱实之茂密绿叶而题字有'丹书'之言，因占此绝》《癸酉冬日中华诗词学会友人邀宴糊涂楼，楼以葫芦为记，偶占三绝》。

词《浣溪沙》（一任生涯似转蓬）。

刊发文稿：

《论词学中之困惑与〈花间〉词之女性叙写及其影响》，《词学》1993 年第 1 期，第 146—200 页。

《从〈花间〉词之特质看后世的词与词学》，《文学遗产》1993 年第 4 期，第 65—73 页。

《谈古典诗歌中兴发感动之特质与吟诵之传统》，《中外文学》第 21 卷第 11 期，第 6—41 页。

叶嘉莹，姚白芳：《从花间词的女性特质看辛弃疾的豪放词》，《中国文哲研究通讯》3 卷 2 期，第 1—17 页。

《论缪钺先生在诗词评赏与诗词创作方面之成就》，《国文天地》第 9 卷第 1 期，第 94—101 页。

1994 年（甲戌）　71 岁

词《虞美人三首·初抵新加坡纪事》（我生久作天涯客；新交故雨知多少；所居地在盘丹谷）。

刊发文稿：

《我与我家的大四合院》，《光明日报》1994 年 3 月 7 日。（参见《我与姑母叶嘉莹》，第 26 页。）

《朱彝尊之爱情词的美学特质》，《四川大学学报（哲学社会科学版）》1994 年第 1 期，第 62—68 页；第 2 期，第 59—71 页；第 3 期，第 62—68 页。

《论朱彝尊〈静志居琴趣〉中之爱情词所表现的美感质量》，《九州岛学刊》第 6 卷第 2 期，第 63—86 页。（按：参见台湾图书馆期刊目录。）

安易整理：《古诗十九首讲录》第二讲《行行重行行》，《国文天地》第 10 卷第 2 期，第 4—10 页。

安易整理：《古诗十九首讲录》第三讲《青青河畔草》《今日良宴会》，《国文天地》第 10 卷第 3 期，第 37—43 页。

安易整理：《古诗十九首讲录》第四讲《西北有高楼》，《国文天地》第 10 卷第 4 期，第 28—36 页。

《从艳词发展之历史看朱彝尊爱情词之美学特质》（上），《中外文学》第 23 卷第 7 期，第 112—138 页。

1995 年（乙亥）　72 岁

诗《缪彦威先生挽诗三首》《赠别新加坡国大同学七绝一首》。

刊发文稿：

安易整理：《谈中国诗词文本中的多义与潜能——在南开大学校庆 75 周年学术报告会上的演讲》《南开学报》1995 年第 2 期，第 11—16 页。

《浙西词派创始人朱彝尊之词与词论及其影响》，《中国文化》第 11 期，第 161—176 页。（按：稿件末标有 1995 年 2 月 14 日完稿于温哥华。）

《悼念文史学家缪钺先生》，《历史文献研究》第 6 辑，第 53 页。

《从艳词发展之历史看朱彝尊爱情词之美学特质》（下），《中外文学》第 23 卷第 8 期，第 102—127 页。

安易整理：《诗歌的感发》《国文天地》第 11 卷第 2 期，第 16—21 页；第 11 卷第 3 期，第 49—55 页。

安易整理：《诗歌中形象与情意的关联》《国文天地》第 11 卷第 4 期，第 26—33 页；第 11 卷第 5 期，第 24—32 页。

安易整理：《诗体的演变》，《国文天地》第 11 卷第 6 期，第 33—41 页；第 11 卷第 7 期，第 38—45 页；第 11 卷第 8 期，第 67—77 页。

1996 年（丙子）　73 岁

诗《至 N.H. 州白山附近访 Robert Frost 故居》《一九九六年九月中旬赴乌鲁木齐参加中国社科院文研所与新疆师范大学联合举办之"世纪之交中国古典文学及丝绸之路文明国际学术研讨会"并赴西北各地作学术考察，沿途口占绝句六首》。

刊发文稿：

《〈台静农先生诗稿〉序言》，《中国文化》1996 年第 13 期，第 222—227 页。

《〈台静农先生诗稿〉序言》后记，《中国文化》1996 年第 14 期，第 257—279 页。

安易、杨爱娣整理：《建安诗歌讲录》，《国文天地》第 11 卷第 9 期，第 72—79 页；第 11

卷第 10 期，第 67—73 页；第 11 卷第 11 期，第 68—74 页；第 11 卷第 12 期，第 82—89 页；第 12 卷第 1 期，第 77—85 页；第 12 卷第 2 期，第 98—101 页；第 12 卷第 3 期，第 94—100 页；第 12 卷第 4 期，第 73—79 页；第 12 卷第 5 期，第 76—85 页；第 12 卷第 6 期，第 75—79 页；第 12 卷第 7 期，第 72—81 页。

1997 年（丁丑） 74 岁

诗《梅子寿辰将近，口占二绝为祝》、《温哥华花期将届，而我即将远行，颇以为憾。然此去东部亦应正值花开，因占二绝自解》（一九九七年春写于温哥华）、《一九九七年春明尼苏达州立大学陈教授幼石女士约我至明大短期讲学，并邀至其府上同住，历时三月。别离在即，因赋纪事绝句十二首以为纪念》《一九九七年春，在美国明州大学访问，得与廿余年前旧识刘教授君若女士重逢，蒙其相邀至西郊植物园游春赏花，余寒虽厉，而吾二人游兴颇浓，口占绝句六首》《悼念吴大任先生五律三首》。

刊发文稿：

叶嘉莹、张杏如、郑荣珍：《诗词，让孩子有思有感》，《学前教育》第 19 卷第 10 期，第 6—12 页。

安易、杨爱娣整理：《建安诗歌讲录》，《国文天地》第 12 卷第 8 期，第 54—64 页；第 12 卷第 9 期，第 49—57 页；第 12 卷第 10 期，第 42—49 页。

安易、杨爱娣整理：《正始诗歌讲录》《国文天地》第 12 卷第 11 期，第 32—35 页；第 12 卷第 12 期，第 46—51 页；第 13 卷第 1 期，第 34—42 页；第 13 卷第 2 期，第 40—47 页；第 13 卷第 3 期，第 41—47 页；第 13 卷第 5 期，第 78—88 页；第 13 卷第 6 期，第 41—47 页；第 13 卷第 7 期，第 26—31 页。

姚白芳整理：《清代词史观念的形成与晚清的史词》《中国文哲研究通讯》第 7 卷第 4 期，第 71—97 页。

《对常州词派张惠言与周济二家词学的现代反思》，《中文学刊》（香港）第 1 期，第 151—160 页。

1998 年（戊寅） 75 岁

刊发诗文：

《西北纪行——诗十五首》，《纯文学》（香港）副刊 1998 年第 1 期，第 97—100 页。

《论词的弱德之美：石声汉〈荔尾词存〉序》，《中华诗词》1998 年第 3 期，第 6—10 页。

《谈北宋初期晏欧令词中文本之潜能》，《社会科学战线》1998 第 3 期，第 121—128 页。

徐晓莉整理：《正始诗歌讲录》，《国文天地》第 13 卷第 8 期，第 31—37 页；第 13 卷第 9

期，第32—40页；第13卷第10期，第38—42页；第13卷第11期，第26—31页；第13卷第12期，第46—51页；第14卷第2期，第43—48页；第14卷第3期，第36—39页；第14卷第4期，第64—67页。

徐晓莉整理：《太康诗歌讲录》，《国文天地》第14卷第5期，第48—52页；第14卷第6期，第58—62页；第14卷第7期，第63—68页。

《荔尾词存》序，《纯文学》（香港）副刊第2期，第109—118页。

《林则徐、邓廷桢的词史之作》，《纯文学》（香港）副刊第3期，第63—72页。

《从晚清两大词人文廷式、王鹏运的词史之作看中日甲午战争》，《纯文学》（香港）副刊第5期，第95—105页。

《从晚清三大词人文廷式、王鹏运、郑文焯的词史之作看庚子国变》，《纯文学》（香港）复刊第6期，第96—110页。

1999年（己卯）　76岁

刊发文稿：

《从文本之潜能与读者之诠释谈令词的美感特质》，《文学遗产》1999年第1期，第44—52页。（转载于《中国古代、近代文学研究》（人大复印）1999年第5期。）

《论词的弱德之美——石声汉〈荔尾词存〉序》，《农业考古》1999年第1期，第159—164页。

《神龙见首不见尾——谈〈史记·伯夷列传〉的章法与词之若隐若地的美感特质》，《天津大学学报（社会科学版）》1999年第1期，第1—5页。（转载于人大复印资料《中国古代、近代文学研究》1999年11期。）

《诗歌谱写的情谊——伴随改革开放同步的我与南开二十年》，《南开学报》1999年第5期，第39—44页。

《浅谈女性在中国词中的形象和作用》，《纯文学》（香港）复刊1999年第10期，第20—30页。

徐晓莉整理：《太康诗歌讲录》，《国文天地》1999年第14卷第8期，第47—52页。

安易、杨爱娣整理：《太康诗歌讲录》，《国文天地》1999年第14卷第9期，第54—59页；第14卷第10期，第42—44页；第14卷第11期，第40—47页；第14卷第12期，第39—44页；第15卷第1期，第59—62页。

徐晓莉整理：《太康诗歌讲录》，《国文天地》第15卷第2期，第51—57页；第15卷第3期，第76—80页；第15卷第4期，第65—73页；第15卷第5期，第40—44页；第15卷第6期，第22—26页；第15卷第7期，第57—60页。

《清初词的中兴与清中叶词史理论的形成》，《纯文学》（香港）副刊第14期，第64—73页。

《记南开大学图书馆所藏手抄稿本〈迦陵词集〉》，《台湾大学文史哲学报》第50期，第253—267页。

2000年（庚辰） 77岁

诗《七绝一首》（南开校园马蹄湖内遍植荷花，素所深爱，深秋摇落，偶经湖畔，口占一绝）。

词《鹧鸪天》（似水年光去不停）、《鹧鸪天》（广乐钧天世莫知）。

刊发文稿：

《感发生命的召唤》，《长城》2000年第1期，第146—155页。

《从文本之潜能与读者之诠释谈令词的评赏》，《天津大学学报》2000第2期，第83—88页。

徐晓莉整理：《太康诗歌讲录》，《国文天地》第15卷第8期，第42—45页。

安易、杨爱娣整理：《永嘉诗歌讲录》，《国文天地》第15卷第9期，第38—42页；第15卷第10期，第42—46页。

《从文本之潜能与读者之诠释谈令词的评赏》，《国文天地》第15卷第11期，第61—67页；第15卷第12期，第46—51页。

《唐诗系列讲座》，《国文天地》第16卷第2期，第19—23页。

《中国古典诗歌的美感特质》，《岭南学报》第2期，第317—327页。

曾庆雨整理：《初唐诗人之一（上）——说王绩诗一首》，《国文天地》第16卷第6期，第60—66页。

曾庆雨整理：《初唐诗人之一（下）——说王绩诗一首》，《国文天地》第16卷第7期，第41—49页。

2001年（辛巳） 78岁

诗《七绝三首·赠冯其庸先生》、《七绝一首》（濠江胜地海山隈）。

词《鹧鸪天》（皎洁煎熬枉自痴）、《浣溪沙》（又到长空过雁时）、《浣溪沙》（莲露凝珠聚海深）、《浣溪沙》（休道襟怀惨不温）、《金缕曲》（记得初相识）、《鹧鸪天·赠沈秉和先生》（记得濠江识面时）、《金缕曲》（八十称眉寿）。

刊发文稿：

曾庆雨整理：《苏轼：词之意境的开拓者》，《长城》2001年第1期，第197—203页。

曾庆雨整理：《漫谈中国古典诗歌中的感发作用》，《长城》2001年第2期，第158—166页。

曾庆雨整理：《唐诗系列讲座》一、二、三、四，《长城》2001年第3期，第152—168页；2001年第4期，第189—197页；2001年第5期，第203—208页；2001年第6期，第200—204页。

《悼念赵朴初先生——记我与赵朴老相交往之二三事》，《佛教文化》2001年第Z1期，第21—24页。

曾庆雨整理：《初唐诗人之二——说杜审言诗一首》（上）（下），《国文天地》第16卷第8期，第37—41；第16卷第9期，第46—51。

曾庆雨整理：《初唐诗人之三——王勃：》（上）（下），《国文天地》第16卷第10期，第49—53页；第16卷第10期，第57—60页。

曾庆雨整理：《初唐诗人之四　骆宾王》，《国文天地》第16卷第12期，第48—52页；第17卷第1期，第79—81页。

曾庆雨整理：《唐诗系列讲座——陈子昂诗讲录》，《国文天地》第17卷第2期，第35—41页；第17卷第3期，第50—55页；第17卷第4期，第43—47页；第17卷第5期，第36—41页；第17卷第6期，第44—50页。

曾庆雨整理：《唐诗系列讲座——论张九龄诗》，《国文天地》第17卷第7期，第36—42页。

2002年（壬午）　79岁

诗《七绝三首》（春花秋月水云辞；一生荣辱底须论；论诗当日仰陶公）。

刊发文稿：

《论词之美感特质之形成及词学家对此种特质之反思与世变之关系》，《南京师范大学文学院学报》2002年第1期，第57—68页。

《文学演进之历史观和创作者当具之修养》，《长城》2002年第2期，第198—204页。

《词之美感特质及词学家的体认》，《长城》2002年第3期，第193—196页。

曾庆雨整理：《唐诗系列讲座——孟浩然诗讲录》，《国文天地》第17卷第9期，第54—60页；第17卷第10期，第46—51页；第17卷第11期，第45—48页；第17卷第12期，第49—54页；第18卷第1期，第50—55页。

2003年（癸未） 80岁

刊发诗文：

《感事抒怀》[词五首《鹧鸪天》（似水年光）、《鹧鸪天》（广乐钧天）、《鹧鸪天》（皎洁煎熬）、《金缕曲》（记得初相识）、《金缕曲》（八十称眉寿）]，《中华诗词》2001年第6期，第14页。

《海外诗情》（词八首），《中华诗词》2000年第3期，第25页。

《萧瑟》，《诗刊》2003年第5期，第49页。

《论词之美感特质之形成及反思与世变之关系》（一），《天津大学学报（社会科学版）》2003年第1期，第4—9页。

《阅读视野与诗词评赏》，《群言》2003年第4期，第22—25页。

《论词之美感特质之形成及反思与世变之关系》（二），《天津大学学报（社会科学版）》2003年第2期，第91—96页。

《从晚清两大词人的词史之作看清朝的衰亡》，《陕西广播电视大学》2003年第2期，第41—43页。

《论清代词史观念的形成》，《河北学刊》2003年第4期，第122—129页。（转载于《中国古代、近代文学研究》2003年10期。）

《什刹海的怀思》《怀旧忆往——悼念台大的几位师友》，何宝民主编《世界华人学者散文大系5》，大象出版社2003年版，第481—482、483—494页。

叶嘉莹、祝晓风：《书生报国成何计，难忘诗骚李杜魂——叶嘉莹教授访谈录》，《文艺研究》2003年第6期，第70—80页。

《我的追求》，《天津文史资料选辑》2001年第3期（总第91辑），第108—131页。

曾庆雨整理：《唐诗系列讲座——王维诗》，《国文天地》第18卷第8期，第53—57页；第18卷第10期，第57—63页；第18卷第11期，第48—53页；第18卷第12期，第50—56页；第19卷第1期，第39—45页；第19卷第2期，第43—48页；第19卷第3期，第42—48页。

曾庆雨整理：《唐诗系列讲座——李白诗》，《国文天地》第19卷第4期，第56—62页；第19卷第5期，第54—59页；第19卷第6期，第44—51页；第19卷第7期，第59—65页。

2004年（甲申） 81岁

诗《为北京故居旧宅被拆毁而作》《妥芬诺（Tofino）度假纪事绝句十首》《〈泛梗集〉题辞二绝句》《陈省身先生悼诗二首·叶嘉莹敬悼时在甲申孟冬大雪之节》。

刊发诗文：

词四首[《鹧鸪天》（似水年光去不停）、《鹧鸪天》（皎洁煎熬枉自痴）、《浣溪沙》（又到长空过雁时)、《浣溪沙》(莲露凝珠聚海深)]，《诗选刊》2004 年第 9 期，第 86—87 页。(选自《长城》2004 年 3 期。)

《诗八首》，《香港文学》2004 年总第 235 期。

《纪念影响我后半生教学生涯的一位前辈学者——李霁野先生》，收录于《李霁野纪念集》，上海文艺出版社 2004 年版，第 98—106 页。

《中西文论视域中的"赋、比、兴"》，《河北学刊》2004 年第 3 期，第 116—122 页。

《漫谈〈红楼梦〉中的诗词》，《陕西师范大学学报（哲学社会科学版）》2004 年第 3 期，第 58—64 页。

《从李清照到沈祖棻——谈女性词作之美感特质的演进》，《文学遗产》2004 年第 5 期，第 4—15 页、157 页。（转载于《新华文摘》2004 年第 23 期，第 82—86 页。）

《阅读视野与诗词评赏》，《天津大学学报》2004 年第 4 期，第 289—293 页。

《当爱情变成了历史——晚清的史词》，《南开学报（哲学社会科学版）》2004 年第 6 期，第 7—16 页。（转载于《中国古代、近代文学研究》2005 年第 4 期。）

杨爱娣整理：《唐诗系列讲座——李白诗》，《国文天地》第 19 卷第 8 期，第 44—51 页；第 19 卷第 9 期，第 48—53 页。

杨爱娣整理：《唐诗系列讲座——李白、王昌龄诗》，《国文天地》第 19 卷第 10 期，第 54—58 页。

杨爱娣整理：《唐诗系列讲座——王昌龄、王之涣诗》，《国文天地》第 19 卷第 11 期，第 47—53 页。

杨爱娣整理：《唐诗系列讲座——高适诗》，《国文天地》第 19 卷第 12 期，第 52—55 页；第 20 卷第 1 期，第 58—62 页；第 20 卷第 2 期，第 56—59 页。

杨爱娣整理：《唐诗系列讲座——岑参诗》，《国文天地》第 20 卷第 3 期，第 63—69 页。

2005 年（乙酉）　82 岁

诗《随席慕蓉女士至内蒙作原乡之旅口占绝句十首》。

刊发诗文：

《我的诗词之路》《谈古典诗词中兴发感动之特质与吟诵之传统》《从艳词发展之历史看朱彝尊爱情词之美学特质》，载于陈飞、张宁主编：《新文学》第四辑，大象出版社 2005 年版，第 1—83 页。（按：后面刊有张红《迦陵论词探幽》，孙爱霞《百年南开，词林盛会——庆贺叶嘉莹教授八十华诞暨国际词学研讨会综述》，并附《叶嘉莹小传》。）

《从西方文论看李商隐的几首诗》，《陕西师范大学学报（哲学社会科学版）》2005 年第 4 期，第 35—48 页。（转载于《中国古代、近代文学研究》2005 年第 12 期。）

《〈迦陵诗词稿〉中的乡情》,《北京师范大学学报（社会科学版）》2005 年第 4 期, 第 96—103 页。

《杜甫诗在写实中的象喻性》,《华中师范大学学报（人文社会科学版）》2005 年第 4 期, 第 75—84 页。（转载于《中国古代、近代文学研究》2006 年第 2 期, 第 61—76 页。）

2006 年（丙戌）　83 岁

诗《温哥华岛阿莱休闲区登临偶占》。

词《水调歌头》（风物云城美）（自注：度假归来戏作录示同游诸友）、《思佳客·贺梁珮、陶永强夫妇银婚》（好合今逢廿五春）。

刊发文稿：

《赵朴初与我的诗词交往》,《海内与海外》2006 年第 3 期, 第 23—25 页。

《从性别与文化谈女性词作美感特质之演进》（上）（下）,《天津大学学报（社会科学版）》2006 年第 2 期, 第 106—110 页; 2006 年第 3 期, 第 205—208 页。（转载于《中国古代、近代文学研究》2006 年第 10 期。）

《女性语言与女性书写——早期词作中的歌伎之词（上）》,《天津大学学报（社会科学版）》2006 年第 4 期, 第 272—276 页。（转载于《中国古代、近代文学研究》2007 年第 2 期。）

《女性语言与女性书写——早期词作中的歌伎之词（中）》,《天津大学学报（社会科学版）》2006 年第 5 期, 第 345—349 页。

《女性语言与女性书写——早期词作中的歌伎之词（下）》,《天津大学学报（社会科学版）》2006 年第 6 期, 第 420—423 页。

《〈顾随：诗文丛论〉序言》, 辅仁大学校友会编《辅仁往事》第一辑, 第 224—235 页。

2007 年（丁亥）　84 岁

诗《小病渐瘥, 沈秉和先生以〈口号叶嘉莹先生病愈〉一诗相赠, 步韵奉和》《连日愁烦以诗自解, 口占绝句二首, 首章用李义山〈东下三句苦于风土马上戏作〉诗韵而反其意; 次章用旧作〈鹧鸪天〉词韵而广其情》《梦窗词凤所深爱, 尤喜其写晚霞之句, 如其〈莺啼序〉之"蓝霞辽海沉过雁, 漫相思弹入哀筝柱"及〈玉楼春〉之"海烟沉处倒残霞, 一杯鲛绡和泪织"等句, 皆所爱赏。近岁既已暮年多病, 更因于家事愁烦忙碌之中, 读之更增感喟, 因占绝句一首》《谢琰先生今年暑期在温哥华举行书法义卖展览, 其中有一小条幅, 所写为〈浮生六记〉中芸娘制作荷花茶之事, 余性喜荷花, 深感芸娘之灵思慧想, 因写小诗一首以美之》《悼史树青学长》。

词《玉堂春》（云蒸霞照）。自注：2007 年 1 月 24 日, 沈秉和先生伉俪雅好粤剧, 新建瓦舍为演唱之所, 以《玉堂春》词征和, 步韵奉答。（参见《迦陵诗词稿》, 中华书局 2007 年版, 第

251页。）

刊发诗文：

《阿莱休闲区登临偶占》，《老人世界》2007年第5期，第34—34页。

《"迦陵说诗"系列序言》，《书品》2007年第1期，第16—21页。

《浣溪沙》，《老人世界》2007年第11期，第39页。

《魏晋诗人与政治》新版序言，《书品》2007年第5期，第23—26页。

《喜看诗域拓新疆》，肖敏主编：《读马凯先生诗词》，文化艺术出版社2007年版，第23—28页。

《〈浩气长存——历代歌咏文天祥诗抄〉阅后小言》（答王鸿鹏先生来信），王鸿鹏编选《浩气长存——历代歌咏文天祥诗钞》，百花文艺出版社2007年版，第1—5页。

《一幅珍藏——记陈省身先生手书七言诗一首》，吴文俊、葛墨林主编：《陈省身与中国数学》，南开大学出版社2007年，第81—88页。

《从文学体式与性别文化谈词体的弱德之美》，《人文杂志》2007年第5期，第100—106页。（人大复印资料转载《中国古代、近代文学研究》2008年第1期。）

《双重性别与双重语境下的词的美感》，任继愈主编《文津演讲录之六》，北京图书馆出版社2007年版，第113—134页。

《〈魏晋诗人与政治〉新版序言》，蜀景慧著《魏晋诗人与政治》，中华书局2007年版，序二，第5—9页。

2008年（戊子）　85岁

诗《戊子仲夏感事抒怀绝句三首》《奉酬霍松林教授》。

刊发诗文：

《吟坛百家》选刊15首诗词，《中华诗词》2008年第3期，第11—12页。

题《泛梗集》（二首），《九鼎》（香港）2008年总第11期，第42页。

《说〈锦瑟〉》，《语文学习》2008年第1期，第46—50页。

《从性别与文化谈女性词作美感特质之演进》，《中国文化》2008年第1期，第28—36页。

《女性语言与女性书写——早期词作中的歌伎之词》，《中国文化》2008年第1期：37—48页。

叶嘉莹、李东宾：《试论小山词朦胧深美的意境追求》，《山西大学学报（哲学社会科学版）》2008年第3期，第13—17页。

顾随、叶嘉莹、顾之京：《韩愈诗之修辞——〈驼庵讲坛录〉之一节》，《周口师范学院学报》2008年第3期，第1—3页。

《陕西人民出版社重印缪钺〈诗词散论〉序言》，缪钺：《诗词散论》，陕西师范大学出版社 2008 年版，题为《深辨甘苦，惬心贵当》。

《论词之美感特质的形成及反思与世变之关系》，《文学遗产》2008 年第 4 期，第 16—24 页。（转载于人大复印资料《中国古代、近代文学研究》2009 年第 1 期。）

《小词之中的儒家修养》，《北京大学学报（哲学社会科学版）》2008 年第 4 期，第 5—17 页。（转载于人大复印资料《中国古代、近代文学研究》2009 年第 2 期。）

《良家妇女之不成家数的哀歌》，《中国文化》2008 年第 2 期，第 38—52 页。

《王国维〈人间词话〉的境界说》（节选）、《〈虞美人〉讲析》，浙江省教育厅教研室编：《高中语文读本》（必修三），浙江文艺出版社 2008 年版，第 79—81 页、93—94 页。

2009 年（己丑）　86 岁

诗《月前返回温哥华后风雪时作，气候苦寒，而昨日驱车外出，见沿途街树枝头已露红影，因占绝句一首》《题友人摄荷塘夕照图影》《陈洪先生近日惠赠绝句三章及荷花摄影三幅，高情雅宜，心感无已，因赋二绝为谢》。

刊发文稿：

《锦瑟》，《中华活页文选》（高一版）2009 年第 3 期，第 59—64 页。

《清词在〈花间〉两宋词之轨迹上的演化——兼论清人对于词之美感特质的反思》，《南京大学学报（哲学·人文科学·社会科学版）》2009 年第 2 期，第 102—111 页。（转载于《中国古代、近代文学研究》（人大复印）2009 年第 8 期，又收录于张宏生编《传承与新创：清词研究论文集》，南京大学出版社 2014 年版。

《神龙见首不见尾——谈〈史记·伯夷列传〉的章法与词之若隐若现的美感特质》，《中国韵文学刊》2009 年第 4 期，第 42—53 页。

《略谈王蒙的诗》，宋炳辉、张毅编《王蒙研究资料》（上），天津人民出版社 2009 年版，第 657—666 页。

《宋代两位杰出的女词人——李清照与朱淑真》，《中国文化》2009 年第 1 期，第 90—119 页。

《〈人间词话〉之基本理论——境界说》，收录于徐调孚校注《人间词话》，中华书局 2009 年版，第 89—125 页。

《从性别与文化谈女性词作美感特质之演进》，陈洪、乔以钢等著《中国古代文学与文化的性别审视》，南开大学出版社 2009 年版，第 16—32 页。

《女性语言与女性书写——早期词作中的歌伎之词》，陈洪、乔以钢等著《中国古代文学与文化的性别审视》，南开大学出版社 2009 年版，第 33—58 页。

《良家妇女之不成家数的哀歌》，陈洪、乔以钢等著《中国古代文学与文化的性别审视》，南开大学出版社 2009 年版，第 59—87 页。

2010 年（庚寅）　87 岁

诗《昨日津门大雪，深宵罢读熄灯后，见窗外雪光莹然，因念古有囊萤映雪之故实，成小诗绝句一首》《病中答友人问行程》《送春》《读〈双照楼诗词稿〉有感，口占一绝》《题纳兰〈饮水词〉绝句三首》。

刊发文稿：

《〈苦水作剧〉在中国戏曲史上空前绝后的成就》，《泰山学院学报》2010 年第 1 期，第 3—13 页。

《吟诵的作用》，《中华活页文选（教师版）》2010 年版第 4 期，第 4—6 页。

《悼念赵朴初先生——记我与赵朴老相交往之二三事》，《佛教文化》2010 年第 3 期，第 33—36 页。（此文又载于《法音》2010 年第 6 期，第 33—36 页。）

《神异凄迷的李商隐》，《全国新书目》2010 年第 13 期，第 50—51 页。〔按：该文为《迷人的诗谜：李商隐诗》的介绍（原著李商隐，叶嘉莹导读，2010 年 4 月），编者以调侃的态度为李商隐加上了几条小标题"佣书贩春的小童工""一波三十折的蚁男""官场底层挣扎的草根""与粉丝艳遇未遂的断肠人"，不像叶先生手笔，疑为冒名。〕

《明清之际的女性词人》，《中国文化》2010 年第 2 期，第 150—164 页。

熊烨整理：《爱情为什么变成了历史——谈清代词史观念的形成与清代的史词》，《印刻文学生活志》第 6 卷第 6 期，第 86—105 页。

2011 年（辛卯）　88 岁

诗《纪峰先生热爱雕塑，以真朴之心、诚挚之力，对于艺事追求不已。其成就乃日进日新之妙。两年来往返京津两地多次晤谈，并亲到讲堂听我讲课，近期塑成我之铜像雕塑一座以相馈赠。睹者莫不称叹，以为其真能得形神之妙，因赋七绝二首以致感谢之意》。

词《蝶恋花》（记得苕华当日句）。

刊发诗文：

《踏莎行》（用羡季师词句，试勉学其作风，苦未能似），《中华诗词》2011 年第 11 期，第 37 页。

《读纪宝成先生〈乐斋词集〉小言》，纪宝成著《乐斋词：纪宝成词集》，人民文学出版社 2011 年版，序言，第 1—5 页。

《杜甫诗在写实中的象喻性——以秋兴八首前三首为例》，《语文学习》2011 年 3 期，第

50—52 页。

《解读李商隐诗歌中的用典——说锦瑟》,《中华活页文选》(高一年级)2011 年第 5 期,第 82—88 页、96 页。

《经历了死生离别的师生情谊(代序)》,叶嘉莹、张清华主编《顾随研究》,南开大学出版社 2011 年版,第 1—8 页。

《谈〈古诗十九首〉的多义性——以〈行行重行行〉为例》,《语文学习》2011 年第 9 期,第 45—50 页。

《谈作诗的三种方法:赋、比、兴》,《语文学习》2011 年第 10 期,第 16—18 页。

2012 年(壬辰)　89 岁

诗《七绝二首·七七级校友将出版毕业三十周年纪念集赋小诗二首》《梅子自台来访,晚间与诸生共话一世纪来两岸沧桑,因得此绝》。

词《水龙吟》(洛基山畔名庠)。

刊发诗文:

《旅游有怀诗圣》(四首),《诗刊》2012 年第 21 期,第 76 页。

《物缘有尽,心谊长存》,《新华文摘》2012 年第 12 期,第 68—71 页。

叶嘉莹、张候萍:《叶赫寻根》,《档案与社会》2012 年第 1 期,第 29—32 页。

《从几首诗词谈我回国教学的动机与愿望》,《文学与文化》2012 年第 1 期,第 4—18 页。

《谈古典诗歌中兴发感动之特质与吟诵之传统》,中华诗词研究院编《诗人论诗》,中国书籍出版社 2012 年版,第 53 页。

叶嘉莹、王一澜:《约会一场浅"吟"低"诵""穿越"千载情韵诗词》访谈,《中国图书评论》2012 年第 3 期,第 9—14 页。

叶嘉莹、张静:《遗音沧海如能会,便是千秋共此时——浅议中华吟诵传承的重要性与紧迫性》,《光明日报》2012 年 4 月 26 日第 11 版。

《谈中国旧诗之美感特质与吟诵之传统》,《文学与文化》2012 年第 2 期,第 4—21 页。[转载于《中国古代、近代文学研究》(人大复印)2012 年第 10 期。]

《中国古典诗歌之美感特质》,《河南大学学报》2012 年 5 期,第 108—115 页。

《中英参照本〈迦陵诗词稿〉序言——谈成书之经过及当年哈佛大学海陶玮教授与我合作研译中国诗词之理念》,《文学与文化》2012 年第 4 期,第 4—8 页。

2013 年(癸巳)　90 岁

诗《连日尘霾,今朝大雪,口占绝句一首》《雪后尘霾不散,再占一绝》《悼郝世峰先生七绝二首》《喜闻云高华市〈华章〉创刊，友人以电邮索稿，口占二绝》《为南开大学首届荷花节作》《口占诗偈一首》《为横山书院五周年作》《摄影家叶榕沸先生最喜拍摄荷花，其取景采光皆虽暂具眼界迥出流俗。近以其所作一幅荷花相惠赠，意境尤为敻绝，因题小诗一首以为答谢》、《绝句一首》（逝尽年华似水流）。

词《金缕曲·为二〇一三年西府海棠雅集作》（事往如流水）。

刊发诗文：

《纪念我的老师清河顾随羡季先生》，《中国艺术报》2013年1月30日第8版。

《师生情谊七十年》，《文学与文化》2013年第1期，第4—13页。

蔡雯整理：《谈清中期词之价值及我与〈全清词〉编纂之因缘》，《中华读书报》2013年3月20日第11版。

张静整理：《叶嘉莹：中国古典诗歌的美感特质与吟诵》，《光明日报》2013年4月1日第5版。（标有演讲人：叶嘉莹，时间：2012年3月17日，地点：国家图书馆。）

刘靓整理：《从中国诗论之传统及诗风之转变谈钱钟书〈槐聚诗存〉的评赏》（上）（中）（下），《北京社会科学》2013年第2期，第4—7页；2013年第3期，第4—11页；2013年第4期，第4—10页。

《吟诵、背诵与传统文化教育》，《群言》2013年第9期，第36—37页。

《刘波与他的画册》，《中国艺术时空》2013年第6期，第38—39页。

《"春蚕梦"与"簪花照镜"中的人生体悟——古生物学家石声汉先生两组词作赏析》，《西北农林科技大学学报（社会科学版）》2013年第4期，第1—14页。

《吟诵，让古典诗歌生命延续》，《人民日报》（海外版）2013年6月7日第7版。

《从中国诗论之传统与诗风之转变谈〈槐聚诗存〉之评赏》，《高等学校文科学术文摘》2013年第5期，第196页。

安易整理：《庾信讲录之〈小园赋〉讲录》第一讲、第二讲、第三讲、第四讲，《文史知识》2013年第1期，第83—88页；2013年第2期，第51—57页；2013年第3期，第67—71页；2013年第4期，第80—85页。

2014年（甲午）　91岁

诗《病中偶占》《恭王府海棠雅集绝句四首》《返抵南开怀云城友人》。

刊发诗文：

《二零一四年四月恭王府海棠雅集绝句四》，《中华诗词》2014年第6期，第6页。

《金缕曲·为二零一三年西府海棠雅集作》，《中华诗词》2013年第7期，第5—6页。

《清词丽句寄深情：〈蓼都风韵〉海内外诗词艺术家题词贺诗选登》（叶先生题词：古蓼诗

魂,中华瑰宝),《诗词月刊》2013年第6期,第80页。

《读书曾值乱离年》,《文学与文化》2014年第2期,第4—16页。(根据2013年12月17日叶嘉莹先生在南开大学文学院举办的第十七届叶氏驼庵奖学金、第九届蔡章阁奖助学金颁奖典礼上的发言整理而成,于家慧整理。附录:宗志黄套曲二篇。)

《陈维崧词讲稿之一:从云间到阳羡词风的转变》,《西北大学学报(哲学社会科学版)》2014年第2期,第5—10页。

《影响我后半生教学生涯的前辈学者——李霁野先生》,《南开大学报》2014年4月4日。

刘靓整理:《从西方文论与中国诗学谈李商隐诗的诠释与接受》,《北京社会科学》2014年第6期,第4—28页。

安易整理:《庾信〈小园赋〉讲录》第五讲、第六讲、第七讲、第八讲、第九讲,《文史知识》2013年第5期,第42—46页;2013年第6期,第70—74页;2013年第7期,第46—50页;2013年第8期,第79—83页;2013年第9期,第63—67页。

安易整理:《庾信〈哀江南赋序〉讲录》第一讲、第二讲、第三讲、第四讲、第六讲、第七讲,连载于《文史知识》,2013年第10期,第59—65页;2013年第11期,第57—62页;2013年第12期,第59—64页;2014年第1期,第85—91页;2014年第2期,第59—64页;2014年第3期,第70—75页;2014年第4期,第64—68页。

张红整理:《欧阳〈修秋声赋〉讲录》第一讲、第二讲、第三讲、第四讲、第五讲、第六讲、第七讲,连载于《文史知识》,2014年第5期,第51—56页;2014年第6期,第45—51页;2014年第7期,第40—42页;2014年第8期,第59—64页;2014年第9期,第62—64页;2014年第10期,第94—99页;2014年第11期,第69—72页。

2015年(乙未)　92岁

诗《"迦陵学舍题记"将付刻石,因赋短歌一首答谢相关诸友人》《和沈秉和先生》。

刊发诗文:

《叶嘉莹诗词选》,《中华书画家》2015年第3期,第140—141页。〔按:包括《晚秋杂诗五首选二》《羡季师和诗六章用晚秋杂诗五首及摇落一首韵辞意深美自愧无能奉酬无何既入深冬岁暮天寒载途风雪因再为长句六章仍叠前韵(选二)》《转蓬》、《祖国行长歌》(节录)、《近日颇有归国之想傍晚于林中散步成此二绝(选一)》《写成前二诗后不久偶接国内友人来信提及今日教育界之情势大好读之感振奋因用前二诗韵再吟二绝(选一)》、《踏莎行》(一世多艰)、《木兰花慢·咏荷》(花前思乳字)、《瑶华》(当年此刹)、《浣溪沙·为南开马蹄湖荷花作》(又到长空过雁时)、《随席慕蓉女士至内蒙作原乡之旅口占绝句十首(选一)》、《鹧鸪天》(似水年光去不停)、《七绝一首》、《金缕曲》(事往如流水)。〕

《从漂泊到归来》，《文学与文化》2015年第4期，第4—11页。

汪梦川整理：《陈维崧词平议》，《南开学报（哲学社会科学版）》2015年第6期，第67—73页。

《把诗词送给孩子》，《教育》2015年第48期，第79页。

叶嘉莹、肖丽：《诗意的栖居，文化的追寻——第九届快哉雅集半日谈》，《中华诗词》2015年第4期，第50—58页。

李东宾整理：《苏轼〈前赤壁赋〉讲录》第一讲、第二讲、第三讲、第四讲、第五讲、第六讲、第七讲、第八讲，连载于《文史知识》2015年第4期，第51—54页；2015年第5期，第53—56页；2015年第6期，第51—56页；2015年第7期，第64—67页；2015年第8期，第53—57页；2015年第9期，第76—81页；2015年第10期，第75—81页；2015年第11期，第71—76页。

刘靓整理：《从西方文论与中国诗学谈李商隐诗的诠释与接受》，《印刻文学生活志》第12卷第1期，第48—73页。

《一组四十六年前的书信——纪念一位未曾谋面的友人宋淇先生》，《明报月刊》第50卷第11期，第43—46页。

2016年（丙申） 93岁

诗《奉和沈秉和先生〈迎春口号〉七绝二首》《代友人作为谢琰先生祝寿诗》《雨后》《木兰》。

词《水龙吟》（迦陵学舍初成）。

刊发诗文：

《〈迦陵诗词稿〉选》（包括《空山》《铜盘》《晚秋偶占》《春日感怀》《坐对》《生涯》《夜来风雨作》《摇落》《南溟》《一九六八年秋留别哈佛三首》《天壤》《七绝三首》《金晖》、《临江仙》（一片冻云天欲暮）、《浣溪沙》（忍向长空仔细看）、《菩萨蛮》（母殁半年后作）、《踏莎行·用羡季师句试勉学其作风苦未能似》、《南歌子》（秋水连天瘦）、《鹧鸪天·用友人韵》（寒入新霜夜夜华）、《水龙吟·秋日感怀》（满林霜叶红时）、《金缕曲·周总理逝世周年作》、《临江仙》（惆怅当年风雨）、《浣溪沙》（摇落西风几夜凉）、《金缕曲·有怀梅子台湾》、《水龙吟·题屈原图像》、《沁园春·题曹孟德临碣石图》），《心潮诗词评论》2016年第6期，第30—32页。

《水龙吟》（迦陵学舍初成），《中华诗词》2016年第6期，第9页。

《诗词十一首》（《金缕曲·为二零一三年西府海棠雅集作》《奉和一首》《偶得绝句一首》《七绝一首》《病中偶占》《返抵南开怀云城友人》《二零一四年四月恭王府海棠雅集绝句四

首》），《中华辞赋》2016 年第 1 期，第 66—67 页。

《从词的起源看丝路上的文化交流》，《文学与文化》2016 年第 1 期，第 4—11 页。

《要见天孙织锦成——我来南开执教的前后因缘》，《中国文化》2016 年第 2 期，第 106—118 页。

《孩子如何读古诗》，《语文教学与研究》2016 年第 6 期，第 8 页。

《用西方文论诠释诗词文本的"多义"与"潜能"》，《澳门理工学报（人文社会科学版）》第 19 卷第 2 期，第 5—22 页、204 页。

《什么样的诗才算好诗》，《读写月报》2016 年第 32 期，第 20—22 页。

胡静整理，《鲍照〈芜城赋〉讲录》第一讲、第二讲、第三讲、第四讲、第五讲，《文史知识》第 2016 年第 5 期，第 50—54 页；2016 年第 6 期，第 50—52 页；2016 年第 7 期，第 56—58 页；2016 年第 8 期，第 95—97 页；2016 年第 9 期，第 87—89 页。

2017 年（丁酉）　94 岁

诗《近日为诸生讲说吟诵，偶得小诗一首》《惊闻杨敏如学姊逝世口占小诗一首聊申悼念之情》。

刊发文稿：

《〈独陪明月看荷花〉解题代序》，叶嘉莹著，陶永强译，谢琰书法：《独陪明月看荷花》，外语教学与研究出版社 2017 年版。

李云整理：《我与顾随先生 75 年的师生情谊》，《河北大学学报（哲学社会科学版）》2017 年第 1 期，第 1—6 页。

《古诗中的字，这样读才对》，《教育家》2017 年第 2 期，第 60—65 页。

《吕碧城及其词》，《普陀学刊》2017 年第 2 期，第 126—141 页。

徐蓓学整理：《传统诗词到底美在哪儿》，《解放日报》2017 年 2 月 17 日第 10 版。

《什么样的诗才算好诗》，《高中生》2017 年第 7 期，第 20—21 页。

《我的老师孙蜀丞先生》，《读书》2017 年第 5 期，第 40—43 页。

《在诗歌里感受"不死的心灵"》，《语文教学与研究》2017 年第 27 期，第 12 页。

2018 年（戊戌）　95 岁

诗《诗教》《接奉沈先生小诗口占一绝为答》《友人惠传海滨鸥鸟图，口占一绝》。

刊发诗文：

《1944 年与顾随先生唱和六首诗之一》（尽夜狂风撼大城），《中华诗词》2018 年第 7 期，第 14 页。

《我与顾随先生75年的师生情谊》，《新华文摘》2017年第11期，第101—104页。

叶嘉莹讲、杨爱娣整理：《谈李清照与徐灿二家词对于国亡家破之变乱所反映的态度之不同及徐灿〈忆秦娥〉（春时节）一词是否与其夫纳妾有关之考辨》，罗振亚、孙克强主编：《南开诗学》第一辑，社会科学文献出版社2018年版，第3—48页。

《从〈花间〉词的特质到史词的产生》，《澳门理工学报（人文社会科学版）》2018年第21卷第2期，第135—148页、206页。

《说唐人七绝的几种不同风格及我与唐人合作的三首七言绝句》（据2017年12月12日在天津中医药大学演讲录音，于家慧、闫晓铮整理），《文学与文化》2018年第2期，第4—16页。

《从〈花间〉词的特质到史词的产生》，《澳门理工学报（人文社会科学版）》2018年第3期，第135—148页。

《我的父亲——〈叶廷元先生译著集〉代序》，《文学与文化》2018年第3期，第4—18页。

《从词〈花间〉的特质到史词的产生》，《中国社会科学文摘》2018年第9期，第54—55页。

2019年（己亥） 96岁

刊发诗文：

《为什么讲诗要从〈古诗十九首〉开始》，《人文》2019年第1期，第1—15页。

《贺双卿：从书里面走出来的女词人》，《南国学术》第9卷第1期，第140—148页。〔按：转载于《中国古代、近代文学研究》（人大复印）2019年第5期。〕

《从王国维〈红楼梦评论〉之得失谈到〈红楼梦〉之文学成就及贾宝玉之感情心态》，《文学与文化》2019年第3期，第4—17页。（转载于《中国古代、近代文学研究》2020年第1期。）

《〈古诗十九首〉三妙》，《人文》2019年第2期，第47—58页。

《吟诵，让古典诗歌生命延续》，《中华书画家》2019年第1期，第99—102页。

张静整理：《词的出现及诗、词的区别》，《文史知识》2019年第1期，第62—69页。

张静整理：《诗歌的兴发感动及性别视野》，《文史知识》2019年第2期，第69—75页。

张静整理：《中国诗歌里的性别文化》，《文史知识》2019年第3期，第56—63页。

张静整理：《叶嘉莹讲女性词》四、五、六、七、八、九、十、十一、十二，《文史知识》2019年第4期，第68—76页；2019年第5期，第58—67页；2019年第6期，第63—69页；2019年第7期，第71—77页；2019年第8期，第82—87页；2019年第9期，第66—74页；2019年第10期，第93—99页；2019年第11期，第87—93页；2019年第12期，第87—92页。

2020年（庚子） 97岁

刊发诗文：

《还乡有作》（登临重上翠微巅），《诗选刊》2020年第7期，第91—92页。

《〈三平斋诗钞〉序》，《炎黄春秋》2020年第11期，第96页。

《〈古诗十九首〉的文采与内容》，《人文》2020年第1期，第120—132页。

《行行重行行》，《人文》2020年第2期，第81—92页。

《读父亲译稿〈外人笔下之汤若望与南怀仁〉》，《国际汉学》2020年第2期，第105—106页。

李云整理：《柳永词毁誉再评议》，《南国学术》第10卷第1期，第121—130页。

《柳永词说》，《台港文学选刊》2020年第1期，第49—65页。

张静整理：《叶嘉莹讲女性词》十三、十四、十五、十六、十七、十八、十九、二十，《文史知识》2020年第1期，第69—73页；2020年第2期，第66—72页；2020年第3期，第72—77页；2020年第4期，第75—79页；2020年第5期，第70—75页；2020年第6期，第71—79页；2020年第7期，第74—81页；2020年第8期，第90—97页。

杨爱娣整理：《叶嘉莹讲女性词》二十一、二十二、二十三、二十四，《文史知识》2020年第10期，第83—88页；2020年第11期，第60—65页；2020年第12期，第50—55页。

2021年（辛丑）　98岁

刊发诗文：

《叶嘉莹手迹》，《诗选刊》2021年第3期，第121页。

《叶嘉莹诗词选》，《诗选刊》2021年第6期，第97—99页。

《"生别离"的阅读视野》（"行行重行行"之二），《人文》2021年第1期，第55—61页。

蔡雯、宋宇航整理：《西方文论与词的美感特质》，《词学》2021年第2期，第242—262页。

《唐诗与汉魏诗的美感差异》，《人文》2021年第2期，第101—106页。

《叶嘉莹讲女性词》二十五、二十六、二十七、二十八、二十九、三十一、三十二、三十三、三十四、三十五，杨爱娣整理，连载于《文史知识》2021年第1期，第60—65页；第2期，第102—108页；第4期，第94—97页；第5期，第58—63页；第6期，第89—95页；第7期，第72—75页；第8期，第91—94页；第9期，第79—82页；第10期，第97—101页；第11期，第75—79页；第12期，第86—89页。

2022年（壬寅）　99岁

刊发文稿：

《略谈传统诗歌的赋、比、兴》，《人文》2022年第1期，第108—110页。

《"胡马依北风，越鸟巢南枝"——诗句意蕴的多重阐释》，《人文》2022年第2期，第158—167页。

李云整理：《从西方意识批评文论谈辛弃疾词一本万殊的成就》，《中国曲学研究》第6辑，第69—83页。

《乐府诗中发展出早期叙事诗》，《中华诗词》2022年第5期，第58—61页。

杨爱娣整理：《叶嘉莹讲女性词》三十六、三十七、三十八、三十九、四十、四十一、四十二、四十三、四十四、四十五、四十六、四十七，《文史知识》2022年第1期，第79—83页；2022年第2期，第88—91页；2022年第3期，第85—88页；2022年第4期，第87—90页；2022年第5期，第54—57页；2022年第6期，第81—83页；2022年第7期，第75—79页；2022年第8期，第78—81页；2022年第9期，第63—67页；2022年第10期，第86—89页；2022年第11期，第53—56页；2022年第12期，第74—76页。

于家慧、李晓楠整理，张海涛审校：《叶嘉莹讲诗歌》，《新华每日电讯·草地周刊》，目录如下：

《叶嘉莹讲诗歌（一）：今年，我们一起跟叶嘉莹先生上诗歌课》，2022年1月14日第13版；

《在心为志，发言为诗——叶嘉莹讲诗歌之二什么是"赋比兴"？》，2022年1月21日第15版；

《从离骚到楚歌——叶嘉莹讲诗歌之三：中国诗歌是如何演变的》，2022年1月28日第15版；

《为什么说"北方有佳人"——叶嘉莹讲诗歌之四：怎样读懂"乐府诗"》，2022年2月18日第14版；

《感于哀乐，缘事而发——叶嘉莹讲诗歌之五：乐府诗的特征与诗歌对偶的发展》，2022年2月25日第14版；

《诗之格律化的形成与发展——叶嘉莹讲诗歌之六：齐梁之间，诗人们反省并发展出一套诗歌理论》，2022年3月25日第14版；

《诗一入唐，气象空前——叶嘉莹讲诗歌之七：近体诗是如何一步步成型的》，2022年4月1日第14版；

《陈子昂为何主张"复古"？——叶嘉莹讲诗歌之八：初唐诗风的转变》，2022年4月15日第14版；

《〈感遇〉诗的兴寄，陈子昂的风骨——叶嘉莹讲诗歌之九：陈子昂在诗歌演进历史上的地位和作用》，2022年4月22日第14版；

《"仕隐两失"孟浩然——叶嘉莹讲诗歌之十：孟浩然的人格和诗作的复杂性》，2022年4月29日第14版。

以下为于家慧、林栋整理，张海涛审校：

《叶嘉莹讲诗歌（十一）："仕隐两得"王摩诘》，2022年6月10日第14版；

《叶嘉莹讲诗歌（十二）：味摩诘之诗，品禅理妙悟》，2022年6月17日第14版；

《叶嘉莹讲诗歌（十三）：诗歌为何"贵在妙悟"？》，2022年6月24日第14版；

《叶嘉莹讲诗歌（十四）："仙而人者"李太白》，2022年7月1日第14版；

《叶嘉莹讲诗歌（十五）：当不羁的天才落入尘世的大网》，2022年7月8日第14版；

《叶嘉莹讲诗歌（十六）：李白的"突破"为什么好》，2022年7月15日第14版；

《叶嘉莹讲诗歌（十七）：李太白的"狂歌"》，2022年7月22日第10版；

《叶嘉莹讲诗歌（十八）：同写〈玉阶怨〉，李白为何高》，2022年7月29日第10版；

《叶嘉莹讲诗歌（十九）：李太白如何写"闺怨"》，2022年8月5日第10版。

以下为于家慧、陈学聪整理，张海涛审校：

《叶嘉莹讲诗歌（二十）：七绝圣手王昌龄，诗吟边塞动古今》，2022年8月10日第10版；

《叶嘉莹讲诗歌（二十一）："乍可狂歌草泽中"——高适的气骨》2022年8月19日第10版。

2023年（癸卯）　100岁

刊发诗文：

《纪梦》《金晖》，《中华诗词》2023年第3期，第14页。

《从〈妇病行〉看古诗的传统文化内涵》，《人文》2023年第1期，第98—103页。

李云整理：《从苏辛词的评赏谈小词中的弱德之美》，《澳门理工学学报（人文社会科学版）》2023年第1期，第131—139页，第205—206页。

叶嘉莹口述，韦承金整理：《以诗词之"兴发感动"沟通中西文化》，《世纪》2023年第2期，第1页。

《积雨辋川庄作》，《月读》2023年第7期，第27—28页。

《辛弃疾的豪放从来都不是口号》，《视野》2023年第17期，第16—20页。

于家慧、陈学聪整理，张海涛审校：《叶嘉莹讲诗歌》，《新华每日电讯·草地周刊》，目录如下：

《叶嘉莹讲诗歌（二十二）：〈燕歌行〉如何传递感发的力量》，2023年3月31日第10版；

《叶嘉莹讲诗歌（二十三）：边塞诗人三杰，高妙各在何处》，2023年4月14日第10版；

《叶嘉莹讲诗歌（二十四）：杜甫的集大成是怎么形成的》，2023年4月28日第10版；

《叶嘉莹讲诗歌（二十五）：大山在地，以真为美——杜甫的集大成是怎么形成的之二》，

附录　325

2023 年 5 月 19 日第 10 版；

《叶嘉莹讲诗歌（二十六）：许身诗篇，心系黎元——杜甫的集大成是怎么形成的之三》，2023 年 6 月 2 日第 10 版；

《叶嘉莹讲诗歌（二十七）：理性感性，兼长并美——杜甫的集大成是怎么形成的之四》，2023 年 6 月 16 日第 10 版；

《叶嘉莹讲诗歌（二十八）：少陵野老，曲江悲歌——杜甫的集大成是怎么形成的之五》，2023 年 7 月 7 日第 10 版；

《叶嘉莹讲诗歌（二十九）：涕泪奔赴，江头尽醉——杜甫的集大成是怎么形成的之六》，2023 年 7 月 21 日第 10 版；

《叶嘉莹讲诗歌（三十）：以身躯作笔，以辛酸作墨——杜甫的集大成是如何形成的之七》，2023 年 8 月 4 日第 10 版；

《叶嘉莹讲诗歌（三十一）："鱼龙寂寞秋江冷，故国平居有所思"——杜甫的集大成是如何形成的之八》，2023 年 8 月 18 日第 10 版。

以下为于家慧整理，张海涛审校：

《叶嘉莹讲诗歌（三十二）：感性理性兼长并美，忧国忧民倾注诗中——杜甫的集大成是如何形成的之九》， 2023 年 9 月 1 日第 10 版；

《叶嘉莹讲诗歌（三十三）：读书事已晚，把笔学题诗》，2023 年 9 月 15 日第 10 版；

《叶嘉莹讲诗歌（三十四）：从韦应物到柳宗元，山水自然诗的演变》，2023 年 11 月 10 日第 10 版；

《叶嘉莹讲诗歌（三十五）：诗圣遗泽，广远绵长》，2023 年 11 月 24 日第 10 版。

二、鲁迅战斗精神对顾随的影响

程千帆曾在信中对叶嘉莹说:"读了您的诗,知道您是从多么坎坷的道路上经历过来的。您不只是一位博雅敏锐的学者,而且是一位勇敢坚强的人生斗士。"[1]叶嘉莹的弱德之美中隐藏着勇健的战斗意志与精神,这种精神在一定程度上或许受其老师顾随的影响,她在评论顾随词时曾说:"先生在词作中往往表现出一种对于苦难之担荷及战斗的精神。"故附录《鲁迅战斗精神对顾随的影响》一文[2],使读者更为明了。

---

[1] 程千帆著,陶芸编:《闲堂书简》,上海古籍出版社2004年版,第192页。
[2] 原刊发于《河北大学学报(哲学社会科学版)》2020年第5期。本文略有改动。——编者注

顾随（1897—1960），字羡季，号苦水。他出生于清末，成长于新旧文化交替的时代，在北京大学读书时亲历五四运动，曾与冯至等人共同致力于新文学。他既是一位作家，又是一位学者，成果既有新体小说，又有古典诗词、剧曲等，同时在书法、禅学、教育等方面也取得了可观的成就。顾随有着较为系统、丰富的人生思想与文艺观，在创作、评论、教学等方面都有所体现。他上承王国维、沈尹默、鲁迅等一代大师的精神，下启郭预衡、周汝昌、叶嘉莹等一代学人的思想，在近现代文化发展史中有着不可忽略的地位。在顾随的精神谱系中，鲁迅的影响十分重要。虽然顾随与鲁迅没有直接的交往，但他"平生以私淑弟子自居，高山仰止，无限钦慕"[1]。一直以鲁迅为学习的楷模，自觉继承并发扬鲁迅精神。

1. 顾随对鲁迅的学习

顾随是鲁迅坚定的学习者和宣扬者。从2014年出版的十册《顾随全集》中可以看到，顾随几十年来一直阅读鲁迅各个阶段写作、翻译、编辑的各种书籍和刊物，以及研究鲁迅的相关文章、论著，鲁迅的精神与思想对他产生了潜移默化的影响。

作为五四新文化运动的引领者，鲁迅是顾随一代人集体崇拜的偶像。青年顾随希望自己能够成为鲁迅那样的大作家，他在1924年致朋友的信中说："不知我辈文名，能否如周作人、鲁迅先生之流传众口。"[2]1927年又在信中说："人才——作文，谁也不能立刻成为鲁迅先生也。"[3]言外之意鲁迅无论在人格还是作品方面都是青年学习的楷模，做人与作文都应向鲁迅看齐。甚至，顾随在创作陷入困境时也会用鲁迅的话来自省，他在1927年的日记中说：

> 鲁迅的《华盖集续编》二二六页有几句话："教书和写东西是势不两立的，或者死心塌地地教书，或者发狂变死地写东西，一个人走不了方向

---

1 张恩芑：《顾随先生百年诞辰纪念文集》，河北大学出版社1999年版，第124页。
2 顾随：《顾随全集》卷八，河北教育出版社2014年版，第83页。
3 顾随：《顾随全集》卷八，河北教育出版社2014年版，第251页。

不同的两条路。"这几句话，早已看到了。直到今日，才感到是千真万真。自己教了八个整年的书了。倘若这八年里面，拼命地去读书作文，虽然不敢说有多么大的成绩，然而无论如何，那结果是不会比现在还坏。[1]

虽然认识到这一点，但顾随迫于生活，只能一边教书一边创作。正是因为对鲁迅的深入阅读和了解，顾随才能够把鲁迅的作品信手拈来，在课堂上、书信中经常提到。

一直到晚年，顾随对鲁迅的崇敬之情都溢于言表。1956年鲁迅逝世20周年时，顾随先作一首《木兰花慢》，回顾自己30多年来对鲁迅作品的学习、阅读，称赞鲁迅的作品为"大文章"。又作一首《沁园春》，突出鲁迅在近百年历史中的重要地位，表现对鲁迅文艺作品和人格精神的赞颂。从中可以看到顾随对鲁迅战斗精神的理解：

大好神州，近百年来，灾难二重。有吃人礼教，铜墙铁壁，殖民主义，亚雨欧风。所向无前，冲锋陷阵，大笔如椽鲁迅翁。身当得，是文章巨子，民族英雄。

何曾叹老悲穷。更不向当权一鞠躬。使正人君子，藏头露尾，帮闲走狗，哑口潜踪。世界流传，一篇正传，意匠回旋造化功。灵何憾，看人民六亿，丽日方中。[2]

词中鲜明地概括出鲁迅所具有的"所向无前，冲锋陷阵"的战斗精神，并进一步阐释了鲁迅战斗精神的内涵：一是敢于批判、无所畏惧，以笔为有力的武器，与"铜墙铁壁"般的"吃人礼教"、暴雨狂风般的殖民者做坚决的斗争；二是勇猛进取，绝不"叹老悲穷"，在人生中永葆战士的斗志，在事业上开拓创新；三是保持坚贞

1　顾随：《顾随全集》卷二，河北教育出版社2014年版，第194页。
2　顾随：《顾随全集》卷九，河北教育出版社2014年版，第199页。

不屈的傲骨和凛然的正气，绝不向当权者鞠躬、谄媚，使所谓的"正人君子"也藏头露尾，"帮闲走狗"更是"哑口潜踪"。顾随认为鲁迅的创作与精神在民族的解放中有着"回旋造化"之功，发挥了极其重要的作用，当之无愧为"文章巨子，民族英雄"。

很快，顾随又作一首《贺新凉》，剖析自己毕生对鲁迅用心的学习和勤奋的践行，至老未辍："闻道非迟勤行晚，三十年来'中士'。纵壮志、如今未坠。清角凌晨召前进，便闻鸡也拟中宵起。心总是，杂悲喜。"[1] 在这首词后，顾随的一段话很值得注意：

> 知学鲁迅先生近四十年，然所学者，语言文字边事，若其伟大之学识与夫战斗之精神，何曾学得一丝毫？[2]

可见顾随在思想上追随鲁迅近40年，自觉地从写作、学识、战斗精神等方面来学习鲁迅。但他认为自己只学了"语言文字边事"，并没有学到鲁迅先生的伟大学识与战斗精神，并以此为憾。

虽然顾随自谦没有学到鲁迅的战斗精神，但实际上他深刻地领会并将其敢于批判、勇猛进取、开拓创新、坚持气节等精神内涵融入自己的思想与行动当中，并以此精神面对人生的各种境遇和毕生的事业。如叶嘉莹所说：

> 先生在词作中往往表现出一种对于苦难之担荷及战斗的精神。一般说来，先生在词作中虽也经常写有一些自叹衰病之语，这可能是因为先生的身体一向多病的缘故，而其实在精神方面先生却常是表现有一种积极的担荷及战斗之心志的，从先生早期的作品，如其《无病词》中的"何似唤愁

1　顾随：《顾随全集》卷九，河北教育出版社2014年版，第201页。
2　顾随：《顾随全集》卷九，河北教育出版社2014年版，第201页。

来，却共愁厮打"(《蓦山溪》)与《味辛词》中的"人间事，须人作，莫蹉跎"(《水调歌头》)等句，便可以看到这种精神的流露。而到了《荒原词》中，这种精神和心志则表现得更为鲜明和强烈……在沦陷时期中，先生则把这种担荷战斗的精神心志与比兴喻托相结合，用最委婉的词语，表现了一种对故国怀思期待的最坚贞的情意，而在新中国成立后所写的《闻角词》诸作中，则又将此种精神心志转为了奋发前进的鼓舞和歌颂。从外表看来，其内容情意虽然似乎曾经有多次的转变和不同，然而其实就精神方面言之，先生之具有对苦难之担荷及战斗的精神心志，则也是始终一致的。[1]

叶嘉莹所论虽然是词，但是扩大到顾随全部的文学作品和整个人生当中也非常适用。顾随将战斗精神扩展、延伸到人生的各个阶段与各个领域当中，军阀混战时期他努力克服自身性格中的弱点——牢骚闲愁，沦陷时期他保持民族气节、坚贞持守，新中国成立后他奋发前进、鼓舞歌颂，其精神始终如一：保持斗志、勇猛进取、积极担荷、坚守气节。从中既可以看到顾随对战斗精神的继承，又可以看到顾随将此精神融入自身生命过程中所进行的一系列调适，以适应不同时期的不同境遇。

顾随不仅学习鲁迅，还在教学中将鲁迅精神宣扬给年轻一辈。如其女顾之京所说："父亲一生十分尊崇鲁迅。在为人上、思想上、治学上，他始终学习鲁迅并始终以鲁迅的伟大精神教育年轻的一辈。"[2] 郭预衡由顾随的引导而产生了"对鲁迅著作学习的兴趣"，[3] 开始阅读《鲁迅全集》。王振华称顾随是"宣传鲁迅的先行者"，"用鲁迅思想引导她们走上革命之路"，[4] 在学生心中播下了顽强抗争、坚强独立的种子。

---

[1] 叶嘉莹：《我的老师顾随先生》，河北大学出版社2017年版，第93—94页。
[2] 顾随：《顾随全集》卷四，河北教育出版社1999年版，第646页。
[3] 张恩芑：《顾随先生百年诞辰纪念文集》，河北大学出版社1999年版，第127页。
[4] 张恩芑：《顾随先生百年诞辰纪念文集》，河北大学出版社1999年版，第229页。

2. 鲁迅战斗精神对顾随思想性情的影响

顾随早年词作与性情中曾发生由自叹衰病到担荷战斗的转变，叶嘉莹敏锐地注意到："到了《荒原词》中，这种精神和心志则表现得更为鲜明和强烈。"[1] 顾随少年时的经历使他形成悲观抑郁、多愁善感的性格。16 岁时母亲因为祖母的虐待而早逝，他曾说："这在我一向脆弱敏感的心灵上，是一个禁受不起的打击。从此我便总是忧郁而伤感。"[2] 另外，出于当地风俗和家庭之命，顾随 16 岁时曾娶妻纪氏，7 年以后纪氏去世，留下两个女儿。[3] 家庭生活的不幸给他的心灵留下难以磨灭的阴影。他在 25 岁时曾说："我的意志很薄弱，所以有时抱悲观。"[4] 顾随的悲观思想也有来自社会的影响，当时"吃人"的社会总是让有理想的青年人觉得压抑和苦闷。而且 1916 年至 1928 年是军阀割据时期，直系、皖系、奉系等军阀连年混战，人们往往受到兵匪的波及，性命难保。所以，青年时代的顾随是一个多愁多病者，从他早期的词集《无病词》《味辛词》当中可见其忧愁悲苦之情绪。但是，顾随并不甘心做一个生活的弱者，总有一种使自己变得坚强的愿望。1924 年，他曾在致友人的信中说："我近来不知要做什么，脑子里总想要把自己变成一个强者。"[5] 他果然越来越坚强起来，具有了一种担荷苦难的战斗精神。他在 1928 年致友人的信中说："弟年来饱经事故，看家本事四个大字——担负运命，一切忧郁伤感牢骚都用不着。"[6]

顾随的思想之所以有如此大的转变，首先是因为其性情中本有一种刚强、率直的因素。他祖籍山东，出生在河北清河县，齐鲁和燕赵大地上都有一种率直、刚健的民风。随着年龄的增长与心性的成熟，他性情中刚健的一面逐渐显露出来。其次，顾随自幼接受私塾教育，积极有为、经世致用的思想是晚清社会的主流。且中国自古有"立功、立德、立言"的三不朽思想，又有"天行健，君子以自强不息"的自

---

1 叶嘉莹：《我的老师顾随先生》，河北大学出版社2017年版，第93页。
2 顾随：《顾随全集》卷二，河北教育出版社2014年版，第151页。
3 赵林涛、顾之京编：《顾随学术年表》，《河北大学学报（哲学社会科学版）》2015年第3期，第32—37页。
4 顾随：《顾随全集》卷八，河北教育出版社2014年版，第382页。
5 顾随：《顾随全集》卷八，河北教育出版社2014年版，第431页。
6 顾随：《顾随全集》卷八，河北教育出版社2014年版，第291页。

强精神、"士不可以不弘毅，任重而道远"的弘毅精神等，都包含一种积极的因素。中学毕业后，顾随先在天津北洋大学读了预科，又到北京大学读了英语专业，接触到最新的思想。北大是"常为新的，改进的运动的先锋"，向来具有一种"与黑暗势力抗战"的精神[1]，对顾随也产生了重要影响。然后，时代因素对顾随战斗精神的形成至关重要。五四精神被鲁迅概括为"扫荡废物，以造成一个使新生命得能诞生的机运"[2]。时代呼唤新生，青年需要奋进，作为一个亲历过"五四"，有理想、有追求的北大学生，青年知识分子，顾随自然顺应了时代的潮流，接受了五四精神和鲁迅思想，并成为宣扬鲁迅精神的先行者。鲁迅是五四时代精神的代表，其战斗精神像一束光照亮了青年们的黑暗，对顾随的影响则像是火种，点燃了他本身具有的潜在的刚健、进取的积极因素，使其在思想、性情、行为上都发生了显著的变化，整个人生境界得以提升。

（1）由忧思抑郁转为坚强有力

顾随自20世纪20年代就大量阅读鲁迅的著作。如1924年他读了鲁迅翻译的《苦闷的象征》，1925年他订阅鲁迅编辑的《语丝》、主撰的《莽原》，还购买并阅读了鲁迅的《热风》，并向朋友推荐："鲁迅新出版其六年以来之杂感集，名曰《热风》""极佳"[3]。1926年阅读了鲁迅翻译的《出了象牙之塔》，觉得"真好"。[4] 1927年告诉朋友说："鲁迅之论文集《坟》已出版，兄盍购而读之？"[5] 1928年阅读了鲁迅翻译的《思想·山水·人物》，同年还请朋友为他购买鲁迅的《域外小说集》《野草》《华盖集续编》《小约翰》（按：鲁迅译）等书。[6]

鲁迅向来被人们视为"战士"，其战斗精神在其作品中表现得十分鲜明。他在

1　鲁迅：《鲁迅全集》卷三，人民文学出版社2005年版，第168页。
2　鲁迅：《鲁迅全集》卷十，人民文学出版社2005年版，第270页。
3　顾随：《顾随全集》卷八，河北教育出版社2014年版，第144页。
4　顾随：《顾随全集》卷八，河北教育出版社2014年版，第160页。
5　顾随：《顾随全集》卷八，河北教育出版社2014年版，第221页。
6　顾随：《顾随全集》卷八，河北教育出版社2014年版，第288页。

《野草·淡淡的血痕》中期待屹立人间的叛逆的猛士；在《野草·这样的战士》中歌颂手握投枪的坚定的战士；在《坟·杂忆》中呼唤崭新的文场中凶猛的闯将；在《记念刘和珍君》中说："真的猛士，敢于直面惨淡的人生，敢于正视淋漓的鲜血。"[1]大力歌颂坚强勇敢的战斗者。他在《坟·未有天才之前》中提倡"坚苦卓绝"的精神，在《坟·娜拉走后怎样》中主张人们"深沉的韧性的战斗"。

鲁迅很清楚地认识到当时社会与青年们的现状，在他的作品中，明显有一种号召青年们抛弃无用的哀怨、悲愤、闲愁，鼓起勇气、勇猛进取的战斗精神。如在《坟·杂忆》中说："我觉得中国人所蕴蓄的怨愤已经够多了。""卑怯的人，即使有万丈的愤火，除弱草以外，又能烧掉甚么呢？"[2]他号召人们必须要勇敢，"因为勇敢，这才能勇往直前"[3]。鲁迅认识到青年们的弱点，反对不平、愤慨、怨恨，在《华盖集·杂感》中批评呻吟、叹息、哭泣、哀求，一切无用："至于神经衰弱，其实倒是自己生了病，你不要再当作宝贝了，我的可敬爱而讨厌的朋友呀！"[4]鲁迅希望自己和别人"都纯洁聪明勇猛向上"，"除去于人生毫无意义的苦痛"[5]。他在《野草·一觉》中明确表示青年们应该超越苦恼、呻吟，转向愤怒与粗暴，他更加热爱青年们粗暴的灵魂；在《华盖集·导师》中他对青年们说："你们所多的是生力，遇见深林，可以辟成平地的，遇见旷野，可以栽种树木的，遇见沙漠，可以开掘井泉。"[6]鼓励青年们勇猛地进取、努力开创新的生活。这对于苦闷哀叹中的顾随无疑是精神上的一剂良药，不仅去病还使他振奋。所以，他读了《热风》觉得"极佳"；读了《思想·山水·人物》之后觉得"非常之合胃口"[7]；读了《苦闷的象征》后觉得"内中的话，俱都是我要说而不能——或不曾——说出的话"[8]。由此，鲁迅的战斗精神对他产

---

1 鲁迅：《鲁迅全集》卷三，人民文学出版社2005年版，第290页。
2 鲁迅：《鲁迅全集》卷一，人民文学出版社2005年版，第237—238页。
3 鲁迅：《鲁迅全集》卷一，人民文学出版社2005年版，第238页。
4 鲁迅：《鲁迅全集》卷三，人民文学出版社2005年版，第52页。
5 鲁迅：《鲁迅全集》卷一，人民文学出版社2005年版，第130页。
6 鲁迅：《鲁迅全集》卷三，人民文学出版社2005年版，第59页。
7 顾随：《顾随全集》卷二，河北教育出版社2014年版，第195页。
8 顾随：《顾随全集》卷八，河北教育出版社2014年版，第86页。

生了非常积极的影响，促进了他思想的转变与成熟。顾随在1928年致友人的信中说：

> 萼君书云：愿K师（按：指顾随）是一个强有力的人，而不是酸愁的病夫……弟再不努力，负萼君至再至三，虽百身莫赎矣。弟将努力锻炼意志，养成做事之能力。站起便行，躺下便睡，决不再忧思抑郁以自伤。天地正复不窄，道路亦复不少。乞食，为佣，尚足自给，何至因为读几句书，非厕身高等流氓之列不可乎？文学是弟天性所好，而且责任所在，不敢后人。惟旧日愁思无聊之习气，非铲除净尽不可。先把自己打熬成一个"统一"的人，言行一致，庶乎其可也……鲁迅不云乎：世界上有一个人爱我，那力量就那么强！[1]

最后所引的话出自鲁迅《彷徨·孤独者》魏连殳的信，原话为："然而我还有所为，我愿意为此求乞，为此冻馁，为此寂寞，为此辛苦。但灭亡是不愿意的。你看，有一个愿意我活几天的，那力量就这么大。"[2] 顾随引此句以表明自己强烈的改变愿望，决心锻炼坚强的意志，铲除愁思无聊的习气，不再忧思抑郁以自伤。

（2）由牢骚闲愁转为努力进取

鲁迅的战斗精神是努力进取的，他发出呐喊之声，批判腐朽的社会，描绘麻木的人群，希望唤醒铁屋子里面的人，以文艺来疗救民族、启蒙大众。他在《彷徨》中选取了《离骚》的八句作为题词："朝发轫于苍梧兮，夕余至乎县圃；欲少留此灵琐兮，日忽忽其将暮。吾令羲和弭节兮，望崦嵫而勿迫；路漫漫其修远兮，吾将上下而求索。"[3] 顾随对其中表现的精神总结为："一是不停留；二是要前进；三是要追

1　顾随：《顾随全集》卷八，河北教育出版社2014年版，第288—289页。
2　鲁迅：《鲁迅全集》卷二，人民文学出版社2005年版，第103页。
3　鲁迅：《鲁迅全集》卷二，人民文学出版社2005年版，第3页。

求。"[1] "鲁迅先生以此象征近代人生观是进取的、努力的，而非享乐的、颓废的。"[2] 顾随不仅对鲁迅努力进取的战斗精神有准确的认识，还对其精神认真地践行。鲁迅在《热风·恨恨而死》当中曾说："中国现在的人心中，不平和愤恨的分子太多了。不平还是改造的引线，但必须先改造了自己，再改造社会，改造世界；万不可单是不平。至于愤恨，却几乎全无用处。"[3] 顾随积极地改造自己，如他在1928年致友人的信中说：

我并不像以前那样之好发牢骚……我们应该逐走我们心上的愁魔，背起了命运而生活下去。悲哀呀，激昂呀，忧闷呀，全无济于事，虽然我们都是人，有时免不了悲哀、激昂和忧闷。

屏兄，请你读一读《思想·山水·人物》（按：鲁迅译）中的"专门以外的工作"那一篇。亚诺德岂不是偷了教育事业的余暇而成功为著述家吗？我不信人世有天才；还是那句话：天才是努力的结果。我们都不是下愚，只要能屏退了心上的乱草似的闲愁，一定可以做一点事业的。[4]

顾随本来苦于教学的重担，没有创作的余暇。受了鲁迅的启发，他更加坚定地抛弃掉闲愁、悲哀、忧闷、牢骚等无用的情绪，把教学之外的全部心思和精力都投入到写作上，并决心以余暇来成就写作事业。

顾随的此种转变在其词中亦有所反映，前面所引叶嘉莹对顾随词中战斗精神的论述即能说明，这里不再重复。但要特别说一下《荒原词》中的《采桑子》：

如今拈得新词句，不要无聊。不要牢骚。不要伤春泪似潮。

1　顾随：《顾随全集》卷三，河北教育出版社2014年版，第369—370页。
2　顾随：《顾随全集》卷六，河北教育出版社2014年版，第211页。
3　鲁迅：《鲁迅全集》卷一，人民文学出版社2005年版，第378页。
4　顾随：《顾随全集》卷八，河北教育出版社2014年版，第299—300页。

心苗尚有根芽在，心血频浇。心火频烧。万朵红莲未是娇。[1]

关于这首词顾之京曾说："父亲并不是一个生性乐观的人，他的前大半生也未逢太平盛世，而他在步入中年的时候（1930）却填了这首《采桑子》。我想，这是父亲对人生的奋进与追求，是他那富于理想的诗心的怦动。"[2] 从她对词中与以往不同的乐观进取精神表现出的诧异，亦可以看到顾随的转变。拒绝无聊、牢骚、无用的眼泪，以全副身心努力浇灌心中的希望，为理想的事业而奋斗，体现出鲁迅战斗精神的影响。

（3）由胆怯脆弱转向勇猛创新

鲁迅对敌人们多用反语给予辛辣的讽刺，但是对于青年们却多正面的引导，其战斗精神中包含着一种鼓励青年开拓创新、勇敢前行的精神。他在《与幼者》当中说："你们若不是毫不客气地拿我做一个踏脚，超越了我，向着高的远的地方进去，那便是错的。""像吃尽了亲的死尸，贮着力量的小狮子一样，刚强勇猛，舍了我，踏到人生上去就是了。"[3] "你们该从我的倒毙的所在，跨出新的脚步去。"[4] 鼓励青年们无所畏惧地超越前人、勇猛前进。"对于只想以笔墨问世的青年"，鲁迅在《三闲集·鲁迅译著书目》中告诉他们，要"不断的！努力一些""必须跨过那站着的前人，比前人更加高大"[5]，强调开拓创新的重要性。他在《坟·灯下漫笔》中大声地号召青年们："创造这中国历史上未曾有过的第三样时代，则是现在的青年的使命！"[6] "扫荡这些食人者，掀掉这筵席，毁坏这厨房，则是现在的青年的使命！"[7] 在《华盖集·忽

1　顾随：《顾随全集》卷一，河北教育出版社2014年版，第73页。
2　顾随：《顾随全集》卷四，河北教育出版社1999年版，第627页。
3　从顾随的学生王振华的回忆中可以看到顾随曾经在课堂上把这段话和其中的思想讲给学生们听，给王振华留下了深刻的印象，晚年时记忆犹新。参见顾之京：《女儿眼中的父亲——大师顾随》，中国工人出版社2007年版，第24页。
4　鲁迅：《鲁迅全集》卷一，人民文学出版社2005年版，第380页。
5　鲁迅：《鲁迅全集》卷四，人民文学出版社2005年版，第189页。
6　鲁迅：《鲁迅全集》卷一，人民文学出版社2005年版，第225页。
7　鲁迅：《鲁迅全集》卷一，人民文学出版社2005年版，第229页。

然想到》中说："先该敢说，敢笑，敢哭，敢怒，敢骂，敢打，在这可诅咒的地方击退了可诅咒的时代！"[1]

青年时代的顾随曾在日记中反省自己"懒而且胆怯"[2]，在致友人的信中认为自己"胆怯而又无用"[3]，他决心要成为一个"强者"，但苦于身体太糟、精神太坏，他决定要锻炼身体，"锻炼成一条铁汉，那时，卷土重来，再与社会血战一场"[4]。与鲁迅精神的共鸣，使顾随越来越坚定了自己的创新之路，勇猛前进。在词方面，他吸收现代词语，抒发真实性情，谱写时代精神，自创新奇境界，被吴宓评为"后起之少年词人"，达到"得中道之至美，以新材料入旧格律，合浪漫之感情与古典之艺术"的境界。[5]在剧曲中，他突破前人的思想，批评王国维不该以"自然"两字评元剧，"自然"只能指其少数中之少数，而不能概其全。他用象喻的手法在剧作中表现深刻的哲理，"突破了中国旧有的传统，竟然开创了一条与后起之西方剧作家相接近的途径，成了一位在文学创作之发展中的先知先觉者。"[6]在小说方面，顾随敢于对偶像鲁迅指出不足，1945年他曾说："小说真是难作，中国也只有鲁迅先生，但是像《阿Q正传》技巧并不成，即《孔乙己》也太幼稚……至于《彷徨》是真好，从第一篇《祝福》起就好，到末一篇《离婚》已然是强弩之末了，还是那么有劲。他的作风眼看要变而没有变，真是可惜。"[7]1947年他在中法大学讲演《小说家之鲁迅》进一步提出自己的见解，认为鲁迅小说中有一些不必要的诗化，如《阿Q正传》第五章写阿Q因求食而走出未庄之后，诗的写法几乎成为过剩，成为不必要。他还认为鲁迅不独写自然，便是写人生也有偏于静的倾向之嫌疑。由此提出自己的"诗化小说美学观点"[8]，认为避免鲁迅的错误，"才能在鲁迅先生园地之外开辟新园地，我们才对得起鲁

1　鲁迅：《鲁迅全集》卷三，人民文学出版社2005年版，第45页。
2　顾随：《顾随全集》卷二，河北教育出版社2014年版，第193页。
3　顾随：《顾随全集》卷八，河北教育出版社2014年版，第47页。
4　顾随：《顾随全集》卷八，河北教育出版社2014年版，第432页。
5　赵林涛、马玉娟编：《学者顾随》，河北大学出版社2017年版，第3页。
6　叶嘉莹：《我的老师顾随先生》，河北大学出版社2017年版，第132页。
7　赵林涛：《顾随和他的弟子》，中华书局2017年版，第126页。
8　李云：《论顾随的诗化小说美学》，《南昌航空大学学报（社会科学版）》2019年第3期。

迅先生"[1]。唯有开拓创新才符合鲁迅的精神，才对得起鲁迅先生对青年们的厚望。

随着年龄的增长、心性的成熟和阅历的丰富，顾随对鲁迅的理解越来越深刻，鲁迅精神对他产生的积极因素越来越彰显出来。顾随在各体文学中表现出的开拓创新精神与鲁迅精神息息相通。鲁迅在《华盖集·北京通讯》中曾说："我自己，是什么也不怕的，生命是我自己的东西，所以我不妨大步走去，向着我自以为可以走去的路。"[2]又在《三闲集·无声的中国》中说："大胆地说话，勇敢地进行，忘掉了一切利害，推开了古人，将自己的真心话发表出来。"[3]顾随正是沿着此路锐意进取，他主张"凡事大踏步走出"[4]"人要把自己的个性竭力表现，把自己的理想竭力实现"[5]。顾随不断地超越自我、努力前进，同时他还鼓励学生们勇于创新、奋力前行。他在课堂上常说："丈夫自有冲天志，不向如来行处行。""见与师齐，师德减半"，反对"床下架床，屋内架屋"。他期望弟子们能成为"南岳下之马祖"，而不是"孔门之曾参"[6]，因为马祖是开拓创新者，曾参却是传统继承者，其弟子周汝昌、叶嘉莹等恰恰是受此精神影响而别有建树。

3. 顾随词作中的鲁迅痕迹

对于自己的文章，顾随认为："文人气息很重，但战士一丝一毫做不到。"[7]指出自己与鲁迅文章的不同，一是文人之文，一是战士之文。作为崇拜战士的词人，顾随的词作有着比小说更为鲜明的鲁迅痕迹，可进一步印证鲁迅战斗精神对其影响。顾随的一些词作常让读者感觉神秘、费解，与鲁迅的作品对照来读这些谜团就会迎刃而解。

1　顾随：《顾随全集》卷三，河北教育出版社2014年版，第363页。
2　鲁迅：《鲁迅全集》卷三，人民文学出版社2005年版，第54页。
3　鲁迅：《鲁迅全集》卷四，人民文学出版社2005年版，第15页。
4　顾随：《顾随全集》卷八，河北教育出版社2014年版，第14页。
5　顾随：《顾随全集》卷八，河北教育出版社2014年版，第433页。
6　叶嘉莹：《我的老师顾随先生》，河北大学出版社2017年版，第23页。
7　顾随：《顾随全集》卷七，河北教育出版社2014年版，第135页。

（1）借用鲁迅作品中的意象

顾随的词集当中，《荒原词》是受鲁迅作品影响较为明显的一部。叶嘉莹亦看出了这部词集的独特性，认为在此集中担荷与战斗的精神和心志表现得更为鲜明和强烈。集中收录的1928至1930年的词作，恰恰是顾随熟读了鲁迅的《野草》等作品之后创作的，其中最鲜明的是对"火"意象的吸收与转化。

鲁迅在《野草·题辞》中说："我自爱我的野草，但我憎恶这以野草作装饰的地面。地火在地下运行，奔突；熔岩一旦喷出，将烧尽一切野草，以及乔木，于是并且无可朽腐。"[1] 突出火能够摧毁一切的强大力量。顾随在《卜算子》中描写烈火摧毁荒原一切腐朽的场面，并且将其置于《荒原词》开篇第一首作为"序曲"，可以说是对鲁迅的响应：

荒草漫荒原，从没人经过。夜半谁将火种来，引起熊熊火。
烟纵烈风吹，焰舐长天破。一个流星一点光，点点从空堕。[2]

关于这首词顾随的学生阎振益曾经说："我爱这首小词……但我至今仍没有完全读懂她，我在迷离中感到词中点点智慧灵光在闪现，熊熊怒火在燃烧，蕴含着冲破黑暗的激愤，向往光明的憧憬。"[3] 顾之京认为："父亲没有到过大草原，他谱写荒原，其取象、取意，我以为首先当是古希腊神话中为人类取来火种的先觉者普罗米修斯，而其次则是《尚书》中的'若火之燎于原'。"[4] 可惜他们都没有注意到鲁迅《野草》的影响，而此影响却是对顾随最直接有力的。顾随在《荒原词》的另一首《贺新郎》中同样运用了火的意象："我如引火烧枯苇。想霎时、飞烟万丈，烈红十里。众鸟纷纷飞散去，火舌直腾空际。制造得、无边欢喜。"[5] 其表现野火摧毁腐朽、制造欢喜的

---

1 鲁迅：《鲁迅全集》卷二，人民文学出版社2005年版，第163页。
2 顾随：《顾随全集》卷一，河北教育出版社2014年版，第71页。
3 张恩芑：《顾随先生百年诞辰纪念文集》，河北大学出版社1999年版，第273页。
4 顾之京：《苦水词人顾随词集词作解析》，河北大学出版社2017年版，第33页。
5 顾随：《顾随全集》卷一，河北教育出版社2014年版，第82页。

魔力，与鲁迅《野草》集中的"火"意象在思想上完全相通。

（2）化用鲁迅作品中的意境

鲁迅《野草》中的《秋夜》是一篇意蕴深刻的散文，顾随《荒原词》中有一首《木兰花慢》即化用了此篇散文的意境：

向闲庭散步，忘今夕，是何年。听犬吠鸡鸣，始知自己，身在尘寰。
苍天。默然不语，闪万千、星眼看人间。何处琼楼玉宇，几番沧海桑田。
庄严。依旧是平凡。冬去又春还。问小立因谁，深宵露冷，不记衣单。
开残。小梅数朵，剩离离、枝上着微酸。病里生机尚在，无人说似诗禅。[1]

其中"默然不语，闪万千、星眼看人间"来自《秋夜》中对夜空中星的描写："现在却非常之蓝，闪闪地睞着几十个星星的眼，冷眼。""依旧是平凡。冬去又春还"一句对原文的隐括也很明显。《秋夜》中的无名小花是软弱的："她在冷的夜气中，瑟缩地做梦，梦见春的到来，梦见秋的到来，梦见瘦的诗人将眼泪擦在她最末的花瓣上，告诉她秋虽然来，冬虽然来，而此后接着还是春，胡蝶乱飞，蜜蜂都唱起春词来了。她于是一笑，虽然颜色冻得红惨惨地，仍然瑟缩着。"[2] 顾随词中的小梅却坚定地等待春天的到来，努力绽放、结果："开残。小梅数朵，剩离离、枝上着微酸。"此种不畏苦难、蕴含生机的精神正是词中的禅机与深意，与鲁迅《秋夜》中所歌颂的精神相同。

顾随《味辛词》中有一首《庆清朝慢》写街上的乞者："试听街头乞丐，正饥熬夜永，冷怨宵寒。号呼惨苦，堪怜无个人怜。不是世情落寞，乞人怜处得人嫌。君

---

[1] 顾随：《顾随全集》卷一，河北教育出版社2014年版，第85页。
[2] 鲁迅：《鲁迅全集》卷二，人民文学出版社2005年版，第166页。

休矣，不如归去，一枕高眠。"[1]词中对乞者流露出厌烦、嫌弃的情绪，没有同情之感，令人费解。实际上却是受了《野草》集中《乞者》的影响："也不见得悲戚，而拦着磕头，追着哀呼。我厌恶他的声调，态度。我憎恶他并不悲哀，近于儿戏；我烦厌他这追着哀呼。""摊开手，装着手势。我就憎恶他这手势。而且，他或者并不哑，这不过是一种求乞的法子。我不布施，我无布施心，我但居布施者之上，给与烦腻，疑心，憎恶。"[2]因为他们的虚假与伪装，所以作者拒绝布施同情，只给予厌烦、疑心与憎恶。

顾随不仅在作品中化用鲁迅作品的意境，还将其作品中的象征手法融入词作中。《野草》中有一篇《过客》，写一个疲惫的过客向老翁和小女孩讨水喝，然后走向坟地，全篇充满象征的意味。顾随的《荒原词》中同样有这样一篇神秘的充满象征意味的词，《八声甘州》：

怕今宵无处解雕鞍，何须问吾庐。正月尖风紧，星高露重，人在征途。
张目四围望去，身外总模糊。无奈青骢马，也自跼蹰。
渐渐星沉月落，又青磷走火，野薮鸣狐。听白杨树上，宿鸟乱相呼。
隔长林、夜灯一点，蓦向人暂有暂还无。鞭摇动、马长嘶了，踏过平芜。[3]

这首词同样是写一位荒原中的过客，很像鲁迅《过客》的姊妹篇，不同的是词中骑马的赶路人在黑夜中一点灯光的指引下，穿过了可怕的坟地，看到了前方的希望。

（3）阐发鲁迅作品中的思想

在顾随的词作中，多处可见对鲁迅战斗精神的阐发。鲁迅曾在《热风》中说："我时常害怕，愿中国青年都摆脱冷气，只是向上走，不必听自暴自弃者流的话。能

1　顾随：《顾随全集》卷一，河北教育出版社2014年版，第53页。
2　鲁迅：《鲁迅全集》卷二，人民文学出版社2005年版，第171页。
3　顾随：《顾随全集》卷一，河北教育出版社2014年版，第87—88页。

做事的做事，能发声的发声。有一分热，发一分光，就令萤火一般，也可以在黑暗里发一点光，不必等候炬火。"[1]鼓励青年们摆脱苦闷、努力做事。顾随的《荒原词》中就有这样一首描写萤火精神的词，《采桑子》：

> 水边点点光明灭，恰似春灯。恰似繁星。恰似游魂自在行。
> 细思三十年间事，如此凄清。一个流萤。自放微光暗处明。[2]

"自放微光暗处明"的流萤是作者自己的化身，他努力在黑暗中放出微弱的光明，表现了"能做事的做事，能发声的发声。有一分热，发一分光"的精神。

鲁迅十分重视当下人间的生活，反对各种形式的逃避现实。他曾在《坟·论睁了眼看》中说："必然敢于正视，这才可望敢想、敢说、敢作、敢当。倘使并正视而不敢，此外还能成什么气候。然而，不幸这一种勇气，是我们中国人最所缺乏的。……中国的文人，对于人生，——至少是对于社会现象，向来就多没有正视的勇气。"[3]也曾在《华盖集·杂感》中说："仰慕往古的，回往古去罢！想出世的，快出世罢！想上天的，快上天罢！灵魂要离开肉体的，赶快离开罢！现在的地上，应该是执着现在，执着地上的人们居住的。"[4]又在《华盖集续编》中重申这一思想，表明对天堂的厌腻："我本来不大喜欢下地狱……现在可又有些怕上天堂了。四时皆春，一年到头请你看桃花，你想够多么乏味？即使那桃花有车轮般大，也只能在初上去的时候，暂时吃惊，决不会每天做一首'桃之夭夭'的。"[5]此种重视人间现实、轻视逃避桃源和天上的思想在顾随词中多有出现，如《味辛词》中的《水调歌头·留别》专门探讨桃花源与人间世的优劣：

---

1 鲁迅：《鲁迅全集》卷一，人民文学出版社2005年版，第341页。
2 顾随：《顾随全集》卷一，河北教育出版社2014年版，第71页。
3 鲁迅：《鲁迅全集》卷一，人民文学出版社2005年版，第251页。
4 鲁迅：《鲁迅全集》卷三，人民文学出版社2005年版，第52页。
5 鲁迅：《鲁迅全集》卷三，人民文学出版社2005年版，第392页。

收汝眼中泪，且听我高歌。人云愁似江水，不道着愁魔。长笑避秦失计。空向桃花源里，世世老烟蓑。悲戚料应少，欢乐也无多。

人间事，须人作，莫蹉跎。也知难得如意，如意便如何。试问倘无缺憾，难道只需温暖，岁月任销磨。歌罢我行矣，夕日照寒波。[1]

劝人们收起眼泪，战胜愁魔，面对现实，桃花源里的人虽然没有烦恼，但也没有真正的欢乐。立足人间并努力扎实地工作，不蹉跎光阴、不销磨心志才是正道。再如《荒原词》中的《踏莎行》："当日桃源，那般生活。算来毕竟从头错。乐园如不在人间，尘寰何处寻天国。"[2] 还有《味辛词》中的《瑞鹧鸪》："也知人世欢娱少，未羡仙家日月长。我自乐生非厌世，任教两鬓渐成霜。"[3] 都是对桃源、天国、仙家等逃避现实思想的否定，明显有着对鲁迅思想接受与阐述的痕迹。

4. 顾随的战斗精神

鲁迅不赞成青年们盲目地流血牺牲，他认为更为持久的战斗是一种"壕堑战"，[4] 保住自己而与敌人进行更长久的战斗。顾随自愧没有学到鲁迅的战斗精神，但是他的人生表现出一种持久的战斗精神。1924 年在济南女中任教时，他因为不满意校长"和着稀泥办学校"的方法而一手鼓动起学生风潮，不怕得罪当局，最终离职。在写给友人的信中叙述了这件事之后顾随还写了一段话："我愿有一个巨人，用大掌抓起这地球，向空中一摇荡：一切人、物、房屋、事业、思想，都成为灰尘散去——《工人绥惠略夫》。此不过小试端耳！"[5]《工人绥惠略夫》是鲁迅翻译的作品，可见顾随正是受其中思想的影响而鼓动学潮的。1926 年在天津女子师范学院任教时，顾随不顾

1　顾随：《顾随全集》卷一，河北教育出版社2014年版，第47页。
2　顾随：《顾随全集》卷一，河北教育出版社2014年版，第74页。
3　顾随：《顾随全集》卷一，河北教育出版社2014年版，第47页。
4　鲁迅：《鲁迅全集》卷十一，人民文学出版社2005年版，第16页。
5　顾随：《顾随全集》卷八，河北教育出版社2014年版，第435页。

军阀"国文课只准讲四书五经"的禁令而教学生们鲁迅、北欧、东欧及日本的文学作品，教女生们以子君、娜拉为鉴追求独立的生活。北平沦陷八年期间是顾随生命中最为艰难的一段时光，他表现出的坚定抗战精神是对鲁迅战斗精神的直接继承与发扬，其意义也更加凸显。

（1）执着坚守

因为家累与年龄老大、身体衰弱，顾随不能像友人们那样离开北平南下，而是坚守在沦陷的北平，先是在燕京大学、辅仁大学等学校教书，后来因为燕京大学被日寇侵占，他只在被称为"抗日大本营"的辅仁大学任教。在民族危亡、山河破碎之时，鲁迅为众多作家"提供了一种精神支持、民族力量"[1]。同样，鲁迅也是顾随精神上的一根强有力的支柱。1942年在沦陷的北平，顾随有一封致弟子莘园的信很值得注意：

> 《译丛补》自携来之后，每晚灯下读之，觉大师精神面貌仍然奕奕如在目前。底页上那方图章，刀法之秀润，颜色之鲜明，也与十几年前读作者所著他书时所看见的一样。然而大师的墓上是已有宿草了。自古皆有死，在大师那样地努力过而死，大师虽未必（而且也决不）觉得满足，但是后一辈的我们，还能再向他做更奢的要求吗？想到这里，再环顾四周，真有说不出的悲哀与惭愧。在我，是困于生活（其实这也是托词），又累于病，天天演着三四小时单口相声，殊少余暇可以写出像样的作品来的。十年前作的一篇小说《佟二》已在《辅仁文苑》上登载出来，可惜社中只送我一本，未能相赠为憾耳。[2]

---

1 黄万华：《史述和史论：战时中国文学研究》，贵州教育出版社2005年版，第396页。
2 顾随：《顾随全集》卷九，河北教育出版社2014年版，第40页。

可见，在沦陷时期顾随仍然坚持读鲁迅的作品，读了《译丛补》后感觉先生如在目前。面对鲁迅，顾随感觉到悲哀与惭愧。悲哀是因为大师已去，而山河沦陷，再没有像鲁迅那样的大师引领众人前进；惭愧是因为自己虽然学习鲁迅先生多年，但仍然没有取得值得献给先生的成绩。话虽如此，事实上顾随还是努力地克服物质困窘、身体多病、课业繁忙等种种困难，沿着鲁迅的精神创作了，就是信中提到的小说《佟二》[1]。佟二是一个少言寡语、淳朴勤劳的农民，他一声不吭地在社会的底层挣扎，在政府和敌寇一步步地逼迫之下妻死子亡，他才奋起反抗。虽然最终还是难逃死亡的悲惨结局，却表现了农民在压迫下的反抗，正是鲁迅"沉默啊沉默，不在沉默中爆发就在沉默中死亡"思想的体现。顾随以此篇小说告诉麻木的民众，委曲求全并不能保全自己的小家，唯有团结战斗才有取得胜利的希望。顾随已经十余年不创作小说了，沦陷期间他又重拾小说之笔，继承了鲁迅"用笔作战斗武器"的精神。

（2）以文抗战

顾随不能亲自上战场，但是他将战斗精神融入创作与研究当中。诗词、小说之外，他创作于1941年的杂剧《谗秀才》(刊于北平抗日刊物《辛巳文录》)，塑造了一个宁愿过清苦生活，也不去给县太爷当厨子的教书先生："我若是拿得动刀，我若是抡得动枪，到得那两军阵上，我也去入伍吃粮。恨老天怨彼苍，不给我力量，只生来赋与清狂。"[2] 顾随借穷秀才之口表现了坚贞不屈的战斗精神。

还有在抗战时期根据《聊斋·连琐》改编而成的《陟山观海游春记》杂剧，核心意蕴就是以坚贞的持守与勇敢的抗争来创造民族的新生，包含着抗战的历史背景和深沉的战斗精神。凄凉萧瑟的秋天独立荒坟中执着相思的杨于畏、幽闭古墓中守身如玉的连琐，象征着生活在沦陷区却有着坚定信念的人民，他们忍受着折磨与屈

---

1 据顾之京所说，顾随在信中所说的《佟二》作于十年之前是迫于环境的托辞，实际上是沦陷期间创作的。
2 顾随：《顾随全集》卷一，河北教育出版社2014年版，第344页。

辱，但坚决不改变自己的心志；光明温暖的春天，仗剑割臂、滴血入脐、起死回生的故事，象征着人民的英勇抗战、流血牺牲与对胜利的期盼。获得重生之后，夫妇二人驰马游春、登山观海尽显英雄豪情，波涛汹涌、气象壮观的大海好像是热烈的战场："涛乱翻，风正吼，涛翻风吼争驰骤。素车白马朝天阙，烈炮轰雷撼地轴。"[1] 表面上看"素车白马"是形容白色的波浪滔天，实际上却暗含着为国捐躯的抗敌决心，明末清初因抗清而英勇就义的张煌言就曾经在《甲辰八月辞故里》诗中以"他日素车东渐路，怒涛岂必属鸱夷"来形容他的抗敌之志[2]。"朝天阙"正是岳飞《满江红》中所说的"待从头收拾旧山河，朝天阙"，代表的是失地的收复和国家的胜利。"烈炮轰雷撼地轴"表现的是激烈的战斗场面，是作者对全民族英勇抗日的歌颂！

  顾随还将战斗精神寄托在词学论著当中。1941年他在燕大讲授稼轩词，因为日寇占领了学校，他不能再去上课，学生们就让他把要讲的内容写下来，于是他写成《稼轩词说》，一部借他人酒杯浇自己块垒的词学论著。稼轩是顾随最推崇的词人，被称为"词中之龙"，也是一位志在收复失地的英雄，临终前还大喊"杀贼！杀贼！"顾随经历的山河沦陷与稼轩的时代背景十分相似，稼轩词最能表现顾随的亡国之恨和抗战之志。《稼轩词说》中选择的每一首词都有着顾随深刻的用意和寄托。开篇第一首《贺新郎·赋琵琶》："凤尾龙香拨，自开元霓裳曲罢，几番风月。"借咏琵琶追忆故国繁华，饱含忧国深情、沦陷之悲。《沁园春·灵山齐庵赋，时筑偃湖未成》表现至老不衰的战斗精神。《满江红》（莫折荼蘼）表现因与友人离别而产生的繁华消歇、时光流逝、功业不就的感叹。《水龙吟·登建康赏心亭》表现怀念故土，登楼遥望的悲愤。《八声甘州·夜读李广传不能寐》表现与李广的共鸣及建功立业、收复失地的愿望，最后以《生查子》"悠悠万世功，矻矻当年苦"为结束，表现艰苦卓绝收复失地、顽强抗战期待光复的主旨。

---

[1] 顾随：《顾随全集》卷一，河北教育出版社2014年版，第333页。
[2] 本社编：《元明清诗鉴赏辞典》，上海古籍出版社1998年版，第194页。

（3）勇敢宣扬

顾随还把抗战的精神融入古典文学的课堂当中。他的学生们认为他的课非常精彩，一个重要的原因就是他将时代所需的战斗精神与古典文学相结合，激励青年学子们的爱国士气和抗战决心。此种用心他的学生们深有感悟，如戚国淦感受到"蕴藏在先生内心深处的故国之思"[1]。杨敏如也曾说："我们老师讲的是他的心，讲的真难过。我们都说双关语。"[2]

因为当时的高压环境，顾随只能采取隐蔽的方式与青年学生们共勉，但他有时往往不顾自己的安危，直接大胆地在课堂上宣扬抗战思想。如他讲晚唐韩偓的诗《别绪》"此生终独宿，到死誓相寻"时说："人是血肉之躯，所以人该为自己造一境界，为将来而努力是很有兴味的一件事。如抗日战争，即使我本是赖汉，也要把你强国熬趴下，这也是对未来的追求。"[3]讲欧阳修词《玉楼春》"人生自是有情痴，此恨不关风与月……直须看尽洛城花，始共东风容易别"时，他说："不用说人生短短几十年，即使还剩一天，一时，一分钟，只要我有一口气在，我就要活个样给你看看，决不投降，决不气馁。"[4]在讲辛弃疾《满江红》（家住江南）一首词时，他在课堂上忍不住说："你不把别人打出去，你就活不了。"[5]他通过诗词表现的抗战精神给学生们极大的鼓舞，他的学生高景成曾说："时值抗日，师爱国思想浓厚，讲稼轩词《破阵子》，大有气吞日寇、还我山河之势。"[6]

文化是国家的命脉，民族的精神支柱，青年成长必不可少的食粮。顾随留在沦陷的北平，自觉地肩负起了精神传承的重任。处于迷茫中的青年十分迫切地需要这样一位老师，周汝昌、叶嘉莹、杨敏如等正是在此阶段受业于其门下。顾随引导他们看到了光明，如叶嘉莹所说："自上过先生之课以后，恍如一只被困在暗室之内的

---

1 赵林涛、马玉娟编：《师者顾随》，河北大学出版社2017年版，第45页。
2 赵林涛、马玉娟编：《师者顾随》，河北大学出版社2017年版，第23页。
3 顾随：《顾随全集》卷五，河北教育出版社2014年版，第417页。
4 顾随：《顾随全集》卷六，河北教育出版社2014年版，第50页。
5 顾随：《顾随全集》卷六，河北教育出版社2014年版，第84页。
6 赵林涛、马玉娟编：《师者顾随》，河北大学出版社2017年版，第35页。

飞蝇，蓦见门窗之开启，始脱然得睹明朗之天光，辨万物之形态。"[1]1997年，自加拿大归国的叶嘉莹在南开大学专门设立了"叶氏驼庵奖学金"，以纪念她的老师顾随先生。

---

[1] 叶嘉莹：《我的老师顾随先生》，河北大学出版社2017年版，第5页。

三、本书作者已发表相关论文

1.《换我心为他心：叶嘉莹先生以生命体悟为中心的诗词评赏方法》，《中华读书报》2022年6月15日第19版。

2.《中西文论互鉴中对传统的突破——从张惠言〈水调歌头〉（五首）比较叶嘉莹与缪钺的说词方法》，《中华读书报》2022年12月7日第17版。

3.《中西文论互鉴中叶嘉莹先生以生命体悟为中心的词学创新》，《河北大学学报》（哲社版）2023年第1期。

4.《叶嘉莹中西文学理论互鉴中的词学探索》，《保定学院学报》2023年第6期。

5.《叶嘉莹诗词人生及其家族文化特质》，《海南热带海洋学院学报》2023年第6期。

6.《叶嘉莹与克里斯特娃》，《中华读书报》2024年4月3日第18版。

7.《兴于诗——从叶嘉莹少女时代诗文探其心路历程》，《今晚报》2023年3月10日第20版。

8.《逃禅不借隐为名——从叶嘉莹青年时代诗文探其心路历程》，《今晚报》2023年7月7日第21版。

9.《纷吾既有此内美兮——从叶嘉莹从1950年代诗文探其心路历程》，《今晚报》2024年1月19日第21版。

10.《从"清者"到"任者"——从叶嘉莹1960-1970年代诗文探其心路历程》，《今晚报》2024年8月9日第20版。

11.《论顾随的诗化小说美学》，《南昌航空大学学报（社会科学版）》2019年第6期。

12.《鲁迅战斗精神对顾随的影响》，《河北大学学报》（社科版）2020年第5期。

13.《爱他莽苍苍青天碧海，熙攘攘赤县神州——顾随〈游春记〉杂剧主题意蕴新探》，《戏曲研究》第114辑，文化艺术出版社2020年版。

14.《生命体悟诗学的新成果及启示》，《中国图书评论》2022年第7期。

15.《从新发现资料论民国时期顾随词的报刊传播及其在平津文化界的影响》，《内蒙古民族大学学报》2024年第1期。

四、北冥有鱼　李云（刊载于《天津诗人》2024年第3期）

读迦陵师《踏莎行》"谷内青松，苍然若此。历尽冰霜偏未死。一朝鲲化欲鹏飞，天风吹动狂波起"，又读《庄子·逍遥游》，有感。

——题记

（1）

　　我生活在北冥的海底

　　在刺骨的冰水中，不停地游弋

　　身躯才会不僵硬。海面成冰

　　许多同族以游弋的姿态

　　被冻结在无边无际透明的海里

　　我们奋力游到水的最下层，最下层

　　最下层。希望在那里遇到暖流

　　奋力游到更远处，更远处

　　更远处。希望在那里看到

　　长久光明

　　还是逃脱不掉比冰冷

　　更冰冷的死亡

　　要获得生，唯有化而为鹏

　　飞去南冥

（2）

　　狂风海涛中，我冲向天空

　　展鳍而飞却重重跌落在海上

　　尖锐的石礁像锋利的剑，刺穿我

　　疼痛中，我一次次冲向天空

　　再重重跌落，让利剑刺破

　　得以挣脱躯壳的捆绑

　　裸露出一根根清晰的血管

　　血液在流，心脏在跳

　　有皮壳时，我可以在冰冷的急流中挣扎

　　失去皮壳的护持，在冰冷的水流中

　　每一秒都是锥心刺骨的痛

　　成为海里最鲜嫩的食材

　　海兽时刻觊觎这裂变的生命

　　垂涎这鲜美的肉体

最脆弱的时候要对抗最凶猛残忍的敌人

而敌人时刻都在

很多同族就这样被吞噬

死去似乎更为容易，化为海中生物

回归原始

生，伴随着苦痛

（3）

以透明柔软之躯与海兽相搏

在它的利爪獠牙之下，我已无完肤

我拼尽全力跃出水面

在天风海涛中，撞向它的咽喉

在它的哀叫中，我乘风而起

鳍变为了翅，变为了爪

我狠狠抓住它，将它腾空崛起

离开北冥之海，它缩小成一条鱼

被丢向礁石之上

我迎风增长不知几千里

扇动我的翅，盘旋在北冥上空

那白色滔天的浪，那黑色无底的渊

那缕缕殷红的血，那皑皑的祖先的白骨

（4）

我要离去，但我实不忍离去

我要将南冥之光引入北冥

将南冥之温润引入北冥

让同族都得以生

可是南冥之神在笑我：

唯有觉者，勇猛无畏者

才能获此生。你只能看众生的沉沦

长啸一生，我徘徊在北冥上空

我有新的使命：

354 穿裙子的士，最动人的诗：叶嘉莹百岁人生

引北冥之鱼入南冥,再引南冥之水
和光入北冥
拯救北冥之黑暗和寒冷

参考文献

一、著作类

1. [德]阿莱达·阿斯曼：《记忆中的历史：从个人经历到公共演示》，袁斯乔译，南京大学出版社 2022 年版。
2. [法]埃德蒙·雅贝斯：《界限之书》，刘楠祺译，广西师范大学出版社 2021 年版。
3. [俄]安特列夫：《小天使》，蓬子译，上海大光书局 1936 年版。
4. [俄]安特列夫：《红笑》，郁村泉译，上海启明书店 1939 年版。
5. 白先勇：《一个人的"文艺复兴"》，广西师范大学出版社 2019 年版。
6. [法]柏格森：《生命的意义》，刘霞译，台海出版社 2018 年版。
7. [法]柏格森：《时间与自由意志》，吴士栋译，商务印书馆 1958 年版。
8. [法]柏格森：《创造进化论》，姜志辉译，商务印书馆 2004 年版。
9. [古希腊]柏拉图：《理想国》，张竹明译，译林出版社 2015 年版。
10. 蔡世平、刘能英主编：《当代诗词十二家》，当代世界出版社 2023 年版。
11. [美]查尔斯·E. 布莱斯勒：《文学批评：理论与实践导论》（第五版），赵勇等译，中国人民大学出版社 2015 年版。
12. 陈洪主编：《叶嘉莹教授九十华诞暨中华诗教国际学术研讨会纪念文集》，中华书局 2017 年版。
13. 陈洪主编：《南开学人自述》第一卷，南开大学出版社 2016 年版。
14. 陈超：《生命诗学论稿》，中国青年出版社 2018 年版。
15. 陈凯：《千川映月唱莲歌：叶嘉莹著述版本图录与提要》，江苏人民出版社 2023 年版。
16. 陈国球：《中国抒情传统源流》，东方出版中心 2021 年版。
17. 陈祖美：《李清照词新释辑评》，中国书店 2003 年版。
18. 程俊英、蒋见元：《诗经注析》，中华书局 1991 年版。
19. 程千帆著，陶芸编：《闲堂书简》，上海古籍出版社 2004 年版。
20. [美]戴安娜·阿克曼：《鲸背月色》，丰慧等译，中信出版集团 2017 年版。
21. 戴建业：《戴老师魔性诗词课》，北京联合出版公司 2020 年版。
22. 戴建业：《文本阐释的内与外》，上海文艺出版社 2019 年版。
23. 董楚平：《楚辞译注》，上海古籍出版社 1998 年版。
24. 杜甫著，杨伦笺注：《杜诗镜铨》，上海古籍出版社 1998 年版。
25. 冯友兰：《中国哲学简史》，北京大学出版社 2013 年版。
26. 辅仁大学校友会编委会风云录编辑组：《风云录》，北京师范大学出版社 1985 年版。
27. [德]弗里德里希·尼采：《悲剧的诞生》，周国平译，上海译文出版社 2017 年版。
28. [美]高友工、梅祖麟：《唐诗三论：诗歌的结构主义批评，李世跃译，商务印书馆 2013 年版。
29. 高奋：《走向生命诗学：弗吉尼亚·伍尔夫小说理论研究》，人民出版社 2016 年版。
30. 顾随著，叶嘉莹笔记：《中国古典诗词感发》，北京大学出版社 2012 年版。

31. 顾随：《顾随全集》四卷本，河北教育出版社 2000 年版。
32. 顾随：《顾随全集》十卷本，河北教育出版社 2014 年版。
33. 顾之京：《女儿眼中的父亲：大师顾随》，中国工人出版社 2007 年版。
34. 顾之京：《苦水词人》，河北大学出版社 2017 年版。
35. 郭绍虞主编：《中国历代文论选》，上海古籍出版社 2001 年版。
36. ［联邦德国］H. R. 姚斯，［美］R. C. 霍拉勃：《接受美学与接受理论》，周宁等译，辽宁人民出版社 1987 年版。
37. ［美］亨利·戴维·梭罗：《寻找精神家园》，云碧霞译，外语教学与研究出版社 2010 年版。
38. 黄万华：《史述和史论：战时中国文学研究》，山东大学出版社 2005 年版。
39. ［美］洪业：《杜甫：中国最伟大的诗人》，曾祥波译，上海古籍出版社 2020 年版。
40. 胡适：《胡适诗话》，四川文艺出版社 1991 年版。
41. 江胜信：《讲诗的女先生——中国古典诗词专家叶嘉莹的故事》，希望出版社 2017 年版。
42. 金良年：《论语译注》，上海古籍出版社 1995 年版。
43. ［奥］卡夫卡：《卡夫卡荒诞小说》，叶廷芳译，上海文艺出版社 1994 年版。
44. 康奉、李宏、张志主编：《纳兰成德集》［上、下］，北京古籍出版社 2006 年版。
45. ［英］拉曼·塞尔登编：《文学批评理论：从柏拉图到现在》，刘象愚等译，北京大学出版社 2003 年版。
46. 李白著，王琦注：《李太白全集》，中华书局 1977 年版。
47. 李冰若：《花间集评注》，河北教育出版社 1999 年版。
48. 李霁野：《李霁野文集》，百花文艺出版社 2004 年版。
49. 李泽厚：《从美感两重性到情本体——李泽厚美学文录》，山东文艺出版社 2019 年版。
50. 梁启超：《读书指南》，中华书局 2010 年版。
51. 梁启超：《清代学术概论》，中华书局 2010 年版。
52. 梁启超：《梁启超全集》，北京出版社 1999 年版。
53. 梁漱溟：《中国文化的命运》，中信出版社 2013 年版。
54. 林一民：《接受美学：文本·接受心理·艺术视野》，江西高校出版社 1995 年版。
55. 林语堂：《苏东坡传》，湖南文艺出版社 2017 年版。
56. 刘熙载：《艺概》，浙江人民美术出版社 2017 年版。
57. 刘勰著，周振甫注：《文心雕龙注释》，人民文学出版社 1981 年版。
58. 刘锋杰：《生命之敞亮：王国维"境界说"诗学属性论》，上海教育出版社 2018 年版。
59. 刘学锴、余恕诚：《李商隐诗歌集解》，中华书局 1988 年版。
60. 鲁迅：《鲁迅全集》，人民文学出版社 2005 年版。
61. 老舍：《四世同堂》，人民文学出版社 2012 年版。
62. ［美］M. H. 艾布拉姆斯：《镜与灯：浪漫主义文论及批评传统》，郦稚牛等译，北京大学出版社 2004 年版。
63. 陆永品：《庄子通释》，中国社会科学出版社 2006 年版。
64. 孟子等：《四书五经》，中华书局 2009 年版。
65. 缪钺：《诗词散论》，陕西师范大学出版社 2008 年版。
66. 缪钺：《杜牧年谱》，河北教育出版社 1999 年版。
67. 缪钺著，缪元朗整理：《冰茧庵论学书札》，商务印书馆 2014 年版。
68. 缪钺、叶嘉莹：《灵谿词说》，上海古籍出版社 1987 年版。
69. 缪钺、叶嘉莹：《词学古今谈》，万卷楼图书有限公司 1992 年版。
70. 缪元朗：《缪钺先生编年事辑》，中华书局 2014 年版。
71. 闵军：《顾随年谱》，中华书局 2006 年版。
72. 莫砺锋编：《神女之探寻：英美学者论中国古典诗歌》，上海古籍出版社 1994 年版。
73. 莫砺锋：《杜甫评传》，南京大学出版社 1993 年版。
74. 牟宗三：《生命的学问》，广西师范大学出版社 2005 年版。
75. 纳兰性德著，叶嘉莹读诵，刘子菲注：《叶嘉莹读诵纳兰词全集》，中信出版集团 2022 年版。
76. 南怀瑾：《庄子南华》，东方出版社 2022 年版。
77. 南怀瑾：《孟子旁通》，复旦大学出版社 2018

年版。

78. 戚嘉林：《台湾史》（增订版），华艺出版社 2014 年版。
79. 钱谷融：《钱谷融文集·文论卷：文学是人学》，上海人民出版社 2013 年版。
80. 钱谷融：《钱谷融文集·对话卷：有情的思维》，上海人民出版社 2013 年版。
81. 钱穆：《人生十论》，九州出版社 2012 年版。
82. 钱穆：《孔子传》，长江文艺出版社 2020 年版。
83. 钱理群、袁本良：《二十世纪诗词注评》，广西师范大学出版社 2005 年版。
84. 钱锺书：《谈艺录》，生活·读书·新知三联书店 2019 年版。
85. 覃仕勇：《隐忍与抗争：抗战中的北平文化界》，北京时代华文书局 2015 年版。
86. 沈立岩：《为有荷花唤我来：叶嘉莹在南开》，中国大百科全书出版社 2022 年版。
87. 沈尹默：《沈尹默诗词集》，书目文献出版社 1982 年版。
88. 施蛰存：《施蛰存全集第五卷：北山散文集第四辑》，华东师范大学出版社 2011 年版。
89. 孙邦华：《身等国宝，志存辅仁：辅仁大学校长陈垣》，山东教育出版社 2004 年版。
90. 孙明君：《两晋士族文学研究》，中华书局 2010 年版。
91. 孙明君：《南北朝贵族文学研究》，商务印书馆 2018 年版。
92. ［德］叔本华：《作为意志和表象的世界》，石冲白译，商务印书馆 1982 年版。
93. ［德］叔本华：《人生的智慧》，韦其昌译，上海人民出版社 2014 年版。
94. ［英］劳埃德·斯宾塞、安杰伊·克劳泽：《启蒙运动》，盛韵译，生活·读书·新知三联书店 2016 年版。
95. 唐圭璋：《词学论丛》，上海古籍出版社 1985 年版。
96. 唐圭璋：《全宋词》，中华书局 1999 年版。
97. 唐圭璋：《词话丛编》，中华书局 1996 年版。
98. 童庆炳：《文学理论教程》，高等教育出版社 2015 年版。
99. 童庆炳：《文学：精神之鼎与诗意家园》，复旦大学出版社 2016 年版。
100. 童庆炳：《从审美诗学到文化诗学》，首都师范大学出版社 2014 年版。
101. ［联邦德国］W. 伊泽尔：《审美过程研究——阅读活动：审美响应理论》，霍桂桓等译，中国人民大学出版社 1988 年版。
102. 王德峰：《哲学导论》，复旦大学出版社 2021 年版。
103. 王晋民、邝白曼编著：《台湾与海外华人作家小传》，福建人民出版社 1983 年版。
104. 王国维：《人间词话》，上海古籍出版社 1998 年版。
105. 王国维著，陈鸿祥编著：《〈人间词话〉〈人间词〉注评》，江苏古籍出版社 2002 年版。
106. 王国维著，陈永正笺注：《王国维诗词笺注》，上海古籍出版社 2011 年版。
107. 王国维：《王国维全集》第一卷，浙江教育出版社、广东教育出版社 2010 年版。
108. 王运熙：《李白精讲》，复旦大学出版社 2008 年版。
109. 王兆鹏：《词学研究方法十讲》，北京大学出版社 2008 年版。
110. 王维撰，陈铁民校注：《王维集校注》，中华书局 1997 年版。
111. ［英］威廉·燕卜荪著，周邦宪等译：《朦胧的七种类型》，中国美术学院出版社 1996 年版。
112. 伍蠡甫、胡经之主编：《西方文艺理论名著选编》，北京大学出版社 1985 年版。
113. 夏晓虹、吴令华：《清华同学与学术薪传》，生活·读书·新知三联书店 2009 年版。
114. 辛弃疾著，邓广铭笺注：《稼轩词编年笺注》，上海古籍出版社 2018 年版。
115. 辛弃疾著，徐汉明：《新校编辛弃疾全集》，湖北人民出版社 2007 年版。
116. 行人文化、活字文化编著：《掬水月在手：镜中的叶嘉莹》，四川人民出版社 2020 年版。
117. 席慕蓉：《以诗之名》，作家出版社 2011 年版。
118. 徐有富编著：《程千帆沈祖棻年谱长编》，南京大学出版社 2013 年版。
119. 许渊冲：《许渊冲百岁自述》，华文出版社 2021 年版。
120. 徐志啸：《华裔汉学家叶嘉莹与中西诗学》，学苑出版社 2009 年版。
121. 熊烨编著：《千春犹待发华滋叶嘉莹传》，江苏人民出版社 2014 年版。
122. 吴梅：《词学通论》，复旦大学出版社 2005 年版。
123. 吴宓：《吴宓诗话》，商务印书馆 2005 年版。
124. ［美］亚伯拉罕·马斯洛：《人性能达到的

参考文献　359

境界》，武金慧等译，江苏人民出版社 2021 年版。
125. 严迪昌：《清词史》，江苏古籍出版社 2001 年版。
126. 杨海明：《唐宋词史》，天津古籍出版社 1998 年版。
127. 杨义：《感悟通论》，人民出版社 2008 年版。
128. 叶嘉莹：《杜甫秋兴八首集说》，河北教育出版社 1997 年版。
129. 叶嘉莹：《王国维及其文学批评》，河北教育出版社 1997 年版。
130. 叶嘉莹：《迦陵论诗丛稿（修订本）》，河北教育出版社 1997 年版。
131. 叶嘉莹：《迦陵论词丛稿（修订本）》，河北教育出版社 1997 年版。
132. 叶嘉莹：《清词丛论》，河北教育出版社 1997 年版。
133. 叶嘉莹：《古典诗词讲演集》，河北教育出版社 1997 年版。
134. 叶嘉莹：《汉魏六朝诗讲录》，河北教育出版社 1997 年版。
135. 叶嘉莹：《唐宋词十七讲》，河北教育出版社 1997 年版。
136. 叶嘉莹：《我的诗词道路》，河北教育出版社 1997 年版。
137. 叶嘉莹：《多面折射的光影：叶嘉莹自选集》，南开大学出版社 2004 年版。
138. 叶嘉莹：《叶嘉莹说初盛唐诗》，中华书局 2008 年版。
139. 叶嘉莹：《叶嘉莹说中晚唐诗》，中华书局 2008 年版。
140. 叶嘉莹：《词学新诠》，北京大学出版社 2008 年版。
141. 叶嘉莹：《迦陵杂文集》，北京大学出版社 2008 年版。
142. 叶嘉莹著，程滨注：《迦陵词稿注》，华东师范大学出版社 2014 年版。
143. 叶嘉莹：《人间词话七讲》，北京大学出版社 2014 年版。
144. 叶嘉莹：《古典诗歌吟诵九讲》，广西师范大学出版社 2014 年版。
145. 叶嘉莹：《小词大雅：叶嘉莹说词的修养与境界》，北京大学出版社 2015 年版。
146. 叶嘉莹：《荷花五讲》，商务印书馆 2015 年版。
147. 叶嘉莹：《叶嘉莹谈词》，南开大学出版社 2015 年版。
148. 叶嘉莹：《好诗共欣赏：陶渊明、杜甫、李商隐三家诗讲录》，生活·读书·新知三联书店 2016 年版。
149. 叶嘉莹编著，张静整理：《给孩子的古诗词》（讲诵版），中信出版集团 2016 年版。
150. 叶嘉莹：《沧海波澄：我的诗词人生》，河北大学出版社 2017 年版。
151. 叶嘉莹：《我的老师顾随先生》，河北大学出版社 2017 年版。
152. 叶嘉莹：《美玉生烟：叶嘉莹细讲李商隐》，北京大学出版社 2018 年版。
153. 叶嘉莹：《叶嘉莹说陶渊明饮酒及拟古诗》（附音频），中华书局 2018 年版。
154. 叶嘉莹：《叶嘉莹说阮籍诗》（附音频），中华书局 2018 年版。
155. 叶嘉莹：《叶嘉莹说杜甫诗》（附音频），中华书局 2018 年版。
156. 叶嘉莹著，陶永强译，谢琰书：《独陪明月看荷花：叶嘉莹诗词选译》（英汉对照），外语教学与研究出版社 2017 年版。
157. 叶嘉莹著，海陶玮译：《迦陵诗词论稿》，外语教学与研究出版社 2019 年版。
158. 叶嘉莹：《迦陵讲赋》（附音频），中华书局 2019 年版。
159. 叶嘉莹：《迦陵诗词稿》（增订版），中华书局 2019 年版。
160. 叶嘉莹：《弱德之美：谈词的美感特质》，商务印书馆 2019 年版。
161. 叶嘉莹：《性别与文化：女性词作美感特质之演进》，商务印书馆 2019 年版。
162. 叶嘉莹：《迦陵杂文集二辑》，北京大学出版社 2020 年版。
163. 叶嘉莹：《清词选讲》，人民文学出版社 2020 年版。
164. 叶嘉莹：《几多心影：叶嘉莹讲十家词》，北京大学出版社 2020 年版。
165. 叶嘉莹口述，张候萍撰写：《红蕖留梦：叶嘉莹谈诗忆往》（增订本），生活·读书·新知三联书店 2021 年版。
166. 叶嘉莹：《兴于微言：小词中的士人修养》，四川人民出版社 2021 年版。
167. 叶嘉莹：《叶嘉莹：爱上古诗词的九堂课》，江苏凤凰文艺出版社 2021 年版。
168. 叶廷元：《叶廷元先生译著集》，凤凰出版社 2018 年版。
169. 叶言都：《中国从此走向大唐：南朝的遗产》，

170. 叶言都：《中国从此走向大唐：北朝的遗产》，天地出版社 2021 年版。
171. 叶言材：《我与姑母叶嘉莹》，人民出版社 2022 年版。
172. 余英时：《士与中国文化》，上海人民出版社 2013 年版。
173. 袁行霈：《陶渊明集笺注》，中华书局 2011 年版。
174. 詹福瑞：《诗仙·酒神·孤独旅人：李白诗文中的生命意识》，生活·读书·新知三联书店 2021 年版。
175. 张恩芑：《顾随先生百年诞辰纪念文集》，河北大学出版社 1997 年版。
176. 张春华：《叶嘉莹古典诗词诠释理论研究》，华中师范大学出版社 2015 年版。
177. 张凤：《哈佛心影录》，上海文艺出版社 2000 年版。
178. 张红主编：《叶嘉莹教授八十华诞暨国际词学研讨会纪念文集》，南开大学出版社 2005 年版。
179. 张红：《温庭筠词新释辑评》，中国书店 2003 年版。
180. 张少康：《中国文学理论批评史教程》，北京大学出版社 1999 年版。
181. 赵鲲：《顾随〈驼庵诗话〉解评》，社会科学文献出版社 2021 年版。
182. 张充和著，日谦慎编：《张充和诗文集》，三联书店 2016 年版。
183. 赵林涛：《顾随与现代学人》，中华书局 2012 年版。
184. 赵林涛：《顾随和他的弟子》，中华书局 2017 年版。
185. 赵林涛：《师者顾随》，河北大学出版社 2017 年版。
186. 赵林涛：《学者顾随》，河北大学出版社 2017 年版。
187. 赵林涛：《长者顾随》，河北大学出版社 2017 年版。
188. 赵林涛、顾之京编：《顾随与叶嘉莹》，河北教育出版社 2009 年版。
189. 周策纵：《周策纵论学书信集》，中华书局 2020 年版。
190. 朱崇才：《词话史》，中华书局 2006 年版。
191. ［法］朱莉亚·克里斯蒂娃：《主体·互文·精神分析：克里斯蒂娃复旦大学演讲集》，祝克懿等译，生活·读书·新知三联书店 2016 年版。
192. ［法］朱莉亚·克里斯蒂娃：《诗性语言的革命》，张颖、王小姣译，四川大学出版社 2016 年版。
193. ［法］朱莉亚·克里斯蒂娃：《语言，这个未知的世界》，马新民译，复旦大学出版社 2015 年版。
194. ［法］朱莉亚·克里斯蒂娃：《独自一个女人》，赵靓译，福建教育出版社 2015 年版。
195. 朱巧云：《跨文化视野中的叶嘉莹诗学研究》，中国社会科学出版社 2008 年版。
196. 朱光潜：《谈美》，北京出版社 2021 年版。
197. 朱自清：《诗言志辨·经典常谈》，商务印书馆 2011 年版。
198. 诸天寅：《中华女杰纪清漪》，北岳文艺出版社 2021 年版。

二、论文类

1. 安易：《叶嘉莹词学理论新框架初探》，《天津大学学报（社会科学版）》2001 年第 2 期。
2. 胡箫白：《从一核、二轴到三维——王国维、顾随、叶嘉莹词学审美观的内在理路》，《文史知识》2011 年第 6 期。
3. 马大勇：《我词非古亦非今：论顾随词》，《文学评论》2015 年第 3 期。
4. 彭玉平：《王国维的词人批评与晚清词风之关系》，《南京师大学报（社会科学版）》2013 年第 6 期。
5. 施议对：《百年词学通论》，《文学评论》2009 年第 2 期。
6. 陶尔夫：《真情无改是词心——读缪钺叶嘉莹合撰〈灵谿词说〉》，《群言》1999 年第 9 期。
7. 李清良、张洪志：《中国诠释学研究 40 年》，《中国文化研究》2019 年第 4 期。
8. 文浩：《接受美学在中国文艺学中的"旅行"：整体行程与两大问题》，湖南师范大学博士论文，2011 年。
9. 黄文虎：《20 世纪 80 年代以来符号学在中国的传播与接受》，《集美大学学报（哲学社会科学版）》2022 年第 2 期。
10. 王磊、钟锦：《哲学视域中的叶嘉莹词学》，《兰州学刊》2004 年第 5 期。
11. 吴晓枫：《论叶嘉莹词学阐释中的生命美学思想》，《河北科技大学学报（社会科学版）》2014 年第 1 期。

参考文献 361

12. 徐志啸:《叶嘉莹对传统诗学研究的贡献》,《中国文化研究》2007年冬之卷。
13. 叶嘉莹:《论清代词史观念的形成》,《河北学刊》2003年第4期。
14. 叶嘉莹:《阅读视野与诗词评赏》,《天津大学学报（社会科学版）》2004年第4期。
15. 叶嘉莹:《当爱情变成了历史——晚清的史词》,《南开学报（哲学社会科学版）》2004年第6期。
16. 叶嘉莹主讲,刘靓整理:《从西方文论与中国诗学谈李商隐的诠释与接受》,《北京社会科学》2014年第6期。
17. 叶嘉莹主讲,刘靓整理:《谈钱锺书〈槐聚诗存〉的评赏》（上）（中）（下）,《北京社会科学》2013年第2期、第3期、第4期。
18. 叶嘉莹:《贺双卿:从书里面走出来的女词人》,澳门大学《南国学术》第9卷第1期,2019年1月。
19. 叶嘉莹:《中西文论视域中的"赋、比、兴"》,《河北学刊》2004年第3期。
20. 叶嘉莹讲述,李云整理:《心中一焰,我对后学者的期望——2017年12月21日驼庵颁奖会讲演》,未刊稿。
21. 叶嘉莹:《从古诗词中汲取人生力量》,《光明日报》2022年9月25日第12版。
22. 叶嘉莹:《当不羁的天才落入尘世的大网——叶嘉莹讲诗歌之十五:李白的悲剧》,《新华每日电讯·草地周刊》"迦陵课堂"2022年7月8日第14版。
23. 叶嘉莹:《"仕隐两失"孟浩然——叶嘉莹讲诗歌之十:孟浩然的人格和诗作的复杂性》,《新华每日电讯·草地周刊》"迦陵课堂"2022年4月29日第14版。
24. 叶嘉莹:《杜甫诗在写实中的象喻性》,《华中师范大学学报（人文社会科学版）》2005年第4期。
25. 詹福瑞:《古代文学研究中的文学感悟力》,《文学评论》2012年第1期。
26. 张道正:《叶嘉莹:中华诗词在文明互鉴中发挥何种作用?》,《中国民族博览》2022年第5期。
27. 朱兴和:《"兴于微言"而"止于至善"——论叶嘉莹〈小词大雅〉的词学体系、诗性书写与生命体悟》,《国际儒学》2021年第3期。
28. 朱兴和:《叶嘉莹"兴发感动"说的诞生、逻辑层次及生命诗学意味》,《古代文学理论研究》2020年第2期。

后记一：文思敏捷的李云老师

当今世上研究叶嘉莹先生者，为数不少，然似李云能于短期内如此文笔迅速、文思敏捷、厚积善文者，实属罕见。

2022年春，姑母叶嘉莹先生给我打来电话，希望我能审阅一篇文章。既然是姑母交代下来的任务，于是我便直接与该文作者李云老师取得了联系。说起李云老师的学习经历，着实不容易。她一边打工一边学习，2002年至2005年曾在南开大学外国语学院"专升本"学习英语专业，之后考上天津师范大学文学院中国古代文学专业全日制硕士和博士，自2016年至2019年在叶先生门下做"博士后"研究；曾做过天津师范大学津沽学院教学秘书、教师，又于2020年4月始任天津科技大学文法学院副教授。总之，她能一步一个脚印，且步步扎实地走到今天，令我由衷钦佩！

近日赴南开大学为姑母庆贺"百岁华诞"时，承蒙李云老师邀约，嘱我为其即将出版的文集写一篇文章，我实在是不敢当。因我素来才疏学浅，又一向不喜做学问，哪能对李云老师的研究妄自评说呢？当真难以为文。

然而据我所知，对其研究与教学及所书文章，叶嘉莹先生甚为嘉许。叶先生于2019年6月在对其"博士后评价"中写道："我与李云相识多年，她之好学不倦的精神深深为我所知赏，从多年前，她在'天师大'读书时就经常来我班上旁听我的诗词课程，敏悟而勤奋好学。其后，她转向对民国初年一些报刊上小说的研究，也经常有见解和发现。使我与她的关系更拉近一层的是她在研究民初小说的工作中，发现了我的老师顾随先生的几篇小说作品，这些作品一向并不为人所知……而且据我所知，她在教学方面也有过人的成就。她的讲说引人入胜，不仅能把自己的见解和心得传授给学生，而且极为娓娓动人。她无论从事科研或教学都是难得的人才。"

仅从 2022 年 6 月至 2023 年 9 月，短短大致一年的时间里，她便陆续发表了如下包括论文在内的多篇文章：

《换我心为他心：叶嘉莹先生以生命体悟为中心的诗词评赏方法》，《中华读书报》2022 年 6 月 15 日第 19 版。

《逃禅不借隐为名——从叶嘉莹青年时代诗文探其心路历程》，《今晚报》2023 年 7 月 7 日第 20 版、第 21 版。

《中西文论互鉴中对传统的突破——从张惠言〈水调歌头〉(五首)比较叶嘉莹与缪钺的说词方法》，《中华读书报》2022 年 12 月 7 日第 17 版。

《中西文论互鉴中叶嘉莹先生以生命体悟为中心的词学创新》，《河北大学学报(哲学社会科学版)》2023 年第 1 期。

《文学中的生命情感和精神——孙犁〈白洋淀〉纪事与杜甫叙事诗》，《今晚报》2023 年 6 月 26 日第 14 版。

《生命体悟诗学的新成果及启示——评詹福瑞〈诗仙，酒神，孤独旅人：李白诗文中的生命意识〉》，《中国图书评论》2022 年第 7 期。

《顾随与浅草——沉钟社关系考辨》，《保定学院学报》2022 年第 5 期。

《〈吟边燕语〉并非文明戏莎剧的唯一蓝本——清末民初莎士比亚中文译介与舞台演出关系新论》，《戏剧》2023 年第 4 期。

以上虽说仅是李云老师在一年里所发表 9 篇文章，但字数已达 8 万之多，且涉猎广泛，涵盖中外，由此可窥李云老师多年来的积累与努力之一斑。

叶言材

2023 年 11 月 6 日正子于日本福冈

后记二：写作缘起、过程与体会

虽然早已完成初稿，却迟迟不敢动笔写后记。之前，我从来不敢想能完成这样一部书稿，现在也颇为惶恐——叶先生取得了令人瞩目的成就，我又何德何能来评述先生呢。借此契机，以向大家说明我跟叶先生之间的因缘，以及完成书稿的过程。

一

提到我的学习经历，我很自卑。因为种种原因，我的第一学历是中专，然后通过自学大专、专升本，考入天津师范大学读硕士，才正式学习中国古代文学。当时我并不明白学术研究的意义，却想通过研究获得人生指引。一次，我看到顾随先生的《驼庵诗话》，封底上印着叶先生的话："自上过先生之课以后，恍如一只被困在暗室之内的飞蝇，蓦见门窗之开启，始脱然得睹明朗之天光，辨万物之形态。"这正是我一直在寻找的，于是我选择顾随作为研究课题，完成《顾随诗学与词学思想研究》硕士论文。实际上，我当时因为能力有限也未能真正读懂顾先生。

毕业后，我参加了工作。我的硕士导师曹庆鸿女士是叶先生的博士生，介绍我去南开大学旁听叶先生的课。住所离南开大学较远，上课一般为晚上，我到得比较早，就站在楼下仰望楼上的灯光，光明而温暖。上课时，听着白发的先生在橘黄色灯光下吟诵、讲解，内心宁静而充盈。下课后，我匆匆忙忙穿过夜色，在冷风中等公交车。我曾写下我的感受："感谢叶先生讲解诗词给我心灵的洗涤，每次上课我都是怀着朝圣者的心情，每次归来我是满载欢欣与收获，如获至宝一般，揣着一颗兴奋激动的心，独自走在回家的路上，往往会高兴得跑起来，跳起来，像个少年。"2013

年，我考上天津师范大学博士生，在宋常立教授的指导下开始研究近代小说。毕业后，我给叶先生写了一封信，说明这几年的学习经历，想跟她做博士后。先生答应了，我幸运地由再传弟子成为她门下的一名学生，帮她整理一些讲稿。

那时，叶先生虽已逾九十岁，但精力还非常充沛，如果我踏实研读，很有机会获得她的大力指导。但是我所工作的学院宣布不再招生，让我们自谋出路，我四处投递简历。第一学历的缘故，我往往在报名阶段就被拒之门外。有资格报名的，即使在初试中得了第一名、第二名，甚至已经给对方代课了，通过了试岗等环节，最后也被淘汰。频频碰壁，我恓恓惶惶如丧家之犬，几近怀疑人生。迫于生计，我四处奔波，而且急功近利地申报博士后基金项目，整理资料也不能认真完成。先生批评我，你不展开实际研究，光想着拿一个项目怎么可以。先生还说，你以后要做学者的，怎么能粗心大意。先生说得很对，令我惭愧，可惜我当时并不明白"学者"的神圣职责，只是为眼前的生存问题焦虑。后来我发现焦虑没有用，唯有在实际研读中，才可以有内心的安定与前途的光明。写出站报告时，我连日研读顾随，颇受启发，曾写一首小诗："一朵红花见，迎风尚自开。天晴花更好，歧路莫徘徊。"我想只要坚定追求，目标总会实现，上天不会让一个"有志于学"的人走投无路。

后来，我完成博士后任务，准备出站。很幸运，天津科技大学答应接收我，顺利办完入职手续。自此，我终于稳定下来。到新单位以后，我继续进行近代文学研究、顾随研究，也帮叶先生整理一点讲稿。

二

虽然我钦佩先生的品格，喜欢听先生讲课，看先生的书，偶尔也会动一下研究念头，但很快就会打消，因为我觉得太难，对我而言简直是不可攀登和逾越的高峰。我也没有想到有朝一日会写出研究叶先生的论文。那天，我在"科大"遇到了外国语学院的王振平教授（"科大"比较文学研究所所长，曾在天津师范大学读博士）。他问我叶先生的学术思想是什么？我一时语塞，简单说了几句。他表示怀疑，建议我应该弄清楚。我觉得自己真是一个不合格的学生，对先生的了解竟然那么少。

寒假，写关于顾随的论文，我又翻开王国维的《人间词话》，霎时之间，我有了顿悟的感觉，他们分明是在说自己的生命体悟呀。同时，我读到詹福瑞先生的《诗仙·酒神·孤独旅人：李白诗文中的生命意识》《古代文学研究中的文学感悟力》等论著，颇受启发，写了一篇书评。我给叶先生发了一封电邮，说："近来我研读王国维、顾随与您的作品，有一个发现很想向您汇报，就是您三位先生的诗学都是生命诗学，以生命感悟为中心的诗学，切中了中国诗歌传统的命脉，故能够将中国诗学发扬光大，这种传统是自孔子、屈原、司马迁以来就形成的一种中国式诗学。"叶先生很快就回复了，说："是读书有得之言，很好。"并且表示文稿完成后愿意看一看。于是，我开始了对叶先生的研究。

能够跟研究对象直接交流，看起来是一项得天独厚的优势，但实际上写作过程非常艰难。我先是完成《中西文论互鉴中王国维、顾随、叶嘉莹以生命体悟为中心的词心传承》，两万多字的文稿先生全部认真看过，然后打电话叫我过去。我高高兴兴去了，见面后先生却批评我，认为我没有深入理解她的词学，只是停留在表面。我垂头丧气，把文稿拿回来重新写。之前的几乎白写，我想干脆放弃吧，为何要研究叶先生呢，研究原来轻车熟路的近代文学不好吗。可想归想，我还是咬牙坚持，一番苦读后完成一篇《中西文论互鉴中叶嘉莹的词学创新》。先生看后又打电话叫我去拿。怀着忐忑心情去了，先生微笑着夸奖我："李云啊，你真是用功，一般人看到那些英文，掉转头就走了，不再看了，你却能够看英文，说明你英文功底还是不错。"得到先生的认可，我简直要欢呼雀跃，但接下来先生还是让我继续完善。

研读叶先生太难，我对原来的近代文学也难以割舍，本来想写完一篇论文有个交代就行了，但看到知网中近年来关于先生的研究文章往往流于表面，觉得自己有责任深入挖掘，王振平教授也总是鼓励我应该继续深入探索。2022年，我似乎一直处于写作旺盛期，几乎每个星期就能写出来一篇几千字的论文，拿去给先生看，再去听先生训话。此后，我又继续写了《叶嘉莹以生命体悟为中心的词学创新》《叶嘉莹以生命体悟为中心的诗词评赏方法》《从水调歌头五首看叶嘉莹与缪钺的说词方法》等一系列文章，提出叶先生的诗学以生命体悟为中心，得到了她的认可。以前读博士、博士后时，写论文都较顺利，别人见导师就紧张的感觉我很少有。但这段时间，我总是紧张。叶先生批评我往往欲抑先扬，欲扬先抑，我的情绪就在抑扬之间起伏。受到先生否定，我就觉得几乎不能再坚持下去；得到先生肯定，我又觉得欢欣鼓舞。每有一篇文稿通过，我就觉得前进了一步，理解更为深入。在研读中，跟随着先生的学术历程，我觉得自己也一步一步攀登到一座高峰，虽然艰险崎岖，但风景奇美，不愿意下来。

写作《叶嘉莹诗词人生背后的家族文化特质》时，因为涉及叶氏家族中人的一些情况，先生说她向来持弱德之美，不习惯做毫无保留的展示。我说这样能够让大家更理解您，她才同意文稿后半部分由叶言材老师负责审阅。完成此文后，先生与我有一次谈话，说自己实际上是一个诗人，希望我不要只停留在表面叙写中，应该从诗文中深入挖掘，写一篇更好的文章。我当时信心满满，没想到后来却备受挫折。

如果说前面研究诗学词学理论进展还算顺利，那么后面研究叶先生的思想性情就异常困难，篇篇都潜伏着危机。先生要求严格，实事求是，不能夸耀，不能附会，不能说空洞的话，一定要用学术的语言，对于诗心、词心、文心分析得对就是对，不对就是不对，她绝不会降低标准迁就。对于写得不对的，先生有时颇"冷酷无情"，也不愿详细解释为什么，只是让我去看书，去领悟。她甚至说："诗，你能理解就能理解，不能理解就理解不了，这真是一件没有办法的事情。"我是一个直率笨拙的人，也不会有技巧地与先生沟通。而且先生最不相信空口说白话，一切都要写出来才算。我只能写，写出来行就行，不行就重写，有时几千字、上万字文稿就作废了。

暑假，因为母亲回老家，我在家务之余，勉强写了《试从叶嘉莹的诗文探其生命体悟与心路历程》，因为不能集中精力，水平较以前有所下降。叶先生看后整体不满意，认为不是学术的语言，很长一段时间都对我持怀疑态度。我干脆把前面好几万字都不要了，凝聚精神，全部重新写一遍。第1—3节、第7—9节通过审阅，第4—6节却一直没有通过。先生对我的怀疑略有改观，但觉得我还是不能跳出来写。我觉得自己在一定程度上读懂了叶先生，只不过一时之间找不到恰当的语言表述出来，当然也是因为我没有达到那个高度。研读一时陷入困境，难以进展。

最令我纠结和痛苦的问题是我一心二用，不能专心致志，总是想回归原来的近代文学研究，那大概就是我的舒适区，而且我承担的社科项目必须结项，否则就要延期。学术研究具有精专性，越专一越好，我却同时做两个不同领域的研究，忽而小说、戏剧，忽而诗词，觉得自我要分裂，反复自责为何要跨界，矛盾至极。焦虑无用，对我而言立刻行动是缓解压力最好的办法。我重新开始近代文学研究，回到自己熟悉的领域，每次查找资料我都有一种沉潜到大海深处去打捞、探寻的快乐，在那里我发现很多别人没有发现的真相，写成相关论文。在我终于完成近代报刊文学研究任务后，转过头又回来研究叶先生，感觉身上还是湿漉漉的，粘挂着缕缕的海藻，串串的水珠在阳光下闪耀光芒，散发着海水的气息。抖一抖水珠，我就开始了攀登。研究叶先生确实是一种攀登的感觉，必须站到高山上才可以探得。说来奇怪，在我从叶先生研究回归到近代文学时，能力得到了提升。同样，从近代文学回到叶先生研究时，似乎也有所精进。

假期中，我又发奋狂飙，为先生全部诗、词、曲、论文和论著等制作编年，整理了近十万字的年谱，初步还原先生百岁的学术历程。梳理过程中内心总被震撼，不止一次滴下泪水。编成年谱后，我仿佛清晰地看到一座巍峨的高山，气象森然，一座宏伟的宫殿，华美庄严。我给王振平教授发消息说："我觉得研究真是有魔力的一件事，只有真正深入探究才能发现问题。我越写越觉得叶先生的伟大和孤独，大家几乎不能真正地理解她。当然，我也越写越觉得自己的渺小和悲哀，这么愚钝。"我遗憾为何不在先生精力旺盛之时研读她，能够更好地与她交流，但也庆幸毕竟先生还能够评阅我的文稿。

在学术年谱以及之前文章的基础上，我又撰写了《从"清者"到"任者"——叶嘉莹 20 世纪 60—70 年代诗文中的心路历程》(原来《心路历程》中没有通过审阅的第 4—6 节)，先生提出了完善建议，说我应该学会引经据典。我继续写了《从"清者"转变到"任者"的内在因素：传承的责任》，这是认清叶先生学术道路的关键一环，之前却被忽略，先生看后尤为高兴，在文末写道："是用心有得之作，可喜也。"然后，我又完成《生命体悟诗学的共鸣与回响》，提出先生完成的是"生命体悟诗学",先生也表示同意,认为"是有所感悟的心得之作",并建议我进一步完善。

至此,我几乎完成对先生学术思想的初步探索,唯有对先生的诗词曲创作没有评。出版社已经同意出版,不评是可以的,但我还是以固执和冒险的态度,评了先生的诗。我内心忐忑不安,先把第一节《叶嘉莹对前代诗人的承继》给先生看,得到了肯定,她说:"颇有所见,未能发挥",我想先生眼光真是太犀利了,看出来这只是一个开端。然后我才敢把《叶嘉莹对中国古典诗歌意境的开拓:象喻中的生命书写》给先生看,她在篇尾写道:"是读书确有心得之作,可见你读我的作品确有心得,可喜也。"接下来,我又完成《历史、记忆与空白:论叶嘉莹古典诗歌叙事功能的承继、拓展》《评迦陵词》《评迦陵曲》等一系列,也都通过审阅。先生在电话里对我说:"李云,你真是用功,研究我真是下了很大的功夫,我要谢谢你!"在研究中,我几乎是"以其人之道,还治其人之身",以从研读中获得的思路、方法来评说先生。我要感谢先生一路引导我还来不及,先生却对我说谢谢,眼泪不禁涌上我的眼眶。先生的认可对我而言是最高的奖励,我终于能够完成自己之前不能完成的研读,写出我对先生的认识和理解,对先生的心路历程、诗学与词学贡献、诗词创作的特点与成就等做出较为系统的评述。

在此艰难而奇妙的研读过程中,我最为感谢的就是恩师叶先生。她不嫌我资质驽钝,让我尝试。现实中她对我的批评、鼓励、怀疑和启发,都是我坚持前进的动力。著述中她的思路、方法、情感和意志,给了我源源不断的养分,让我越深入研究越思维清晰,越坚强、有力量、有智慧,我想这就是一流学人的价值与意义,他们本身就是智慧和宝藏,凡是研读他们就会获得沾溉。现在回过头来看以前写的文稿,连我自己都惊讶,觉得简直再也写不出当时的水平,而且每读一遍也能从中受益。

然后我要感谢支持我的师友,在我写不下去的时候,王振平教授总是给我最大的激励,让我不要放弃。几乎每完成一篇初稿,我都先请王老师看,提出意见。汇成书稿后,王老师对初稿也审阅了两遍,并提出修订意见。王老师的大力支持和帮助,我真是难以言谢,无以回报。叶言材老师也给予我无私帮助,通过他的折射,我才更加真切理解先生的性情。当然，家人是我最为坚强的后盾，让我能够从事研读，如果没有他们帮助，我简直不能够生活，还谈何研读。特别要感谢天津科技大学的领导，给我安定的条件，感谢文法学院的领导、同事，同时也感谢南开大学文学院的领导和老师，感谢张静老师、可延涛老师和闫晓铮老师对我的帮助，感谢天津师范大学文学院的老师们。感谢的人有很多，虽然我不能在此一一说出你们的名字，但我心里深深地记着你们对我的鼓励、关怀和帮助。衷心地谢谢大家！

三

一路走来，我如此幸运，是诗与文学赐予了我福祉。我不曾忘记幼时的文学梦，研读中也常随手写下一些文字，最后请允许我用一篇不成型的"散文诗"表达自己的感受，题目为《对话》：

我来自一个黑暗的世界，人们在黑暗中摸索生活。我要找到一条路，那里通向光明。我做过多种尝试，路却不通。最终我找到了一线光，向它攀登。

我在山脚下仰望，我听说山顶住着师。我将我采摘的鲜花献给她，她只哂笑一下。在她脚下，那些花朵立刻枯萎，失去光彩。我垂头丧气，请她允许我去圣殿参拜，她说去吧。

我向她请求钥匙。她略有嗔怒，只说你去就是。

拜别了师，我走向圣殿，那是我梦想中充满光明的地方。殿门厚重，门却没有锁，原来门并没有锁，我一阵欢喜，推门跨了进去。

可是，并没有我梦想中的璀璨光华。一切都在黑暗沉寂中，只听得见自己的脚步和呼吸。我只能退回。

我向师乞求火，师准许了我。带上火种，我再次来到圣殿。借着火光，我看到四周的雕像和文字。他们被深深嵌刻在墙壁上，却栩栩如生、呼之欲出，令我惊心动魄。火光渐息，我在半明半暗中摸索这些嵌刻。

我想再次向师乞求火，但师在休息中，唯见一片白光，并没有火。

我再次鼓起勇气，走进圣殿，却看到一缕追随我的光，让我辨清壁上模糊的镌刻。待我拼尽所有目力看清之后，眼角流下泪，掉落到地上。一幅幅壁刻，变得生动、清晰。我遇到一个又一个的人，向我倾诉、叹息。

师注意到圣殿闪烁的灯火，是谁？谁在那里？

是我。我从圣殿出来，走向师。她看到我背后、身上、周边闪亮的光晕，照亮了屋宇。

她向我微笑，玉质的脸上发出柔美的光泽。在一片光明中，师通体闪耀着由七彩汇聚而成的光，斑斓的色彩闪耀成一片白。

我捡起那朵枯萎的花，她重新焕发了生机。

自此，我知道，我走到哪里，哪里就会亮，因为我自身就蕴含着光。

写于 2022 年 12 月 10 日夜晚

再记

时光荏苒，上面所记已是一年多前之事，现在回顾那段写作历程，倍感珍贵，也百般庆幸，虽然也曾矛盾纠结，但毕竟没有放弃。

总体而言，本书写作经历了三个阶段，第一阶段是关于叶先生的诗学与词学理论部分（第三、四、六章），这部分看似难，实际较为容易，因为它客观存在，只要进行细致梳理即可。对于先生的"兴发感动""弱德之美"理论我没有做更多阐释，而是提出了"生命体悟诗学"，将它们都纳入其中进行梳理，这样做的一个好处是使叶先生诗学与词学的脉络较为清晰，但不足之处就是没有对"兴发感动""弱德之美"两个理论的义理进行集中深入的挖掘，而是散见于各章节中。其中《叶嘉莹与朱莉亚·克里斯蒂娃》是写得比较顺畅和满意的一篇，先生审阅电子版后直接就通过了，以克里斯蒂娃为参照可以更加清楚地把握叶先生诗学与词学的意义，凸显出先生作为学者的创新及启蒙精神。克里斯蒂娃被称为人文学科的"邦德""007"，叶先生对古典诗词的探索何尝不是"邦德""007"呢。

第二个阶段是关于叶先生的思想性情和诗文中的心路历程（第一、二章），这部分看似简单，实则很难，而且是非常难，我几度想逃避，但王振平老师说你研究一个人终究不能绕过她的思想，所以我就硬着头皮写，后来也终于体会到叶先生的诗人性情，把握住她对精神品格的持守和对道的追求。她所处的精神境界与常人完全不同，如她在《从李义山〈嫦娥〉诗谈起》中所说，诗人所得是高举远慕之理想境界，此一境界偶然被一些"小有才未闻君子之大道"的人窥见，必将沾沾自喜，而诗人却不以此自喜，反而是欲求为常人有不可得者，因为诗人天生如此。从诗文中探究先生的心路历程时，我也进行了挖掘，指出她外表内敛柔顺，内心却拥有强大的"热力"——热烈执着的感情和磅礴的力量，她的性情有沉潜内敛的一面，也有豪放激扬的一面，我唯恐这样说会被批评，但她都没有否定。现在想来，作为一个真正的诗人，她当然是有着丰富热烈的感情的，可我之前却为何没意识到呢？个人认为，对叶先生心路历程的探究较为细致地展现了她在人生几个阶段的生命体悟和思想转变，逐渐从弱小成长为坚强，完成自我又超越自我。

第三个阶段是关于叶先生的诗词曲创作等（第五章），这部分最难，是在前面一系列的探究基础上最后才得以完成，并得到了叶先生的夸奖。我想那是因为我比较准确地把握了先生的思想、性情和理想、志意，辨析了她与前辈诗人的同与不同，指出她诗词中有一种前无古人的独特境界：与命运相搏和死而后生之境，蕴藏着柔韧的拼搏与战斗精神，表现出生命重生的勃勃春气，并且最终达到了圆融。我认为叶先生在困厄中选择归国教书，"是她对命运的一种宣战。如果用诗歌的语言来说，犹如她从命运之神的手中夺过打神鞭，向那无常之命运奋力击去"，写作时我深恐这种比喻不被她本人同意，没想到先生也认可了，后来我看到先生讲自己的诗时说到"一拳击碎虚空"，印证了我所说的"战斗精神"。所以，"弱德之美"在隐曲存在的同时，以一种更为强大、持久、坚韧的力量来承受、抵抗外界之势力，正是因为有更为强大、持久、坚韧的力量，才能够在强大之外势压力之下不被打倒，保持一种约束收敛之美。另外，我指出叶先生的词"千古情痴是词心""开拓小词意境新""神致飞扬似稼轩"等特点，都比较切合实际。

以我浅薄的学识而能完成这项研究，最主要还是得益于能够与先生交流。虽然我们都不擅长口头的语言表达，但是在困境中，有时先生的只言片语对我来说都犹如当头棒喝，有醍醐灌顶之功。印象中深刻的一次，是在我写作心路历程时，先生问我："你知道我是一个什么样的人吗？了解我的性情吗？"是呀，这是一个非常关键的问题，我跟先生学习、接触，貌似"知道"，实际上却并没有深入地探究过。先生又说，在大学时候，堂兄曾用"黜陟不知，理乱不闻，自赏孤芳，我行我素"形容她，那时我才猛然懂得了一些先生的真实性情。

先生有些地方很不同于我们常人，一是她对自己的品格像艺术品一样珍重持守，这是常人难以体会和做到的；一是她特别专注于自我。有一次我去先生家送稿件，阿姨让我拿到书房。我进去之后，先生正在看电脑，我跟先生说话，并且递了一杯水给先生。但先生好像始终没有看到我，我就尴尬地退了出来。后来阿姨让我再进去，我大声地喊先生，她才看到我，先生就是以如此专注的态度来工作的。有时，我觉得叶先生是一位天才，当然她也非常努力用功，有深厚的中西学识，但天才因素还是有的，她在20世纪五六十年代的文章中就展示出"能感之"和"能写之"的天赋，她教书只是把自己的体会和感受真诚地讲述出来，她也没有想到大家会那么喜欢，她甚至很少去考虑听者的感受，她说自己就是自然而然做了该做的事情而已……这些轻描淡写的话都让我听得十分惊愕，使我对她有了更为深入的认知。

先生的性情非常和愉。有一次我晚上到她家，她午睡还未醒，阿姨让我等一会儿，我就坐在客厅里看书，后来先生醒了，柔和地喊"小妹"。阿姨大声说："先生，李云来了！"先生又说："哦，李云来了，那我就起来吧！"听到她醒来时那么愉悦的声音，我心里有一股暖流。当然先生也有非常严苛的时候，就是当她认为你肤浅、水平不够、不认真、不努力、不用功、不够高效时……她批评我是毫不客气的，当然，现在想来也是一种幸福。

总之，我最为遗憾的事情还是对先生的研读开始得太晚，本想协助完成先生的学术年谱，也曾想在先生指导下完成顾随研究，但最终都未能完成。主要原因还是我学识浅陋，意志薄弱，顾虑重重，错过了宝贵机会。先生在诗中曾说"花飞早识春难驻，梦破从无迹可寻"，当时我不理解是什么意思，就觉得是梦破了，无处可寻了而已，但实际上的意思是，当你有一个美好的愿望，不付诸实践，就会像一场美梦破灭消失一样，最后无处可寻。所以，当我们有一个好的想法和愿望，都要尽力落实它，也就是行动。叶先生最大的特点是"志行合一"，持之以恒地进行她的工作与事业，这是我最终得出的一项结论，也是要与大家分享的心得体会。如果你有一个美好的梦想，如果你有内心的觉醒，那么，现在立刻去行动，而且持之以恒地行动，才能成功。

最后，我要真诚地感谢袁雨帆、陈佳迪、杨硕三位编辑，在他们的热心帮助下，本书有缘在2024年与大家见面，他们也是出于对叶先生敬爱的一种情怀，努力促成此书出版，以作为敬献给叶先生百岁华诞的一份礼物。尤其感谢陈佳迪编辑，给本书提了很多宝贵的意见，付出了很大的心血。

同时，也感谢《中华读书报》《河北大学学报》《今晚报》《保定学院学报》《海南热带海洋学院学报》等刊物和报纸的评审专家和编辑老师们，本书中的部分文稿写成后，曾经他们审阅和编校得以以论文的形式发表，与读者见面，十分感谢。

书中有很多不足之处，比如写作时大都以单篇形式完成，后来统筹为书稿时，由于想尽力以原貌呈现，有些地方不忍删减，因此略显繁复。对书中的不足和疏漏之处，恳请大家多提宝贵意见，批评指正。另外，特别感谢天津科技大学社科处给予专项资金支持。

叶先生持弱德之美，她说出来或展现出来的仅是一小部分而已，深层次的她值得我们不断地深入阅读和用心体悟。本书有幸得到叶先生的审阅与批评，但只代表笔者的个人体悟，所写只是笔者单独视角的心得体会，大家欲要全面深入认识叶嘉莹先生，还是要亲自去阅读叶先生的著作，进一步探索并发现她心魂深处惊心动魄的璀璨光彩，承继并发扬她的诗教精神。

李云
2023 年 12 月 20 日晚于天津

再记

衷心感谢北京大学程郁缀教授题赠联语，感谢青年书法家周东芬女士题写书名并程教授的联语，感谢青年书法家魏暑临先生题赠联语。感谢所有师友的支持和帮助。我们有一个共同心愿，谨以此书献给叶先生百岁华诞，诚祝先生身体康健，福寿绵长。

2024 年 10 月 1 日

再记：泰山其颓乎，哲人其萎乎

虽然知道这一天迟早会来，但是当消息传来时，还是猝不及防地被击倒在地，世界一片沉寂。

我认为，当先生知道自己不能再为这个世界工作时，才会毅然决然地转身离去，像庄子笔下的大鹏，她飞往南冥，而她的使命是要引南冥之水和光入北冥。像火中的凤凰，几番轮回，她又会以另一种面貌降临。这个世界，有一些人，注定自己承受痛苦，为众生召唤光明，不忍看世界堕落、污秽，一定要播洒光明的种子，让人们洁白、美好、向上。

最令我难过的，是我不能为她做一些事情。我曾经羡慕过她的保姆，也羡慕过她的助理，能够贴身照顾她，为她而工作。而我，只能是远远地、默默地遥望她的灯光。

想到她的艰辛，世界上有几人能真正理解天才的孤独，那些漫长的无以温慰的寒凉时刻。想到她的快乐，幸而世界上有真正的诗与诗人，给了她心灵的慰藉，让她不再孤寂、忧惧，给她智慧与力量。孔子、庄子、屈原、司马迁、陶渊明、李白、杜甫、李商隐、苏轼、辛弃疾、王国维，她以自己敏锐而颖慧的态度与他们对话，他们知道自己遇到了千载难逢的知己。想到她和愉的声音，叫我的名字。想到她的微笑，向我点头示意。

当时决定研读她时，就希望能出版一本书，希望有一天能完美地呈给她看，庆祝她的百岁华诞，书的装帧设计也有了，红色的喜庆封面。可是，总是各种推迟，个人实在无能为力，最后只能是留下无尽遗憾……

2024 年 11 月 24 日夜
弟子李云泣写于天津